MADRE
ANGÉLICA

MADRE ANGÉLICA

La extraordinaria historia

de una monja, su valor y una cadena

de milagros

RAYMOND ARROYO

Image Books

Doubleday

NEW YORK LONDON TORONTO SYDNEY AUCKLAND

UN IMAGE BOOK
PUBLICADO POR DOUBLEDAY

Publicado en los Estados Unidos por Doubleday, un sello editorial de The Doubleday Broadway Publishing Group, una división de Random House, Inc., New York.
www.doubleday.com

Diseño por Fritz Metsch

Este libro, *Madre Angélica,* esta siendo publicado en inglés simultáneamente por Image Doubleday (ISBN 978-0-385-51093-6)

Biblioteca del Congreso de los Estados Unidos

Arroyo, Raymond.
[Mother Angelica. Spanish]
Madre Angélica : la extraordinaria historia de una monja, su valor y una cadena de milagros / Raymond Arroyo. — 1st pbk. ed.
p. cm.
"An Image book."
ISBN: 978-0-385-52116-1
1. M. Angelica (Mary Angelica), Mother, 1923– 2. Poor Clares—United States—Biography. 3. Eternal Word Television Network. 1. Title.

IMPRESO EN LOS ESTADOS UNIDOS DE AMÉRICA

5 7 9 10 8 6 4

Para la madre de mis hijos Rebecca,

mi madre Lynda

y

todas las madres en todas partes

Deliberadamente, Dios ha escogido a los que el mundo considera tontos y débiles para avergonzar a los que el mundo considera sabios y fuertes.

I CORINTIOS 1:27

CONTENIDO

INTRODUCCIÓN

LA GENTE DE HANCEVILLE, en Alabama, lo llamaba, «el negocio de la monja», «el palacio» o «el Santuario», según con quien uno hablara. Yo iba hasta allá casi todos los sábados por la mañana. Salía de la carretera Interestatal 65, pasando ganado que dormitaban bajo el calor de Alabama, giraba a la derecha en el mercado Pitts Grocery y aceleraba al pasar frente a una serie de casas recién construidas, donde las estatuas de santos me miraban detenidamente desde sus jardines delanteros cuidados. A diferencia de los ocupantes de los grandes vehículos de recreo y los autobuses de excursión con aire acondicionado que había a ambos lados, me interesaba menos el Monasterio de Nuestra Señora de Los Ángeles que la mujer que lo había construido.

Durante el tramo final hacia el colosal edificio de fachada de piedra al que la Madre Angélica consideraba su hogar, repasé en silencio las preguntas que pensaba hacerle. Ésta sería mi última oportunidad para prepararme para el encuentro de cinco horas que me esperaba: una larga entrevista con la monja contemplativa más franca del mundo. Debido a que las monjas en clausura tienen prohibido el contacto directo con el mundo exterior, nuestras entrevistas se limitaban al salón comunitario: una habitación sencilla, con una pared en forma de celosía de metal que separa a las monjas de los visitantes. A primera vista, discutir los detalles íntimos de tu vida a través de barras podría parecer contraproducente. Pero en nuestro caso, este arreglo le daba a la reunión un cierto aire de confesión. Era como si el negro enrejado de metal entre nosotros liberara a la abadesa de setenta y nueve años, lo que le daba la posibilidad de recordar su pasado con una honestidad y franqueza que no podría permitirse de otra forma.

Ella llegaba lista para hablar.

—Hola, *paesan* —rezongaba Madre Angélica al entrar en la habitación al otro lado de la reja. Hacía una pausa en el umbral, con los brazos abiertos, como si entrara a un escenario. Rápidamente, el sobrio salón de losas rosadas se llenaba de calidez.

Su figura de cinco pies cinco pulgadas de estatura, envuelta en un achocolatado hábito franciscano, lucía ese día asombrosamente joven y ágil. Sus rollizas mejillas desbordaban los contornos del griñón, como si fuera una almohada rosada metida a la fuerza en una caja de zapatos. La sonrisa con las comisuras hacia abajo, que cautivaba a millones de personas, convertía en dos pequeñas rendijas la penetrante mirada de sus ojos grises.

Aunque había llegado más de cuarenta minutos tarde, no me dio explicaciones. Madre Angélica vivía en el presente.

—Bueno, vamos a lo que viniste —anunció, como si fuera yo quien hubiera llegado con retraso. Mientras se acomodaba cerca del enrejado, tras sus gafas bailaba un resplandor afectuoso y travieso; me ofreció sus manos a través de la celosía. Cuando me agarró las mías, fue directamente a lo más importante:

—¿Qué tal si almorzamos algo? ¿Qué tenemos, hermana? —preguntó Madre Angélica por encima del hombro. La siempre atenta Sor Antoinette voló hacia la cocina para ver qué había de comer en el claustro.

Luego, con unas cuantas galletitas medias comidas y un té con leche junto a ella, con la servilleta metida bajo la barbilla, la Madre dejó a un lado sus bien preparadas anécdotas personales (perfeccionadas a lo largo de unos veinte años de presentaciones sin guión en la televisión) y comenzó a revelar partes de su pasado que nadie, ni siquiera sus hermanas, habían escuchado jamás. No sé si fue el destino o haber llegado en el momento justo, pero capté a la Madre Angélica en una etapa de reflexión de su vida. Ella había acabado de alcanzar una meta buscada por mucho tiempo: la terminación de un nuevo monasterio multimillonario. Parecía realmente satisfecha, lista por fin para repasar todo lo que había sobrevivido y logrado. Sentada en una silla de cuero excesivamente rellena, luchaba con la memoria y el tiempo para rescatar la verdad.

—¿Siente que su personalidad está dividida? —le pregunté ese día.

Siempre que la Madre soltaba un suspiro largo y casi impaciente, mientras se reacomodaba nuevamente en la silla —como lo hizo en ese momento—, yo sabía que iba a revelar algo. Metió un dedo por debajo del griñón blanco almidonado que le rodeaba el rostro y se frotó la sien, como si tratara físicamente de aflojar el pasado de su memoria. Cuántas veces me sentaría allí, esperando, mirando más allá de las figuras florales que salpicaban la celosía, pensando lo mucho que se parecían a la Madre misma: duros, pero femeninos; cautelosos, pero abiertos; forjados con fuego, y duraderos. Entonces llegaban las respuestas.

—¿Le conté alguna vez cuando le tiré un cuchillo a mi tío? Quiero que se conozca de verdad quién soy, porque nada de lo que tengo o hago viene de mí. Es la vida de una mujer cualquiera que se enfermó y recibió muchas cosas. —Entonces, con pausada precisión, añadió —Lo que verdaderamente soy *no* es lo que usted ve.

En el salón enrejado de su claustro, durante casi tres años, busqué a «la verdadera» Madre Angélica. Desde 1999 hasta finales de 2001, la mujer a la que la revista *Time* llamó «la superestrella de la televisión religiosa», y muy probablemente una de las personas más poderosas e influyentes de la Iglesia Católica Romana, se reunió conmigo una vez por semana para rescatar el pasado y evaluar su vida.

Estas visitas eran difíciles para la Madre Angélica. Una cosa es dejar que un neófito revuelva tu historia; esa persona está en desventaja desde el inicio, y sólo conoce lo que está escrito en los documentos impresos. Pero yo había conocido a la Madre personalmente y había sido su empleado durante cinco años antes de que empezara a entrevistarla. Había estado junto a ella en los buenos tiempos y en los malos, en público y en privado. Durante dos años, a veces fui copresentador de su programa de televisión *Mother Angelica Live,* y había sido director de noticias de la red difusora que ella había fundado. En cierta forma, ella era como una abuela para mí —una abuela junto a la que me sentía inusualmente cómodo y como si fuera un familiar. Probablemente nuestros ancestros italianos comunes contribuyeron a eso. Podíamos conversar sobre cualquier tema, y no evitamos alguna que otra discusión.

—Una vez tuvimos unas palabras —le confió Madre Angélica a un amigo delante de mí—. Raymond no tuvo oportunidad de usar ninguna.

—A pesar de las diferencias y los desacuerdos, seguíamos en contacto cercano. Mi ventajosa situación me permitía ver a la Madre Angélica como realmente era: una mujer sencilla y profundamente espiritual que luchaba para llevar a cabo la voluntad de Dios y superar sus defectos personales.

Poco a poco comencé a reconocer a la otra Madre Angélica, encerrada dentro de la cara angelical tras las rejas de metal. Rita Rizzo, la chica enfermiza que, con sólo un título de bachillerato, se había esforzado para salir de la pobreza y crear ella sola el Eternal Word Television Network (EWTN), el imperio emisor más grande del mundo, alcanzando el triunfo donde habían fracasado todos los obispos de Estados Unidos (y varios millonarios). Aquí teníamos a una moderna Teresa de Ávila; una activista sin pelos en la lengua que, con fe y determinación absolutas había superado los obstáculos que habrían derrotado a la mayoría de los hombres. Había derrotado los prejuicios contra la mujer, la bancarrota y los intentos de absorción corporativa y eclesiástica para brindar liderazgo moral a «la gente». Desde el punto de vista físico, esta sufrida servidora había soportado un místico vaivén de dolor y guía divina que tendría un precio tremendo y que aportaría asombrosas recompensas. La mujer a la que Juan Pablo II describió como «débil de cuerpo, pero fuerte de espíritu», desafió públicamente a cardenales y obispos en el nombre de la ortodoxia, transmitió por las ondas radiales y televisivas una visión tradicional y lógica de la Iglesia Católica en el período posterior al Concilio Vaticano Segundo y se convirtió en la guía ecuménica espiritual de millones de personas.

Aun así, sigue siendo un misterio hasta para su legión de seguidores. ¿Cómo es posible que quien fuera la desatendida y retraída hija de padres divorciados se superara y llegara a convertirse en una de las mujeres más veneradas y temidas del catolicismo? ¿Cómo fue que una monja del claustro sin experiencia alguna en los medios de radio y televisión conquistara semejante audiencia? ¿Cómo fue que los trastornos estomacales, las vértebras destrozadas, un corazón ensanchado, el asma crónica, la parálisis y las extremidades contrahechas pudieron, de hecho, estimular su empeño? ¿Qué era lo que animaba sus conocidas batallas públicas con la jerarquía eclesiástica respecto a la práctica y la devoción? ¿Cómo se han arreglado su cadena de televisión y su orden religiosa para prosperar mientras que otras han fracasado? Y, lo más importante, ¿cómo recibe la Iglesia Católica hoy día su mensaje, y qué impacto tendrá en el futuro?

Estas inquietantes preguntas y el hecho de que yo ya conociera elementos de su historia oculta, me convenció de que era el momento y la hora para escribir una biografía completa de la Madre Angélica. Con temor, me acerqué a ella, absolutamente consciente de que su participación probablemente sería mínima, debido a las continuas exigencias por parte de su cadena difusora y de las responsabilidades de dirigir una comunidad religiosa. La reacción de Angélica fue típica e inmediata:

—¿Por qué no empezamos y veremos qué pasa? —dijo.

De la misma manera en que había acometido todas las iniciativas importantes de su vida, confiando en la providencia de Dios, emprendió este proyecto, que penetraba profundamente en su vida privada, con una dedicación total.

Decidimos que no sería una biografía autorizada, y que sólo yo estaría a cargo de la interpretación y el control editorial. Como es típico en ella, la Madre me dio libertad periodística total. Se pondría a mi disposición para ser entrevistada extensamente durante los fines de semana o después de su programa de televisión en vivo, usualmente durante varias horas, de acuerdo al tiempo que tuviera libre. No se prohibiría ninguna pregunta, ningún tema sería considerado demasiado delicado. Con una cooperación absoluta

con mi investigación, la Madre Angélica me brindó acceso ilimi-
tado a sus archivos comunitarios, a su correspondencia personal,
sus amigos, sus médicos y las hermanas del Monasterio de Nuestra Señora de los Ángeles. La historiadora de la comunidad, Sor
Mary Antoinette —quien respondió pacientemente a mis preguntas, me proporcionó información esencial y atendió cada una de
mis llamadas, a cualquier hora del día— se convirtió en mi mejor
aliada.

Y luego, algunas semanas después de haber terminado la entrevista final para esta biografía y nuestro último programa en vivo juntos, la Madre Angélica fue víctima de una desvastadora apoplejía.
Se quedó sin poder hablar y perdió la memoria, lo que hizo poco
probable que la Madre Angélica pudiera volver a dar jamás otra entrevista, y mucho menos una entrevista tan profunda, larga o íntima
como la que yo le había hecho. Sin saberlo, estaba escribiendo el
testamento final de la Madre Angélica, el último testimonio acerca
de su vida asombrosa.

Una noche, antes de grabar su programa en vivo, ella me dio solamente una orden, la cual ha permanecido en mi mente hasta
ahora:

—Asegúrate de presentarme como soy realmente. No hay nada
peor que un libro que disfraza la verdad y esconda la humanidad
de la persona. ¡Te deseo cuarenta años en el purgatorio si haces eso!

Con la esperanza de no merecer ese terrible final, he escrito un
libro que no evita la controversia, ni las aparentes contradicciones
propias del carácter de la Madre Angélica: la monja contemplativa
que le habla al mundo; la rebelde de la que se burlan al llamarla
«conservadora rígida»; la chistosa comediante que casi siempre
sufre de dolor; la pobre clarisa que dirige una corporación multimillonaria.

Aquí están las anécdotas de amigos y enemigos, todos aquéllos
que pude encontrar que la habían conocido. Aquí también se expo-
nen sin tapujos las críticas a la Madre Angélica, así como el increíble rendimiento de su emisión y su desarrollo.

Para apreciar adecuadamente una vida como la de la Madre Angélica, es necesario mirar al pasado. Sólo examinando el pasado po-

dremos ver los giros del destino y la gracia divina que han dado forma a esta vida insólita. Igual que todos nosotros, a la Madre Angélica nada se le ha dado de un momento al otro. Ésta es la historia de cómo un doloroso, confuso y, para los forasteros, descabellado viaje ha conducido a un final satisfactorio. Pero la inspiración de su historia reside en la lucha, una lucha que, en su mayor parte, se ha escondido o perdido con el paso del tiempo.

Durante los últimos cinco años, he seguido las huellas de su vida temporal y espiritual desde Canton, Ohio, hasta Hanceville, Alabama; he rescatado a personas y relatos que la Madre había olvidado hacía tiempo; he sopesado sus virtudes y sus defectos; y he descubierto una fe poco común en nuestros días. Creo que este mosaico constituye el retrato más completo de la Madre Angélica —desde adentro y hasta afuera.

En abril de 2001, luego de una entrevista especialmente agotadora, la Madre Angélica comenzó a alejarse lentamente hacia el interior de su claustro. Entonces, en el umbral, se dio vuelta con la tímida coquetería de una jovencita y dio una palmada sobre el redondo marco de la puerta.

—Usted ahora sabe tanto de mí como lo sabe Dios —dijo con una sonrisita irónica—. Pero hay *algunas cosas* que ni siquiera usted sabrá jamás.

—No le molesta que siga tratando de averiguarlas, ¿verdad? —le pregunté.

Se rió socarronamente y entró a la residencia.

Lo que sigue a continuación son sus recuerdos más sinceros, los frutos de mi investigación y «algunas cosas» que ni la Madre Angélica ni yo jamás pensábamos descubrir.

Raymond Arroyo
New Orleans, 2005

Prólogo

LA MAÑANA DEL DÍA DE NAVIDAD de 2001, la arrugada abadesa se sentó en la silla de ruedas que la esperaba y trató de infundirles confianza a sus hijas. Durante semanas, las hermanas habían inquietamente vigilado cada uno de sus movimientos, con la esperanza de que así podrían, de alguna manera, evitar la próxima enfermedad o complicación de salud. Ella podía sentir la preocupación tanto en las miradas de desesperación que compartían las monjas entre ellas como en la espontánea ayuda que le ofrecían cada vez que se tropezaba, o inclusive cuando vacilaba.

—Jesús viene hoy —había anunciado esa mañana con tranquila determinación. Señalando hacia el corredor, le indicó a la hermana que la empujara hacia el exterior de su celda—. Voy a la capilla a esperarlo.

No tendría que esperar mucho tiempo.

Mientras pasaba lentamente frente las puertas cerradas del gran monasterio, lleno solamente de los ruidos susurrantes de los hábitos de las hermanas, la monja anciana lucía como si hubiese acabado de llegar del frente de batalla durante una larga campaña bélica. Y tal vez, así era. Las batallas públicas con un cardenal y su obispo local, una investigación del Vaticano, la muerte de una hermana del claustro que había sido su amiga durante cuarenta y nueve años, y los constantes problemas de salud habían tenido su efecto sobre la Madre Angélica a finales de 2001. Quizás ni siquiera los millones de personas que la dejaban entrar a sus hogares cada semana por medio de la televisión habrían podido reconocerla. Su brazo derecho, fracturado durante una caída unos días antes, estaba en un cabestrillo. Un parche cubría su ojo izquierdo, que se negaba a cerrarse como resultado de la apoplejía que había sufrido en septiembre. Y la boca que había hecho temblar a los obispos y que había llevado la salvación a almas perdidas de siete continentes, ya había hecho desaparecer la antigua alegría del rostro con un rictus patético. Angélica era ahora un ícono vivo del «sufrimiento que salva», la personificación de lo que durante tanto tiempo había predicado a sus hermanas.

Una de las monjas en votos temporales empujó cuidadosamente la silla de la Madre por el pulido piso de mármol y jaspe verde de la capilla del monasterio. Al entrar, el aroma conocido del meloso incienso envolvió a Angélica. Los ángeles la observaban desde los elevados vitrales que rodeaban la capilla, y la saludaban mientras el sol penetraba desde el este. Bañada en los cambiantes colores de su luz angelical, la abadesa rodó hacia su Esposo. Esa mañana estaba demasiado enferma para vestirse en hábito para Él, así que con una bata de color crema y una gorra de esquiar del mismo color, se acercó resuelta a rendirle homenaje, llevando en su cuerpo las marcas que sólo Él había permitido.

A pesar de su condición de salud, no sentía resentimiento al acercarse a la custodia de casi ocho pies de altura que guardaba la Sagrada Forma. Allí estaba su Dios y Salvador, entronizado muy por encima del centro de la capilla multimillonaria que ella había construido para Él. Nada era demasiado para su Señor. Las cicatrices del presente eran solamente nuevas ofrendas para Él. Desde hacía mucho tiempo ambos estaban en íntima comunión en su dolor, ella y su Esposo. Ella reconocía Su contacto y lo aceptaba. Había aprendido que en el dolor —a través del dolor— había milagros, si ella era capaz de confiar totalmente en Él y someterse a Sus designios divinos.

Después de la misa y la recitación del rosario, las hermanas comenzaron a salir de la capilla. Sola, la Madre Angélica estiró débilmente la cabeza hacia arriba, y se concentró en Cristo y el Santísimo Sacramento, como había hecho durante cincuenta y siete años de vida religiosa. Entonces, Él se le acercó.

Como si hubiese recibido un golpe, la cabeza de la Madre Angélica cayó hacia un lado. Exhausta y desorientada, sus ojos se clavaron en el techo.

—Reverenda Madre, ¿se encuentra bien? —le preguntó Sor Faustina—. ¿Reverenda Madre?

La Madre Angélica no respondía. «¿Por qué tendrá esa mirada aturdida en el rostro? ¿Le ha bajado el azúcar? ¿Es la diabetes? ¿Por qué no puede concentrarse?», se preguntaba Sor Faustina. Las hermanas, reunidas a su alrededor, la llamaban por su nombre tratando de obtener una respuesta. Para estabilizarle el azúcar, trajeron un vaso grande de jugo de naranja, y se lo tomó. Pero no le sirvió de nada. Las monjas llevaron rápidamente a la Madre Angélica de regreso a su celda, para examinar sus signos vitales.

Sor Margaret Mary, que aún llevaba su camisón de dormir, se encontró con ellas en el corredor. Ella era la enfermera ocasional de la Madre, encargada de darle los medicamentos y ofrecerle consejos generales de salud a la anciana de setenta y nueve años. Cuando vio por primera vez a la aturdida abadesa, la monja expresó su mayor temor.

—Ha sufrido una apoplejía —dijo Sor Margaret Mary atontada.

La presión arterial de la Madre, que ya estaba de regreso en su celda, estaba normal, pero no habían podido revivirla con la máscara de oxígeno. Sor Mary Catherine, la vicaria y la segunda al mando en el monasterio, decidió que deberían llevar a la Madre Angélica al cercano Cullman Regional Medical Center. Se consideró que el viaje de una hora hasta Birmingham era demasiado lejos. Montaron a la abadesa en la ambulancia y corrieron hacia el hospital.

Excepto por los constantes bostezos en busca de aire, y por el movimiento circular y extraviado de los ojos, no respondía.

En el hospital, sometieron a la Madre Angélica a una serie de pruebas médicas mientras las monjas rezaban. El suspenso tuvo fin cuando el Dr. L. James Hoover, el médico de la Madre, entró tímidamente en el área de espera. Llevaba puesto un alegre suéter rojo brillante que parecía burlarse de la situación, y tenía las manos metidas en sus bolsillos. Había un aire de resignación en su paso.

—No hay nada que podamos hacer por ella —dijo Hoover disculpándose y arrastrando las palabras—. Ha sufrido una apoplejía y una hemorragia cerebral.

—Pero, ¿qué va a pasar? —exigió Sor Margaret Mary.

El médico evitó la mirada de la monja.

—Morirá poco a poco. Uno de cada cien pacientes es candidato para cirugía, pero con su edad y su estado de salud…

De inmediato, las monjas se dieron cuenta de la terrible decisión a la que se enfrentaban: no hacer nada y ver cómo su Reverenda Madre se iba apagando, o arriesgarse a ir hasta Birmingham para someterla a una peligrosa operación del cerebro que podía matarla. Mientras que tomaban la difícil decisión, la mujer que había creado el imperio de teledifusión religiosa más grande del mundo, permanecía en estado comatoso en el salón de emergencia. Luego de haber sido rescatada por tantos milagros en el pasado, ahora estaba al borde de aquella eternidad de la que tantas veces le había hablado a otras personas.

En algún profundo rincón de su cerebro lesionado, la Madre Angélica, tal vez inconscientemente, tomó la decisión de luchar. Desesperadamente, se puso en manos de Dios, como siempre lo había hecho. Para Angélica, no existía otro camino.

I

Una vida mísera

LA MADRE ANGÉLICA entró a este mundo ignorada y ciertamente sin ser deseada, al menos por su padre. Su nombre de nacimiento era Rita Antoinette Rizzo, y nació en el modesto pueblo de Canton, Ohio, el 20 de abril de 1923.

Con la excepción de haber sido el lugar donde nació el presidente William McKinley, Canton era un pueblecito industrial poco memorable a una hora más o menos de Cleveland. En su horizonte salpicado de chimeneas se perfilaban grandes columnas de un humo marrón, emblema de la productividad del pequeño pueblo. El acero era la espina dorsal de Canton: el componente básico del nuevo siglo y el atractivo principal para miles de inmigrantes. Cojinetes de bolas, tranvías, ladrillos, teléfonos y accesorios de cañerías se desbordaban de sus acerías y de sus cadenas de producción para impulsar la nación hacia su época de mayor grandeza.

Aparte de dicha industria, Canton era, y es hoy en día, un lugar agradable de pastos verdes y ondulantes lomas en el centro del país, un lugar donde se puede criar una familia sin el caos y la congestión de la vida urbana. Bueno, a no ser que vivieras en el sudeste del pueblo, donde Rita Rizzo había nacido.

En 1923, alguna gente consideraba el sudeste de Canton como la zona roja, o el barrio pobre. Para los negros y la multitud de inmigrantes italianos que trabajaban en las acerías de Canton, el sudeste era su residencia. Los italianos quedaban confinados a esa zona debido a una combinación de analfabetismo y de los tributos sin tregua que les exigían sus caprichosos compatriotas. Era un gueto controlado por la Mano Negra, una organización de criminales con raíces en Sicilia. Y aunque los gángsteres portaban revólveres de mango negro cuando llevaban a cabo sus negocios por el barrio, el nombre Mano Negra se originó en el viejo país. El gangsterismo floreció durante esa época. Un hilo de corrupción organizada se hilvanaba de Cleveland a Canton y a su vez a Steubenville. La calle Cherry era el centro de acción en Canton, una avenida donde los antros del crimen organizado y las prostitutas sin destino fijo se disputaban las mismas almas que la Iglesia Católica de San Antonio.

Los asesinatos entre gángsteres eran cosa común en el sudeste de Canton. Antiguos residentes del barrio aún hablan de gente que habían volado en pedazos en los portales, que caían bajo una lluvia de balas en cualquier esquina, o que eran arrojados en los ríos. Algunos vecinos del lugar, ya con más de ochenta años de edad, aún en la actualidad hablan de la Mano Negra en tono bajo y rehúsan a dar sus nombres por miedo a las represalias.

Este gueto étnico —donde las prostitutas daban golpecitos en la ventana del burdel para llamar la atención del putañero; donde los comerciantes vivían al cruzar de la calle de mujeres que eran asesinas; donde los sacerdotes de las parroquias intentaban guiar a los estafadores de poca monta a que llevaran una vida digna; donde lo profano y lo sagrado se mezclaban y donde todos luchaban por subsistir—, ése fue el gueto donde nació Rita Rizzo en 1923.

Rita nació en la cómoda casa de sus abuelos paternos, Mary y Anthony Gianfrancesco, que vivían a una cuadra de la infame calle Cherry. La casa, en 1029 de la calle Liberty, tenía por un lado un descampado cubierto por una parra bien atendida. Al otro lado de la casa, como si dominara la esquina que formaban las calles Liberty y 11, se encontraba la taberna del abuelo Gianfrancesco, un abrevadero y restaurante de barrio donde los inmigrantes recién llegados y sus parientes estadounidenses se reunían a beber y a almorzar juntos.

El parto de Rita fue muy doloroso para su madre, Mae. Duró varias horas y tuvieron que darle quince puntos después de traer al mundo a aquella bebé de doce libras, algo que Mae Gianfrancesco Rizzo narraba incesantemente a su única hija.

—Mi abuela decía que tenía los cachetes rosados, mucho pelo y que estaba lista para salir a pasear —contaba la Madre Angélica en su vejez mientras reía socarronamente—. Decía que parecía tener seis meses de nacida.

John Rizzo, el padre de Rita, nunca quiso tener hijos. A los dos años de casados, cuando su esposa le informó que estaba embarazada, él «se puso hecho una furia y la agarró por el pelo violentamente». Mae Rizzo estaba segura de que este incidente y la angustia emocional que sufrió fueron la causa de que no produjera leche.

Al principio, cuando se conocieron, Mae pensó que John sería la pareja ideal. Era alto, delgado, tenía un porte digno, un comportamiento pausado y vestía impecablemente. Usaba polainas y un bastón. En el gueto, donde pululaban los jornaleros y los matones en común, John Rizzo parecía un sueño hecho realidad. Sastre de profesión, andaba de paseo por la calle 11 cuando el canto de Mae le atrajo hasta la puerta de la cocina de los Gianfrancesco.

Mae acostumbraba a cantar mientras lavaba los platos, al compás de las tantas óperas italianas que su padre escuchaba en el gramófono que tenía en la sala. Había escuchado música desde que nació; era parte de su vida, como lo eran la taberna de su padre o la estufa de hierro fundido que había en la cocina. Mae hubiera querido ser cantante, y ciertamente tenía la pinta necesaria. Era una mujer muy atractiva, de ojos oscuros, facciones delineadas y una austeridad intensa que atraía las miradas de los hombres del barrio. Fotos familiares muestran a una mujer joven que sabía que era atractiva y que sabía cómo vestirse para realzarse. Mae adornaba su bonita figura con sombreros grandes, vestidos vaporosos, guantes y sombrillas. Cautivó a John con su belleza.

Pero a pesar de todos sus encantos, Mae estaba convencida aun desde joven de que la vida le había jugado una mala pasada. Sacó en conclusión que sus problemas se originaron en el quinto grado, cuando un compañero suyo de clase la tomó de la mano durante un simulacro de incendio. Ya sea porque Mae quiso resistir sus insinuaciones o porque estaba de mal humor, el hecho es que arrancó un tablón de una valla cercana y le pegó al niño por la cabeza con la misma. Aparentemente, las maestras se quejaron. Su madre, que prefería evitar los conflictos, decidió que Mae ya había estudiado lo suficiente. La sacaron de la escuela y no regresó. Cuando fue mayor, la sensación de que no tenía los conocimientos debidos o de que no era lo suficientemente inteligente dejaría profundas cicatrices en Mae Gianfrancesco, cicatrices que eventualmente serían una carga para su hija.

Cuando John Rizzo se acercó a la puerta de la cocina con paso despreocupado y elogió su canto, Mae debió haber pensado que era una respuesta a sus oraciones. Ésta era su oportunidad para escapar de aquella abarrotada y tempestuosa casa repleta de sus hermanos varones. Una oportunidad para volver a empezar y quizás para estudiar. Con veintidós años, Mae asió la oportunidad de ser feliz que se le presentaba y se casó con John Rizzo el 8 de septiembre de 1919, en contra de las objeciones de sus padres, a quienes «nunca les agradó» John.

Cuatro años después, el 12 de septiembre de 1923, la pareja llevó a su hija de cinco meses, Rita Rizzo, a la pila bautismal de la Iglesia de San Antonio en la calle Liberty. En aquel entonces, la norma era bautizar a los bebés a los pocos días de nacer, pero en este caso había sido necesario aplazar el bautizo debido a que los padrinos se demoraron en llegar. De modo que cuando los Rizzo por fin se acercaron a la pila bautismal con su robusta hija a cuestas, la cual parecía tener mucho más de cinco meses, el sorprendido sacerdote se dirigió a Mae.

—¿Por qué no esperó a que pudiera venirse caminando? —le preguntó.

Acabado el bautizo, la madre llevó a Rita a un altar lateral dedicado a Nuestra Señora de los Dolores. Sin duda, Mae sentía afinidad con esa imagen en particular de la Virgen María. Mae colocó a su única hija en el altar dedicado a la virgen, cuyo corazón descubierto portaba las espadas de la angustia.

—Me contó que le dijo, 'Te entrego a mi hija' —dijo la Madre

Angélica con un poco de tristeza—. Estoy segura de que pensó que tendría otros hijos, pero no fue así.

No es de extrañar. El matrimonio de los Rizzo ya estaba en camino de desintegrarse. La incapacidad de John para mantener a su familia probablemente contribuyó a los problemas.

—Mi padre nunca pudo ganarse la vida —insistía la Madre Angélica—. Mi madre por fin logró que alquilara una casa… Una noche yo estaba en mi cuna y comencé a llorar a gritos, de modo que ella se levantó a ver qué me sucedía. Encontró cucarachas por todas partes, hasta caminaban por encima de mí y subían por las paredes, que estaban cubiertas de ellas. El papel de empapelar se movía de tantas cucarachas que había.

Después de un intercambio verbal con John durante el cual sin duda lo ridiculizó por su incapacidad para sostener a la familia, Mae arropó a Rita y se fue a casa de sus padres a pasar la noche. Esto se convertiría en un patrón habitual a lo largo del matrimonio.

Catherine, la dominante madre de John Rizzo, socavaba aún más la relación entre Mae y John. Más o menos en 1926, Catherine Rizzo no tenía dónde vivir, a pesar de tener once hijos, incluido John. De modo que, a instancias de Mae, decidieron que se mudaría con la joven familia de los Rizzo en Canton.

—Ella no tenía suficiente previsión como para darse cuenta de que si ninguno de los once hijos quería a su madre, por alguna razón sería —contó la Madre Angélica sardónicamente—. De modo [que mi madre] la recibió, y ahí fue cuando comenzaron los problemas.

De hecho, los problemas tal vez habían comenzado mucho antes. De acuerdo a los documentos de la corte, Mae sufría abuso físico y verbal desde hacía años a manos de John. Así que lo más probable es que Catherine Rizzo no destruyó el matrimonio, aunque ciertamente sí ayudó a crear puntos álgidos en la relación.

La decidida Mae encontró la horma de su zapato en la Sra. Rizzo, que era una mujer grandota y bocona. Tenía poca paciencia para las estupideces de la gente, especialmente en cuestiones de cocina. Los estándares gastronómicos de la abuela Rizzo eran muy altos, y la habilidad culinaria de Mae, al igual que todo lo demás que hacía, no estaba a su altura, ni era suficiente para su hijo. La insegura Mae no podía tolerar sus constantes críticas.

Una tarde, Mae puso un pollo en el horno con huesos y todo —algo inaceptable para la abuela Rizzo, que tenía la costumbre de deshuesar las aves y se enorgullecía de que le tomaba pocos minutos hacerlo. La puerta del horno no estaba todavía cerrada cuando la abuela empezó a regañar a Mae por su poca habilidad como cocinera. Rita, que tenía tres años, se aferraba al costado de su madre. Tras escuchar con gran atención durante varios minutos, la niña se interpuso entre su madre y su abuela.

—Le dije a mi abuela, 'Ay, cállate la boca. Siempre habla, habla, habla [sic]'. Bueno, mi mamá me agarró y me dio cien besos porque la había defendido —recuerda Angélica—. ¡Mi padre nunca la defendía!

Ésta sería la primera de muchas veces que Rita alzaría fuertemente su voz para defender a su madre. También es la primera muestra de la franqueza que definiría su carácter. Pero esta intervención ayudó poco a disipar las asperezas entre Mae y su suegra.

De acuerdo a la Madre Angélica, alrededor de 1927 ó 1928 Mae subió las escaleras de su casa en busca de una pistola para matar a la vieja.

—Si mi abuela hubiese estado allí, lo hubiera hecho. Por suerte, se había marchado a Reading, Pennsylvania, a vivir con una hija... —dijo.

En noviembre de 1928, John Rizzo tampoco vivía en la casa. Anduvo perdido por California durante dos años sin dar explicaciones ni notificarles de su dirección. Sin dinero y sin trabajo, Mae tuvo que hacerse cargo de lo que quedaba de su familia. Como una refugiada, regresó a casa de sus padres con su hija Rita, de cinco años, aunque se puede decir que no las acogieron con mucho entusiasmo. No cabía nadie más en la casa de los Gianfrancesco. Los cuatro hermanos de Mae (Tony, Pete, Frank y Nick) y sus padres ocupaban los dos dormitorios, lo cual obligó a Rita y a Mae a dormir en el ático, que habían renovado. Al pasar los años, la Madre Angélica hablaba con frecuencia del primer invierno en aquella casa. Según ella, mientras ella y su madre dormían en el dormitorio de arriba una tormenta provocó que la ventana se abriera, haciendo que las dos quedaran cubiertas de nieve. Pero es extraño que, dados los recursos y la generosidad de los Gianfrancesco en aquella época, sometieran a su propia hija y a su nieta a condiciones tan brutales.

Anthony Gianfrancesco distaba de ser pobre, a pesar de la pobreza que lo rodeaba. Tenía tres casas en la zona, que alquilaba a bajo precio a familiares y a los nuevos inmigrantes italianos que llegaban a Canton. Anthony había emigrado de Nápoles, Italia, a Colorado, donde trabajó en una mina de oro antes de mudarse a Akron, Ohio. Ahí conoció a Mary Votolato, y se casaron. Los conflictos con su suegra lo impulsaron a reasentarse en Canton y a lanzarse en un nuevo negocio.

La taberna de Anthony Gianfrancesco, que llevaba su mismo nombre, se convirtió en un puerto seguro para las familias extranjeras que trataban de mantenerse a flote en una tierra extraña. En el sudeste de Canton, la taberna era el centro de la vida pública de los italianos, un lugar donde los coterráneos podían hablar el idioma materno, reunirse con su propia gente y quejarse de las injusticias a que los habían sometido los estadounidenses ese día. La Madre Angélica recuerda cómo su abuelo les regalaba ropa a los recién llegados y les ayudaba a encontrar empleo. La abuela Gianfrancesco con frecuencia daba de comer a las familias inmigrantes en un salón en el piso de arriba de la taberna, donde los italianos se reunían con frecuencia. Era un lugar familiar. No se permitía bebida, y si la factura ascendía a mucho o si se hacía muy tarde, los Gianfrancesco mandaban a sus clientes a casa.

Es probable que durante la Ley Seca se sirviera licor o cerveza en el establecimiento de los Gianfrancesco. La Ley Seca entró en efecto en Canton el 16 de enero de 1920, y no se revocó hasta febrero de 1933. La Madre Angélica recuerda vívidamente un evento que sucedió alrededor de 1929.

—Yo no tendría más que cuatro o cinco años. Mi abuelo no quería que estuviera en la taberna, así que me dio una pequeña jarra de cerveza con cuello ancho y me dijo, 'Ve afuera y siéntate en el borde de la acera y disfrútala'. De modo que salí y me senté en el borde de la acera a disfrutar la cerveza y unos bizcochitos salados que tenía, cuando llegó el Ejército de Salvación. Bueno, ahí estaban frente a mí, mientras rezaban todo tipo de salmos y pedían por mi salvación. Deben haberse llevado una gran impresión al ver a una niñita tomando cerveza. Recuerdo que le grité a mi abuelo, 'Hay una gran banda musical aquí afuera'.

Aquella pequeña niña con su graciosa melena pudo observar la vida desde la primera fila en toda su crudeza. Desde la esquina que formaban las calles Liberty y 11, vio la vida y las personas tal y como eran, y no todo lo que observaba era tan benévolo como la banda del Ejército de Salvación que se detuvo delante de ella. Cuando caminaba por la acera, conversaba con prostitutas, miembros de la mafia, hombres que regresaban de las acerías, con Mamooch —una mujer italiana que rezaba mientras deambulaba por las calles— y con los negros que compartían el barrio. Este carrusel humano en movimiento perenne infundió en la niña empatía por los extraños y le enseñó cómo relacionarse fácilmente con individuos que procedían de diferentes entornos. En este laboratorio humano, la pequeña Rita absorbió la miseria del mundo y el humor oculto que pocos logran sacar a la luz.

Más o menos en aquella misma época, Mae Rizzo abrió una tintorería al lado de la taberna de su padre tras un corto aprendizaje con un sastre y un tintorero. Éste sería el primero de muchos intentos empresariales en los que se metió con el fin de poder mantener a Rita sin ayuda de la familia. Si tenía que vivir bajo el mismo techo de ellos, al menos iba a demostrarles que ella sola podía mantener a su hija, sin ayuda de nadie.

Mae manifestó la misma vena independiente en cuestiones de fe. Aunque el clan de los Gianfrancesco no acostumbraba a ir a la iglesia, Mae empezó a asistir con frecuencia a la Iglesia de San Antonio. Como esposa abandonada, encontraba en la iglesia y en el parroco, el padre Joseph Riccardi, una sensación de consuelo y paz. Organizaba festivales italianos como voluntaria de la parroquia, uno de los cuales sirvió de escenario a una de las primeras presentaciones públicas de Rita Rizzo. Un par de años después que *The Jazz Singer* de Al Jolson cautivara al país en 1927, Rita, con seis años, lo interpretó en el escenario del salón parroquial, donde cantó «Danny Boy» vestida con un trajecito de varón.

—El escenario me parecía gigantesco... Mamá estaba petrificada, de modo que me dijo, 'Mira, voy a estar ahí mismo en el público, así que no me quites la vista y todo saldrá bien. Lo único que tienes que hacer es cantar la canción, ¿está bien?' Yo le contesté, 'Está bien', y de buenas a primeras mi tío me empuja, se abre la cortina y ahí estoy yo. Así que comienzo a cantar. Y justo en la parte en que Al Jolson empieza a llorar porque Danny Boy se ha muerto, no pude encontrar a mi madre. Alguien se debe haber parado delante de ella, y yo empecé a llorar desconsoladamente porque no podía verla. Seguí cantando '¡Oh Danny boy!', mientras lloraba como un bebé. Al poco tiempo, todos en el lugar también lloraban. Pero, de repente, veo a mi madre, paro de llorar inmediatamente, y sigo con la canción. Salió perfecto. Mi tío Nick se arrebató. Me cargó y me lanzó hacia arriba mientras todo el mundo gritaba y aplaudía —contaría Madre Angélica.

Aun a esa tierna edad, Rita recibía elogios quizás no tanto por su actuación como por su habilidad para manifestar en público sus verdaderos sentimientos. El público se relacionó con la humanidad esencial de la niña y reaccionó con su amor. Pero esta alegría pasajera no duró mucho.

A finales de los años 1920, la Mano Negra desató una campaña de terror y violencia en Canton. Aquella locura malévola no encontró mucha oposición por parte de la policía de la ciudad, que era cómplice en los crímenes. Uno de los asesinatos más notorios en aquel entonces fue el de Don Mellet, el dueño del periódico *Canton Daily News,* un defensor de causas que fue baleado en su garaje luego de haber escrito una serie de artículos donde divulgaba las operaciones de contrabando y prostitución que tenían lugar en el pueblo. Saranus Lengel, que era el jefe de la policía de Canton, un detective y otros más fueron luego declarados culpables del asesinato.

Como no podían confiar en la debida ejecución de la ley, Rita, Mae y muchos de sus vecinos se daban por entero a la única institución respetable que tenían a su alcance: la Iglesia Católica, que era bastante fuerte en Canton y tenía una gran influencia en la vida de los feligreses.

La Madre Angélica, su mamá y otras personas del pueblo relataban la historia de cómo el padre Joseph Riccardi descubrió que la mafia escondía bebida de contrabando en un lugar del que nadie podría sospechar: el patio de la escuela de San Antonio. El sitio servía el doble propósito de brindarle a la mafia una excelente pantalla donde guardar aquella bebida ilícita de mala calidad, y a la vez humillar al incorruptible párroco. Sin ceder terreno y desafiando una amenaza de muerte, el padre Riccardi instaló reflectores en el patio de la escuela y les avisó a las autoridades locales. Alguien le debió haber informado al sacerdote, de treinta y dos años, que las autoridades estaban en la nómina de los gángsteres.

Pero lo que en verdad causó la ira de la Mano Negra fue el hecho de que el padre Riccardi anunciara que iba a mudar la Iglesia de San Antonio del corazón del territorio de la mafia a la relativamente tranquila calle Once del sureste. La presencia de la iglesia le daba a la barriada y a los «negocios» un aire de respetabilidad. Quizás también era un lugar útil para resolver confidencialmente asuntos ilegales. Cualquiera que fuera el motivo, la mafia estaba completamente renuente a dicho traslado, y preferían que la nueva iglesia se fabricara en la calle Liberty, en el mismo lugar de la anterior. Muchos feligreses solicitaron bajo coacción que la corte expidiera un mandamiento judicial para detener temporalmente la fabricación de la iglesia en la calle 11.

Finalmente, el padre Riccardi se impuso y una nueva iglesia dedicada a San Antonio se levantó en una zona mejor del sureste de Canton. El obispo Schrembs, de la Diócesis de Cleveland, alabó al joven sacerdote:

—El Padre Riccardi ha luchado para que se cree una colonia italiana decente y honrada, libre de la influencia de los establecimientos de juego y de contrabando, y de las casas de mala reputación que infestaban la zona donde se encontraba la antigua iglesia —dijo el obispo.

El domingo 10 de marzo de 1929, la Mano Negra respondió.

Cuando terminó la misa de las nueve de la mañana, el padre Riccardi se dirigió hacia el fondo de la iglesia para un bautizo. En el vestíbulo, se encontró a Maime Guerriei, una mujer de veintisiete años de pelo grasiento que iba acompañada de su hija de cinco años.

—Me alegro que hayas puesto a la niña en la escuela de nuevo —le dijo el sacerdote a la mujer. Antes de que pudiera decir nada más, Guerrieri haló por una pistola y le disparó cinco tiros a quemarropa. Dos de las balas hirieron al padre Riccardi. Murió ese mismo día.

En el juicio, la acusada, Guerrieri, fue encontrada «no culpable de asesinato... por la razón única de demencia». Los fieles de la parroquia quedaron muy afectados, y Rita se tropezó, a los seis años de edad, con su primer mártir.

—Nunca antes había llorado una parroquia entera de la forma en que todos lloramos. Simplemente, fue una terrible violación de la justicia, y quedó sin castigar. —La Madre Angélica frunció las cejas y meneó la cabeza con indignación al recordarlo—. Creo que sufrimos una gran pérdida, porque el padre Riccardi nos entendía.

Para Rita y Mae, el último pilar que ofrecía sostén a sus vidas se había desmoronado. Luego, en octubre de 1929, vino la Gran Depresión y devoró los pocos ahorros que tenía la gente del sudeste de Canton y de otras partes. Desde entonces, Mae Rizzo se negó a depositar su dinero en un banco de nuevo. Siempre a la expectativa de un segundo derrumbe, Mae apilonaba su dinero en una bolsa para tenerlo al alcance. La muerte del párroco y la inseguridad financiera que predominaba fue el preludio de un espiral cuesta abajo de serios reverses que pondrían a prueba a la madre y a la hija.

En 1930, John Rizzo regresó a Canton y visitó a su familia en casa de los Gianfrancesco. Aunque Mae todavía estaba enamorada de John, había dejado de confiar en él desde hacía mucho tiempo. La difícil reunión no llegó a nada y Mae bruscamente le pidió que se fuera. El 24 de septiembre de 1930, presentó una demanda de divorcio en la corte del condado de Stark, en Canton. El documento hacía referencia a la «extrema crueldad» de John: los golpes, los insultos y su incapacidad para mantener a su familia. Le rogaba a la corte que le otorgaran una pensión alimenticia y la custodia de Rita.

La niña de siete años trataba de entender todo aquello: el matrimonio abusivo, las largas ausencias de su padre y el derrumbe emocional de su madre, la única de sus dos progenitores a quien en verdad conocía. Aunque lo más lógico hubiera sido que buscara consuelo en su madre, Rita sabía, aun a los siete años, que no sería posible. Mae era incapaz de enfrentarse con la irrevocabilidad del divorcio, y cada vez se ponía más histérica y dada a ataques de llanto. Rita sólo podía depender de sí misma.

—A veces, me preguntaba si existía un Dios, y si existía, por qué no me permitía a mí tener una familia al igual que a los otros niños —observaba la Madre Angélica con mirada distante.

—Fue adulta toda su vida —comentó Joanne Simia, la prima de Angélica—. No tuvo niñez.

Con el paso de los años y a través de su cadena de televisión, Rita iluminó la oscuridad que existe frecuentemente en lugares donde se congregan aquéllos que el mundo ha olvidado: bares, hogares de ancianos, hospitales y moteles derruidos. Al oírla hablar, estos seres sentían que ella entendía sus dolores, sus matrimonios destruidos, sus dependencias en el alcohol y sus familias disfuncionales. Ella era como uno de ellos. Detrás del velo, de los ojos centelleantes y de su sonrisa llena de arrugas, sentían que ella también, al igual que ellos, había sufrido heridas. Y de hecho, así era.

El comienzo del infierno

EL 10 DE MARZO DE 1931, la corte le confirió a Mae la custodia de Rita y cinco dólares a la semana para la manutención de la menor.

—Y ahí fue cuando comenzó el infierno —diría la Madre Angélica.

El estigma de un divorcio y el reto para ganarse la vida en el apogeo de la Depresión sacudió las vidas de Rita y Mae. El hecho de que John Rizzo rara vez cumplía con el pago de manutención era otro factor en contra. A veces, Rita iba a la corte y encontraba que el dinero no había llegado. Una de esas veces, la agalluda niñita de nueve años localizó a su padre en la tienda de artículos de hombres donde éste trabajaba.

—Le pedí el dinero de la pensión alimenticia y me dio cincuenta centavos. Así que a la semana siguiente, fui a la corte. El escritorio parecía estar a más de veinte pies de altura, de modo que le dije a la señora que yo venía a buscar el dinero de la pensión alimenticia. Me dijo, 'Cariño, tu papá te dio cinco dólares la semana pasada'. Yo le dije, 'No, no es cierto; me dio cincuenta centavos'. Entonces ella me enseñó el recibo que yo le había dado a él la semana anterior. Resulta que le había añadido una coma y un cero para que pareciera que eran cinco dólares. Nunca más regresé. Nunca más volví a buscar la pensión alimenticia —dijo la Madre Angélica.

Para poder llegar a fin de mes, Mae había abierto otra tintorería. Se había mudado de la casa de sus padres por causa de varios desacuerdos con sus hermanos. Entre 1933 y 1937, Mae y Rita vivirían en una serie de apartamentos de un dormitorio en malas condiciones y a veces infestados de ratas, donde casi siempre Mae dividía el espacio para sacarle mayor provecho. La parte de adelante era para el negocio y la parte de atrás para dormir. Cuando Rita y su madre discutían, la niña se quedaba en casa de amigos de la familia, a veces con Victoria Addams, una mujer que tenía relaciones amorosas con John Rizzo. Tanta inestabilidad tuvo un efecto negativo en Rita.

Sus calificaciones en el colegio de San Antonio empezaron a bajar. Eso quizás se debía en parte al trato cruel que le daban las monjas por ser hija de padres divorciados. Al principio de los años 1930, la mayor parte de los católicos consideraban que el divorcio era algo bochornoso y un grave pecado, en particular los católicos italianos. En San Antonio, Rita Rizzo era la única en la escuela cuyos padres estaban divorciados.

En 1933, la hermana a cargo de la clase de Rita le pidió a cada estudiante que vendiera una suscripción a una revista católica. Rita dijo que ella quería dos porque era muy probable que su tía Rose comprara una. La monja le contestó con brusquedad:

—Ah, toma solamente una. Siempre quieres parecer tan importante y a fin de cuentas no vales nada.

Lágrimas corrieron por las mejillas de Rita.

—Odiaba a esas monjas, las odiaba —comentó después.

Cuando Rita regresó a su casa, Mae presintió que algo había pasado, pero la niña rehusó hablar. Mae consiguió hablar por teléfono con la mamá de una compañera de clase de Rita, y al enterarse de lo que había sucedido se indignó de tal forma por el modo en que habían tratado a su hija que en represalia sacó a Rita de San Antonio y la matriculó en la escuela pública.

Un tiempo después, un sacerdote convenció a Mae de que volviera a poner a Rita en la escuela San Antonio. Pero durante la Navidad del año siguiente tuvo lugar un nuevo y desagradable incidente. Cuando terminó la fiesta de Navidad, las monjas repartieron juguetes a los niños. Éstos abrían contentos sus regalos y miraban con alegría la chuchería que les había tocado, y se la enseñaban a los demás. Cuando llamaron el nombre de Rita, ella se acercó para recibir su regalo.

—Me dieron un yoyo. Estaba viejo y rayado, con nudos en el hilo y no se podía usar. Así que me fui a casa. Mi madre me preguntó de dónde había sacado aquel yoyo y cuando le dije que la hermana me lo había dado, fue el colmo para ella.

Mae y Rita fueron apresuradamente a la rectoría de San Antonio, donde Mae le dijo al párroco todo lo que pensaba de la situación. Le dijo que veía el regalo como un desprecio hacia su hija, y que a su hija nadie la iba a despreciar. Antes de irse, le dio de baja a Rita de San Antonio por última vez.

El estigma del divorcio también aislaría a Mae de la iglesia, que durante tanto tiempo le había servido de apoyo. No se había confesado desde el divorcio, pero sus amistades la animaron a que recibiera el sacramento de manos de un misionario que visitaba la parroquia. Cuando Mae confesó que había pecado por divorciarse, el sacerdote «se encolerizó».

—¿Cómo? —dijo el sacerdote—. ¿Te das cuenta de que al divorciarte te has excomulgado tú misma?

—¡En vez de tratarla con bondad y amor, la atacó! —dijo la Madre Angélica—. No tuvo tan siquiera la oportunidad de decirle que ella no se había casado de nuevo y que obedecía las leyes de la Iglesia.

Mae abandonó furiosa el confesionario y no regresó a la Iglesia durante una década.

Más o menos en aquel mismo entonces, el negocio de Mae se iba a pique. Los clientes que iban a recoger sus ropas le prometían pagarle a la semana siguiente, pero rara vez lo hacían. Su orgullo no le permitió regresar a casa de su familia, por lo que ella y su hija se las arreglaban como mejor podían, a veces compartiendo un pedazo de salchicha y de pan a la hora de la cena. Fiel a su ideal de autosuficiencia, Mae rehusaba pedirle ayuda a los Gianfrancesco por muy graves que fueran las circunstancias.

Ante el resto del mundo, Mae Rizzo era la vívida estampa de la confianza en sí misma. Usaba aún sombreros de moda y conservaba la fachada de ligera arrogancia que mantenía a los extraños a una distancia prudente. Todos los que la conocían recordaban a una mujer de conversación entretenida que podía cautivar la atención de su interlocutor cualquiera que fuera el tema que tratara. Su hija heredó ese don. Pero emocionalmente, Mae Rizzo se desmoronaba. Ya en 1934, la pobreza y la depresión crónica la llevaron hasta el límite. En casa, ante su desconcertada hija de once años, Mae rompía a llorar y se lamentaba de la calidad de vida que le había dado a su hija, de la falta de educación que limitó sus opciones y del daño que le había hecho su esposo. Tres años después del divorcio, Mae no podía arrancarse a John Rizzo del corazón. El solo hecho de verlo con otra mujer la encolerizaba.

El que John Rizzo saliera con otras mujeres sólo servía para aumentar la depresión de Mae y traerle pensamientos oscuros y destructivos.

—Constantemente amenazaba con suicidarse —reveló la Madre Angélica—. Y cuando yo regresaba de la escuela, no sabía si me la iba a encontrar viva o muerta. No podía estudiar ni concentrarme.

Su fijación con el estado mental de Mae y su lucha sin tregua por sobrevivir privaron a Rita de entablar cualquier tipo de relación con otras personas. La sensación de que en alguna forma ella había contribuido a la situación en que se veía su madre sólo servía para intensificar su apego a Mae, quien se convirtió en el centro de su atención.

—La mayor parte del tiempo, yo me ocupaba de ella —me dijo la Madre Angélica—. Por eso nunca tuve amigos, nunca jugué con muñecas. Para mí, la vida era algo muy serio.

Los papeles estaban invertidos, y Rita se convirtió en la madre y era la que cuidaba del estado emocional de Mae. A los once años de edad y casi sin poder ver por encima del tablero del auto, Rita ya manejaba el auto de Mae para hacer las entregas de las ropas almidonadas de los clientes de su madre y cobrar las facturas los sábados. A veces, lograba regresar a casa con algunas ganancias, lo cual desencadenaba una celebración en la biblioteca pública, donde Mae se enfrascaba en los libros y Rita disfrutaba de las revistas de historietas cómicas y de una caja de caramelos. Pero casi siempre, la niña regresaba con las manos vacías al terminar las entregas, lo que causaba que las lágrimas de Mae corrieran por sus mejillas. Rita absorbía la tristeza de su madre sin poder hacer nada.

—Si el Señor no me hubiera sacado a flote, mi vida hubiera sido muy miserable —contó la Madre Angélica en un momento de reflexión—. Nunca vi un cambio. Sentía que las cosas eran así desde que nací, y que así moriría. No estaba amargada, sólo resignada.

Pero entonces los milagros entraron a formar parte de la vida de Rita Rizzo por primera vez. Un día que regresaba de una visita al dentista en el centro del pueblo, la larguirucha niña miró a ambos lados antes de lanzarse a cruzar el ancho bulevar para tomar un autobús. Sus calcetines gastados bailaban en sus tobillos. Caminaba hacia el centro de la calle cuando de pronto escuchó el chillido de una mujer. Cuando miró por encima de su hombro derecho, Rita vio dos faros delanteros que se le venían encima. Se quedó helada. El áspero sonido de un motor retumbó y sonaba más fuerte. Rita cerró los ojos, a unos segundos del impacto, paralizada por el miedo.

—De repente, sentí como si dos manos me tomaran por debajo de los brazos —casi puedo sentirlas cuando hablo de esto— y me colocaron donde estaban los autos estacionados —me dijo la Madre con un susurro lleno de reverencia—. Los transeúntes quedaron sorprendidos de lo que vieron y me miraban incrédulos.

Al día siguiente en el autobús, el chofer le dijo a Mae que había presenciado «un milagro», y que jamás había visto «a alguien saltar tan alto». Tanto la madre como la hija consideraron esta «fuerza ascensional» como un toque de gracia durante un momento muy sombrío de sus vidas.

Ya cuando Rita, de catorce años, iba a entrar en la secundaria en 1937, su madre y ella no podían subsistir por sí solas. Las presiones económicas las obligaron a regresar a la casa de los Gianfrancesco, donde aun vivían los abuelos, tío Pete y tío Frank. Pero la casa era ahora diferente. Anthony Gianfrancesco había sufrido un ataque de apoplejía al enojarse con alguien en la taberna. Había quedado paralizado de un lado del cuerpo y caminaba cojo por la casa con la ayuda de un bastón. Esta condición empeoró su irascible temperamento italiano y contribuyó a crear más tensión en el hogar. A pesar del reto en el ámbito doméstico y del orgullo herido de Mae al tener que regresar a la casa de sus padres, al menos Rita y ella podían contar con un plato de comida todos los días, y con un techo bajo el que cobijarse.

Para evitarle más disgustos a su madre, Rita se esforzaba por sacar buenas notas en la escuela McKinley High School, no siempre con buenos resultados. En su segundo año, la señorita Thompson, su maestra de economía del hogar, vio algo en la enjuta y solitaria muchacha cuyo nivel académico estaba por debajo de su capacidad. La maestra anunció en la clase que había alguien en el aula que podría sacar notas sobresalientes y ser la estudiante más popular de la escuela si tratara. Después de terminar la clase, la señorita Thompson acorraló a Rita.

—Tú sabes que hablaba de ti —le dijo la maestra.

—Sí —respondió Rita.

—Pues bien, ¿qué vas a hacer al respecto?

—Nada —dijo Rita con actitud desafiante—. No me gusta la gente, y usted no me agrada.

Camino a casa, Rita se arrepintió de haber sido tan desagradable, pero le resultaba difícil domar su colérico temperamento. De todos modos, no podía tener amistades. Mae se sentiría incómoda y vería como una amenaza a cualquiera que reclamara la atención de Rita. Por el bien de Mae, Rita se había convertido en una persona solitaria.

Días después de haber conversado con la maestra de economía del hogar, el director de la banda de McKinley High se acercó a Rita para preguntarle si le gustaría ser batonista de tambores y encabezar la banda. Para reparar lo insolente que se había comportado con la señorita Thompson, y sin saber nada de música, aceptó el reto. Reflexionando en el pasado, la Madre Angélica cree que la señorita Thompson y las otras maestras se pusieron de acuerdo para ayudarla. En el verano de 1939, Rita ingresó en la banda como batonista.

—Giraba el batón muy bien —recordaba Blodwyn Nist, su compañera batonista—. Tenía unas manos grandotas y lo hacía muy bien.

Nist y Rita fueron las primeras mujeres batonistas en la historia de McKinley High, y se presentaban juntas en juegos, desfiles y otras funciones comunitarias. De acuerdo a Nist, Rita era una muchacha amistosa con un gran sentido del bien y del mal.

Pero parece haber discrepancias entre el recuerdo que Angélica tiene de sí misma durante aquella época y lo que el público recuerda. O bien Rita siguió el ejemplo de su madre y adoptó en público una máscara alegre para tapar inseguridades y temores que enturbiaban su vida diaria, o bien la reciente oportunidad para socializar que se le presentó como batonista sacó a relucir un aspecto más ligero de su personalidad. Sea como sea el caso, ninguno de sus contemporáneos fueron lo suficientemente allegados a ella para saber la verdad. De acuerdo a entrevistas con sus compañeros de clase, Rita no tenía amistades íntimas en McKinley High y, aparte de sus deberes como batonista, era muy reservada. Al igual que su madre, Rita podía resultar obstinadamente autosuficiente y desconfiada de otros.

Nunca asistió a ninguno de los bailes de la escuela, y tampoco nadie recuerda que haya salido con ningún chico.

—Nunca salí con nadie, nunca quise —la Madre me confió—. Sencillamente, no lo deseaba. Supongo que al haber experimentado lo peor de la vida matrimonial, no me resultaba muy atractiva.

En 1939, el barullo de los juegos de fútbol americano crispaban los nervios de Rita. El bullicio de la multitud y hasta la cháchara de la escuela irritaban a aquella muchacha de dieciséis años. Sentía como si el mundo se le viniera encima. Para escapar de la algarabía, por las tardes salía de McKinley High prácticamente a la carrera. Decidió buscar atención médica debido a lo alterada que se encontraba. El médico le diagnosticó una deficiencia de calcio, que supuestamente contribuía a su condición nerviosa. Le recetó inyecciones de calcio y medicina para los nervios. Pero lo más probable es que la causa de sus problemas no se debía a que tuviera falta de minerales.

En casa, Mae sufría su propio colapso: los ataques de llanto eran cada vez más frecuentes, al igual que las amenazas de que se iba a suicidar. Las tácticas de Rita para sacar a Mae de su profunda depresión resultaron fallidas. Preocupada que su madre estaba «fuera de sí» y sufría de «fatiga absoluta», Rita decidió que Mae necesitaba salir de Canton un tiempo. con la bendición de sus abuelos, Rita mandó a Mae, que estaba hundida en su primera crisis nerviosa, a Philadelphia a quedarse con su hermana Rose.

Rita, que se había quedado en Canton y se sentía culpable y ansiosa, trató de seguir una rutina normal. Iba a clases, ganaba dinero como maestra de batuta y vivía con los Gianfrancesco. Pero el desaliento pronto se apoderó de ella: temía que su suerte nunca mejoraría y que su madre quizás no se recuperaría. De este apático amasijo de miserias surgiría un dolor que daría nueva forma a Rita Rizzo y que la impulsaría hacia una vida que nunca hubiera imaginado en aquel entonces.

2
El don del dolor

UNA CAPA DE NIEVE cubría las entradas de las casas en la calle
Once aquella noche de 1939. Eran unos copos enormes que crea-
an un manto que tapaba la parte inferior de la pequeña cerca de
madera dañada por las inclemencias del tiempo que había frente a
la casa de los Gianfrancesco. Rita, sentada a la mesa del espacioso
comedor de paredes empapeladas de casa de su abuela, comía sin
entusiasmo los tallarines que tenía servidos, mientras cernía el olor
a orégano y ajo como incienso en el ambiente. Poco sabía que estaba al suceder algo daría a luz una faceta de su persona que en-
sombrecería el resto de su vida.

A pesar de que sus cansados ojos pardos no expresaban ninguna
emoción, Rita experimentaba conflictivos sentimientos de alivio y
añoranza al mismo tiempo cuando sopesaba la ausencia de su madre de aquella mesa tan gastada. Sentado frente a ella estaba su tío
Pete, el solterón del clan de los Gianfrancesco, quien se inclinaba
sobre su plato y comía mientras escuchaba un programa cómico en
la radio. La abuela Gianfrancesco le hizo un gesto a Rita con su
mano delgada que no parecía corresponder al resto de su regordeta
figura, para animarla a que comiera. Rita movió la comida en el
plato pero comía muy poco. Ya fuera por la medicina para los nervios o por el estrés, el hecho era que sentía algo raro en el estómago.
Padecía de ligeras náuseas esporádicas que estropeaban su apetito.
Rita no le prestaba mucha atención al malestar.

Tenía diecisiete años, y muchas cosas de las que ocuparse para pensar en sí misma. Con el fin de ganar dinero, dividía su tiempo libre entre las clases de batuta que impartía y un trabajo en una fábrica de candelabros litúrgicos. Todas las semanas, le mandaba diligentemente un dólar de su sueldo a su madre, quien permanecía en Philadelphia.

El tío de Rita no pudo contenerse de hacer comentarios sobre la situación.

—¿Cuándo regresa tu madre a casa? —le preguntó su tío Pete con la boca media llena de comida.

Rita encogió los hombros desde el otro lado de la mesa.

—¿Por qué la vaga esa no regresa a casa? —continuó Pete mientras insertaba el tenedor en la carne que tenía ante sí, riendo—. Qué buen arreglo, tú trabajas y le mandas dinero mientras ella se toma unas vacaciones en Philadelphia.

Rita no levantaba la vista de su plato. Pero sus ojos entrecerrados estaban llenos de furia, de dolor y de un odio instintivo por la injusticia de aquellas palabras. Únicamente ella sabía lo que su madre había pasado. Únicamente ella había presenciado cómo ridiculizaban a Mae por ser divorciada, cómo planchaba las ropas de otros hasta bien avanzada la noche, cómo aquella escultural mujer iba a las entrevistas de trabajo para regresar a casa destruida y derrotada, llorando y dando chillidos.

—¡Qué mujer más vaga! Y qué buena vida se da —continuó el tío Pete.

Sin decir una palabra, Rita agarró el cuchillo de punta afilada que estaba en la mesa y lo lanzó en dirección a su tío. El cuchillo perforó el papel de la pared a unas pulgadas del atónito blanco. El tío Pete se quedó pálido, casi sin poder respirar. La abuela Gianfrancesco bajó el tenedor suavemente, como si cualquier movimiento repentino pudiera provocar que los cubiertos volaran de nuevo. Hubo un silencio absoluto. Rita se levantó de la mesa y salió hecha una furia a la calle cubierta de nieve. Fue un temprano atisbo de la indignación que se apoderaría de ella siempre que sentía que atacaban a personas allegadas.

—Caminé y caminé sin parar aquella noche. Y me di cuenta que había algo dentro de mí capaz de hacer daño, de matar —dijo más tarde—. En ese momento, decidí que fuera lo que fuera lo que tuviese dentro, tendría que controlarlo totalmente. Se puede ver la providencia de Dios, porque Él me permitió ver de lo que yo era capaz. Y supe que *tenía* que cambiar, aunque no sabía cómo.

Las calificaciones de Rita demostraban el torbellino en el que vivía. Al final de su tercer año en la secundaria, había perdido casi dos meses y había reprobado tres cursos. Nada de esto se le comunicó a su madre, cuyas lágrimas atemorizaban a Rita como ninguna otra cosa. A escondidas, se matriculó en el curso de verano e inventaba historias para justificar su ausencia de la casa.

De hecho, las clases de verano significaron el fin de la carrera de batonista de Rita. A pesar de que luego comentó que fue «la cosa más tonta» que jamás había hecho, el dirigir la banda le dio a Rita una soltura y una confianza en sí misma ante el público que no hubiera jamás logrado de otra forma. La única foto que se ha visto de Rita con su uniforme de batonista muestra una artista natural, llamativa y perfectamente segura de sí misma, orgullosa de su perfecta pose: la cabeza echada hacia atrás y una pierna ligeramente doblada.

A su regreso de Philadelphia, Mae Rizzo estaba mejor, aunque no totalmente recuperada, y venía armada con una nueva meta en la vida. Se prometió a sí misma encontrar un empleo fijo. Pero su búsqueda no llegó a nada.

Rita interiorizó las desilusiones de Mae y decidió actuar a pesar de sus propias batallas académicas. Con audacia, Rita se presentó en el ayuntamiento para hablar con el alcalde republicano de Canton, James Seccombe. Rita, que era espabilada en cuestiones de política, usó un ángulo que le permitiera a su madre obtener un empleo con la ciudad.

—Mi madre ha trabajado en los precintos del partido republicano toda su vida —le explicó Rita al alcalde Seccombe—. Pero no puede encontrar empleo en la actualidad. Yo creo que ella se merece algo a cambio de toda su labor.

—Yo creo lo mismo —le dijo el alcalde, impresionado por la tenacidad de la muchacha—. Tendrá que someterse a un examen para ingresar en la administración pública.

—Está bien —dijo Rita.

—Dile a tu madre que le escriba una carta al comité ejecutivo —le indicó el alcalde. Rita voló a casa para darle a su madre la buena noticia.

Mae se puso eufórica hasta que escuchó lo del examen. Ahí se llenó de pánico. Acosada por viejas inseguridades, Mae estaba al darse por vencida.

—Yo no puedo pasar ningún examen —dijo.

—Inténtalo, sólo inténtalo —dijo Rita animándola.

En McKinley High, Rita se enfrentaba con un último año escolar difícil, cargado de cursos adicionales para compensar por las clases que había suspendido el año anterior. Su expediente académico reflejaba que sus clases incluían economía del hogar, teneduría de libros, técnicas de venta, mecanografía y hasta interpretación de planos. Cada una de las clases le brindaría una habilidad decisiva que usaría luego en la vida, pero en aquel entonces sólo constituían una colección poco coherente de cursos con el fin de obtener el diploma.

Con su etapa de batonista ya en el pasado, Rita se replegó dentro de un cascarón con el único propósito de graduarse con el resto de su clase.

El regalo

UN DÍA DE DICIEMBRE EN 1940, Rita iba camino a su casa procedente de la escuela cuando recibió lo que después llamaría «el regalo más grande que Dios me ha dado». Al llegar a la casa de los Gianfrancesco, se sintió mal del estómago y empezó a hacer arcadas. En la entrada, doblada del malestar, sintió que las rodillas y los codos le flaqueaban y la frente se le llenaba de sudor. La abuela le dio unos vasos de agua tibia, que de poco le sirvieron. Los espasmos continuaron durante una hora entera.

Cuando se le pasó el malestar, sufrió de una diarrea que le duró veinticuatro horas. Sus mejillas, antes llenas, le colgaban por los lados de su cara de porcelana. Cada vez que intentaba comer, sentía como si pedazos de vidrio le rasgaran los intestinos. Durante los días que siguieron, no podía asimilar la comida, lo que la obligó a adoptar una dieta limitada a galletitas, té y alimentos suaves que su sistema podía tolerar.

A principios de 1941, cuando contaba con dieciocho años, sufría de aquellos espasmos alrededor de tres veces a la semana. Pero aun en el medio de aquel estrés, Rita seguía enfocada en el bienestar de su madre.

Semanas después de haberse presentado para el examen de administración pública, Mae seguía sin tener noticias del ayuntamiento. Aquella espera probablemente contribuyó a que sufriera una segunda crisis de nervios y tuvo como resultado una nueva visita de seis semanas a Philadelphia.

Forzada por las circunstancias a comportarse con la sensatez de un adulto, Rita se vio de nuevo sin su madre en vísperas de su graduación de McKinley High. La Madre Angélica me contó que aunque no resentía la falta de su madre, esto la obligó a darse cuenta de que no podía esperar que nadie se ocupara de ella —ni su madre, ni su padre, ni tan siquiera sus abuelos. Su futuro dependía completamente de su propia inventiva. Consciente de ello, Rita comenzó su búsqueda solitaria para encontrar trabajo.

Agotada emocionalmente y sin empleo, Mae Rizzo estaba sin dinero al regresar a Canton. El 22 de mayo de 1941, elevó una petición en la corte del condado de Stark para cobrar $2.098.50 atrasados que su ex esposo le debía en pensión alimenticia. No es seguro si la corte le otorgó o no el dinero, pero el 1 de julio de 1941, después de aprobar el examen de ingreso a la administración pública, Mae empezó a trabajar como tenedora de libros en la oficina de la planta de tratamiento y depuración de agua de Canton. El trabajo le sirvió a Mae para sentirse más segura y equilibrada. Como muestra de su nueva abundancia económica, revistió el cuarto que compartía con su hija en la casa de los Gianfrancesco con cubrecamas nuevos de satín, vuelos, cortinas para las ventanas y lámparas, cosas que jamás hubiera podido costear antes. Estos nuevos gustos ayudaron poco a Rita, cuyo problema estomacal cada día empeoraba más.

A fines de julio, los abuelos de Rita, muy preocupados, le pidieron a su médico, el Dr. James J. Pagano, que le hiciera un examen estomacal a su nieta. El doctor visitaba con frecuencia la casa de la calle Liberty desde que Anthony Gianfrancesco había sufrido el ataque de apoplejía. Al principio, el doctor pensó que Rita padecía de úlceras o complicaciones de la vesícula. Le recetó las medicinas adecuadas, pero no ayudaron a aliviar el dolor o a quitarle los espasmos, lo que invalidaba el diagnóstico del médico.

Cuando el Dr. Pagano remitió a Rita al hospital Mercy para una serie de rayos X en noviembre de 1941, la muchacha había perdido veinte libras. Los exámenes demostraron que padecía de ptosis del estómago, lo que comúnmente se conoce como «estomago caído». Era una condición que comprimía la entrada del órgano y causaba una obstrucción que obstaculizaba el paso de la comida. El remedio que propusieron fue un cinturón médico hecho a la medida para sostener el estómago de Rita. El cinturón ayudó a hacer la vida de Rita soportable, a pesar de que todo lo demás en su mundo se desmoronaba.

En diciembre de 1941, los japoneses atacaron Pearl Harbor y forzaron a los Estados Unidos a participar en un conflicto mundial. Para un pueblo que producía acero, como Canton, la guerra sirvió para crear trabajos. Rita se unió a las filas de más de mil quinientas mujeres en Canton en la nómina de la guerra. Su seguridad en sí misma y los cursos que tomó en su último año de bachillerato la ayudaron a obtener un puesto en el departamento de publicidad de la Timken Roller Bearing Company, a principios de 1942. En aquel entonces, Timken era un gran centro de producción, de donde salían en el transcurso de dos años cien mil cañones de fusil de una pieza para armas de 37, 40 y 75 mm.

En su función como secretaria del vicepresidente de publicidad de Timken, Peter Poss, Rita desempeñaba varios cargos. Escribía y editaba documentos, organizaba los diseños de las campañas de anuncios, y hasta aprendió a usar algunas de las máquinas.

—El Sr. Poss consideraba que era muy buena —recuerda Elsie Machuga, una de sus compañeras de trabajo en Timken—. Ella era como su mano derecha.

Un día en abril de 1942, Rita fue al salón de señoras en Timken. Se acostó en el sofá con los pies en el brazo del sofá para elevarlos e impedir el espasmo estomacal que sentía venir. A los pocos momentos, sintió una fuerte punzada que le perforaba el estómago. Ya ni el cinturón médico podía controlarle su ondulante estómago.

El 13 de mayo, el Dr. Wiley Scott examinó a Rita por primera vez. Estimó que había que agrandar el cinturón médico y adaptarlo para que fuera como un corsé, y le sugirió que durmiera con los pies elevados ocho pulgadas para mantener el estómago suspendido. No se podía quitar el corsé a no ser que estuviera acostada con los pies en alto. Rita siguió las instrucciones del médico y se le aliviaron los dolores, lo cual le permitió poder regresar a su trabajo.

El 10 de julio de 1942, mientras Mae Rizzo cambiaba las sábanas de la cama de su padre, «dos hombres altos vestidos de blanco» entraron en la habitación. Los hombres llamaron a Anthony Gianfrancesco por su nombre mientras Mae miraba anonadada, con una almohada apretada entre los dientes. Mientras ella trataba de meter la almohada en la funda, su padre se incorporó. Anthony se concentró en los dos hombres extraños, masculló un «Sí», y se tiró hacia atrás para caer en brazos de la muerte. Si los hombres vestidos de blanco eran ángeles o no es un misterio. Pero Mae aseguraba de que los había visto, y contó la historia repetidamente durante años.

Si alguien se hubiera beneficiado de tener a su alcance un par de ángeles en aquella época, era probablemente Rita. Ya en noviembre, tenía «los nervios peor que nunca» y sufría de espasmos de nuevo. «No podía dormir ni comer. Me temblaban las manos y se me acalambraba el brazo izquierdo», escribió Rita sobre su enfermedad. Lo único que la aliviaba, el corsé ortopédico, se le empezó a enterrar en las caderas y le causaba ampollas, que luego se le reventaban debido al uso continuo de la prenda. Para que la piel tuviera tiempo de sanar, se quitaba el corsé y se quedaba en cama. Durante su confinamiento, Rita quiso un día probar su condición médica y decidió levantarse de la cama sin el corsé para ver si se había recuperado. Un dolor que inmediatamente le causó náuseas le atacó el estómago. Cuando miró hacia abajo, se aterrorizó con lo que vio: la piel de su vientre estaba azulosa, de un color morado descolorido. Y más alarmante aun era el hecho de que del lado izquierdo de su estómago sobresalía un bulto del tamaño de un limón.

3
La sanación y el llamado

LOS AGENTES DE LA DIVINA providencia son con frecuencia prosaicos y, por lo general, nada espectaculares. En el caso de Rita Rizzo, la llamada de Dios no llegaría con una estrella vista en el oriente del firmamento ni con una columna de fuego, sino gracias a un ama de llaves que trabajaba en las afueras de Canton.

La tarde del viernes 8 de enero de 1943, Mae Rizzo se dirigía en autobús a su casa. Iba con su pensamiento concentrado en los atormentantes espasmos estomacales de su hija. Con la espalda rígida y el pelo como una delicada escultura, Mae miraba por la ventanilla mientras se preguntaba qué destino le depararía a su hija aquella enfermedad. Rita no parecía estar bien. ¿Cuánto más podría sobrevivir a base de galletitas, té y pan duro? Rita se consumía ante sus propios ojos y no podía hacer nada al respecto. La muerte reciente de su padre le traía a Mae pensamientos sombríos. No podía pensar en perder a Rita porque era todo lo que tenía.

Esta angustia interna se hizo pública cuando Catherine Barthel se montó en el autobús y se sentó al lado de Mae. La diminuta Barthel era una amiga de Mae que limpiaba casas para ganarse la vida, entre ellas una destartalada vivienda en el noreste de Canton. Mae le expresó sus temores a la mujer, y le explicó con lujo de detalles el padecimiento más reciente de Rita. El autobús daba bandazos mientras avanzaba. Dos estatuas de ángeles soplando la trompeta encima de la torre de la corte se vieron brevemente por la ventanilla.

—¿Por qué no llevas a Rita a la señora Wise? —sugirió Barthel.

Mae nunca había oído hablar de Rhoda Wise, una mujer estigmatizada y supuesta taumaturga, que vivía en una casucha de madera pintada de blanco a una cuadra del basurero municipal. Era una de las casas que Catherine Barthel limpiaba cada semana. Wise se consideraba a sí misma receptora de poderes curativos milagrosos, poderes que dejaban una estela de fenómenos supernaturales a su paso.

Los dulces ojos azules de la corpulenta mujer ocultaban el infierno en que había vivido durante casi una década. A principio de los años 1930, el vientre de Rhoda Wise creció, por lo que pensó que estaba en cinta. Los médicos descubrieron posteriormente que tenía un quiste ovárico de treinta y nueve libras. Aquella visita al hospital para que le sacaran aquella masa no fue la última. Deprimida y con instintos suicidas, en 1933 Wise fue ingresada en un hospital estatal. Otros problemas abdominales la obligarían a entrar en el quirófano repetidas veces.

Un día, durante una de las raras veces en que se encontraba con buena salud, Wise pisó accidentalmente un desagüe de aguas negras cuando iba camino a su casa después de una fiesta de Navidad, en diciembre de 1936. La pierna derecha, dañada, se le infectó y a los pocos meses se le empezó a doblar hacia adentro. Una serie de yesos diseñados para enderezarle la pierna no tuvieron efecto.

En 1938, durante otra serie de operaciones abdominales en el hospital Mercy, una de las Hermanas de Caridad de San Agustín visitó a Wise. Ataviada de blanco, Sor Clement rezó con la enferma y le enseñó cómo rezar el rosario y otras devociones católicas. Como era protestante, Wise descartó inmediatamente las sugerencias de la religiosa, especialmente la idea de que le ofreciera nueve días de rezos a Santa Teresita del Niño Jesús para curarse. Pero el dolor la animó a hacerlo.

En una visita posterior al hospital, Wise rezó la novena a Santa Teresita y pronto se convirtió al catolicismo. Dejó el hospital Mercy con una nueva fe y una herida abierta, a través de la cual se podía ver una sección de sus intestinos. El intestino rasgado le supuraba con frecuencia, y esto le quemaba la piel.

La noche del 27 de mayo de 1939, Wise asegura que Jesús entró en su cuarto y se sentó en una silla al lado de su cama. De acuerdo a ella, el Salvador era iridiscente y Su luz llenó la habitación. Cuando se iba a ir, Cristo le prometió que regresaría.

El sufrimiento de Rhoda Wise era tan intenso que de hecho pedía la muerte cuando rezaba, hasta la noche del 27 de junio de 1939 en que la luz penetró de nuevo en su habitación. De acuerdo al diario de Wise, Jesús se detuvo en el umbral de su puerta mientras Santa Teresita se acercaba a su cama. La santa puso su mano sobre la herida abierta y dijo, «Dudaste de mí antes. Fuiste sometida a la prueba del fuego y estuviste a la altura de lo que se exigió de ti. La fe todo lo cura». Cuando los seres místicos desaparecieron, Wise quedó «estupefacta al ver la herida en mi vientre... completamente cerrada... el intestino rasgado también había sanado completamente».

Wise asegura que Santa Teresita posteriormente la volvió a visitar, esta vez para destruir el yeso y sanar su pierna derecha. Después de una extensa evaluación e investigación, monseñor George Habig, el director espiritual de Wise, le dijo a sus amigos y a las autoridades eclesiásticas que era de la opinión que las sanaciones eran auténticas y sobrenaturales. La noticia de las milagrosas sanaciones atraían entre trescientas y cuatrocientas personas por semana a la casa de Wise. Gente curiosa, escépticos y peregrinos se paraban en línea para pasar a la sala de la pequeña casucha y tocar a la visionaria. Wise se convirtió en un ídolo.

El Viernes Santo de 1942, algo que parecía ser sangre brotó de unas heridas que Wise tenía en la frente. Con el paso de los años, sufriría intermitentemente la Pasión de Jesucristo: la cabeza, las manos y los pies le sangraban profusamente entre las doce del mediodía y las tres de la tarde los viernes. Sus devotos no lo sabían en aquel entonces, pero Wise se había ofrecido a sí misma como «alma víctima» (al igual que Santa Teresita) dos años antes para beneficio de los sacerdotes y los religiosos. Su idea, que se basaba en una tradición católica, era que ofrecerle a Dios su sufrimiento compensaría por las deficiencias espirituales de los demás.

Desde 1940 hasta su muerte, Rhoda Wise serviría de instrumento para un sinfín de milagros. Los reportajes de las noticias de la época contienen testimonios de personas que padecían de cáncer, de infecciones del oído, de problemas mentales y de bocio, y todos sanaron después de visitar a la corpulenta mística.

Catherine Barthel le transmitió a Mae Rizzo pequeños datos sobre esto durante el viaje en el autobús.

La maravillosa historia de Barthel llenó a Mae de esperanza. Después de todo, Catherine conocía a la tal Wise y era su empleada. Tenía que ser cierto. Mientras caminaba hasta la casa, Mae se sintió llena de alegría ante la posibilidad de que Rhoda Wise pudiera liberar a Rita de su aflicción estomacal. Aunque las posibilidades fueran remotas, merecía la pena tratar.

Rita no se sentía tan segura, y encontraba poco convincentes las supuestas señales y maravillas de Wise.

—Estaba tan enfrascada en sobrevivir que la religión no me atraía… Mi nivel en cuestiones de fe no era muy elevado, si es que existía. Pero me sentía tan contenta de que mi madre quisiera ir, que pensé, ¿qué puedo perder? —dijo Madre Angélica.

Aquella misma noche de enero, Rita y Mae se subieron a un taxi y capearon una tormenta de nieve para ir a ver a Rhoda Wise. Cuando llegaron a la casucha, la rechoncha y jovial dueña, cuya rosada piel parecía como el pétalo de un clavel, las recibió en la puerta.

Wise invitó a Rita y a su madre a que pasaran a su dormitorio. Un gran altar engalanado con imágenes de Santa Teresita, la Santísima Virgen y el Sagrado Corazón de Jesús dominaban la habitación. Frente al altar, a la derecha, estaba la silla de madera donde Jesús supuestamente se había sentado durante sus visitas a Wise. Le sugirió a Rita que se sentara «en la silla de Nuestro Señor», mientras ella conversaba con Mae. Antes de que terminara la visita de media hora, Wise le dio a Rita unas «oraciones dedicadas a Santa Teresita y le dijo que hiciera algún tipo de sacrificio. También le pidió que prometiera divulgar la devoción [a Santa Teresita] si

[ella] se curaba». Eso fue todo. Wise no tocó a Rita ni rezó sobre ella. Sólo le ofreció la tarjeta con la novena y acompañó a sus visitantes hasta la puerta.

Rita se fue a su casa e hizo lo que le indicaron. Su madre y su abuela se unían a ella todos los días para rezar la novena. Los espasmos de Rita continuaban, y también el dolor.

Nada sucedió hasta las tempranas horas del 17 de enero de 1943, cuando la novena había concluido. En la oscuridad de aquella hora del amanecer, Rita sintió «los dolores más agudos» que había sentido hasta entonces.

—Sentía como si algo me halara el estómago como sacandomelo —dijo. Para evitar el dolor que sabía le esperaba, Rita consideró ponerse el corsé antes de levantarse. Entonces una voz le ordenó que se levantara y caminara sin él.

—Sabía que no necesitaba más aquel aparato y sabía que me había curado —dijo la Madre Angélica, aunque el estómago aun le dolía—. Sí, tenía dolor, pero era un dolor diferente al otro.

A tientas, se dirigió hacia la cocina, donde la abuela Gianfrancesco cocinaba.

—Abuela, quiero una chuleta de puerco —le dijo.

La encorvada mujer se volteó.

—¡*Testadura!* Tú no puedes comer chuletas de cerdo.

—Sí puedo, abuela. —Rita se levantó la camisa de la piyama y le enseñó el estómago. Ya no estaba azuloso. Y se le había ido el bulto—. He sido curada.

La anciana se volteó de nuevo hacia la sartén y empezó a freír una chuleta. Cuando Mae entró a la cocina y escuchó la noticia, se puso histérica. Presa de euforia y de temor, Mae se alteró tanto que la abuela Gianfrancesco tuvo que darle una cachetada para que se calmara. Mae abrió la puerta de la cocina todo lo que daba y gritó por encima de las parras en la dirección de la casa de su hermano Nick.

—Rita está curada. Rita está curada. Es un milagro.

Rita radiaba parada en el solar próximo a su casa, rodeada de los Gianfrancesco. Para probar la autenticidad del milagro, animaba a su prima Joanne, de diez años, a golpearle el estómago repetidas veces. La niña le obedecía. Hoy, Joanne sigue convencida.

—Era como una piedra, completamente curada.

Para verificar la sanación, sometieron a Rita a unos rayos X del estómago el 6 de febrero de 1943. En una carta a monseñor Habig fechada 19 de marzo de 1943, el médico de Rita, el Dr. Wiley Scott, descartó a la muchacha como una «joven neurótica con una mente susceptible a influencias o a la sugestión». La misma Madre Angélica admite que ella sufría de cierta neurosis en aquella época, pero su fuerte y colérico temperamento no parecía ser precisamente susceptible a influencias externas.

El Dr. Scott arguyó que los cambios que él mandó a hacer al corsé de Rita en mayo de 1942 produjeron una «sugestión mental» que la hizo pensar que su condición había mejorado. La sugestión no debe haber surtido mucho efecto, o de lo contrario, ella no se hubiera quejado ocho meses después de que el dolor le había empeorado, ni hubiera acudido a los servicios de una curandera. También es difícil creer que una mera «sugestión mental» haya tenido el poder de eliminar un descolorido bulto abdominal.

Al final de la carta, el Dr. Scott condenó la sanación, y declaró que «los rayos X del 6 de febrero de 1943 no mostraban cambio anatómico ninguno». Pero dicho diagnóstico es cuestionable. Al principio de la misma carta, el Dr. Scott se contradijo al escribir, «Vi los primeros rayos X que se le hicieron en el hospital Mercy. *No he visto los del 6 de febrero de 1943* [la letra cursiva ha sido añadida]». Si él no había visto estos rayos X que se tomaron después de la supuesta sanación, ¿cómo podía el doctor evaluar de una manera creíble la situación actual de Rita, u ofrecer una opinión médica honesta en base a un estudio comparativo? O bien esto era una flagrante errata, o sirve de evidencia de que el Dr. Scott nunca vio los rayos X que se tomaron después de la sanación y presentó una opinión basada mayormente en el estado emocional de Rita y en visitas previas a su oficina. En vista de que los informes médicos de Rita ya no existen, no hay forma de hacer un análisis independiente.

—Todo lo que sé es que aumentaba de peso, mientras que antes bajaba de peso. No me interesaba el informe del médico. Me importaba un bledo —dijo la Madre Angélica. Para Rita, la sanación fue una experiencia que la transformó, un hito que dio una total y nueva orientación a su vida.

El romance

—CUANDO EL SEÑOR llegó a mí y me curó a través de Santa Teresita, mi actitud era completamente diferente. Supe que había un Dios; supe que Dios sabía quién era yo y que me amaba y que estaba interesado en mí. Antes no sabía eso. Lo único que quería hacer después de mi sanación era entregarme a Jesús —dijo Madre Angélica.

Como no estaba segura de cómo lograrlo, Rita se dirigió a la persona más santa que conocía. Rhoda Wise se convertiría en su modelo de santidad y en una gran influencia espiritual. Cada domingo, las Rizzo se unían a la muchedumbre que llenaba la casa de Wise. Allí, Rita literalmente aprendió lo que era santidad a los pies de Rhoda Wise. Ella recuerda que se sentaba al lado de la mística en un «pequeño banquito, y yo le mantenía los pies en alto porque algunas personas le tocaban los estigmas».

De Wise aprendería cómo lidiar pacientemente con una muchedumbre aprensiva que a veces confundía el objeto de la gracia de Dios por el Mismo Dios.

Para cumplir con su promesa de difundir la devoción a Santa Teresita y al Sagrado Corazón, Rita mandaba cartas personales, oraciones y plaquitas a cualquiera que mandara una carta a la casa de Wise. Una carta de septiembre de 1943 revelaba la profunda conversión de Rita: «...antes de haberme curado, yo era católica, pero con poco entusiasmo... ahora amo [a nuestro Señor] tanto que a veces siento que voy a morir. Cuando pienso en todo lo que Él ha hecho por mí y cuán poco he hecho yo por Él, me dan ganas de llorar».

En privado, Rita adoptó una serie de prácticas religiosas que, al mirar hacia atrás, parecen como un ensayo para la vida religiosa. En acción de gracias y como recuerdo de su sanación, los sábados limitaba su dieta a galletitas y té. Comenzó a leer literatura religiosa, libros como *The Mystical City of God*, de María de Agreda. Camino a casa de su trabajo, Rita muchas veces permanecía en el autobús sin bajarse en casa de su abuela para ir a la iglesia de San Antonio, donde recitaba el Vía Crucis. El contacto con Rhoda Wise y sus estigmas sirvieron para que de algún modo la Pasión de Cristo fuera real para Rita. La Pasión dejó de ser una teoría o una historia lejana para convertirse en una realidad actual. Meditaba todos los días sobre el sufrimiento de Cristo, y usaba el esclarecimiento que había adquirido para ver sus heridas bajo una nueva luz.

En Timken, un retrato de Jesús con una corona de espinas descansaba al borde del escritorio de Rita. Cuando una compañera de trabajo la acusó de «promocionar su religión», Rita le respondió:

—Si tienes un retrato de un artista de cine o de alguien a quien quieres, la pones ahí. Bueno, éste es a quien yo quiero, y ahí va a permanecer.

A todas luces, Jesús era su amor. El único probable reto era un hombre que se llamaba «Adolfo» Gordon Schulte. Era huésped de Rhoda Wise y con frecuencia llevaba a Rita a un restaurante en Canton llamado Purple House. Aquellas salidas ocasionales hacían que algunos creyeran, como por ejemplo, Anna Mae, la hija de Rhoda Wise, que ambos «andaban juntos». Schulte lo negó.

—Era atractiva, interesante y era agradable hablar con ella —me dijo Schulte—. Pero no era nada serio. Era algo muy casual.

La mejor amiga de Rita en aquel entonces, Elsie Machuga, estaba de acuerdo.

—Creo que a él le gustaba estar cerca de ella, y le traía cosas religiosas todo el tiempo. Pero ella era agradable con todo el mundo.

Cuando se le preguntó acerca de la relación, la Madre Angélica dijo con franqueza:

—Nunca fui una chica interesada en el sexo opuesto y nunca me interesó salir con nadie. Simplemente, no era lo mío.

En una ocasión, Rita sí tuvo una muestra de afecto en público. Steven Zaleski, originario de Canton y amigo de Rita en aquel entonces, recuerda una misión en la Iglesia del Sagrado Corazón en la avenida Clark. Cuando los fieles se acercaron al frente a venerar una figura tallada de Cristo crucificado, Rita «besó su corazón con gran fervor. Algo muy personal. Como si Él fuera su amante».

En su dormitorio, siguiendo el ejemplo de Rhoda Wise, Rita creó un altar a los pies de su cama. Estaba cubierto con una tela fina, y había en él dos imágenes grandes del Sagrado Corazón y de la Santísima Virgen rodeadas de imágenes pequeñas del Santo Niño de Praga, de San Antonio de Padua y, en el mismo centro, de Santa Teresita de Lisieux. Un reclinatorio sencillo de madera estaba ante el altar, donde Rita rezaba a altas horas de la noche, una práctica que su madre la desanimaba a seguir. Una mañana, Mae se horrorizó al encontrar una cadena penitencial que colgaba por debajo de la piyama de Rita.

—Adivinó que algo pasaba, y aquello no le gustó —dijo la Madre Angélica riéndose más de cincuenta años después. El amor de Rita por Cristo comenzó a tomar precedencia en su vida y suavemente reemplazaba todos sus otros lazos, hasta sus lazos con Mae Rizzo.

Tal vez por sentirse un poco abandonada, Mae le advirtió a Rita que no fuera «demasiado piadosa» y habló con la abuela Gianfrancesco de su preocupación.

—Ya no nos pertenece —le dijo la arrugada anciana a Mae en tono inquietante.

Esto no era lo que Mae quería oír. Más o menos en esta misma época, recibió otra mala noticia.

En el verano de 1943, John Rizzo se casó por segunda vez. A sus cincuenta años de edad, se casó con una mujer de veinticuatro años de edad que había ido a la escuela con Rita. No hay constancia de cuál fue la reacción de Mae, pero el hecho de que Rita se había curado, más el hecho de que ella tenía un empleo fijo, probablemente suavizaron el golpe. Mae ya para entonces se había quitado el apellido Rizzo y se hacía llamar Mae Francis. Insistió en que Rita también adoptara el nuevo nombre.

Una tarde de otoño en 1943, Rita Francis, de veintiún años, completó su acostumbrado Vía Crucis en la Iglesia de San Antonio. Se arrodilló por el costado del altar frente a la imagen de Nuestra Señora de los Dolores, la misma imagen que la contempló el día de su bautizo. Cuando Rita entonó la oración de acción de gracias al final, la invadió una «profunda conciencia» de que «tenía vocación». De repente, tuvo la sensación de que «tenía que ir adonde fuera que el Señor la enviara». Sin lugar a dudas, atribulada por el recuerdo de las agrias monjas que tanto había odiado en la escuela primaria, Rita dudó momentáneamente antes de volver a la inspiración que había tenido.

—Siempre he sentido que si el Señor dice que uno haga algo, uno lo hace —me dijo la Madre Angélica. Y así lo hizo.

Como orientación espiritual, buscó la ayuda de monseñor Habig, el director espiritual de Rhoda Wise. Él le confirmó su vocación religiosa y estuvo de acuerdo en mantenerla en secreto para no alterar indebidamente a Mae Francis. Para cultivar su vocación, Rita pasaba más tiempo en casa de Rhoda Wise.

El hogar de Wise era de una rareza inconmensurable. Los visitantes a la casa describían una luz brillante que aparecía en la primera habitación siempre que Rhoda hablaba de Jesús. También decían escuchar un ruidito seco resonar por la casucha, el cual la señora Wise atribuía a la presencia de Santa Teresita. En la década de los 40, estos inexplicables eventos y la mística atraían un torrente de visitantes a la casa, entre ellos monjas. Como tenía muchas amistades entre los religiosos, Rhoda Wise se convirtió en la fuente de asesoramiento vocacional de Rita. Cuando supo de la intención de Rita de ingresar en la vida religiosa, la mística le proveyó una lista de comunidades y superiores a quienes contactar.

Pero las calificaciones de Rita eran tan deplorables que ninguna de las órdenes religiosas de maestras la aceptaba. Posteriormente en casa de Wise, conoció a un grupo de monjas de la orden de San José que trabajaban con los sordos en Buffalo. Esto le interesó a Rita, quien decidió visitar la orden en el norte del estado de New York.

El truco de Buffalo

PARA QUE NO SE SUPIERA de su viaje a Buffalo, Rita tendría que salir del pueblo clandestinamente. Elsie Machuga, la amiga de Rita, y su mamá, Anna, la apoyaban mucho en su vocación religiosa. La animaban a que siguiera el llamado de Dios, aunque significara dejar atrás a Mae. De modo que en 1943, las Machuga se convirtieron en sus cómplices.

La historia que crearon para beneficio de Mae fue que Rita y Elsie iban a ir a Cleveland el fin de semana. Mae no confiaba en la historia, ya que Rita rara vez pasaba una noche fuera de la casa. Pero, finalmente, aceptó la idea. La estratagema de Cleveland le permitiría a Rita tener tiempo de visitar la comunidad de Buffalo y regresar el domingo en la noche sin que Mae se enterara. Al menos, ése era el plan.

A las diez de la noche del domingo, el teléfono sonó en casa de las Machuga. Elsie contestó, segura de que era Rita que había regresado de su aventura en Buffalo. Pero en vez de eso, escuchó la voz enfurecida de Mae Francis.

—¿Dónde está Rita? ¿Cómo es que ya tú estás en casa? —gritó Mae.

—Llegará a casa pronto —respondió Elsie.

—Eres una instigadora y serás la responsable de cualquier cosa que le pase a Rita —gritó Mae—. Voy a ir a tu casa y *te voy a hacer pedacitos* si le sucede algo.

Hubo una pausa momentánea. Elsie pudo escuchar la voz de Rita en el trasfondo.

—Ya llegó —Mae anunció cortante, y la comunicación se cortó.

Al día siguiente en el trabajo, Rita le pidió disculpas a Elsie por el comportamiento de su madre.

Aunque aún ignoraba que su hija tenía vocación religiosa, Mae debió haber sentido el retraimiento de su hija. El excesivo apego emocional de Mae sofocaba a la joven.

—Creo que lo que ensombrecía su vida comenzaba a ensombrecer la mía —me explicó luego la Madre Angélica.

La fijación de Mae con el pasado y una sospecha paranoica acerca de cualquiera que formara parte de la vida de su hija inhibían el crecimiento personal de Rita. Aunque Mae experimentó su propia conversión y una creciente y genuina fe tras la sanación de Rita, no podía lograr independizarse completamente. Necesitaba todavía la muleta que representaba la joven de veintiún años, como muestra una muy repetida anécdota. Mae decía que de niña, Rita le dijo una vez, «Algún día, tendré un castillo y te llevaré a vivir conmigo». Menos de veinte años después, estas preciadas palabras tomarían una dimensión profética, pero en aquel entonces apuntaban a una mujer que dependía de su hija para su supervivencia y sustento.

Mientras tanto, Rita secretamente continuaba con la vocación religiosa a la cual Dios la llamaba. Compartió muy emocionada con monseñor Habig una carta de las Hermanas Josefinas. La misma decía que algunas de las hermanas pensaban que Rita tenía vocación contemplativa, pero que de todos modos habían votado a favor de aceptarla en la orden activa. Con una media sonrisa, el viejo monseñor puso la carta a un lado.

—No, no puedes ir ahí —le dijo a Rita—. Yo sé dónde *debes* ir.

Con la certeza de que la vocación contemplativa era más indicada para ella, y posiblemente temeroso de que Mae Francis interviniera, le dio a Rita la dirección del Santuario de San Pablo en Cleveland.

—Aquí es donde Dios te quiere —le dijo monseñor Habig. Era un monasterio franciscano contemplativo.

—No tenía ni siquiera la menor idea de lo que era un monasterio contemplativo —dijo Madre Angélica después, pero por fe aceptó las palabras del monseñor e hizo los preparativos para visitar el monasterio de Cleveland.

La visitación

PETER POSS, el supervisor de Rita en Timken, le dio el día libre, la dejó en la estación de autobuses y le costeó el viaje. Poss también acordó recoger a Rita a las cinco de la tarde y dejarla en su casa antes de la hora de la cena para no despertar las sospechas de Mae.

La visita al Santuario de San Pablo fue sobrecogedora. Ubicada en la esquina de la avenida Euclid y la calle 40 en Cleveland, la iglesia gótica victoriana era un reducto de la antigua fe en el mundo moderno. Construida en 1875, la impresionante iglesia de arenisca parecía como si se adentrara en el cielo gracias al campanario, que tenía alrededor cuatro torrecillas a modo de minaretes. Pegado al lado de la iglesia había un monasterio de ladrillos de cinco pisos fabricado en 1931. Rita entró en la intimidante estructura con cierta reticencia.

Sor Magdalena, una amistosa monja, la hizo pasar a un salón envuelto en sombras. El silencio absoluto y el grueso enrejado de metal probablemente inquietaron a Rita. Cuando trató de iniciar una conversación, con la esperanza de que alguien respondería del otro lado, se abrió una puerta en el enrejado. Calladamente, como fantasmas, dos monjas se pararon al otro lado de la rejilla, vestidas con hábitos de un marrón oscuro y velos negros sobre sus rostros. Rita observó las sombrías figuras. Nunca antes había estado dentro de un monasterio, y nunca se había tropezado con monjas como aquellas. Las hermanas se levantaron el velo ligeramente, y se presentaron con voces con un suave acento alemán. Una era la Madre Mary Agnes, la abadesa del monasterio; la otra, la Madre Mary Clare, era la vicaria. Las monjas hablaron un rato de cómo eran sus vidas y de sus esperanzas de tener una postulante.

Rita contempló los alrededores y la forma extraña de las monjas y entonces, sin quizás entender a fondo por qué, tomó una decisión.

—Pensé, bueno, Señor, aquí es donde me quieres, aquí es donde estaré.

Antes de irse, la Madre Mary Agnes le preguntó a Rita si quería pertenecer a las hermanas del primer coro o del segundo coro. Las hermanas del primer coro cantaban el Oficio Divino todos los días y tomaban votos solemnes; las del segundo coro eran hermanas legas y se ocupaban del mantenimiento diario del monasterio. Sin entender cuál era la diferencia, Rita contestó: —Probaré cantar.

—¿Puedes cantar contralto? —dijo sonriendo la Madre Agnes—. Nos hace mucha falta una.

A pesar de que Mae decía que ella «no tenía ningún oído» para la música, Rita aceptó cantar contralto y se convirtió en una hermana del primer coro.

—Esto fue otra cosa providencial —me dijo la Madre Angélica—. Si no hubiera sido una hermana del primer coro, nunca hubiera podido ser abadesa. Las hermanas legas no podían ser superioras, y una vez que habías tomado la decisión, no podías transferirte al otro estado.

Rita prometió entrar al monasterio el 15 de agosto de 1944, a la edad de veintiún años.

Al regresar a Canton, Rita le contó las maravillas del monasterio de Cleveland a su amiga Elsie y compartió con ella sus planes para la partida.

—Mi único pensamiento fue, 'Bien, adelante amiga'. —diría Machuga mucho después.

Un viernes por la tarde en 1944, Rhoda Wise estaba acostada en su cama, bajo los efectos de un éxtasis doloroso. Comenzó a hablar mientras sus heridas sangraban. Fue la única vez que Catherine Barthel recuerda oír a Wise decir algo durante una de sus agonías supernaturales. «¿Rita? ¿Mi Rita?» fue todo lo que Wise dijo. Más tarde, cuando Barthel le preguntó sobre las palabras que había dicho, Wise le explicó que había contestado a algo que Jesucristo le había dicho acerca de Rita Francis. En una entrevista en los años 80, Barthel no ofreció ninguna otra pista sobre aquel «algo». Los visitantes a la casa de Wise luego recordaban la mística profecía de que Rita «haría grandes cosas a favor de la Iglesia». La misma Madre Angélica recibió noticias de esta declaración. Aunque es imposible corroborar, al fin de cuentas las afirmaciones no son tan importantes como la marca que Rhoda Wise dejaría en Rita Rizzo.

Rita aprendió personalmente de la Sra. Wise que el sufrimiento podía ser un regalo de Dios. Dicha lección forjaría su vida religiosa y las vidas de innumerables otras personas. Cuando la mayoría descartaba con escepticismo la comunicación directa con lo divino, Rita, luego de asociarse con Wise, pasaría a considerarlo algo natural, hasta común y corriente. Para la joven Rita, las experiencias místicas con santos o con Jesucristo no se desechaban ni se ponían en duda, sino que se obedecían y se llevaban a cabo.

En agosto de 1944, Rita visitó a Wise en su casa en lo que ella pensaba iba a ser su última vez. Décadas más tarde, Rita heredaría la casa e instalaría allí un santuario. Aunque nadie lo visita mucho hoy en día, la casa y la mujer que fue su dueña permanecen muy cerca del corazón de Rita Rizzo.

Rita saboreó sus últimos momentos en casa de los Gianfrancesco, grabándose secretamente imágenes de su familia que le durarían toda una vida. Aunque podía compartir su decisión de hacerse monja con sus amistades y hasta con extraños, Rita no podía decírselo a Mae. Sin saber cual sería la reacción de su madre, Rita no dijo nada y el 15 de agosto de 1944 salió de la casa para el trabajo como siempre. Peter Poss la llevó a la estación de autobuses, una vez más le pagó el pasaje a Cleveland y prometió mandarle a Mae Francis por entrega especial una carta que ella le había escrito. Ésta fue la única forma en que Rita pudo llevar a cabo lo que había decidido.

Cuando la puerta del autobús cerró el capítulo de su difícil niñez, su familia desecha y la carga que representaba Mae, Rita miró hacia un futuro sereno en compañía de su amor, Jesús. Los pensamientos de las oraciones y del silencio competían con la culpabilidad de haber abandonado a su mejor amiga en el mundo. Aun así, tenía que seguir adelante con su fuga. Era lo que Dios deseaba. Rita esperaba estar liberada de las preocupaciones mundanas tan pronto como se alejara del mundo. Al completar el viaje de sesenta millas hasta su nuevo hogar, Canton se perdió en la memoria. Pensó que nunca lo vería de nuevo y que se deslizaría suavemente hacia una vida de sumisa anonimidad.

4
La novia de Cristo

LA CARTA MARCADA «Entrega especial» esperaba por Mae Francis cuando ésta entró en la saleta de la casa de los Gianfrancesco el 15 de agosto de 1944. Abrió el sobre por el lado derecho de un rasgón y haló las hojas. Se quedó helada al reconocer la letra de Rita. Sus ojos volaron hacia las frases subrayadas que aparecían al final de la página. La carta era de una caligrafía tensa y apurada.

14 de agosto de 1944

Mi queridísima madre,

Cuando recibas esta carta estaré en Cleveland. He entrado al Monasterio de Adoración en la calle 40 y Euclid. Tú lo conoces más bien como el Santuario de San Pablo. Sé, mi querida madre, que esto es una gran sorpresa para ti. Pero si te hubiera pedido permiso, nunca me lo hubieras otorgado. Tener que haberlo hecho así me ha causado mucho dolor. Hubiera deseado que me hubieras entregado al Señor como Su esposa. Quizás te sea difícil entenderlo, pero ésta es Su Santa Voluntad. Tú has hecho <u>muchas cosas maravillosas</u> por Nuestro Señor desde que me curé. <u>Él tiene una labor para ti. Hay muchas almas que tú puedes guiar para que vuelvan al verdadero redil. Tu labor es afuera, donde puedes encontrar almas que se acerquen a Él. Hazle caso a su ruego y dalo todo</u>

generosamente, sin reservas, a Su Sagrado Corazón. Porque yo seré Su esposa, Su amor por ti aumentará mucho. Él te ama mucho, y te ha pedido este sacrificio. Él desea ser el primero en tu corazón. Tú me has puesto antes que Él en el pasado. Nuestro Señor ha tratado de que entiendas esto toda tu vida. Mi querida madre, no te unas a nadie ni a nada en la tierra, únete a Dios solamente, quien espera pacientemente recibir todo tu amor. Un claustro, madre mía, es un cielo en la tierra. Es el mayor privilegio que se le puede conferir al hombre en esta tierra. Esto fue lo que la Santísima Virgen le dijo a la beata María de Agreda. Ahí le diré con cada respiro que lo amo. Ahí haré reparaciones en nombre de todos los corazones fríos que hay en el mundo. Algo me sucedió después de mi curación. Lo que fue, no lo sé. Me enamoré completamente de Nuestro Señor. Me ha sido muy difícil vivir en el mundo los últimos dicienueve meses. Te quiero mucho y no olvido lo que has hecho por mí. Mi amor hacia ti ha aumentado después de mi curación, pero si permaneciera en el mundo un mes más, lo dejaría totalmente y entraría a Nuestro Eterno Hogar. No pertenezco al mundo. Por favor confía en Él. Me podrás escribir y me podrás ver cada dos meses. Me verás con la rejilla abierta. Te escribiré una vez al mes. Le pertenecemos primero a Dios y después a nuestros padres. Somos Sus hijos. Te pido tu bendición para poder llegar a la altura que deseo. Te quiero mucho. Quiero darle las gracias a abuela por todo lo que ha hecho por mí. Mi Amado la premiará mucho. También podrá verme con la rejilla abierta. Te quiero.

Siempre tuya,
Rita xoxoxo

Las lágrimas le corrieron por las mejillas a Mae. Primero la había abandonado el hombre que amaba, y ahora su hija, su roca, le había seguido los pasos. El dolor le abrió el paso a la ira. Una perorata de autocompasión que duró horas. «Mi única hija se me ha ido», gritaba histéricamente. Cuando les enseñó la carta a la abuela Gianfrancesco y a su hermano Pete, ellos se unieron a ella en aquella manifestación de ira.

—Era como si hubiera muerto —explicó la Madre Angélica—. Dicen que se podían oír los gritos de mi madre en toda la cuadra. Corrió a ver al sacerdote porque sospechaba que yo tenía que haber pedido los certificados de bautizo y de nacimiento. El sacerdote dijo que sí, que me había dado uno, pero que él no pensaba que era su lugar decirle a [mi] madre que me iba a ir.

En los meses que siguieron, Mae sentiría una profunda sensación de abandono y una ira renovada cada vez que pensaba en Rita. Le dijo a sus amistades que Rita había sido «malagradecida» y que la había dejado «completamente sola».

Un estilo de vida muy reglamentado

EN LA NOCHE DEL 15 de agosto de 1944, Rita se bajó en la parada de la avenida Euclid en Cleveland y penetró en la oscuridad del Santuario de San Pablo de la Perpetua Adoración. Una vez adentro, le indicaron que se arrodillara ante la enorme puerta de madera del recinto. El portal a su nueva vida se abrió, y allí, en un pasillo poco iluminado, alumbrado sólo por algunos pocos bombillos descubiertos, estaban la Madre Mary Agnes, la Madre Mary Clare y las hermanas de la orden en dos filas indias, de frente unas a otras. Unos velos ocultaban las identidades de las monjas. Cuando Rita se paró, las hermanas giraron hacia el interior del claustro y la guiaron a la capilla mientras cantaban. El místico ritual lleno de formalidad maravilló a Rita y le causó una gran emoción. Pronto se convertiría en una prisionera del amor divino, en una monja franciscana del Santísimo Sacramento.

La orden francesa de las Pobres Clarisas la fundó en 1854 el padre Bonaventure Heurlaut y Josephine Bouillevaux (más tarde, la Madre Marie de St. Claire). El padre Bonaventure, con una fervorosa personalidad tipo A, previó una orden religiosa dedicada a la devoción de Jesucristo a través del Santísimo Sacramento (de acuerdo a la doctrina de la Iglesia Católica, la Sagrada Hostia o Santísimo Sacramento, no es un símbolo, sino el cuerpo, la sangre, el alma y la divinidad de Cristo). Lo que le faltaba al padre Bonaventure era una superiora. Cuando conoció a la hija mayor del alcalde de Maizieres, Josephine Bouillevaux, descubrió la fundadora que necesitaba.

Bouillevaux, quien era bien conocida por su fuerte voluntad, escuchaba voces y recibía mensajes de Dios al igual que el padre Bonaventure. Juntos fundaron la orden de las Hermanas de la Inmaculada Concepción en un apartamento parisino el 8 de diciembre de 1854. La orden debía su nombre al dogma de la Inmaculada Concepción, proclamada aquel mismo día por el papa Pío IX. Este dogma proclama que la Virgen María fue protegida de la mancha del pecado original y que su alma fue inmaculada desde su concepción. Para honrar a la Virgen, Bouillevaux, ahora Sor Marie St. Claire, se consagró a sí misma y a todas sus futuras hijas a la Madre de Dios. Declaró que en adelante, todas las monjas de la orden adoptarían el nombre de María.

Con el tiempo, las hermanas se trasladarían a Troyes, Francia. Bajo el patrocinio del obispo de la localidad, establecieron un monasterio permanente y adoptaron el nombre de las Monjas Franciscanas del Santísimo Sacramento. Con el fin de seguir la tradición de San Francisco y de Santa Clara de Asís, la orden mantuvo un espíritu impetuoso y una confianza ingenua en Dios en todas las cosas.

La misión de la orden, con la Madre Marie de St. Claire al mando como superiora, era adorar al Santísimo Sacramento con el espíritu de perpetuo agradecimiento, y hacer reparaciones por la ingratitud de la humanidad hacia Dios. Una medida que sería de gran trascendencia para la Madre Angélica fue que la orden fue declarada como instituto pontificio por el Papa Pío IX el 15 de septiembre de 1868. A partir de ese momento, la orden religiosa sólo respondería a la Santa Sede en Roma.

La Madre Mary of the Cross estableció una nueva casa de hermanas en Polonia y luego en Viena, Austria, las cuales se crearon a partir de la casa matriz en Francia. La Madre Mary of the Cross murió en 1906, poco después de haber recibido los votos solemnes de la hermana vienesa Mary Agnes. En 1921, esa dicha monja cruzó el océano y fundó la primera rama estadounidense de la orden en Cleveland, Ohio.

Fue la misma monja, ahora la Madre Mary Agnes, quien, bajo la intricada red de vigas de caoba expuestas en la capilla gótica de Cleveland, aceptó la promesa de Rita de unirse a las monjas franciscanas aquel verano de 1944.

Después de la ceremonia, Sor Verónica, la encargada de las novicias que susurraba como si los ángeles escucharan a escondidas su conversación, llevó a Rita al noviciado en el segundo piso. Aquí, como postulante y separada del resto de la comunidad, Rita podría discernir si ella en verdad serviría para la vida de claustro.

Tradicionalmente, una mujer permanecía como postulante de la orden durante seis meses. Después de ese tiempo, se convertía en novicia y recibía el hábito y un nuevo nombre. Más tarde, si se determinaba que iba a poder tolerar aquella vida, se le permitía a la hermana hacer votos temporales. Con el permiso de las solemnes profesas, podía renovar dichos votos cada año durante tres años. Después del sexto año, la hermana podría hacer sus votos solemnes. El proceso era riguroso. Rita se enfrentaría con problemas desde el mero comienzo.

Un día normal en el Santuario de San Pablo permitía poca flexibilidad. Las monjas mantenían un riguroso programa para tener tiempo de rezar el Oficio Divino. Debían rezar al unísono cuatro veces al día, adorar la Eucaristía durante dos horas, ir a Misa y rezar el rosario. También necesitaban un tiempo para leer lectura espiritual, para la recreación, los quehaceres de la casa y las comidas, eran la rutina. Las actividades se regulaban intensamente, incluyendo la hora obligatoria de levantarse a las 4:50 a.m. Una vez que el badajo de madera sonaba en el pasillo cada mañana, la monja tenía la obligación de decir «Ecce adsum» («Aquí estoy, Oh Señor, para cumplir con Tu santa voluntad en todas las cosas»), persignarse y besar el piso tres veces en honor de la Santa Trinidad. Había que asearse de rodillas en el piso. Estas y otras regulaciones se observaban con vehemencia y no se toleraban las desviaciones. A aquellas que no dieran la talla se les pedía que se marcharan.

Vestida con un simple vestido negro y una cofia, Rita intentó adaptarse a la vida monástica. Limpiaba el piso y horneaba el pan para el altar como parte de sus deberes iniciales. Durante sus primeras semanas en el claustro, llegaba tarde a las oraciones y habitualmente importunaba a las monjas mayores al entrar a empujones por las puertas del recinto.

Nada de esto se le escapó a la Madre Agnes. Con su estilo germánico, la abadesa comenzó a domar a Sor Rita con una serie de humillaciones para enseñarle obediencia a la joven postulante. Cada vez que Rita se tropezaba con la abadesa, tenía que dejar lo que hacía, arrodillarse y besar el escapulario de la Reverenda Madre. Pero la Madre Agnes no se detuvo ahí. En presencia de la comunidad completa, la abadesa sacaba a relucir las faltas de Sor Rita, en particular su volátil manera de entrar en una habitación. Como penitencia, la monja enérgica tenía que arrodillarse en el medio del refectorio, donde comían las hermanas, y decir la oración que comenzaba así: «No soy nada. No puedo hacer nada. No valgo nada. Sólo tengo a mi haber mis pecados».

«Compota de manzanas», Sor Rita a veces murmuraba después de terminar la letanía. La penitencia se repetía «un lunes tras otro, tras otro», hasta que la monja lo aceptara como la verdad. Aunque estas pruebas hacían llorar a sus contemporáneas, Sor Rita ni se venía abajo ni se inquietaba mucho por cuenta de ellas.

—Toda mi vida fue una cuestión de sobrevivencia, y creo que esa actitud de sobrevivencia sólo cambió de ubicación —me dijo la Madre Angélica—. En el monasterio, me sentía muy segura; no me tenía que preocupar de nada.

Pero cuando sólo llevaba un mes en el monasterio, Rita contrajo una pulmonía. Los registros del monasterio reflejan que se le dio «permiso para ir al hospital». Un tiempo después, tras un problema de garganta muy serio, salió del claustro para operarse de las amígdalas. Los problemas de salud de la postulante se convirtieron en una razón de preocupación para sus superioras.

A finales de septiembre de 1944, le avisaron a Sor Rita que se presentara en el locutorio. Sor Verónica la acompañó, ya que necesitaba tener una chaperona para recibir visita. Del otro lado de la rejilla estaba sentado su tío Nick Gianfrancesco. Sus ojos hundidos estaban llenos de tristeza. Había venido a informarle a Rita que la abuela Gianfrancesco había fallecido y a darle un mensaje de parte de Mae de que regresara a casa. Pero no podía encontrar las palabras adecuadas. Durante casi una hora, mientras Rita hablaba del corto velo negro que había acabado de recibir y de las maravillas del monasterio, su tío Nick lloraba como si estuviera en un velorio. A Nick Gianfrancesco el extraño lugar le debía haber parecido una prisión.

—¿Estás contenta aquí? —le preguntó con la voz quebrada de la emoción.

—Ah, sí, tío Nick, lo estoy —respondió Rita.

Satisfecho, se secó los ojos y regresó a Canton.

En casa, Mae Francis todavía seguía sin aceptar lo que Rita había hecho. La astuta abadesa, que había hecho una evaluación acertada de la situación familiar, le escribió a Mae para invitarla al monasterio a la ceremonia de investidura de otra de las hermanas. La idea era introducir lentamente a la progenitora hostil a las costumbres del monasterio.

Cuando Mae por fin cedió y visitó Cleveland en noviembre de 1944, pudo ver a la Madre Agnes pero no a Rita. Para compensarla por la decepción que había sufrido por ello, la abadesa «montó un gran alboroto» en beneficio de Mae con el fin de crear vínculos afectivos con sus muestras de amabilidad. Varias visitas sirvieron para acabar con la resistencia de Mae con respecto a la vocación de Rita. Ocupaba el apartamento externo durante sus visitas al monasterio y empezó a sentirse como parte de la familia. Mae empezó a comprender.

Durante su postulantado, Sor Rita se sumergió en temas espirituales. Lo estudió todo, desde el libro *Lives of the Saints* hasta las regulaciones de su orden. Estas obras, junto a «un estilo de vida muy reglamentado», poco a poco moldearon a Rita en su recién descubierta espiritualidad franciscana. Mientras se adaptaba a vivir tras las paredes del claustro, luchaba por suprimir la fuerte personalidad que tanto contribuyó a que se encariñaran con ella sus compañeros de trabajo y sus amistades en Canton. Pero las fallas salían a relucir.

El 28 de diciembre, día de los Santos Inocentes, las hermanas mayores subieron al noviciado para compartir con las postulantes y las novicias.

—Tú sí que estás callada —le dijo una de las monjas a Sor Rita.

—Sí, y no tengo nada de qué disculparme —contestó Rita bruscamente, refiriéndose a la costumbre que se seguía en el claustro de admitir las faltas.

Mantener bajo control el lado impetuoso de su personalidad era un reto para Rita, además de que una aflicción física de la que sufría desde diciembre sólo servía para aumentar su mal genio. Debido a la necesidad de arrodillarse constantemente durante las oraciones, las penitencias y las labores, las rodillas de Rita estaban llenas de líquido e inflamadas. La Madre Angélica luego las describió como «dos toronjas hinchadas llenas de agua». Podía caminar pero le era imposible arrodillarse, algo que se hacía constantemente como parte de la vida contemplativa en aquel tiempo.

Se programó una reunión de las monjas profesas para votar sobre la admisión de Sor Rita al noviciado en febrero de 1945. Sin embargo, fue necesario posponer dicha votación debido al problema de las rodillas y a otros problemas de salud.

—En aquella época, la salud lo era todo —comentó la Madre Angélica—. Si tenías buena salud, tenías vocación.

De momento, la vocación de Sor Rita se encontraba en serio peligro.

Más estrellas

TODOS LOS VIERNES, los mensajes que recibía Rhoda Wise durante sus dolorosos éxtasis eran devorados con avidez por sus seguidores. Como si fueran telégrafos humanos, sus devotos diseminaban sus mensajes semanales mucho más allá de los confines de Canton. Para los creyentes, eran un destello informativo del Todopoderoso. La Madre Agnes, abadesa del Santuario de San Pablo, se consideraba a sí misma una creyente.

Una tarde, cuando Sor Rita era todavía postulante, la invitaron a la oficina de la abadesa.

—¿Alguien aquí te está insultando? —le preguntó la preocupada Madre Agnes, mientras la miraba con ojos escrutadores a través de sus lentes de armadura de metal.

—No, Reverenda Madre.

—Piensa bien —le dijo la abadesa con su fuerte acento alemán—. ¿Alguien aquí te insulta?

—No —contestó Sor Rita como si la hubieran acusado de un delito que no había cometido.

—¿Estás segura?

—Sí, Reverenda Madre.

—Bueno, entonces, no sé.

La Madre Agnes lucía preocupada.

—Sor Agnes estaba con la señora Wise durante su agonía y el Señor le dijo, 'Dile a Rita que hasta las más pequeñas preocupaciones se borrarán de su corazón. Por cada insulto, cada sufrimiento, más estrellas'.

Ni Sor Rita ni la Madre Agnes podían descifrar el mensaje en aquel entonces, pero las estrellas estaban al llegar.

En la primavera de 1945, cuando Rita cumplió veintidós años, Mae Francis por fin vio a su hija a través de la rejilla del salón de recibo. Hablaron de la casa, de las luchas que habían tenido que enfrentar y de la vida que Rita había escogido. Mae extrañaba a su hija, pero se daba cuenta de que era inútil batallar contra el llamado de Rita. En una anotación en su diario que escribió aquella misma noche, entregó a su hija:

20 de abril de 1945

Al Rey de Reyes en el Santísimo Sacramento
Su Majestad,

Hoy Te ofrezco a mi amada hija en al cumplir sus 22 años. Te entrego con alegría lo que Tú deseabas y pusiste a mi cargo. He tratado de criarla lo mejor que pude. Perdóname hoy, Señor, todas las ofensas que he cometido contra Ti. Te doy gracias también por la profunda herida que has puesto en mi corazón. Te pido que la colmes de Gracia y bendiciones todos los días de su vida, y bendice a aquéllos que has escogido para que estén a cargo de ella. Humildemente pido recibir tan solo las migajas porque sé que me amas. Pido humildemente la Gracia de amarte más y más, y la gracia de poder ganar muchas almas por Ti.

Tu nueva madre

Ya teniendo la bendición de Mae, Rita añoraba el día de su boda. Pasaron los meses, pero el permiso no llegaba. La Madre Angélica cree que al menos un par de veces estuvieron por botarla del monasterio. Todos los meses, las hermanas ponían en duda su compromiso con la vida enclaustrada. Y cada mes, Sor Rita se mantenía firme y declaraba su intención de quedarse.

Cuando estaba al cumplirse el primer aniversario de la entrada de Sor Rita al convento, la Madre Agnes decidió que el obispo de la localidad determinara su suerte. Rita tenía las rodillas inflamadas como melones. Normalmente, las monjas profesas hubieran determinado la capacidad de Rita para el noviciado a través de una votación. Pero en este caso, la Madre Agnes probablemente sabía que Rita no recibiría los tres cuartos de la mayoría que se necesitaba para convertirse en novicia, de modo que intervino personalmente, aplazó la votación y llamó a una persona del exterior.

El padre Floyd Begin, emisario del obispo y luego obispo auxiliar de Cleveland, se reunió con Sor Rita en el salón de recibo. Le preguntó por qué quería permanecer en el monasterio. Rita argumentó que le era necesario para desempeñar su vocación y que con el tiempo le mejorarían las rodillas. Aparentemente, el padre Begin se conmovió con su fervor. El obispo le permitió a Sor Rita permanecer en el claustro seis meses más. Durante este intervalo, las monjas la escudriñarían muy de cerca.

Para aliviar el problema de las rodillas, Rita se arrodillaba lo menos posible y continuaba con sus deberes. Algunas de las monjas profesas, sin embargo, notaron que no mejoraba.

Durante el período de prueba de seis meses, la Madre Luka, una pequeña mujer con cara de arrepentimiento que había sido farmacéutica antes de ingresar en la vida religiosa y que ahora estaba a cargo de la enfermería, llamó a Rita para que se presentara allí. Era más refinada que las otras hermanas profesas, pero hablaba el mismo inglés con acento teutónico.

—Sor Rita, tiene que arrodillarse o la van a enviar a casa —le advirtió la Madre Luka.

—Pero mire mis rodillas —le imploró Rita.

—Se ven terribles, pero no hay nada que yo pueda hacer. —La vieja monja fue comprensiva pero firme—. Por favor, arrodíllese.

Sor Rita siguió sus órdenes. Para poder arrodillarse durante el Oficio Divino y a lo largo del día, se apoyaba en las canillas en vez de las rodillas. A pesar del costo físico, estaba decidida a reclamar su puesto en la comunidad.

La estrategia funcionó. En octubre de 1945, más de tres cuartos de las monjas profesas solemnes votaron a favor de que Sor Rita tomara el hábito e ingresara en el noviciado.

—En el fondo de mi corazón, creo que la Madre Agnes lo hizo porque tenía mucha fe en la señora Wise y la quería —Angélica especuló tiempo después—. Ella había oído aquello de 'más insultos, más estrellas', y creo que ésa fue la única razón por la que la comunidad votó para yo poder recibir el hábito.

El casamiento comenzó el 8 de noviembre de 1945. Mae Francis llegó temprano, cargada de un pastel y flores. Su cuñada, Rose, había confeccionado un vestido de novia hecho a mano para la ocasión. Como un tributo especial, la Madre Agnes cedió su derecho a escoger el nombre religioso de Rita y le permitió a Mae el honor. Mae escogió el nombre de Angélica porque, de acuerdo a sus palabras, Rita había sido una «hija angelical y obediente».

El obispo Joseph Schrembs presidió la ceremonia de investidura dándole la grandiosidad debida. Casi al final, la abadesa se levantó, tijeras en mano, para cortar la última conexión de Rita con el resto del mundo. Sus crespos mechones castaños cayeron al piso de la capilla. Las monjas le quitaron a Rita el vestido de novia y lo reemplazaron con una túnica marrón, un escapulario y un velo blanco. El santo hábito envolvió a Rita Rizzo, así como la envolvió su amor hacia su Esposo. Para Rita, ésta no era una mera unión intelectual sino el comienzo de un lazo que duraría toda una vida, una íntima experiencia personal de comunión con Jesucristo. Su mamá, sus tíos y amistades se sentaron en el lado del público de la capilla, y sollozaban en señal de aprobación. De no ser por el resplandor de satisfacción en su rostro, Rita, de pie tras la rejilla, parecía como el resto de las demás.

Rita Rizzo dejó de existir. En su lugar surgió Sor María Angélica de la Anunciación.

Para conmemorar la ocasión, Sor Angélica pasó la tarde en el salón de recibo con su madre. La reunión la inspiró a escribirle una carta esa noche:

Para la suegra de Jesús y mi dulce madre,

Hoy nos han conferido a usted y a mí el más grande honor posible. Que yo me casara con un rey de este mundo sería un honor, pero que me despose con el Rey de Reyes es un honor que ni tan siquiera los ángeles pueden comprender. Tendremos que esperar hasta el día que llegue la eternidad para que ambas nos demos cuenta del significado de lo sucedido. Hay tantas almas en el mundo mucho mejores que yo que Él hubiera podido escoger, pero Sus ojos se posaron en usted y en mí. Es como si Él hubiera caminado por un campo lleno de bellas flores y buscara, buscara, y dejara atrás muchas flores bellas para de repente detenerse y recoger una pequeña flor, débil y casi incapaz de mantener su pequeña cabeza en alto, y luego Se alejara después de haber hecho su selección. Ésta tiene que ser la razón, porque nadie en el mundo Lo necesita más que nosotras, Lo necesita cada momento del día. Pasemos, entonces, el resto de nuestras vidas en agradecimiento a Él, alabándole y amándole. ¿Será el sacrificio muy difícil para nosotras, a quienes Él siempre tendrá en sus brazos?

¿No deberíamos estar llenas de alegría espiritual al saber que los amorosos ojos de Dios se han posado en nosotras?

Que mi dulce Esposo la mantenga muy cerca de Su Sagrado Corazón. No existe soledad para alguien que ha encontrado Su dulce presencia y la presencia de su ángel.

Quiero agradecerle una vez más por haberme traído al mundo, por haberse ocupado tan bien de mí, por sus tantos sacrificios, por todo su amor y devoción, gracias por todo. Que pueda yo ser merecedora de tal madre. Le pido su bendición, éste, nuestro día de días, para que logre yo ser la persona que Jesús desea que sea.

Su amada hija, esposa de Jesús,
Sor María Angélica

La confinada vida del claustro sacaba a relucir los fallos de aquéllas que estaban encerradas tras sus paredes. El temperamento, el ambiente familiar, la educación y el talento variaban tanto entre una hermana y otra que invariablemente ocurrían desacuerdos. Había sentimientos heridos y rencores ocultos. En este microcosmo de la vida, las monjas luchaban por vencer sus imperfecciones personales por el bien de la comunidad. Sor Angélica no era la excepción. Para controlar su ira y su tendencia a hacer comentarios abruptos, se sometía a prácticas de penitencia. Pero necesitaba una disciplina más estricta para librarse de su impaciencia, en particular cuando se encontraba con ciertas hermanas.

—Una vez le dije a Dios, 'Hoy, pase lo que pase, no voy a ser impaciente' —recuerda la Madre Angélica—. ¡Y ya a las nueve, lo había estropeado todo.

En el otoño de 1945, mientras se formulaban planes para establecer un monasterio en New Orleans, el obispo James McFadden, de la Diócesis de Youngstown, llamó a la Madre Agnes para proponerle una alternativa.

John O'Dea, el dueño de Eller Manufacturing, una planta de acero en Canton que se había retirado, quería donar su casa y su patrimonio a una orden religiosa contemplativa. Lo único que estipulaban John e Ida O'Dea era que el Santísimo Sacramento se adorara perpetuamente en la casa. Tras la debida consideración, la

Madre Agnes aceptó la oferta de los O'Dea, abandonó los planes de ir a New Orleans y se dispuso a buscar seis monjas para establecer una nueva base en Canton. La Madre Mary Clare, vicaria de Cleveland, sería la abadesa del monasterio de Canton. La Madre Luka sería la vicaria.

La abadesa llamó a Sor Angélica de las Rodillas Hinchadas a su oficina. La Madre Agnes se dirigió a la monja con severidad.

—La Madre Clare y yo hemos tomado una decisión —dijo.

Sor Angélica se imaginó todas las cosas terribles que vendrían: Tienes que regresar a casa. No tienes vocación. La salud es un problema…

—La Madre Clare cree que las muchas escaleras que tenemos aquí te estropean las rodillas, así que hemos decidido mandarte a la nueva casa en Canton.

Bajo circunstancias normales, solamente las monjas profesas eran elegibles a ser miembro de una nueva casa, y no se permitía transferir una hermana a su pueblo natal. Pero éstas no eran circunstancias normales. O la condición de Angélica mejoraba, o la iban a despedir de la vida religiosa.

Canton iba a ser su última oportunidad: el ruedo donde su vocación se pondría a prueba, y la sentencia final sería emitida. Obediente, pero con aprensión, Sor Angélica aceptó el traslado.

5
Sancta Clara

SOR ANGÉLICA SENTÍA ESCOZOR en las rodillas cuando ella y otras cinco hermanas se metieron en la limusina de John O'Dea y partieron al Santuario de San Pablo el 1 de octubre de 1946. Las religiosas que se unieron a Sor Angélica para el viaje a Canton eran la Madre Clare; la Madre Luka; Sor Verónica, que era la encargada de las novicias; Sor Mary of the Cross, quien venía transferida de otra orden; y Sor Joanne, una postulante.

La despedida fue difícil, especialmente para la Madre Clare. La abadesa, de setenta y tres años, dejó atrás a la Madre Agnes, su muy querida amiga que había conocido en el convento en Viena en 1921. La abadesa no mostró ninguna emoción durante el viaje y mantuvo la cabeza en alto como si fuera un busto de mármol para beneficio de las otras hermanas.

El nuevo hogar de Sor Angélica no se parecía en nada al lugar donde había vivido en el sudeste de Canton. La propiedad de O'Dea, con veinticuatro habitaciones, estaba ubicada en 4200 Market Avenue North, y ocupaba quince fastuosos acres en una zona elegante de la ciudad. Rodeada de un pequeño bosque en medio del cual se veía alguno que otro muy bien cuidado jardín, la casa estilo tudor, con sus múltiples chimeneas y suntuosos paneles, le parecía demasiado lujosa a las monjas. Serían necesarios algunos ajustes.

El objetivo principal era hacer una capilla temporal en la inmensa sala. El resto de la mansión se dividiría para crear un refectorio, una enfermería, talleres de trabajo y dormitorios. Aquella primera noche, se instalaron varias camas como si fuera un dormitorio, con una sábana colgada entre una y otra para ofrecer privacidad. Para poder cubrir sus hinchadas rodillas con las sábanas sin que se le irritaran, Sor Angélica hizo un espacio debajo de la frazada y se acomodó lo mejor que pudo.

Al despertarse la mañana del 2 de octubre, Sor Angélica se despojó de las sábanas, sin poder creer lo que veía. «Ambas rodillas se veían normales»; la inflamación se le había ido y no tenía más líquido.

—Y eso las convenció de que yo tenía vocación —me confesaría la Madre Angélica con asombro—. Eso fue lo que convenció a la Madre Clare. Así que sólo esperé dos meses más para hacerme profesa.

Para Angélica, el hecho de que las rodillas se le hubieran mejorado tanto era una señal de Dios, una afirmación de que ella era parte de la orden y del convento de Canton.

Mientras tanto, se encontraba todavía a mitad de su año canónico: un período que se reservaba para ajustarse al patrón de la vida contemplativa. Durante el año canónico, no se le permitía a la hermana ningún contacto con su familia o amistades.

Como la capilla interior no estaba todavía terminada, llevaban a Sor Angélica y a las otras monjas a la iglesia San Pedro para asistir a la misa matutina de monseñor Habig. Casi al terminarse el servicio, Sor Angélica escuchó una tos que le pareció familiar.

—Oí a mi madre, y como la conocía y sabía lo emotiva que era, no sabía qué hacer.

De nuevo, la preocupación de Rita Rizzo por el estado emocional de Mae la obligó a dejar a un lado cualquier otro pensamiento.

Tras la bendición final, las monjas salieron de la iglesia en fila india, con Sor Angélica al final. Su visión periférica le permitió ver a la confundida Mae parada al lado de los confesionarios. No tenía la menor idea de qué se le ocurriría hacer a Mae. Casi muerta por dentro, pero en cumplimiento de las regulaciones, Sor Angélica siguió mirando al frente para evitar tropezarse con los ojos de Mae.

Excepto saludarla con un gesto que hizo con la mano y una expresión cambiante de dolor en su rostro, Mae no se movió cuando Rita pasó.

Luego aquella tarde, la Madre Clare confesó que ella y las otras hermanas encontraron «digna» la compostura de Sor Angélica en la misa. El incidente corroboró que la monja estaba lista para sus primeros votos. No significaba, sin embargo, que la monja mereciera cualquier trato especial.

Durante las primeras semanas en la nueva casa, Sor Angélica llenaba la masiva bañadera a la hora del baño. Un día, al cerrar el grifo, el agarre de porcelana se le deshizo en la mano y le hizo un corte profundo entre el dedo medio y el dedo anular de la mano derecha. La Madre Luka le puso un vendaje para detener el sangramiento, pero la mano derecha se le inflamó. Como iba a hacer sus primeros votos en sólo unos meses, Sor Angélica únicamente pensaba en su dedo anular, donde debía llevar el anillo de acuerdo a la tradición europea. Al día siguiente, la Madre Clare «estaba furiosa» a la hora de las *culpas*. Las *culpas*, una palabra en latín que significa «faltas», era un tiempo que se reservaba los lunes antes de comer para que cada hermana confesara alguna falta ante toda la comunidad. La abadesa entonces ordenaba una penitencia.

—Madre, me acuso de haber roto el agarre de porcelana de la bañadera —declaró Sor Angélica de rodillas en el piso del refectorio.

—¡Ya lo sé! Llevamos aquí unas pocas semanas solamente y ya empezaste a desbaratar el lugar —gritó la Madre Clare con su acento alemán entrecortado.

Cuando Sor Angélica regresó a la mesa, comió como si tal cosa. Una postulante medio llorosa le preguntó sobrecogida:

—¿Cómo puedes comer después de eso?

—Tengo hambre —replicó Angélica, encogiéndose de hombros.

Los duros golpes de su niñez le habían dado a Sor Angélica una ventaja sobre sus coetáneas: una coraza y la capacidad de mantenerse firme ante la adversidad.

En la ceremonia de dedicación en la mansión de los O'Dea el 4 de octubre, el obispo James McFadden entronizó el Santísimo Sacramento dentro en custodia en capilla temporaria de adoración. El monasterio se llamaría de ahí en adelante Sancta Clara, en memoria a Santa Clara.

A pesar de toda su grandiosidad, la casa en realidad era bastante pequeña. Una vez que se dividió a la mitad —la vivienda de las externas a un lado y la de las monjas enclaustradas al otro—, quedaba muy poco a manera de refugio si una monja quería evitar tropezarse con otras monjas que considerara desagradables.

Muy apropiadamente, Sor Mary of the Cross era una monja alta de huesos grandes, con cachetes grandes y unos bellos ojos azules. En su función de bibliotecaria de la comunidad, blandía un absolutismo que Sor Angélica encontraba irritante.

Sor Angélica, que leía con avidez en aquel entonces, devoraba volúmenes de San Juan de la Cruz así como los escritos de Santa Teresa de Ávila, el hermano Lawrence de la Resurrección, Pablo de la Cruz y otros. Leería estas obras en Sancta Clara repetidas veces, y las captaba con su memoria casi fotográfica. Como había que devolver los libros a la biblioteca antes del fin de semana, también aprendió a leer aceleradamente.

Sor Mary of the Cross mantenía la biblioteca cerrada con llave. Bajo su sistema, las monjas podían seleccionar libros de una lista de títulos que preparaba cada semana pero no se le permitía a nadie curiosear en la bien resguardada estantería.

—Eso era lo que me molestaba —contaría Angélica como si hubiera sucedido el miércoles anterior—. ¡No entendía por qué no era posible simplemente sacar un libro! Hay mucha diferencia entre un título y un libro. Si tenías que quedarte con un libro de cocina cuando lo que querías era un libro espiritual, había que esperar una semana antes de poder sacar otro. De modo que yo ordenaba tres, segura de que uno iba a resultar bueno. Mi mal genio italiano siempre estaba en guardia.

Éste no sería el último enredo entre Sor Angélica y Sor Mary of the Cross.

Intrínsecamente, la vida del claustro intensifica las faltas y aumenta de tamaño los conflictos más insignificantes. La excesiva proximidad de personalidades fuertes dentro del monasterio de

Sancta Clara convirtió el lugar en una incubadora de callados resentimientos y rivalidades no expresadas.

—Aprender a vivir las unas con las otras fue una cruz… una cruz
que nos enseñó a amar —reflexionaría la Madre Angélica—. La
cruz de: ¿Cómo aprendes a vivir con gente opuestamente diferente
a ti, con una mentalidad tan distinta? Muchas veces tenía los nervios de punta, tengo que admitirlo.

Guerras civiles y derechos civiles

LAS EXCENTRICIDADES de la comunidad estallaron el día de la primera ceremonia de profesión de Sor Angélica. Una tormenta cubrió
Canton de hielo y nieve el 2 de enero de 1947, que retrasó a los invitados y la llegada del obispo James McFadden.

A través de la rejilla improvisada de madera en la capilla de la
sala, Mae Francis, Rhoda Wise y los otros invitados miraban cómo
las monjas se agrupaban en el lado del claustro. Sor Angélica se
arrodilló en el reclinatorio con la cabeza inclinada piadosamente.

Sor Mary of the Cross, la directora del coro, importunó la paz
reinante y se enfrascó en una acalorada discusión con la organista
sobre la música. Alzaron las voces y pronto las dos monjas estaban
en guerra: la organista rehusaba tocar y Sor Mary of the Cross la
amenazaba de tirarla a la nieve si no lo hacía.

—Y yo ahí sentada mientras trataba de ordenar mis pensamientos para mis votos —me contaría la Madre Angélica—. La gente
debe haber pensado que estábamos chifladas.

Las monjas regresaron a su esquina correspondiente, la organista resumió su sombría melodía y Sor Mary of the Cross ocupó su
puesto en uno de los reclinatorios. Unos momentos después, un insecto atravesó el piso de madera. Sor Mary of the Cross se levantó,
alzó el reclinatorio con ambas manos y empezó a golpear el insecto
para aniquilarlo. Parecía una loca con un martillo neumático en
mano. Blandía el reclinatorio y lo lanzaba al insecto. La organista,
que pensó que era una crítica solapada de cómo interpretaba la música, golpeaba las teclas aun más fuertemente. Sor Angélica no podía creer el «espectáculo». Y entonces entró el obispo.

Empapado y quejándose de su auto, que se le había descompuesto a unas cuadras de distancia, el obispo pidió un par de calcetines. La Madre Clara mandó a Sor Angélica a buscarle un par. Cuando regresó a su puesto a la entrada del enrejado, el obispo puso una digna corona de espinas en la cabeza de Angélica.

En la parte de la ceremonia donde el obispo debía poner el anillo de profesión en el dedo de Sor Angélica, el anillo no entraba debido a que el nudillo del dedo todavía estaba inflamado. El obispo McFadden simuló que le había puesto el anillo y dijo, «Te desposo a Jesucristo, hijo de Dios Todopoderoso».

—En vista de todo lo que había sucedido, lo que yo pensé fue, 'Ah, Jesús no me ama'. ¿Me explico?… Quiero decir, ¡fue la experiencia más espiritual de este mundo! —recuerda la Madre Angélica con ironía—. Pero así es como Dios obra conmigo. Cuando miro hacia atrás, siempre me pasaba alguna cosa cuando algo grande iba a suceder.

A pesar del ambiente ridículo, Sor Angélica tomó con mucha seriedad sus primeros votos. En una carta a máquina que le escribió a su madre después de haber hecho los votos, se refería a sí misma y a Jesús como «los desposados» y «la Pareja Real». La pareja, escribía, «desea[ba] expresar su gratitud a su amiga y miembro de su corte personal». Más adelante, escribió, «La esposa le ha pedido al Novio que te colme de paz y consuelo». Firmó la carta «Jesús y Angélica».

Hay una sensación de libertad y unión cuando Angélica escribe de sus sentimientos y los del Mesías. Su carta reflejaba su firme creencia de que estaba casada, no con un concepto o una idea, sino con una persona. Esta convicción básica y este amor por su Esposo gobernarían todas sus acciones en lo adelante. Durante su luna de miel, Sor Angélica se unió a su «Novio» más de lo que pensó posible.

Sor Angélica sufrió de una serie de males menores: dolores de cabeza, uñas enterradas y cosas por el estilo. Aunque insignificantes, estos males bastaron para que Angélica se sintiera malhumorada cuando la Madre Clare le fijó la adoración a las tres de la madrugada. Angélica llegó a regañadientes a la hora fijada pero «no estaba contenta de estar allí». Le dirigió su resentimiento a Jesús.

—Tengo todos estos dolores, y encima de eso la adoración. ¿Qué piensas que soy, un caballo?

—No, eres mi esposa —dice Sor Angélica que sintió que Él le respondió en medio del silencio.

—Nunca más le reclamé eso, te lo aseguro —me dijo.

Aunque Mae Francis visitaba a Rita con regularidad, sentía profundamente la ausencia de su hija en la casa. Rita comprendía. Cartas no fechadas de esta época reflejan la preocupación constante de Rita por su madre. En una carta, anima a Mae: «No te sientas sola, querida. Te quiero mucho. Solamente las personas que no tienen a nadie que los quiera pueden sentir soledad. Tú nos tienes a Jesús, a mí y a las hermanas».

En otra carta, Sor Angélica asumió el papel de maestra que le imparte a Mae asesoramiento espiritual:

Querida Madre,

No pasa un solo [sic] día en que no le dé gracias a Jesús por tener una madre tan amorosa y sacrificada. Puede que la oscuridad te envuelva a veces, pero es solamente para que disfrutes más a plenitud de la luz eterna… Sigue amando, es lo que nos tiene a bien con Jesús, es la única cosa necesaria…

Con amor,
Sor Angélica

Con la llegada de las nuevas postulantes, había ahora trece hermanas en el apretujado monasterio. Para aliviar la congestión, se le añadieron a la casa unos edificios nuevos y una elaborada capilla.

La construcción estuvo plagada de contratiempos. Durante una excavación en marzo de 1950, los trabajadores rompieron una cañería principal que iba a la casa. Tampoco calcularon bien las dimensiones de los nuevos edificios y arrancaron un grupo de árboles del jardín. Si hubieran escuchado a la bocona monja de veintiséis años, que había revisado los planos, quizás se hubieran evitado esos errores. Sor Angélica pasaba con frecuencia por el sitio de trabajo y se enfrascaba en discusiones con los trabajadores por cuestiones técnicas. En mayo, ya no quedaba nadie con quien discutir. Una huelga organizada por la unión mantuvo alejados a los trabajadores y paralizó la construcción. A pesar de que el calendario de la comunidad reflejaba la frustración de las monjas con el atraso, otro proyecto reviviría el estado de ánimo de las hermanas.

Sancta Clara celebró su primer Día Interracial en agosto. En el jardín frente al monasterio, el obispo McFadden celebró una misa para los peregrinos negros y sus contrapartes blancos que vinieron desde Cleveland en tres autobuses. El evento, organizado por la Dra. Norma Marcere, la amiga negra de Mae Francis, probablemente no recibió un apoyo extenso dentro de la comunidad. Aun así, las hermanas consideraron que fue un éxito.

Celebrar dicho evento en una época en que la integración todavía era un tabú, ilustraba la forma de pensar, contraria a la cultura reinante, del monasterio y sus habitantes. Pese al hecho de que había pocos católicos negros en el pueblo, y ninguna hermana negra en la comunidad, las monjas de Sancta Clara seguían con gran interés la situación racial. Debido a que había convivido con personas negras en su barrio, y a que había experimentado el prejuicio en contra de los italianos, Sor Angélica le prestaba un interés especial a la cuestión.

Entre 1950 y 1953, una sucesión de jóvenes aspirantes entrarían en Sancta Clara con la esperanza de unirse a la comunidad. Tres de ellas en particular forjaron lazos de toda una vida con Sor Angélica.

Elizabeth Olson, o Sor Mary Joseph en la vida religiosa, tenía una serenidad y una sonrisa espontánea que le granjearon el cariño de las monjas cuando cruzó el umbral en 1950. Era de descendencia suiza/alemana y una gran costurera que se dedicaba a coser los hábitos cuando no rezaba. Ya fuera en el trabajo o en momentos de expansión, en la capilla o fuera, Sor Joseph tenía una perpetua mirada sobrecogida de inocencia, como si los ángeles en toda su gloria se le hubieran acabado de presentar.

En enero de 1951 llegó a Sancta Clara Kathleen Myers, de Louisville, Ohio, una atractiva muchacha de poca quijada y sonrisa dientuda que tenía un nerviosismo característico. Kathleen se había graduado de la universidad y trabajaba como secretaria en una sala de arte antes de entrar en el monasterio. De no haber sido monja, quizás se hubiera dedicado a las artes. Después que recibió el velo, se convirtió en la artista, amanuense, poetisa y soprano principal de la comunidad. En la vida religiosa, se le conocería como Sor Mary Raphael.

Sor Raphael había escuchado a Sor Angélica mucho antes de haberla visto. En su función de externa, es decir, de monja que le hace mandados a la comunidad del claustro, dejaba la comida en el torno. Algo así como el buzón de depósito de un banco, el torno hacía llegar la comida y las mercancías al recinto sin necesidad de contacto humano. Sor Raphael había acabado de poner los víveres en la puerta del torno cuando oyó una alegre voz decir:

—¿No es Dios maravilloso? Tú eres la nueva postulante, ¿no es así? ¿No es Dios maravilloso? —dijo Sor Angélica.

Las palabras resonaban en el tambor de metal que había detrás de la rejilla. Pronto descubriría la respuesta a esa pregunta con la ayuda de la dueña de aquella voz distante.

Evelyn Shinosky, luego conocida como Sor Mary Michael, regresó al catolicismo luego de que sus padres dejaran la Iglesia Católica para unirse a una comunidad polaca disidente. Bajita, valerosa y sin artificios, Evelyn era una trabajadora muy dedicada. Sus artes culinarias y deseos de servir la distinguían en la comunidad. Aún hoy, los ojos de párpados caídos de Sor Michael retienen una dulzura acerada. Describió a la Angélica que conoció a principios de los años de 1950 como única y laboriosa.

—Era una persona fuera de lo común e interesada en todo —dijo Sor Michael.

El crisol

PARA SOR ANGÉLICA, había mucho trabajo por hacer en el nuevo monasterio. La capilla de la eucaristía, que se dedicó en octubre de

1951, y el área de la espaciosa vivienda estaban en pie, pero los efectos del apresurado trabajo eran visibles. Cada vez que llovía las paredes del sótano se oscurecían por la humedad, hasta que el agua por fin empezó a caer al piso en un chorrito. El arquitecto no había tenido el cuidado de dejar un espacio de una pulgada entre los ladrillos exteriores y la pared interior, de modo que la humedad quedaba atrapada adentro. Sor Angélica había detectado al comienzo el fallo en los planos, pero habían ignorado sus advertencias. Con la evidencia en mano, Angélica volvió a manifestar sus críticas a la Madre Clare.

—Madre, tenemos que arreglar este lugar; se está cayendo a pedazos —dijo.

—No tenemos dinero para hacerlo, Sor Angélica —contestó la Madre Clare.

Angélica tenía una respuesta ya preparada.

—Voy a traer a algunos de los muchachos —anunció la monja.

Convenció a los «muchachos» de su antiguo barrio en el sudeste de Canton a unirse a su equipo; la mayoría de ellos donaron su mano de obra.

—Recluté tantos muchachos honestos como me fue posible, y algunos otros no tan honestos —dijo la Madre Angélica con sonrisa de complicidad. Así comenzó el primero de sus muchos proyectos de construcción.

Trabajadores comunes y miembros del sindicato patrullaban por los pasillos de Sancta Clara cuando terminaban su jornada regular. El tío Nick Francis fue seleccionado como contratista nocturno. En el monasterio se les conocía a los hombres como los «Tonys» de Angélica.

—Vamos a dejarlo bien esta vez, muchachos —le decía la monja de lentes a su tropa en el sótano.

Armada con el curso de lectura de planos que había tomado en el bachillerato y una dieta regular de *Popular Mechanics*, junto con revistas de arquitectura y carpintería, Sor Angélica era el perfecto capataz monástico. La hábil monja sabía cómo usar herramientas, podía reparar llaves de agua que goteaban y construir gabinetes si fuera necesario.

—Era una especie de Señorita Arréglalotodo —recuerda Sor Mary Anthony, una externa en aquella época—. Si algo se rompía, había que llamar a Sor Angélica.

Sus obligaciones no se limitaban a lo mecánico. La joven hermana hacía malabarismos con una selección poco usual de responsabilidades dentro del convento, y simultáneamente ocupaba las posiciones de administradora de la comunidad (tenedora de los libros), portera y economista (la encargada de comprar las provisiones).

Al mismo tiempo, se quedaba levantada con sus «Tonys» hasta las dos de la madrugada, asediándoles con instrucciones y rosquillas viejas. Tres horas más tarde, estaba en pie con el resto de la comunidad y comenzaba un día nuevo de rezos.

En medio de la continua actividad, Sor Mary of the Cross y sus «casi violentos» arranques seguían mortificándola. En lo que parecía ser más que un conflicto de personalidades, a Sor Angélica le molestaba mucho la desobediencia de la atrevida hermana. Varias monjas confirmarían que Sor Mary of the Cross contradecía a la Madre Clare y hasta gritaba con tal de salirse con la suya. En una anotación en el calendario del 22 de mayo de 1950, Sor Mary of the Cross escribió que la habían regañado, probablemente la Madre Clare: «Recibí el peor… no sé cómo llamarlo… público hoy. Vas a 'cavarte tu propia tumba', va a haber que 'reprenderte' en público… ¡y esto era para mí!… María me aferro a ti con todo mi amor. ¡Llámame pronto para irme a casa, Madre!»

Esta anotación esclarece un poco la situación en el monasterio y ofrece una explicación lógica sobre la frustración de Sor Angélica con la monja.

En la primavera de 1952, la Madre Clare llamó a Sor Angélica al locutorio, donde unos visitantes esperaban. Pensó que se encontraría allí a su madre, o quizás a sus tíos. Pero sentado al otro lado de la doble rejilla estaba la figura esbelta de su padre, John Rizzo. Parecía la misma estampa de la culpabilidad cuando se desplomó patéticamente en la pequeña habitación, con su hermana Mary de Pennsylvania, a su lado. A los cincuenta y seis años de edad era todavía atractivo, y más gentil de lo que Angélica recordaba.

—Tu tía está aquí —John Rizzo empezó a hablar entrecortada-
mente, mientras señalaba hacia la mujer desconocida que estaba a
su lado—. Me vino a visitar, así que decidí traerla conmigo.

Momentos después, tenía la voz ahogada en llanto. Para que Angélica no pudiera ver sus lágrimas, tenía la mano frente a los ojos.
Quizás lloraba por la familia que hubiera podido tener, o porque lamentaba los años que se pasó alejado de aquella extraña bajo el
velo, que tenía sus mismos ojos oscuros —una extraña que John
nunca llegaría a conocer ya. Recobró la compostura, aunque sin mirar a Angélica, y le preguntó:

—¿Estás contenta aquí?

—Sí, lo estoy —replicó la monja.

—Me dio pena —admite la Madre Angélica—. Por alguna extraña razón, no recuerdo guardarle ningún resentimiento. Ni lo
odiaba, ni lo amaba.

Al notar unas manchas de grasa en el hábito de Angélica, John le
preguntó si podía traerle líquido de limpiar en seco. Ella le mencionó su marca favorita, y John prometió regresar.

Unas semanas después, volvió a aparecerse en el locutorio con
un galón de limpiador de tela.

—¿Hay algo más que necesites? —Rizzo preguntó.

—No, no lo creo, papá—. Sería la primera y última vez que lo
llamaría «papá».

Una vida entera de preguntas flotó en el silencio que se creó entre ellos y una infinidad de pensamientos vinieron a sus mentes.

—¿Puedo regresar? —John le preguntó tímidamente.

Como no estaba segura de las regulaciones para los visitantes,
Angélica acordó que pediría permiso. John hizo ademán de irse,
pero se sentó de nuevo.

—Quiero que sepas que lo siento, y quiero que tu madre sepa
que lo siento.

Sor Angélica se quedó estupefacta al escuchar sus palabras.

—Fue como si me hubiera ganado un millón de dólares, aunque
no lo conocía lo suficiente como para pensar que pudiera estar arrepentido… y tenía muchas ganas de verlo de nuevo.

Pero las regulaciones del claustro les permitían a los padres visitar solamente una vez cada dos meses, lo cual forzó a Sor Angélica a escoger entre su madre y su padre. Cuando Mae descubrió que John Rizzo visitaba el claustro, emitió un ultimátum: si él visitaba a la hija de ambos de nuevo, ella no lo haría. Indecisa de qué hacer, Sor Angélica dejó que la abadesa tomara la decisión.

En una carta a John Rizzo, la Madre Clare le explicó el límite de visitas que se permitían al claustro y dictó una decisión: en vista de que Mae había sido la que había criado a Rita, la Madre Clare decidió que ella sería la única que podría visitar a Angélica.

De acuerdo a su hermana, la carta devastó a John Rizzo. Murió de un infarto seis meses más tarde, el 29 de octubre de 1952. El único consuelo para Sor Angélica fue que él recibió la extremaunción en el hospital.

En el claustro, Sor Mary of the Cross continuaba crispando los nervios de Angélica.

—Yo pensaba que ella era lo peor que Dios me había mandado —decía la Madre Angélica años más tarde—. Todos los días me enfadaba por algo nuevo que ella hacía. En esa época, yo no era nada espiritual debido a que la tenía a *ella* en la mente.

Durante un retiro de ocho días en 1952, Sor Angélica admitió su disgusto con Sor Mary of the Cross en el confesionario de un tal padre Paulinus. De acuerdo a lo que recuerda la Madre Angélica, la confesión terminó más o menos de la siguiente manera:

—¿Cómo te llamas? —preguntó el sacerdote.

—Sor Angélica.

—Sor Angélica, eres una imbécil.

—¿Cómo? —preguntó la monja, incrédula.

—Sí, me escuchaste bien. Dije que eras una imbécil. —Entonces el sacerdote cambió de táctica—. ¿Por qué has venido aquí?

—Vine para ser santa.

—Entonces, ¿por qué no la amas?

—A Dios Todopoderoso le da trabajo amarla.

—Te pregunté por qué no la amas *tú*? —El sacerdote siguió con su carga—. Si quieres ser santa, debes esperar vivir con alguien difícil. Debes esperar ese tipo de sufrimiento y hacer todo lo posible por amarla.

Sor Angélica comenzó a darse cuenta de que obedecer los estatutos no era suficiente para llegar a la santidad. Así que Angélica trató de hacerse amiga de Sor Mary of the Cross, a pesar de sus diatribas virulentas y de lo que ella llamaba su comportamiento «esquizofrénico».

—De repente, cuando hice el esfuerzo de amarla, vi que podía ser más paciente y sentir más amor hacia todo el mundo —diría la Madre Angélica—. Cuando te concentras en algo negativo de tu vida, en verdad no amas a nadie.

A medida que se aproximaban sus votos finales, Sor Angélica se puso a sí misma en un segundo plano y practicó la abnegación tal y como lo exigía la vida religiosa. Hasta la mortificación a la que la sometía la Madre Clare fue más fácil de sobrellevar.

Convencida de que «los que van a ser líderes necesitan ser humildes», la abadesa de setenta y nueve años debe haber visto en Sor Angélica posibilidades de liderazgo. En una ocasión le dijo:

—Hermana, si no cambias tu manera de ser, yo te voy a cambiar el nombre.

—Si la Madre Clare tenía que sacar algo a relucir para beneficio de la comunidad, Angélica cargaba con todos los platos rotos —recordaría Joan Frank, una antigua monja en Sancta Clara—. Si el resto había hecho algo indebido, Angélica era la única castigada.

Pero a pesar del severo trato, la abadesa sentía gran respeto por la monja de veintinueve años. Como prueba de su confianza en el liderazgo de Sor Angélica, la Madre Clare le encomendó asignarles las labores a las hermanas para mantenerlas ocupadas. De su propia iniciativa, Sor Angélica dirigió a un grupo de monjas para limpiar el sótano. Una de las hermanas que venía transferida de otra orden puso objeciones a la labor y se quejó a la Madre Clare.

La abadesa en seguida revocó la tarea impuesta por Sor Angélica. La monja derramó lágrimas amargas en su celda por el rechazo.

—Pensé que había hecho lo que la Madre Clare me había pedido, y me quedé aquí sin trabajo —me dijo la Madre Angélica.

La vicaria, la Madre Luka, entró suavemente a la habitación de Sor Angélica con su usual expresión comprensiva de abatimiento. Se sentó al borde de la cama y la aconsejó.

—Angélica, algún día serás una buena madre superiora, pero no ahora.

Angélica se habría contentado con lograr el rango de hermana profesa solemne.

—Me importaba un bledo llegar a ser superiora algún día. Ésa era mi actitud en aquel entonces.

Después de nueve años en el claustro, Sor Angélica alcanzó su meta e hizo sus últimos votos solemnes el viernes 2 de enero de 1953. Su antiguo director espiritual, monseñor George Habig, ofició en la nueva capilla. Angélica prometió «vivir durante (su) vida completa… obedientemente, sin bienes, y guardar la castidad». En el punto cumbre de la ceremonia, Sor Angélica se postró mientras las hermanas la cubrían con un sudario negro. El simbolismo de que moría con respecto al resto del mundo y se levantaba de nuevo a una nueva vida afectó profundamente a la nueva profesa solemne, aun cuando su estómago levitaba en aquel momento.

—Alguien decidió ponerme alrededor del estómago uno de esos cinturones para guardar dinero, con una serie de oraciones para peticiones dentro. Mi madre había puesto peticiones, mi tía y mi tío, las hermanas, toda la gente con la que fui al colegio —dijo Sor Angélica—. Me agaché, pero mi estómago nunca llegó a tocar el piso.

El 12 de agosto de 1953, la amiga de Sor Angélica, la Madre Verónica, se fue de Canton para fundar una comunidad nueva en Washington, D.C. Como huérfanas, la tanda de novicias permaneció en las manos de la Madre Mary Immaculate. Quedaron privadas de la calidez maternal de la Madre Verónica para someterse a una monja a la cual describían, respectivamente, de «rígida», «melancólica», «sarcástica» y «una dura perfeccionista».

La Madre Mary Immaculate, una maestra de Irlanda, llevaba el nombre perfecto. No tenía tacha en su forma de vestir y en su comportamiento y no esperaba menos que la perfección de aquéllas bajo su cargo. Aunque un día llegaría a ser muy elogiada como abadesa de Canton, en aquel entonces podía ser inusitadamente recia con las novicias.

—La Madre Immaculate me hacía sentir como si yo fuera a ir para el infierno un día —se lamentaría Sor Michael.

La caída

INSPIRADA POR LA IDA de la Madre Verónica a Washington para fundar una comunidad, Sor Angélica empezó a formular ya en 1953 sus propias ideas de un nuevo monasterio con un enfoque especial. Joan Frank recordaría el día que Angélica mencionó por vez primera, mientras las dos trabajaban en el jardín, la posibilidad de establecer «en el sur un monasterio para gente de color». Su idea era que la orden reclutara hermanas negras para la vida contemplativa.

—Definitivamente, no era racista; hablaba de la gente de color con mucho afecto —recordaría Frank.

—Su madre sentía mucho aprecio por las personas de color —me dijo Sor Michael—. Pienso que algo se le pegó a Sor Angélica.

Ver a Mae Francis relacionarse libremente con la gente de color y entablar amistad con ellos antes de la integración racial ciertamente ayudó a sentar los cimientos de la idea que concebiría Sor Angélica. El interés de la comunidad en los temas raciales, como se podía apreciar con los 'Días Interraciales' que se celebraban en Sancta Clara, sirvió aún más para fortalecer su visión. Sor Angélica les mencionó en privado a las monjas con las que se llevaba bien la posibilidad de establecer una nueva fundación en el Sur, pero de momento la idea no pasó de ahí.

Entonces una tarde en 1953, la providencia de nuevo irrumpiría dolorosamente en la vida de Sor María Angélica con efectos duraderos. La monja decidió probar un sistema más moderno cuando le asignaron limpiar el corredor y los dormitorios del noviciado de la segunda planta. Para terminar el trabajo más rápidamente, echó una solución con jabón en el piso y pasó un restregador eléctrico comercial por la superficie. Sor Angélica era lo suficientemente alta, pero no tenía la corpulencia necesaria para dominar un equipo tan pesado. En un momento en que deslizaba sistemáticamente la pulidora de un lado a otro, el cordón se enganchó en los cepillos. El aparato se descontroló, lo que hizo que Sor Angélica perdiera el balance.

—La máquina saltó y el mango me golpeó en el estómago y me

caí en el piso resbaladizo —explicaría la Madre Angélica con un gesto de dolor al recordar lo que vendría después—. Me caí y sentí un dolor tremendo.

Sintió un escozor en el lado izquierdo de la espalda. El dolor le iba desde la región baja de la espalda hasta el medio de la pierna izquierda. Sor Angélica se agarró de la pared para recobrar el balance y por fin se incorporó. Una vez de pie, arrastró los pies hasta la pulidora tumbada, la colocó en la posición debida y terminó la labor. Supuso que el dolor de la espalda se disiparía con el tiempo. Tres años después, seguía esperando.

A finales de 1953, la Madre Clare padeció de sus propios problemas de salud. La abadesa sufrió dos infartos, por lo cual regresó a la comunidad muy apocada. En vista de su débil estado, calladamente recurriría a Sor Angélica, su muy regañada hija, para llenar el vacío en el liderazgo.

La liberación de las cautivas

ONCE NOVICIAS habían abandonado Sancta Clara ya en el otoño de 1953 para escaparse del riguroso régimen de la Madre Mary Immaculate, la directora del noviciado. Las monjas que permanecieron en el «extremadamente estricto» ambiente sufrieron de colitis nerviosa, ataques de llanto y falta de autoestima. La atención infundada que le prestaban a las faltas llevó a una hermana a tener una crisis de nervios y abonó el terreno para que a otra le pasara lo mismo.

—Era una forma de esclavitud —dijo Sor Raphael.

Cuando la Madre Mary Immaculate se ausentó para asistir a un retiro de ocho días dentro del monasterio, la abadesa le pidió a Sor Angélica que ocupara su lugar.

En noviembre de 1953, entró en el noviciado muy optimista, un antídoto al pesimismo que normalmente se respiraba en la segunda planta de Sancta Clara. Sor Angélica se ocupó durante ocho días de la educación religiosa, la formación y la rutina diaria de las novicias. Enfatizó el amor de Dios por las hermanas y animó a cada una de ellas a ser sólo de Él.

Sor Raphael, que era novicia en aquel entonces, «estaba resentida» porque Sor Angélica ocupaba el puesto de directora de novicias. Después de haber tratado de adaptarse al rígido patrón establecido por la Madre Mary Immaculate, he aquí la inconformista de la comunidad haciendo algo completamente diferente. Sor Raphael no quería tener nada que ver con aquello, y era «mal educada, como mínimo».

Durante aquella primera semana, Sor Angélica hizo todo lo que le fue posible para ganarse la confianza de la novicia, con poco éxito.

—Déjame tranquila —decía Sor Raphael. No quiero tu ayuda.

Cuando las exigencias de la vida del claustro se intensificaban, Sor Raphael se replegaba dentro de un capullo emocional y se escondía en su celda. Sor Angélica ya lo había visto antes. Para atraer a la joven mujer, le pasó una nota por debajo de su puerta un día. Cuando no obtuvo respuesta, tomó el asunto en sus propias manos y entró en la habitación de la novicia. Sor Raphael estaba hecha un ovillo debajo de las sábanas y lloraba desconsolada.

—Sal de ahí —dijo Angélica, y le arrancó las sábanas de arriba y haló el colchón debajo de ella. Tirada en el piso, Raphael empezó a reír, y así surgió una amistad que duraría toda una vida.

Sor Angélica introdujo a Sor Raphael y a las otras novicias a los clásicos espirituales que ella había absorbido a través de su vida religiosa. Le prestó un interés especial a San Juan de la Cruz y a su «noche oscura del alma», un período de privación espiritual encaminado a una unión mística más profunda con Dios. En el espíritu del hermano Lawrence de la Resurrección, le dijo a las hermanas que se «abandonaran completamente ante Dios y que [encontraran] la felicidad en el cumplimiento de Su voluntad, ya sea que Él nos guíe… a través del sufrimiento o del consuelo». Usaba ejemplos sacados de las vidas de los santos como modelos para la vida religiosa. Sor Angélica predicaba que los santos «no rompían las reglas; simplemente se elevaban por encima de ellas».

—Y parece ser que así se veía ella a sí misma: por encima de las reglas —dijo Joan Frank.

En ocho breves días, el cambio se extendió por el noviciado. Una luz liberadora y embriagadora de repente invadió las sofocadas vidas de las monjas jóvenes. Durante las animadas charlas que daba durante el día sobre la necesidad de someterse a la divina providencia y de conversar con Dios, Sor Angélica creó lazos perdurables con Sor Joseph, Sor Raphael y otras novicias.

Cuando terminó el retiro de la Madre Mary Immaculate, muchas de las novicias declararon estar en medio del «camino depurador» de la oración, mientras que otras sufrían «la noche oscura del alma». Sor Angélica había dejado su marca. La Madre Mary Immaculate no se impresionó.

Al regresar la Madre Mary Immaculate y reinstaurar su severas reglas, Sor Raphael sufrió «una crisis nerviosa menor» que la mandó a la enfermería, de la cual estaba Sor Angélica a cargo en aquel entonces. De acuerdo a las reglas, estaba prohibido que las hermanas de la comunidad se relacionaran con las novicias. Pero en la enfermería, ¿quién las iba a ver? Allí, Sor Angélica continuó con su misión de mentora espiritual de Sor Raphael. Según admitiría la misma novicia, Angélica la ayudó a escapar los «escollos que la habían tenido atrapada».

Consciente de los problemas del noviciado, Sor Angélica comenzó calladamente a ocuparse de las otras novicias también. Cuando alguna de las jóvenes hermanas se veía deprimida, ella le susurraba, «Jesús te ama» cuando pasaban por el pasillo. Si la Madre Mary Immaculate corregía a una novicia, Sor Angélica «metía la cuchara y decía, 'Yo siempre hacía lo mismo cuando era novicia'», recordaría Joan Frank.

Para mitigar el sufrimiento de las novicias, la Madre Clare autorizó en secreto a Sor Angélica a que guiara espiritualmente a algunas de las jóvenes hermanas. Como sabía que las monjas mayores retarían esta suspensión de la regla, la Madre Clare insistió que la orientación espiritual se manejara discretamente.

Sor Michael recordaría que la Madre Clare le preguntó personalmente en 1953 si ella deseaba que Sor Angélica le sirviera de guía espiritual. La joven monja rechazó el ofrecimiento y regresó a su rutina normal.

Sor Joseph, la bondadosa costurera, fue la primera hija espiritual de Sor Angélica. Se reunían clandestinamente más allá de la glorieta del jardín al final del extenso césped. El lugar donde se guardaba la leña también serviría de lugar de encuentros «porque no muchas hermanas iban hasta allá», de acuerdo a Sor Michael.

Aún con su espalda lesionada, que ahora afectaba su postura, Sor Angélica andaba a toda prisa por el monasterio para cumplir con las citas con sus pupilas espirituales. Sor Raphael y Sor Assumpta llegaban por la celda de Sor Angélica cerca del cuarto de costura del piso de arriba para hacerle consultas. Mientras cosía alguna prenda silenciosamente, Sor Joseph se sentaba en la sala para hacer la guardia.

—Yo era el perro guardián mientras ella impartía orientación espiritual —revelaría Sor Joseph.

A pesar de las precauciones, la Madre Mary Immaculate pronto se enteró de las sesiones secretas. Confrontó a la abadesa sobre las sesiones furtivas de orientación espiritual a las novicias, una violación de las reglas de la comunidad. La Madre Clare ocultó la verdad y negó haberle encargado a Sor Angélica que guiara a las monjas y llamó a la acusada a su oficina.

Durante una conversación que alguien escuchó, Sor Angélica le dijo a la Madre Clare entre sollozos que las hermanas mayores «se le habían virado» y la habían herido. La abadesa consoló a Sor Angélica, le dijo que se secara las lágrimas y admitió confidencialmente que «por alguna razón, la comunidad no tenía la bendición de Dios». Tal vez para remediar la situación y proteger a las novicias, la abadesa le permitió a Sor Angélica continuar con sus actividades de orientación espiritual.

Calladamente, y a pesar de las quejas, la Madre Clare encaminó a Sor Angélica en el camino del liderazgo dentro de la comunidad. Su progreso sólo se vería amenazado por su deteriorada espalda y por la rivalidad dentro del claustro. Pero a través de la fe, estos obstáculos aparentes conducirían a la monja hacia una labor de toda una vida y hacia un destino tan inescrutable como Dios Mismo.

6
La providencia en el dolor

CON SU COJERA, Angélica pasaba por los pasillos de Sancta Clara para inspeccionar el trabajo de su equipo como un detective que evalúa la escena de un asesinato. Unos lentes de armadura oscura reducían sus pupilas a dos puntitos negros brillantes que escudriñaban las paredes en busca de cualquier descuido. A instancia de ella, su tío Nick Francis y los Tonys pintaban el interior del monasterio con pintura donada. Después que terminó sus rondas, se enfrentó con los trabajadores, que aguantaron la respiración en espera del veredicto. Mientras se acercaba, una traviesa sonrisa de satisfacción se asomó bajo la amplia nariz de la monja y sus ojos se volvieron unas medias lunas. Era por eso que estaban allí, no por el dinero ni la adulación, sino para ganarse la aprobación de ella. Esta curiosa razón marcaría la relación de Sor Angélica con los trabajadores a través de toda su vida.

Para ser monja, tenía mucha soltura con los hombres. No había distancia entre Sor Angélica y sus Tonys; había respeto mutuo entre ellos. Y aunque los retaba moralmente en ocasiones, no existía la más minima pretensión condescendiente que normalmente recibían de parte de las monjas o del clérigo. Sor Angélica no pretendía ser mejor que nadie y les ofrecía a los hombres lo que nadie más se molestaba en ofrecerles: la posibilidad de redimirse en virtud de su trabajo. A Sor Angélica le encantaba su intercambio con el equipo de la calle Liberty. Se enteraba de lo que pasaba en el barrio, les daba consejos y siempre se podía confiar en ella para que los hiciera reír.

Pero esta alegría externa escondía un dolor de espalda que aminoraba su rápido y enérgico paso. Durante casi tres años, tras su caída, Sor Angélica había sufrido de una punzada constante en el lado izquierdo de la espalda. Parecía que la columna vertebral se le había corrido y cada día le era más difícil pararse derecha. En vez de mejorársele con el tiempo, la condición de su espalda empeoraba. Sor Angélica se dio cuenta de que sufría de algo más grave que una torcedura. Necesitaba atención médica.

Aparte de su estado físico, el porvenir de Sor Angélica parecía prometedor en 1955. A la edad de treinta y dos años, era la economista de la comunidad, con la responsabilidad de comprar las mercaderías que se usaban en el monasterio y de supervisar cualquier trabajo que se hiciera en el claustro. Gozaba de seguidoras entre las monjas jóvenes y se le veía como futura líder dentro de la comunidad.

A principios de junio de 1955, su amiga, la Madre Verónica, regresó a Canton de la casa que habían fundado en Washington. Es probable que haya vuelto a instancias de la abadesa para que rescatara al problemático noviciado. La única forma de terminar con el reinado de terror de la Madre Mary Immaculate era si se le reemplazaba. La Madre Verónica había reclamado su antiguo puesto como directora del noviciado, con lo que Sor Angélica había recuperado una importante aliada.

Ese mismo verano, Sor Angélica se sometió a una evaluación médica por el dolor de la espalda. Una anotación en uno de los dos calendarios que quedan de Sancta Clara escrito por la Madre Mary Immaculate dice:

13 de junio de 1955

La apreciada Sor M. Angélica regresó a casa hoy del hospital. El doctor le recetó a la hermana un aparato ortopédico para aliviarle el dolor de la espalda causado por la caída. Tiene que usarlo durante un año.

Los doctores dicen que un nervio está presionado debido a un hueso que está fuera de lugar desde su nacimiento.

Los médicos opinaban que la caída de Angélica en el otoño de 1953 había agravado un defecto preexistente de la columna. Para aliviarle la columna comprimida, le tomaron las medidas para un yeso del cuerpo y le recomendaron usar unas muletas muy grandes. La idea era crear espacio entre las vértebras para así aliviarle el dolor. Cuando ese remedio no dio resultado, intentaron la tracción de las piernas y el cuello. De acuerdo a Sor Raphael, Sor Angélica estuvo colgada del artefacto en la cama del hospital durante seis semanas. Una alergia a las medicinas para el dolor sólo serviría para agravar su malestar. Sin nada que le quitara el dolor, Sor Angélica toleraba inyecciones en la columna y otros tratamientos opresivos. En total, se pasó cuatro meses en el hospital, pero sin ningún resultado. Inmovilizada por el aparato ortopédico para la espalda, la desalentada Sor Angélica se refugió en el monasterio.

Para eliminar el dolor de Sor Angélica y ayudarla a recobrar la postura, sus médicos sugirieron una fusión de la columna. De modo que el 31 de julio de 1956, regresó al hospital Mercy para someterse al bisturí con la esperanza de terminar con el tormento que sufría.

Un pacto atrevido

EN LA VÍSPERA DE LA CIRUGÍA, el Dr. Charles Houck, un cirujano ortopédico de treinta y seis años, entró al cuarto de Sor Angélica con mucha calma para una visita de cortesía. Ya nerviosa desde antes, el saludo del cirujano sirvió muy poco para reconfortarla.

—Sor Angélica, hay una probabilidad de un cincuenta por ciento de que no vuelva a caminar —le dijo el médico. Era un enfoque clínico, y a Angélica el médico le pareció ser «un tipo medio agrio»—. Así que si siente por la mañana que no puede mover la pierna, no se sorprenda.

Ya que había cumplido con su deber, se despidió de ella, dio media vuelta y salió al pasillo.

En el cuarto oscuro, acompañada tan solo de su temor, Sor Angélica sintió pánico. «¿Voy a estar en una silla de ruedas el resto de mi vida? ¿Con muletas? ¿Lisiada?», se preguntaba la monja. Trató de rezar el rosario con la esperanza de que sus ruegos repetidos a la Virgen la calmaran. Pero el pensamiento de un futuro confinada a una silla de ruedas la desconcentraba. El Señor le había curado los dolores del estómago; ¿por qué no la curaba ahora? Atrapada entre la oración y el frenesí con la sábana agarrada febrilmente Sor Angélica hizo un atrevido pacto con Dios. «Señor, si me permites caminar de nuevo, fundaré un monasterio para Ti en el sur», le juró.

Desde hacía al menos tres años, Sor Angélica hablaba de su visión de un monasterio sureño dedicado a los negros. Ahora, en un momento de crisis, la inspiración reprimida se convirtió en una pieza para negociar. El temor de quedarse paralítica revivió su compromiso con el proyecto, impartiéndole un apremio divino.

Los recientes eventos nacionales parecían pedir a gritos un monasterio de esa índole. El año en que Sor Angélica se operó, la Corte Suprema de EE.UU. reafirmó su prohibición de la segregación en las escuelas públicas; miles de negros que seguían el ejemplo de Rosa Parks, empezaron a ocupar asientos normalmente reservados para los blancos en los autobuses; y el Dr. Martin Luther King, Jr., apareció en primera plana por organizar protestas y boicoteos por todo el Sur. Sor Angélica conocía los tiempos que se vivían.

—Recuerdo haber oído de las tensiones raciales en el sur, y no sé si eso era lo que tenía en mente o si simplemente sentía compasión. No estoy muy segura de qué sucedio —me dijo Sor Angélica.

Pero en una carta que escribió el 25 de marzo de 1957, lo que sucedió resultó muy claro:

Como había trabajado con los negros [*sic*] antes de ingresar en la Santa Orden, vine a rezar y a sacrificarme por ellos. Un año atrás, cuando los médicos dudaban si iba o no a caminar de nuevo, me dirigí al Señor y le prometí que si me permitía caminar, haría todo lo que estaba a mi alcance por promover una comunidad enclaustrada entre los negros [*sic*], dedicada al Apostolado Negro a través de la oración, la adoración, el sacrificio y la unión con Dios. Eso enmendaría de alguna manera todos los insultos y toda la persecución que la raza negra sufre, e imploraría a Dios que su bendición y gracia le llegaran a un pueblo muy querido por el Corazón de Dios.

Más allá de la misión contemplativa de rezar por la humanidad en general, Sor Angélica promovía un tipo de activismo intercesor: fundar un centro de oración en medio de un grupo específico que sufría una opresión social única.

Cuando pasaron a Sor Angélica al salón de cirugía, todo dependía de si podría o no caminar de nuevo. Aquella monja de treinta y tres años puso en práctica lo que le instruía a las novicias: entregó su salud y su vida a la voluntad de Dios.

Al hacer la incisión inicial en la espalda de Angélica, el Dr. Houck descartó la posibilidad de una fusión de la columna. En medio de aquella ruina llena de sangre, descubrió una vértebra adicional que se aglomeraba contra las otras. Dicha vértebra era la causa principal del dolor que sufría Sor Angélica. Una deformación de la columna y un nervio pegado al hueso en el lado izquierdo de la espalda presentaron un reto aún mayor para el cirujano cuando éste intentó remover la vértebra adicional.

—Durante la cirugía, algo no salió bien —me dijo Sor Bernadette, alzando sus gruesas cejas—. Sor Anita, una hermana mayor del hospital, le dijo a Sor Juliana, una externa en Sancta Clara, que durante la cirugía el doctor hizo un incisión… y se dio cuenta que ella no caminaría de nuevo. Cuando dio el corte, tiró el instrumento al piso y salió.

La Madre Angélica confirmó la historia. De acuerdo a ella, un médico musulmán terminó la cirugía y la cosió. Le pusieron tres bolsas de sangre donada mezclada con la suya propia para compensar por el sangramiento. Los nombres en las botellas de la transfusión decían Luntz, Goldberg y Cohen, un hecho que la Madre Angélica repetiría ante grupos de judíos durante décadas.

—Nunca he vuelto a ser la misma —decía con gran atrevimiento.

La cirugía de la columna se estimó un fracaso. Aunque Sor Angélica podía mover las dos piernas cuando se despertó de la anestesia, poder caminar era otra cuestión. Permaneció en el hospital en recuperación al menos dos meses.

Cuando regresó a Sancta Clara, Sor Angélica estuvo confinada a la enfermería, donde una procesión de monjas se reunían junto a su cama.

—No parecía estar enferma —me dijo Sor Joseph, una visitante frecuente—. Siempre tuvo el don del liderazgo. Tenía una personalidad magnética, y cuando te asesoraba espiritualmente, sentías que ella podía guiarte, y guiar a una comunidad.

El sufrimiento cambió las enseñanzas y la persona que era Sor Angélica. En la enfermería, empezó a usar su experiencia personal para concretar y explicar conceptos espirituales elevados a las otras hermanas. El dolor se había convertido en una herramienta hacia un mayor entendimiento que le agudizaba su empatía para con los demás y profundizaba su propia sensibilidad espiritual. A través de la necesidad, aprendió a confiar en Dios para todo, y encontró fortaleza en la debilidad.

Cuando hablaba con sus íntimos, Sor Angélica compartía su promesa de establecer una comunidad en el sur, lo cual les daba incentivo para animarla a que se recuperara. Las hermanas Joseph y Raphael prácticamente tropezaban una con la otra por asistir a la monja enferma. Durante sus primeras semanas en casa, competían por el honor de llevar a Sor Angélica por el monasterio en una vieja silla de ruedas de madera. Finalmente, la misma Sor Angélica terminó con la competencia cuando aprendió a usar un aparato ortopédico para la espalda, uno para la pierna y una muleta. Con la ayuda de estos artefactos, dio sus primeros pasos titubeantes, para gran alegría de sus seguidoras. Dios había cumplido con su parte del trato.

A fines de 1956, sobre sus propios pies y fuera de la enfermería, Sor Angélica se concentró en la nueva comunidad que esperaba establecer en el sur. Armada con lo que ella consideraba que era un mandato espiritual, consiguió el apoyo de la Madre Verónica, sucesora de la Madre Clare y nueva abadesa de Sancta Clara.

«No», sería la primera respuesta de la Madre Verónica, pero bajo la presión de los ruegos incesantes de Sor Angélica, la abadesa transigió lentamente. Una vez convencida, la Madre Verónica se convirtió en una defensora silenciosa de la nueva comunidad. Sus cartas y sus conversaciones privadas son testimonio de su fe en Sor Angélica, una monja que consideraba un «genio».

Con el apoyo de la abadesa, Sor Angélica y su pequeña banda de monjas se convirtieron en una milicia de oradoras que irrumpieron en el cielo en pos del monasterio sureño. Pero quedaba pendiente una pregunta práctica: ¿Dónde establecerlo?

Cuando una pareja les ofreció tierra gratis en la Florida, Sor Angélica interpretó el gesto de caridad de ellos como una señal de Dios. Le escribió a la carrera una carta al obispo de la Florida en la que le pedía permiso para fundar un monasterio en su diócesis, pero el obispo rechazó la oferta.

Los familiares de una de las monjas le sugirieron que el obispo de Mobile, Alabama, quizás acogería dicho monasterio. Durante sus rezos, Sor Joseph recibió una fuerte confirmación de que Sor Angélica debería escribir al obispo de Mobile. Cuando se preparaba para hacerlo, su antigua némesis, Sor Mary of the Cross, le puso un obstáculo en su paso.

Ya en 1957, la relación entre Sor Mary of the Cross y Sor Angélica había mejorado mucho. Gracias al esfuerzo incansable de Sor Angélica de demostrar amor hacia la dominante monja, Sor Mary of the Cross había comenzado a mirarla con buenos ojos. Pero cualquiera que fuera el cariño que hubiera podido existir, el mismo desapareció rápidamente cuando Sor Mary of the Cross anunció su intención de fundar su propio monasterio en St. Cloud, Minnesota.

En vista de que no había el número de monjas necesario para establecer dos monasterios, la Madre Verónica se vio a sí misma en un dilema. Por un lado, una hermana de más antigüedad quería fundar su propia casa; por el otro, una monja más joven con madera de líder sentía que Dios la guiaba hacia el sur. Como su interés principal era evitar la confrontación, la abadesa concibió una solución, digna de Salomón. En nombre de cada hermana, la Madre Verónica escribiría cartas de presentación al obispo de St. Cloud y al arzobispo de Mobile-Birmingham. La monja que primero recibiera una respuesta positiva del obispo podría seguir adelante con su proyecto; la otra tendría que abandonar sus planes.

El 8 de enero de 1957, la Madre Verónica puso en correo las dos cartas juntas. En un mensaje al Arzobispo Thomas Toolen de Mobile, la Madre Verónica escribió:

> Nuestro más ferviente deseo es estar en medio de las personas de color para interceder en su nombre; comprendemos que esta misión tendría que ser más o menos secreta con el fin de evitar problemas raciales; pero quisiéramos brindarle nuestra ayuda a la gente de color, y con el tiempo, con el paso de los años, tenemos la esperanza hasta de tener solicitantes de color en nuestra comunidad… la idea principal es rezar por ellos.

El registro oficial del Monasterio de Sancta Clara, no menciona la posibilidad de la creación de una casa para la orden en St. Cloud hasta el 9 de enero de 1957. No se hace mención de la casa que se deseaba fundar en Birmingham hasta años después. No es de sorprender, ya que Sor Mary of the Cross era la secretaria de la comunidad y por lo tanto la responsable del registro oficial.

La rivalidad dentro de Sancta Clara se intensificó.

En el claustro, las oraciones competían entre sí y la vigilancia constante de la correspondencia exacerbaban las tensiones. Sor Angélica y sus seguidoras oraban incesantemente por recibir una respuesta positiva, conscientes de que su suerte la determinaría la prontitud del arzobispo.

—El mío escribió primero; el de ella se demoró un par de meses en escribir —me diría la Madre Angélica con una sonrisita de satisfacción.

La carta del arzobispo Toolen del 12 de enero de 1957 extendía una afectuosa invitación a las monjas franciscanas a visitar la diócesis y las animaba a establecer una comunidad en Birmingham, el hogar de un cuarto de millón de personas negras. En ninguna parte de la carta, ni en su correspondencia posterior, escribió el arzobispo «Vengan todas», como se informó en numerosos recuentos públicos. No obstante, Sor Angélica y sus seguidoras estaban eufóricas por lo que él en efecto les escribió.

Con el permiso del obispo Toolen asegurado, las hermanas le pidieron al obispo de la localidad que bendijera la nueva comunidad que deseaban fundar. El 28 de febrero de 1957, el obispo Emmet Walsh, de Youngstown, dejó caer una bomba. Él pensaba que la comunidad de Canton no era lo suficientemente sólida como para sostener la pérdida de seis monjas, que era el número que la ley eclesiástica requería para establecer una comunidad nueva. La pérdida de una hermana del concilio, Sor Angélica, preocupaba mucho al obispo. Les dijo a las monjas sin rodeos que abandonaran la idea de un nuevo monasterio.

Sin duda a instancias de Sor Angélica, la abadesa le escribió una segunda carta al obispo Walsh el 7 de marzo de 1957. Aunque aceptaba la decisión del obispo, hizo una apelación reveladora en favor de la causa de Angélica:

Para ella, es una misión que Dios la ha inspirado a cumplir; no descansa, ni me permite a mí descansar en su esfuerzo por hacer lo que ella cree que Dios le pide…

Sor Angélica es joven —tiene treinta y cuatro años de edad—, pero ha servido como nuestra administradora durante varios años y tiene más habilidad para los negocios que el promedio de las personas. Hace planes y cálculos desde hace años y mentalmente tiene el plan completo para fabricar y mantener el nuevo monasterio… Si usted hablara con la hermana, Su Excelencia, creo que entendería por qué nuestra resistencia se ha venido abajo.

En una segunda carta del 25 de marzo de 1957, Sor Angélica abogó por su propio caso ante el obispo. Su misión y poderosa voluntad eran aparentes, así como era la determinación de hacer lo que fuera necesario por lograr su meta.

Su Excelencia,

…Me permitirá Su Excelencia seguir el ejemplo de nuestro santo padre Francisco, quien, al haber sido rechazado en la puerta principal, aconsejó a sus seguidores que regresaran por la puerta trasera. Sé que su decisión ha sido prudente y paternal, por lo que la intención de esta carta no es cambiar la mente de Su Excelencia.

Entonces pasó a explicar su compromiso para establecer un «apostolado negro», y añadió:

En vista de que nuestro Señor parece haber demostrado Su Voluntad al permitirme caminar de nuevo y disfrutar de perfecta salud, contrario al pronóstico de todos los médicos, he tomado esto como una indicación de que yo tengo que cumplir con mi parte así como Él cumplió con la Suya… Como siempre, su decisión ha sido aceptada como la Voluntad de Dios y la Reverenda Madre me ha aclarado bien que por el momento no se hará nada, pero esto deja muchas cosas en el aire; nuestros amigos han ofrecido su ayuda en lo que respecta al trabajo por hacer, así como donaciones y ofertas de ayuda financiera, y también está el asunto de las tres muchachas que esperan para unirse a mí en esta labor en particular… ¿Podría Su Excelencia aprobar este proyecto y dar su consentimiento al mismo, cuando la fundación de una nueva casa no debilita en ninguna forma la comunidad? Esta garantía por parte suya me liberaría para continuar adelante, con esperanza y planes para algo que finalmente será una realidad, aun si ahora me veo en la necesidad de mover mi horizonte hacia una distancia más lejana.

Para ser una carta que «no tenía la intención de cambiar» la mente del obispo, Sor Angélica presentó un fuerte argumento en favor de una revocación.

La respuesta del obispo Walsh fue cordial y permitía que los preparativos continuaran. Pero no alcanzó a otorgar su aprobación definitiva para la fundación. En el monasterio vieron la carta como una victoria, un retraso, pero no un golpe mortal a la nueva casa sureña. Durante los próximos tres años, la Madre Verónica y Sor Angélica mantuvieron contacto constante con el arzobispo de Mobile para avivar su interés en el proyecto mientras continuaban en casa con los planes.

Aunque separadas por las paredes del claustro, los lazos entre Mae Francis y Sor Angélica se mantenían fuertes. A Mae le deben haber informado de la nueva casa que querían fundar en Birmingham a estas alturas. Una carta no fechada enviada a Mae refleja que Sor Angélica había asumido el papel de madre en la relación de las dos. Junto con instrucción espiritual, la carta contenía un anticipo del futuro:

…tu alma es bella y está cercana a Dios por el sufrimiento… La soledad es una de las mejores herramientas de Dios para acercarnos a Él… Por qué… Porque libera nuestro corazón de todas las cosas creadas y de imágenes, y no encontramos consuelo ni en las criaturas ni en nosotros mismos… no existe nada sino Dios… tú estás cerca de mí, pero es tan natural querer darse por vencido de vez en cuando… hazlo, por favor… tu cruz es mi cruz… somos una… así que no puedes ser egoísta y reservártela, así que para que lo sepas…

Entonces hay una nota a mano adicional al final:

Algún día trabajarás [para Él] y lo adorarás a Él —Él tiene planes para nosotras— No te preocupes—

Sor Angélica

El enigmático cierre parece indicar que Sor Angélica y Mae ya habían acordado un curso de acción futuro. En el margen hay una breve nota a mano de la Madre Verónica, quien probablemente sabía de la intención de Angélica con respecto a su madre. Dice:

«Todo por el amor de Él. M. M. Verónica. Te quiero. Lo que dice la hermana es cierto».

La maestra de obras

EN MARZO DE 1958, la pierna izquierda de Sor Angélica ocasionalmente se le dormía por debajo de la rodilla, pero eso no le impidió hacerse cargo de otro proyecto de construcción.

Algunas de las monjas añoraban tener una gruta en el patio dedicada a la Virgen María. La labor recayó en Angélica. Llamó a «todos los buenos católicos piadosos» que conocía y les pidió ayuda con el proyecto, pero ninguno ofreció su tiempo.

—Se me ha hecho difícil encontrar gente —le dijo a la Madre Verónica—. Conozco algunas personas que son un poco diferente. Los puedo llamar.

—No me importa, mientras logremos construirla —dijo la abadesa.

Sor Angélica llamó a una sala de billar en el sudeste de Canton y alborotó a los Tonys. Al reconocer la voz al otro lado de la línea, Sor Angélica gritó, «¿Cuándo saliste de la cárcel?» Después de chacharear un poco, fue al grano. «Necesito a algunos de los muchachos; estoy aquí con una situación difícil».

Sesenta y dos albañiles, mamposteros y excavadores de la barriada se presentaron para construir la gruta. El tío Nick, quien vendía seguros, dió tiempo para supervisar el trabajo. Aunque el periódico de la comunidad informó que el trabajo había sido donado, el Protocolo de Sancta Clara decía que era un «trabajo bajo contrato».

Cualquiera que fuera el arreglo financiero, Sor Angélica caminaba por la obra como si fuera un contratista supervisor, y daba órdenes y tomaba decisiones cuando era necesario.

Hacia el final del proyecto, en el otoño de 1958, tío Nick notó que la pierna izquierda de Sor Angélica se movía en una forma extraña cuando caminaba. Para compensar por el dolor que sentía en la columna, echaba el cuerpo hacia un lado, lo cual afectaba la alineación del cuerpo.

—Se me hacía más difícil caminar y más difícil enderezarme —diría la Madre Angélica—. Caminaba doblada, no podía aguantar el dolor.

Pero había trabajo por hacer. Después de haber producido un nicho de mármol para la Virgen, la monja del «modo de andar extraño» se enfocó en el diseño del jardín. Visualizó una hilera de arbustos que enmarcaran el camino de piedras y un fondo de cicutas detrás de la gruta.

—Yo se las consigo —le dijo un trabajador llamado Pitzigill a Angélica—. ¿Cuántos cree que vamos a necesitar?

—¿De dónde los vas a sacar? —preguntó ella.

—Eh, no se preocupe. Yo y los muchachos vamos a salir por la noche a recogerlos —Pitzigill bajó la voz—. Hay un tipo en el norte de Canton que tiene cientos de ellos.

—¿Tú vas a ir y llevártelos?

—Sí, ¿algo malo con eso?

—No puedes robarte esos árboles —le dijo Angélica con la autoridad de una madre superiora.

—Los árboles no se pueden robar —Pitzigill protestó—. Los árboles le pertenecen a Dios. Usted los va a usar para Dios, así que ¿cómo se los va a robar?

Después de rechazar la oferta y la lógica de Pitzigill, Sor Angélica se dedicó a recolectar el dinero para los árboles de forma honesta. Llamó al jefe del sindicato de la localidad. Además del dinero, tenía una meta espiritual en mente.

—Necesito seiscientos dólares para comprar árboles de cicutas —le dijo al jefe de la mafia.

—Está bien, yo le hago un cheque.

—No, no quiero que haga eso. Quiero que le pidas un cheque a cada uno de los muchachos y que me los des. Voy a poner sus nombres en un pergamino, lo voy a enrollar y lo voy a poner dentro de la imagen de Nuestra Señora —dijo Sor Angélica.

—¿Usted está loca? Yo no puedo hacer eso —contestó el hombre.

—Nadie lo va a ver; va a estar enterrado en el concreto, como lo vas a estar tú si no te arreglas.

El jefe de la mafia no contestó nada.

—Mira a ver lo que puedes hacer —dijo Sor Angélica y colgó el teléfono.

Pocos días después, una limusina se apareció frente al monasterio. Angélica enlazó su brazo al del jefe del sindicato y lo llevó hasta la gruta mariana.

—¿Usted en verdad quiere que gente como yo compre esos árboles? —preguntó el mafioso.

—Sí, así es. Necesito que gente como tú compre esos árboles por si un día te encontraras en un problema muy grande, te acuerdes del Señor y de Su Madre —dijo Sor Angélica.

Le deslizó al hombre un botón del Sagrado Corazón y lo acompañó hasta la salida del monasterio. A los pocos días llegaron por correo un montón de cheques con los nombres de comerciantes bien conocidos en la comunidad de Canton. A mano, Sor Raphael puso sus nombres en un rollo de pergamino y lo puso dentro de la imagen de la Virgen María, donde se encuentra hoy rodeado de cicutas.

En el otoño de 1958, la Iglesia Católica Romana se vio sumergida en un período de grandes cambios. El corpulento y jovial cardenal Roncalli se convirtió en el papa Juan XXIII, sucesor del papa Pío XII. Se pensó que aquel italiano de setenta y siete años sería un «papa provisional» fiel a la tradición y sin muchas sorpresas. Roncalli demostró que la opinión convencional se podía equivocar.

En Canton, el agudo frío del invierno hacía sentir a Sor Angélica espasmos en la espalda y la pierna izquierda. Se retiró a su cuarto y se acostó para desabrocharse el aparato ortopédico de la pierna y ver si sentía algún alivio acostada. Mientras estaba en la cama, vio unas imágenes en la pared de su cuarto. Al principio, descartó la visión, pero la misma rehusó abandonar su ojo interno. Aunque la espalda le dolía, pegó papel de gráfica a la pared con cinta adhesiva para tratar de captar lo que veía. El resultado fue un plano arquitectónico rudimentario hecho a lápiz: era el plano del nuevo monasterio.

Como pasatiempos, Sor Angélica y sus compañeras monjas minuciosamente recrearon un modelo a escala del plano con pedazos de cartón y papel de envolver. Sin los permisos debidos, el monasterio empezó a tomar forma a pesar de que la condición física de Sor Angélica se deterioraba. Caminar se había vuelto una verdadera prueba para la monja. Como las actividades donde no tenía que moverse le eran más llevaderas, se puso a preparar diagramas de presupuestos y flujos de ingresos para el nuevo monasterio con el fin de limitar el esfuerzo físico. Pero en privado se preguntaba cómo una monja lisiada iba a poder dirigir una comunidad nueva.

Perplejo por los calambres continuos que sufría Sor Angélica y por el hecho de que no podía controlar la pierna izquierda, el 27 de abril de 1959 su médico la envió a la Cleveland Clinic para ponerla bajo observación. Se sometió a una terapia física intensa. Trabajaba todos los días en las barras paralelas y hacía ejercicios para fortalecer la columna. La infinidad de pruebas revelaron muy poco. Los médicos no encontraron ninguna pérdida de movilidad en la espalda de Sor Angélica, sólo rigidez en la cadera izquierda, la rodilla y el tobillo. No encontraron una explicación para el dolor continuo en la pierna.

De regreso a Sancta Clara, el monasterio progresaba a paso de tortuga. Aunque el arzobispo Toolen seguía deseoso de tener el monasterio en Birmingham, el obispo Youngstown, tenía todavía que dar la aprobación final. Para salir del estancamiento, Angélica, con su buena cabeza para los negocios, le escribió al obispo Walsh el 7 de agosto de 1959. Usó argumentos distintos para presionarlo a que diera una respuesta:

Hace como tres años, Su Excelencia le dio permiso a Nuestra Reverenda Madre para que nos preparáramos para la futura comunidad que deseamos fundar en Alabama. A la fecha, la propiedad ha aumentado de valor y tenemos varios albañiles y proveedores, todos amigos, listos a donar su mano de obra. Les gustaría comenzar en el invierno porque no trabajan aquí en esa época y entonces les sería posible fabricar el monasterio durante los meses de invierno.

Le adjunto un dibujo muy rudimentario y un plano que he

hecho... Sé que los planos pueden parecer un poco ambiciosos a primera vista pero dado que no tenemos ningún edificio para comenzar en Birmingham, de no fabricar, tendríamos que remodelar una casa vieja, lo cual conllevaría muchos gastos en la compra y la remodelación... La estructura que tenemos planeada construir constaría alrededor de $130.000. Pero con la mano de obra donada y la debida selección de materiales de construcción, hemos calculado que sería alrededor de $75.000...

También le adjunto una propuesta de ingresos y gastos para la nueva comunidad. Las cifras se basan en lo que hacemos aquí... En el nuevo monasterio, las hermanas deberán practicar la pobreza al máximo, que es como debe ser, y esperamos trabajar lo suficiente para poder mantenernos... Los rosarios esperamos venderlos mayormente en el Norte, y también la publicación será enviada a las personas en el Norte. Como tenemos la intención de hacer nosotras mismas el trabajo de imprenta, eso disminuirá los gastos de publicación...

Durante mi viaje reciente a la Cleveland Clinic, los doctores me dijeron que la única forma de prevenir que la pierna izquierda se me inutilice completamente es irme a un clima cálido. El nervio de la columna está expuesto y los fríos meses de invierno son muy duros. Estoy dispuesta a aceptar lo que Jesús quiera de mí, pero he pensado que si Su Excelencia cree que podemos ir a Alabama, podríamos empezar pronto y significaría sólo un invierno más que tolerar. A pesar de que el uso de mi pierna izquierda está en juego, estoy dispuesta a ofrecerle mi dolor a Nuestro Señor si Su Excelencia considera que todavía no estamos listas.

La emotiva súplica por preservar su extremidad y la tenacidad inquebrantable de Sor Angélica aparentemente impresionaron al obispo.

En noviembre de ese año, el obispo Walsh aprobó el proyecto y comenzó a estudiar cuáles exenciones por parte de la Iglesia serían necesarias para hacer el monasterio una realidad. La edad de Sor

Angélica era una preocupación para la Iglesia. En abril de 1960, solamente tendría treinta y siete años, mientras que las constituciones de las órdenes exigían que una abadesa tuviera al menos cuarenta años de edad. Sor Raphael enfrentaba problemas similares, ya que tenía menos de treinta y cinco, la edad que se requería para ser vicaria. Y además, estaba el asunto de las dos hermanas laicas que querían entrar en la comunidad y convertirse en hermanas del coro. Sólo Roma podía otorgar estas dispensas especiales. Durante todo 1960, los papeles rebotaban entre la cancillería de Birmingham, Youngstown, Sancta Clara y Roma.

Como miembro de la junta directiva de la comunidad y posible abadesa, Sor Angélica se convirtió en Madre Angélica oficialmente en 1960. Pero el título no era su meta. Inspirada por la respuesta positiva del obispo Walsh, siguió adelante hacia el siguiente reto: recaudar dinero para la nueva comunidad de Birmingham.

La pescadora

SU IDEA INICIAL fue criar lombrices de tierra en el sótano de Sancta Clara y venderlas como carnada a los pescadores a dos centavos por cabeza.

—Oh, Dios, no —dijo la Madre Verónica a la propuesta de Sor Angélica.

Mientras ojeaba una copia de *Popular Mechanics* en noviembre de 1959, Sor Angélica vio un anuncio de cebo artificial para pescar. Comerciante innata, Sor Angélica vio una oportunidad en la lustrosa página. Necesitaba un producto con gancho en Canton así como en el Sur, que era predominantemente protestante. Los rosarios y las vestiduras de los altares no tenían la menor posibilidad. Pero los cebos artificiales eran seculares y de interés general y quizás dejaran ganancia.

La Madre Verónica tentativamente se alistó y contribuyó cinco dólares para comprar un equipo para empezar.

Cuando llegó la caja, Sor Angélica la llevó a escondidas a la lavandería del piso alto donde trabajaban Sor Raphael y Sor Joseph. Abrieron la caja y ensamblaron las afiladas y enredadas piezas, hasta el punto en que literalmente derramaron sangre por la nueva comunidad. Los dedos pinchados fue un precio mínimo que pagar por las centelleantes creaciones que tenían esparcidas sobre la mesa. Ahora, era el momento de ponerlas a prueba.

Inclinadas sobre las bañaderas del monasterio, las tres monjas arrastraban los cebos por el agua muertas de risa. Las pequeñas hélices giraban, las colas metálicas serpenteaban, y Sor Angélica pensó que a lo mejor algo iba a salir de aquello.

Un electricista que estaba allí se lo confirmó. Cuando terminó de reparar el refrigerador del monasterio, empezaron a hablar del viaje que tenía preparado para irse de pesquería a Miami ese fin de semana.

—Espere un momento, tengo algo para usted —le dijo Angélica. Regresó a la cocina con un puñado de cebos.

—¿De dónde los sacó? —preguntó el técnico.

—Yo los hice.

—Esta mañana pagué un dólar cincuenta por cebos como éstos.

A Sor Angélica se le iluminaron los ojos. Si se vendían a un dólar cincuenta cada uno, el potencial de ganancia era increíble.

El viaje de pesquería del electricista resultó ser un éxito rotundo, y puso los cebos por las nubes. Usó la aprobación de él para convencer a la abadesa de que invirtiera seiscientos dólares en el negocio de cebos artificiales para pescar, segura de que iba a encontrar mercado para eso.

Su experiencia en publicidad en Timken Roller Bearing le vino bien. Como sabía la importancia de un nombre de marca, bautizó la empresa St. Peter's Fishing Lures [Cebos Artificiales de Pesca San Pedro].

—Parecía ser el único nombre que unas monjas enclaustradas podían ponerle a un proyecto como éste —dijo Sor Angélica en aquel entonces.

Su experiencia en diseño le permitió crear un anuncio de aspecto profesional para la publicidad por correo de los cebos. La caricatura de un angelito, «El pequeño Miguel», de Sor Raphael, con su halo ladeado y vara de pescar, aparecía en todos los materiales.

Debajo de las fotos de los cebos aparecían tentadores nombres, tales como St. Raphael's Dry Fly, Little Jonas, St. Michael's Wet-Fly, y Double Trouble. Un amigo judío imprimió los folletos en colores con una nota de explicación: «El propósito del proyecto es recaudar fondos para ayudar al Gran Pescador a encontrar almas. Se incluye una oración con cada cebo para pedir que Él bendiga su pesquería».

La propaganda comercial y el producto fueron todo un éxito y la Madre Angélica lo sabía. Con una lista de direcciones de más de dos mil pescadores, las monjas se dedicaron a rellenar sobres para un bombardeo de mercadotecnia en enero de 1960. Antes de mandar los volantes, la Madre Angélica, Sor Raphael y Sor Joseph arrastraron la bolsa con las cartas hasta la capilla para que Dios bendijera el fruto de sus esfuerzos. «Bien, aquí están Señor», oró la Madre. «Si nos bendices, tendremos dinero para comprar la tierra». Llenas de esperanzas, las monjas echaron al correo los anuncios.

—Aprendí que yo no podía hacer nada; la divina providencia tiene que hacerlo todo —dijo Angélica—. Después que mandas los anuncios, no puedes hacer otra cosa que esperar.

Ella esperaba un diluvio inmediato de órdenes y sólo dos pescadores contestaron.

«La Madre Angélica y Jesús no se hablaron esa semana», escribiría más tarde Sor Raphael.

«Señor, no puedo creer esto», Angélica refunfuñó en la capilla, pero evitaba contacto visual con Su Esposo en el Santísimo Sacramento. «¡Sabes que necesitamos medios para ganarnos la vida! Ahora no tenemos nada».

Además de mandar volantes por todo el país, Sor Angélica, la encargada de la mercadotecnia, le dejó caer un par de notas a miembros de los medios de comunicación. Los pescadores no habían contestado, pero la prensa sí. El 10 de abril de 1960, *Our Sunday Visitor* y el *Canton Repository* publicaron simultáneamente artículos sobre el «Convento del Problema Doble». Cientos de órdenes para comprar los cebos llegaron al monasterio de Canton, y el tema causó furor en toda la nación.

Impulsados por las notas personales de la Madre Angélica y los botones del Sagrado Corazón que les mandaron a algunos medios de comunicación selectos, el *Miami Herald*, el *Denver Register*, el *Cleveland Plain Dealer*, el *Chicago Sun-Times,* y otros de los principales periódicos de Estados Unidos y Europa publicaron la historia. En 1961, *Sports Illustrated* publicó un artículo sobre St. Peter's Fishing Lures y le presentó a la Madre Angélica (quien nunca en su vida había lanzado al agua una pita de pescar) una placa elogiándola por su «contribución especial a un deporte».

Para suplir la demanda nacional de cebos, Sor Angélica creó una cadena de montaje en el monasterio. Las monjas visitaban su taller durante las sesiones de trabajo y se pasaban hasta tres horas al día fabricando cebos.

Cuando levantaba la vista de sus diestros dedos que hilvanaban y torcían hasta crear los cebos, la Madre Angélica se maravillaba de las dedicadas hermanas que tenía a su alrededor. Por primera vez, se sentía parte de una familia: «Ahora tenía a alguien más en mi vida», comentaría más tarde. Estas fieles hermanas eran sus hijas y ella era su madre; eran una en oraciones y propósitos. Rita Rizzo por fin tenía un hogar.

Su sentido de familia también incluiría a sus ayudantes laicos. Los envíos por correo de St. Peter's Fishing Lures nunca se refería a la clientela como «clientes» o «amigos». El mensaje de Navidad de 1961 marcó la pauta de su intercambio con el público durante los años venideros:

Querida familia,

Sólo queremos que sepan que *su* claustro está casi terminado y que le han regalado a Jesús el más maravilloso regalo de cumpleaños, un nuevo y bello trono.

La Madre Angélica le permitía al clan familiar sentir que eran dueños personales de los proyectos de ella. Era algo que hacían todos juntos. Este concepto continuaría y prosperaría mientras ella se embarcaba en nuevos y más grandes apostolados.

Cuando Sor Joseph y Sor Raphael se comprometieron con la nueva comunidad de Birmingham, a la Madre Angélica le faltaban dos hermanas. Como cualquiera italiana práctica, buscó su primer prospecto en la cocina. Sor Michael amaba el monasterio de Canton y no deseaba irse para el Sur. Pero cuando la Madre Angélica le extendió a aquella monja de párpados caídos una invitación personal a unirse a la nueva comunidad, la hermana cambió de manera de pensar. «No sé por qué, pero dije que sí», Sor Michael recordaría. «Después deseé no haber dicho que sí, pero nunca me he arrepentido de haberlo hecho». Angélica entonces se dirigió a Sor Assumpta. Aunque le faltaban algunos meses para hacer sus votos finales, la joven monja también accedió a unirse a la nueva comunidad de Birmingham. La familia de la Madre Angélica estaba ahora completa.

El 29 de octubre de 1960, la Madre Verónica le escribió al obispo Walsh para animarle con suavidad a que se apresurara con los permisos para la comunidad de Birmingham. Ella insistía en que el financiamiento para la comunidad estaba asegurado: Sancta Clara había prometido donar mil títulos de acciones de banco a la nueva comunidad, una pareja de Canton se había comprometido a comprar una pequeña casa para las hermanas, y los cebos de pescar habían dejado una ganancia de $4.500. La abadesa prometió que la ida de cinco de las hermanas a Birmingham no afectaría a la comunidad de Canton. Pero ya había empezado a afectarle.

Sor Mary of the Cross, todavía resentida porque la comunidad de St. Cloud nunca llegó a despegar, retó abiertamente la autoridad de la suave Madre Verónica. Otras hermanas sufrían de severos problemas mentales y emocionales. Una monja, que luego despidieron de la comunidad, atacó a la Madre Angélica escaleras arriba con un cuchillo de cocina.

Las cosas no andaban bien en Sancta Clara, y la Madre Angélica esperaba ansiosamente seguir adelante.

Escribir la anotación del 3 de febrero de 1961 en el Protocolo de Sancta Clara debe haber sido una tortura para Sor Mary of the Cross. Decía: «Roma le ha otorgado a la nueva comunidad de Alabama todos los permisos para proseguir».

Ya era oficial. La Madre María Angélica pronto sería abadesa, al principio lo sería a cuatro hermanas, y después a millones. Finalizó los planes para su primera travesía hasta la cuidad que pronto sería su hogar: un lugar conocido por sus conflictos raciales y su actitud hostil hacia los católicos.

7
La fundación de una nueva comunidad

EL SEDÁN CROMADO del tío Nick Francis irrumpió en el hielo que había en la entrada circular de Sancta Clara la mañana del 26 de febrero de 1961. Había llegado temprano para transportar a las hermanas a Cleveland para su vuelo a Dixie. La Madre Angélica estaba a punto de entrar en un mundo lleno de incógnitas, un lugar creado en su mente en base a las impresiones de los visitantes al monasterio y los despachos esporádicos que se publicaban en el *Canton Repository*. Había leído sobre los hombres negros que se sentaban en los mostradores de las cafeterías, de marchas organizadas en el cercano Montgomery y de la violencia racial que a veces culminaba con alguien muerto; pero aparte de eso, sabía poco de Alabama y mucho menos de Birmingham.

Rumbo a Alabama

YA EN 1961, la industria del hierro que servía de sustento a la ciudad de Birmingham había decaído. La baja que sufrió el mercado del acero derrumbó los prospectos del pueblo y alimentó el odio. Los miembros del Ku Klux Klan y otros usaron las tribulaciones económicas para ultrajar a los negros, los judíos y los católicos. El infierno hirvió en las tranquilas y verdes lomas de Birmingham, que adquirió la reputación de ser una de las ciudades más segregadas del Sur.

Al mismo tiempo, este centro del fundamentalismo protestante brillaba gracias a una fe floreciente. Las iglesias bautistas estaban desperdigadas por las empinadas lomas, mientras que los santuarios metodistas, presbiterianos y AME se apiñaban cerca del pueblo. La comunidad católica, compuesta mayormente de inmigrantes italianos, alemanes e irlandeses, representaba menos del dos por ciento de la población. Con sus imágenes y sus frentes marcadas todos los años, era una anomalía en una región nada receptiva a extraños.

Para atender al llamado del papa Pío XII de ofrecer auxilio a los negros, un puñado de órdenes religiosas católicas migraron al área. Eran un número minúsculo y languidecieron en el «territorio misionero», pero al menos les fue mejor que a sus antepasados.

Al principio del siglo XX, los católicos de Birmingham fueron el blanco de violentos actos motivados por conflictos religiosos. Un caso que hacía recordar de forma escalofriante el asesinato del padre Riccardi en Canton fue la muerte a tiros del rector de la Catedral de San Pablo en los escalones de la iglesia en los años 1920. Posteriormente, los miembros de la localidad recuerdan el convento que quemaron hasta quedar reducido a cenizas. Estas muestras de disgusto con la infiltración católica se manifestarían en diferentes formas en los años venideros.

A principios de los años 1960, una retahíla de bombas que estallaban en las casas de negros y judíos tuvieron como resultado que al pueblo lo apodaran «Bombingham». En el plazo de unos pocos años, la ciudad bullía a causa de las tensiones raciales, que hicieron de la «Ciudad Mágica» un punto álgido de odios y violencia. Pero la Madre Angélica no sabía nada de esto cuando partió para Alabama.

Iba llena de esperanza para Cleveland en el auto del tío Nick, la maqueta del monasterio de sus sueños tambaleándose sobre sus rodillas como una casa de muñecas de cartón. Lo aguantaba con cuidado para que no se dañara. Sentada al lado de ella, la Madre Verónica observaba los gruesos copos de nieve que veía pasar velozmente fuera de la ventanilla del auto. La mente de Angélica estaba en otro lado. Sólo pensaba en su misión: encontrar la tierra y construir una «comunidad entre los negros» de Alabama para rezar.

La tormenta de nieve causó un apagón en el Santuario de San Pablo, pero las hermanas se iluminaron cuando vieron a la Madre Angélica. Hasta la abadesa de ojos lagañosos, ya cerca de cumplir setenta y cinco años en la orden, recordaba a la muy disciplinada monja bajo su cargo. Al bendecir la nueva comunidad, la Madre Agnes conectó espiritualmente a Angélica con las mujeres que habían creado cinco comunidades de Hermanas Franciscanas del Santísimo Sacramento en Estados Unidos, y otros once monasterios en Polonia, India, Alemania, Francia e Italia.

La nieve incesante que caía en Cleveland creó un obstáculo para la pionera al atrasar su primer vuelo en avión. Las monjas perdieron el vuelo de conexión a Birmingham pues llegaron tarde a Atlanta, lo cual las obligó a pasar la noche en un motel.

Para dos monjas que no estaban acostumbradas al mundo que existía fuera del claustro, muchas cosas habían cambiado. La visita al motel se convirtió en una comedia de errores. Como no estaba familiarizada con las duchas empotradas, una misteriosa llovizna mojaba a la Madre Angélica cada vez que trataba de llenar la bañadera. Y cuando la Madre Verónica le pidió que apagara la lámpara, la luz se ponía más fuerte con cada vuelta del interruptor.

—Creo que el diablo está en esa luz —le dijo Angélica llena de asombro a su superiora.

La estadía en el motel en 1961 es significativa, ya que marca la primera vez que la Madre Angélica vio un aparato de televisión. No vio ningún programa porque «había que ponerle una moneda o algo así». Pero en aquel cuarto del motel de Atlanta, vio por primera vez el instrumento que transformaría su vida.

Al llegar a Birmingham al día siguiente, las Madres Angélica y Verónica se instalaron con las Hermanas de la Santa Trinidad. A instancias del arzobispo, a quien se suponía que las monjas conocerían aquella primera tarde a su llegada al pueblo, las trinitarias ayudarían a las monjas en su búsqueda por encontrar una tierra para comprar.

El arzobispo Thomas Toolen recibió a la Madre Angélica con los brazos abiertos, de pie en lo alto de la escalera enroscada de su residencia. El alegre y rechoncho hombre, quien usaba una sotana negra con una enorme faja morada asegurada debajo de las mismas axilas, bajó disparado por las escaleras, con sus mechones de pelo blanco saliéndose por debajo del solideo. Con una cabeza fuera de proporción y grandes orejas, podía muy bien pasar por Charles Laughton. La Madre Angélica lo recuerda como alguien «muy paternal» y «tan humano».

En su salón de recibo, el arzobispo les dijo a las hermanas que tenía la mansión perfecta para la nueva comunidad. Las monjas intercambiaron una mirada. Mientras la Madre Verónica bajó la vista y se puso a rezar, la Madre Angélica empezó su discurso. Le enseñó sus proyecciones de flujo de caja, presupuestos, y, por último, para cerrar el trato, el ambicioso modelo del monasterio. Mientras el asombrado arzobispo asimilaba todo aquello, la Madre Angélica le recordó que el negocio de cebos artificiales de pesca ya había dejado once mil dólares de ganancia, y que esperaban ganar más. Ya debidamente convencido de la necesidad de tener un monasterio personalizado, el arzobispo dio su aprobación para comprar tierra en Birmingham. En ninguna parte de los archivos de la orden ni en la prensa de aquel entonces ha aparecido mención alguna del monasterio bajo construcción donde las monjas rezarían por la vilipendiada comunidad negra o por recibir monjas negras a la vida contemplativa. Su misión se mantendría secreta para garantizar la seguridad de las hermanas.

Cada mañana después de la misa, las Madres Angélica y Verónica rastreaban el área en busca de tierra; visitaban mansiones y mesetas en las montañas, pero nada parecía apropiado para la nueva comunidad.

Mientras tanto, la Madre Angélica se empezó a familiarizar con la comunidad local italiana. Al igual que los Tonys anteriormente, los comerciantes católicos italianos se maravillaban con la emprendedora monja calabresa. Su visión y su campechano sentido del humor eran como un imán para estos *paesani*, que competían entre sí por ofrecerle sus servicios y materiales. Uno de los primeros fue un constructor llamado Tony Oddo, a quien Angélica conoció a través de un sacerdote. Este señor se brindó para construirle un monasterio a un costo reducido.

Los protestantes fueron igualmente generosos. Cuando Wilmont Douglass, el arquitecto que iban a usar, vio el modelo, los planos y los cebos artificiales se quedó tan impactado que llamó al encargado de relaciones públicas de la localidad para que les hiciera publicidad a las monjas. El *Birmingham Post Herald* y el *Birmingham News* publicaron artículos independientes sobre la monja de los cebos artificiales y su sueño de fabricar un monasterio.

Pero a pesar de todos los elogios y la aceptación por parte de Birmingham, la búsqueda de la Madre Angélica estaba paralizada. Todavía en marzo no tenía ningún prospecto. La tierra que encontraba o estaba muy en las afueras, o era muy cara o no era la apropiada para construir un monasterio. Angélica mostró fortaleza y fe durante la demora. Les escribió a las hermanas en Canton. «Es bien obvio que *Él* es el que guía esta nueva comunidad, y nosotras sólo tenemos que dar amor y esperar que Su dulce providencia nos muestre el camino». Pero después de llevar casi dos meses en Birmingham, todo lo que la Madre Angélica había logrado era conseguir un constructor, un arquitecto, una cuenta bancaria con cuarenta dólares y la firme creencia de que Dios no la abandonaría.

La mano de la providencia

LA AGUDA VOZ COMO pitido de una tetera cayó sobre una audiencia pública por primera vez aquel 16 de marzo. En un té formal en la primera planta del convento de las hermanas trinitarianas celebrado por unas damas de sociedad, la Madre Angélica se dedicaba a circular por el salón y dar la mano y presentarse a los concurrentes cuando vino la llamada. Una de las hermanas trinitarianas golpeó con el mazo para llamar la atención de los allí reunidos. Entonces le hizo señas a la Madre Angélica para que se acercara y dijera algunas palabras.

«¡Le hubiera dado un coscorrón! Pero ella sonrió dulcemente y se hizo a un lado», escribiría Angélica sobre la hermana aquel día. «Jesús me ayudó —y el público empezó a hacerme preguntas y a examinar los cebos y a decir, 'Qué maravilla'». Su primer discurso público fue poco interesante, pero el hecho de que esta monja del claustro de treinta y ocho años rompiera su silencio en público fue algo revolucionario.

Cuando Angélica subió las escaleras, la Madre Verónica ya había tomado un pedido para su próxima presentación en público. Como favor a un monseñor de Birmingham, tendría que hablar el Día de la Vocación en una escuela superior católica local el siguiente jueves. La Madre Angélica aceptó la tarea a regañadientes, en aquel entonces, aquellos discursos eran para ella un suplicio.

Para que podamos entrever la técnica que usaba en su oratoria, una anotación que hizo en el registro de la comunidad el 22 de marzo de 1961 —el día antes del discurso— es esclarecedor: «Creo que la mejor forma de prepararse es no prepararse. Jesús me dirá qué decir cuando llegue el momento».

Contactaron a cuatro agentes de bienes raíces para que buscaran tierra donde construir el monasterio mientras que la Madre Angélica reanudó una búsqueda independiente. Subía por las laderas de altas lomas vestida con su hábito, abriéndose camino con la muleta hasta llegar al terreno sagrado como si se burlara de su impedimento. En algunas de las propiedades, enterraba medallitas religiosas cada cierta distancia, o presionaba un relicario de la Madre Cabrini contra la tierra en un esfuerzo por lograr el apoyo de Dios. Esto seguiría durante meses.

Mientras tanto en Canton, una nueva obra titulada *Sister Was a Sport,* se estrenó en el Players Guild el 18 de abril de 1961. Inspirada en las hazañas de la Madre Angélica para re-caudar fondos, contaba la historia de Sor Mary Helen, una experta pescadora que se dedica a vender cebos artificiales de pesca por encargo cuando el monasterio atraviesa una situación económica apretada. Aunque ninguna de las hermanas del monasterio de Sancta Clara vio la obra, Mae Francis no se la perdió.

Algunos en el público recuerdan cómo Mae ofrecía sus propios comentarios durante la función. «Ah, ahí se equivocaron», mascullaba en voz alta en la oscuridad cada vez que la narración se alejaba de la realidad.

Aunque la Madre Angélica no lo sabía, cientos habían visto la puesta en escena de lo que era al menos una parte de su vida. Allá en Birmingham, miraba con interés pasajero el medio que transmitiría su imagen e ideas mucho más lejos que los confines de un teatro. Para mantenerse al día sobre los aconteceres mundiales, las Madres Angélica y Verónica se unían casi todas las noches a las hermanas de la Trinidad después de la comida para ver el noticiero *The Huntley-Brinkley Report*. Éste fue el primer programa de televisión que la Madre Angélica vio en su vida.

El Día de las Madres, Cooper Green, el antiguo alcalde de Birmingham, llevó a la Madre Angélica a ver un pedazo de tierra en Irondale. Mucho antes de que Fannie Flagg inmortalizara el suburbio en su libro *Fried Green Tomatoes at the Whistle Stop Cafe*, el pueblo era poco más que un conjunto de casuchas como colgadas de la ladera al otro lado de las espléndidas mansiones de Mountain Brook.

Un largo y solitario camino conducía hasta los diez acres situados en la ligeramente inclinada ladera de la montaña, una ubicación ideal para un monasterio. Colindante con la propiedad había una parcela de un acre y medio con una pequeña casa de dos dormitorios. Cuando la Madre Angélica descubrió que la casa estaba bajo ejecución hipotecaria, tuvo una idea práctica: las monjas iban a necesitar una base de operaciones y de servicios básicos mientras construían el monasterio, de modo que, ¿por qué no comprar la casita? Como sentía la providencia de Dios, Angélica rápidamente firmó un contrato para comprar los quince acres, la casa de al lado, más otros tres acres y medios «para protegernos de que nadie [fuera] a construirnos demasiado cerca».

—Dios es bondadoso. Quiso que buscáramos un poco, pero nos ha dado mucho más de lo que esperábamos; así es Él —dijo la Madre Angélica en aquel entonces—. Vale la pena confiar en el Buen Dios.

Mientras, la junta de zonificación rehusó otorgar el permiso para construir en el terreno, lo cual puso en peligro el proyecto. La Madre Angélica empezó a hacer llamadas por teléfono mientras que Cooper Green hizo una llamada al alcalde. «Medio atemorizada» y sin saber si iba a obtener o no el permiso, Angélica se encontró delante de los documentos de cierre para comprar las propiedades en Irondale.

«De todos modos, ya estábamos tan metidas de lleno en aquello que decidimos firmar. Mejor nos jugábamos el todo por el todo y confiábamos en el Señor», le escribiría a las hermanas en Sancta Clara.

Dios premió su fe ciega. Ya en el verano de 1961, la Madre Angélica tenía los permisos para construir y las escrituras de una propiedad de quince acres en Birmingham. El precio de compra fue de trece mil dólares, la cantidad exacta que habían sacado con el negocio de los cebos artificiales de pesca.

La jefa

EL 24 DE JULIO DE 1961, el arzobispo Toolen afincó su considerable peso sobre la pala y la hundió en la pedregosa tierra. Después de entonar oraciones en latín y en inglés ante cientos de espectadores, el clérigo rompió la tierra, y así inició la construcción del monasterio de Nuestra Señora de los Ángeles.

—Me da pena con los trabajadores, porque van a tener dos monjas dirigiéndoles —dijo el arzobispo bromeando.

A la sombra de los bulldozers en actividad y los pinos sacados de cuajo y de las risas de sus seguidores, Sor Joseph y la Madre Angélica escasamente podían contener su alegría. Las fotos de aquel día muestran a una efervescente Angélica radiante de felicidad y llena de determinación y confianza. Sus ojos reflejaban el triunfo.

Cuando la construcción empezó, la configuración del equipo de Birmingham cambió. La Madre Verónica se quedó para atender a la comunidad de Canton, y en su lugar Sor Joseph se convirtió en la socia de Angélica en la construcción. Pero la Madre Angélica era la que llevaba la batuta. Cuando un vendedor de bloques de concreto llegó por la obra a presentar un estimado, uno de los trabajadores le gritó, «Más vale que veas a la Madre, ella es la jefa de esta obra». Técnicamente, Tony Oddo era el contratista del monasterio, pero a cada paso era la Madre Angélica la que aprobaba las órdenes, la que se daba cuenta de los errores, la que tomaba las decisiones difíciles y vigilaba el presupuesto.

Mientras limpiaban la rocosa tierra, el arquitecto le advirtió a la Madre Angélica de no construir en la ladera. El costo de la excavación sería enorme, le dijo, y aun en el caso de que el monasterio se pudiera fabricar allí, el preveía una caverna de cincuenta por sesenta por veinte pies donde debía estar el patio.

—Vamos a encontrar una loma por aquí en alguna parte y simplemente lo ponemos ahí —contestó Angélica.

Cuando Sam Saiia, del Birmingham Excavating Company, donó un equipo de trabajadores para hacer la excavación, una labor que valía miles de dólares, la Madre Angélica se sintió segura para seguir adelante. La dinamita aflojó la roca y se removió la tierra, pero mientras se levantaban las paredes, la caverna que el arquitecto había previsto seguía en el medio de la obra.

La Madre Angélica se paseaba por el perímetro del hueco una tarde, consciente de que tenía en sus manos un gran problema, cuando una voz relajada con acento sureño interrumpió sus pensamientos.

—Bien grande el hueco que tiene ahí —gritó un viejo arrugado desde el otro lado del hoyo. Lanzó un tabaco húmedo al abismo y se acercó con paso lento a Angélica—. ¿Necesita tierra? Tengo una loma detrás de mi casa y cada vez que llueve, la dichosa cosa se me mete en el sótano. ¿La quiere?

De hecho, sí, la quería. En el plazo de unos días, la loma del hombre se convirtió en relleno, y el problema había quedado resuelto. Iba a ser una de las donaciones más insignificantes que recibiría la Madre Angélica.

Cossette Stevenson, de Stevenson Brick and Tile Company, donó los ladrillos para el monasterio. Joe DeMarco donó los bloques de concreto para el interior. Una compañía propiedad de judíos proveyó todas las losas del edificio y les dio a las monjas mil dólares de descuento por el uso de los equipos eléctricos. El monasterio se había convertido en una obra ecuménica en Birmingham, un proyecto que los protestantes, judíos y católicos podían apoyar. La personalidad de la Madre Angélica hacía que así fuera.

Desde cualquier punto de vista, la Madre Angélica mantuvo un agotador programa diario durante la construcción del monasterio. Se levantaba casi todos los días a las cinco de la madrugada. Después de la misa, de rezar el Oficio Divino, de desayunar y bañarse, la Madre llegaba a la obra a las nueve de la mañana. Durante las próximas ocho horas, seguía al equipo como una sombra. Con la ayuda de su siempre presente muleta, afrontaba el fuerte sol de Birmingham, retando así a los trabajadores y animándoles.

Luego escribiría sobre el hecho de exponerse al sol a diario en la obra, «Cuando me quito el griñón, parezco un payaso: mi cara es un círculo perfecto quemado por el sol con una nariz muy roja que hace que otros piensen que pertenezco, o debería pertenecer, a Alcohólicos Anónimos».

Después de que regresaba al convento de la Trinidad alrededor de las cinco de la tarde, preparaba impresos para las propuestas, hacía cheques y llamadas por teléfono, mientras que Sor Joseph se ocupaba de lavar la ropa. La dedicación de la Madre a cada fase de la construcción era total y completa.

Intentó apartarse de la obra por un corto tiempo, pero esto no duró mucho. El 17 de septiembre de 1961 escribiría:

Durante un par de días, dejamos a los hombres trabajar por su cuenta y luego fuimos a ver lo que habían hecho —y no habían hecho nada. Así que de ahora en adelante, nos vamos a mantener detrás de ellos. El hecho de trabajar con planos que no se han terminado es muy difícil. Me preguntan sobre lo que no aparece escrito todavía y lo que hacemos es rogar porque la decisión que tomemos sea la correcta. El otro día me molesté un poco con el Sr. Douglas [el arquitecto] y se lo hice saber… sin rodeos… ¡y funcionó de verdad! Tienen a diez hombres trabajando [en los planos] y los van a tener listos para el martes, o van a ver. Sabes, si piensan que no eres muy exigente tratan de dejarte a un lado y piensan que van a poder salirse con la suya. ¡Así que creo que ahora ya saben cómo son las cosas!

Poco a poco, el equipo de trabajadores empezó a darse cuenta de que ella no era una monja del claustro promedio. La mayor parte de las veces, sabía de lo que hablaba, podía leer los planos fácilmente y no le molestaba expresar su disgusto si un trabajo quedaba chapucero. «Tuve que regañar a los albañiles porque se habían descuidado en las juntas», escribiría la Madre Angélica en octubre de 1961. «Creo que se dieron cuenta cuando les dije que tendrían que tumbar cualquier pared que no nos gustara».

Este proyecto, algo más complicado que reparar un sótano con goteras o fabricar una gruta en el patio, requería que ella pusiera en práctica todo lo que había aprendido. Día a día, la Madre Angélica empezó a reconciliar los requerimientos de la vida religiosa con las demandas impuestas por el negocio. Balancear lo esencial con el deseo de dar un buen ejemplo resultaba un verdadero reto. Habló de lo difícil que era en una carta fechada en noviembre:

Cuando leí la vida de Santa Teresa de Ávila, ella decía que se confesaba todos los días. Yo no podía entender exactamente por qué lo hacía. Sabes, por supuesto, que ella fundó quince comunidades, pero aun así yo no caía en cuenta de por qué tenía que confesarse todos los días… bueno… ¡¡¡ahora lo sé!!! Algunos días, yo pudiera confesarme dos veces.

Un día que llegó a la obra y vio que los albañiles estaban desaparecidos, debe haber sido una de esas ocasiones. Cuando la Madre preguntó dónde estaban, uno de los trabajadores le dijo que habían ido a terminar otra casa y que iban a estar ausentes durante tres días.

—¿Y qué vamos a hacer aquí estos tres días, jugar a las damas chinas hasta que ellos terminen la casa? —dijo la Madre Angélica—. ¿Usted sabe dónde está esa casa?

El trabajador le dijo que sí. La Madre mandó a llamar a Tony Oddo.

—Sr. Oddo, por favor, móntese en su camión y vaya a la casa

donde ellos están y dígales que sigan su camino cuando terminen y que solamente vengan a buscar sus herramientas, ¡están despedidos!

En menos de una hora, Angélica había encontrado un nuevo equipo de albañiles y el trabajo continuó. Tras el incidente, nadie llegó tarde a la obra de nuevo.

Avances y reveses

EL 18 DE SEPTIEMBRE DE 1961, Mae Francis y sus pertenencias iban camino a Birmingham por tren para lo que sería algo más que una visita casual. Sin Rita allí, la soledad de Canton se cernía sobre Mae. Ahora jubilada de Canton Waterworks, hizo lo que se esperaba y se mudó para el Sur. La pequeña casa al borde del monasterio se convertiría en su hogar temporal.

Ya en 1961, Mae era una mujer diferente. Decoró la casa de dos dormitorios, se encargaba de cocinar el almuerzo por las tardes para las hermanas, contestaba el teléfono y reconfortaba a su hija. Su espiritualidad había crecido y se había vuelto más sosegada, pero su apego a Rita no había disminuido.

Poco después de la llegada de Mae, la Madre Angélica pronunció un discurso ante trescientas personas en una función de la Diócesis de Birmingham. El monseñor la presentó como «la mayor mendiga que esta ciudad ha conocido... ¡te agarra y quedas ahí mismo!» La Madre subió al podio y habló de la «adoración nocturna» que las hermanas mantenían ante el Santísimo Sacramento y de las oraciones constantes que ofrecían por la gente de Birmingham, «independientemente de la raza o la creencia». Un recuento cómico de sus esfuerzos por apagar la luz en el hotel de Atlanta y retos similares para enfrentarse con la modernidad cerraron la charla. Tenía la esperanza de que aquél sería «su último discurso».

Pero pronto volvió al estrado, esta vez ante un grupo de comerciantes judíos. Abrió la charla con la historia de su transfusión y la sangre judía que compartían, lo que estableció una conexión inmediata con su audiencia. Su habilidad para escoger el momento oportuno en el cual decir algo cómico, que aprendió en las calles de

Canton, le resultó muy útil. Poco después, agrupaciones de hombres, agrupaciones de mujeres, el club Kiwanis, templos judíos, círculos de costura y estudiantes, no todos católicos, clamaban para que la Madre Angélica hablara en sus funciones. Para que los vecinos del lugar se familiarizaran con la vida religiosa y para promover apoyo financiero para su monasterio, cuyo costo aumentaba sin cesar, aceptaba todas las invitaciones.

Hacia fines de 1961, el dinero se había convertido en un tema preocupante para la Madre Angélica. No solamente el monasterio había excedido el presupuesto, sino que los ahorros personales de las monjas se habían evaporado. En un momento dado, ella y Sor Joseph tenían cuarenta centavos a su haber.

—No te preocupes, el Señor se ocupará de nosotras —le dijo la Madre a Sor Joseph.

La Madre Angélica quizás se tranquilizaba con eso, pero al arzobispo Toolen sólo le daba ansiedad. El plan de ella era pedir prestados $68.000 a un banco para compensar por los costos de construcción extraordinarios. Pero necesitaba la aprobación del arzobispo para ello. Preocupado de recargar a una comunidad nueva con una deuda tan grande, el arzobispo visitó personalmente a Angélica el 22 de noviembre.

Sólo de ver el tamaño del monasterio el arzobispo quedó enormemente impresionado. Después de un corto recorrido, se unió a las hermanas en la pequeña casa al lado del monasterio. Se dejó caer en una silla plegable y le dijo a la Madre que no podía pedir prestado el dinero y que tenía que parar la construcción hasta que pudiera recaudar los fondos necesarios para seguir adelante.

—Pero, Su Excelencia, los dormitorios ahora son solamente una armazón de hierro; se van a empezar a oxidar. Va a ser terrible —rogó la Madre con el fin de convencerlo de que era necesario continuar. La capilla no estaba aun terminada.

—No me importa —dijo el arzobispo mientras se incorporaba con trabajo debido a su corpulencia—. Tienes que parar en este momento.

Cuando se levantó, la silla plegable siguió pegada a su voluminoso trasero.

—Bueno, no sabía qué hacer —me dijo la Madre Angélica en medio de risas—. No quería quitársela.

Después de sacudir el trasero un par de veces, el arzobispo se liberó de la silla y salió, algo abochornado.

Sin saber cuál sería su próximo paso, una desilusionada Angélica agarró su muleta y fue a la obra, donde juntó al equipo de trabajadores.

—Bueno, se nos acabó el dinero y el arzobispo dice que tenemos que parar la construcción —anunció.

—Él no me puede decir a mí que pare —gritó el dueño de Canterbury Electric.

—Pero no puedo pagarte.

—Hermana, que usted me deba dinero es como tenerlo en el banco —dijo el electricista—. Voy a terminar el trabajo.

El plomero, los albañiles y Tony Oddo harían lo mismo.

Ahora, la Madre necesitaba encontrar un modo de pagarles. Escribió a Sancta Clara para pedir un préstamo de $25.000, el cual fue aprobado por el concilio. Para cortar gastos, la Madre Angélica y Sor Joseph personalmente instalaron losas en los baños y en las celdas del monasterio. Lijaron gabinetes y ayudaron con las ventanas. La labor le costaría a Angélica algo más que tiempo. «Mi columna, mi buena hermana, se pone a gritar a veces, pero Jesús nos da fortaleza para seguir adelante», diría durante la construcción.

Como los recursos financieros escaseaban, la Madre Angélica tomó la difícil decisión de fabricar solamente la mitad del monasterio que había planeado originalmente. En retrospectiva, vio la decisión como la providencia en acción: «Jesús evitó que tuviéramos suficiente dinero; Él sólo nos dio lo suficiente para la mitad». Años después, la Madre entendería Su lógica.

A pesar de todo el apoyo que logró cosechar en Birmingham, había personas que se sentían hostiles ante la idea del monasterio, para no hablar de la monja yanqui católica que lo construía. Al principio, Angélica recibió cartas anónimas que la acusaban de «quitarle todo el dinero a los italianos». Y entonces las cosas se pusieron peor.

Todos los sábados a partir de septiembre de 1961, se robaban los generadores y destrozaban el equipo en la obra. La Madre vio esto como un intento para asustarla y que no completara su misión. «Eso lo veremos», les dijo desafiante a las hermanas en Canton. Como protección, contrataron a un vigilante por las noches y establecieron un sistema por el cual las monjas apagarían y encenderían la luz del portal de su pequeña casa en caso de peligro. Pero la Madre Angélica subestimó cuán serio podía ser aquel peligro. Meses después, cuando trataba frenéticamente de mover el interruptor, experimentaría el terror sureño en su propia persona.

8
Un monasterio familiar

LAS GOTAS REVESTÍAN los pedazos de rocas rotas y la tierra que rodeaba el monasterio a medio construir. Aquella tarde, la lluvia castigaba los pinos a lo largo de la calle Old Leeds Road. La Madre Angélica, Sor Joseph y Mae Francis rezaban los gloriosos misterios del rosario esa noche del 21 de febrero de 1962 cuando escucharon fuertes golpes por el fondo de la casa. Al principio, atribuyeron el ruido a algún perro que rastreaba en los latones y lo ignoraron. Pero los ruidos se intensificaron, como si alguien tratara de forzar la puerta del fondo. Se oían los vidrios caer en el piso de losas de la cocina. Petrificada, Mae Francis corrió hacia su cuarto. Sor Joseph corrió hacia la cocina mientras la Madre Angélica fue rápidamente hacia la puerta de entrada y empezó a encender y apagar la luz repetidas veces. Pero nadie vino. De pronto, se escuchó un disparo detrás de la casa.

En un desesperado intento por pedir ayuda, Angélica abrió de un tirón la puerta del frente. Desde el portal inundado de una luz ámbar, le hizo señas frenéticamente al vigilante y le gritó a través de la cortina de lluvia que prácticamente ni la dejaba ver. La única respuesta que obtuvo fue el repiqueteo incesante del agua que caía. Un destello de luz y cinco disparos irrumpieron en la oscuridad; una bala cayó tan cerca de la Madre Angélica que «pudo oler la pólvora».

—Nunca en tu vida vas a ver una monja lisiada correr tan rápido —dijo la Madre después.

Entró a la casa y trató de cerrar la puerta, pero no lograba pasar el pestillo. «¿Será que quieren entrar? ¿Cuántos son?», se preguntaba la Madre. Llena de pánico, ofreció una oración mientras le aplicaba a la puerta el peso de su cuerpo. Fue por fin cuando miró hacia el piso que se dio cuenta que la alfombra le impedía cerrar la puerta. Movió la alfombra hacia atrás, pasó el cierre y corrió hacia el teléfono. «Estuvimos más cerca del infierno de lo que uno desearía», comentaría la Madre Angélica más tarde.

En el plazo de pocos días, lo sucedido era del conocimiento público a través de los periódicos y la radio. «Le dije a Jesús que a mí se me hubiera ocurrido una mejor forma que ésta de dar a conocer el monasterio», le contó la Madre en una carta a las hermanas en Canton, «pero Él no me pidió mi opinión».

Angélica contó una y otra vez la espeluznante historia a los medios de prensa, cuidadosa de añadir que los actos «no eran típicos de Birmingham» y de elogiar a las personas de diferente fe que habían desplegado tanta «bondad» desde su llegada.

Las autoridades no tenían ninguna pista. Casi dos semanas después, el acoso comenzó de nuevo.

Una madrugada a las cuatro y media, el ladrido del cachorrito que habían adquirido despertó a las hermanas. Unos fuertes golpes habían asustado al animal. Se escucharon cinco disparos afuera que se oyeron por encima de los ladridos del perrito. Esta vez, las monjas se quedaron adentro. Cuando todo pasó, encontraron una bala alojada en el marco de una de las ventanas de la casa, pero eso fue todo.

Momentáneamente asustada, la Madre decidió seguir adelante. En un comunicado a Canton donde informaba del segundo ataque, escribió: «¡Si sucede una tercera vez, voy a empezar a disfrutarlo!» Esta monja no tenía la menor intención de irse, a no ser para importar monjas para el nuevo monasterio.

En espera de la familia

EL 8 DE MAYO DE 1962, la Madre Angélica, Mae Francis, Sor Raphael, Sor Joseph, Sor Michael, Sor Assumpta y una pareja laica partieron de la entrada en forma de herradura de Sancta Clara hacia el Sur en una camioneta Pontiac de nueve asientos.

—Fue muy difícil verlas partir —dijo Sor Anthony, una de las monjas de Sancta Clara—. Parte de la comunidad desaparecía. Sor Raphael tenía aquella voz, Sor Michael era la cocinera, la Madre Angélica tenía tantos talentos y Sor Joseph era la costurera.

La Madre Verónica diría que Angélica «se llevó con ella la crema y nata del grupo». La Madre Verónica se lo había concedido. Su devoción maternal hacia la Madre Angélica era tal que permitió que las hermanas más selectas dejaran la comunidad de Sancta Clara, lo cual ocasionó una inestabilidad que plagaría al monasterio durante los años venideros. La Madre Verónica había sacrificado esencialmente la comunidad existente en favor de la nueva.

Dos días más tarde, se escucharon los gritos de alegría cuando el vehículo dobló en la calle Old Leeds Road, lo que le permitió a las hermanas alcanzar a ver el edificio que hasta entonces sólo habían visto en dibujos, maquetas y fotos. El techo inclinado de la moderna capilla apuntaba hacia el cielo a semejanza de un arca. A partir de este punto central, las dos alas rosadas del monasterio se abrían en direcciones separadas y, dando la vuelta, formaban un cuadrado perfecto. El monasterio que se había concebido y había nacido después de tanto dolor, se había convertido en una realidad.

Durante diez días, la Madre Angélica y las hermanas abrieron las puertas del monasterio tras mucha publicidad para darle al público la oportunidad de visitar el misterioso santuario a la vida monástica antes de que las monjas se encerraran en él para siempre.

Siete mil visitantes pasaron a ver las dieciocho austeras celdas, diminutas habitaciones de bloques de concreto pintado con camas de metal y mesas de noche del mismo estilo. Una sencilla cruz colgaba de cada celda como recordatorio de que la hermana que habitaba allí representaba a Cristo a través de sus sufrimientos y penitencia. Había un sencillo taller de trabajo, un refectorio para comer en grupo y un patio en el centro del complejo. El único aposento elaborado del monasterio era la capilla.

—El proyecto entero se planeó de modo que todo el enfoque estuviera dirigido a el Santísimo Sacramento —dijo la Madre Angélica a los visitantes antes de la bendición del lugar—. Todo el mundo es bienvenido a pasar unos pocos minutos o unas pocas horas con Dios, no importa cuál sea su fe.

En la parte de la capilla abierta al público cabían alrededor de ochenta personas, pero parecía más grande debido a su puntal alto. El techo inclinado en forma de A tenía vigas barnizadas que terminaban alrededor de una claraboya, lo que permitía que penetrara la luz natural. En el medio de la capilla, arriba de la media pared que separaba al público del claustro, dos ángeles tallados que hacían una genuflexión aguantaban la custodia que contenía a Cristo en el Santísimo Sacramento. Directamente arriba de la custodia y ostensiblemente suspendido en el aire, una corona de oro hecha a mano atestiguaba el rey consagrado en la capilla. Angélica no había escatimado dinero en esta casa de Dios.

—Hermanas, a uno nunca se le va la mano cuando se trata de Nuestro Señor y de las cosas que tienen que ver con Su veneración. Nunca debemos pensar que algo es demasiado espléndido o costoso en lo que respecta a vestiduras o telas para el altar o el cáliz. Dios nunca ha sido tacaño con nosotras. Él nunca dijo, 'Bueno, quédense en Canton y sufran a través de todo esto'. Nunca dijo, 'Aquí tienen, esta pequeña choza será suficiente al principio, vivan ahí un tiempo'. No, Él inspiró a todas estas gentes para que fueran generosos y que este bello monasterio se hiciera realidad —le dijo Angélica a sus hermanas recién inaugurado el monasterio.

El 20 de mayo, el día de la bendición del monasterio, terminaron las visitas y también el contacto de las hermanas con el público. Casi mil personas vinieron a despedirse de ellas. La Madre Angélica llamó a sus hijas, que estaban entre la multitud presente, y se encaminaron hacia el monasterio.

Antes de avanzar pesadamente hacia el edificio para bendecir cada habitación, el arzobispo Toolen les dijo a los reunidos que aquella «fuente de gracia y oración» era un «monumento» a la Madre Angélica, a su «amor hacia Dios y su amor hacia el prójimo». Entonces añadió, «Éste es un gran día en la historia de Birmingham y un gran día en la historia de la Iglesia Católica».

Mientras caminaba por los pasillos, la Madre observaba al arzobispo y a sus ayudantes decir las oraciones y bendecir las habitaciones. Tras meses de lucha y veinticinco discursos ante grupos cívicos y religiosos por todo Birmingham, y con una deuda de noventa mil dólares, la Madre Angélica se retiraba de nuevo al claustro como su vocación le pedía. Después de las bendiciones, Angélica se arrodilló y besó la sortija del Arzobispo Toolen. Cerró la puerta detrás de él, pasó la llave y estableció el claustro donde se encerraron ella y las hermanas junto a Dios.

—Después que terminaron todas las ceremonias, recuerdo ver a la Madre arrodillada en su reclinatorio en la capilla, y lloraba. Fue muy emocionante. Por fin estábamos todas aquí y estábamos sólo con Dios —dijo Sor Michael.

Todas con la excepción de la primera postulante de la comunidad: Mae Francis.

—Ella fue una hermana externa durante algunos años, una hermana difícil —me dijo la Madre Angélica—. Es muy problemático tener a los padres con uno cuando tienes un monasterio nuevo y cinco hermanas.

En aquel entonces, parecía una buena idea. Sor Mae vivía en el monasterio, pero se relacionaba con el público y hacía cuentos que entretenían a los visitantes mientras les vendía artículos cerca de la capilla. El deseo de Mae de pasar su vejez junto a Dios, que había expresado hacía más de veinte años atrás, se había vuelto una realidad. Angélica bromeaba que se había vuelto su propia abuela, ya que Mae ahora la llamaba «Madre».

La presencia de Mae Francis recalcaba la intención de la Madre Angélica de establecer un monasterio familiar.

—Mi opinión era que un monasterio debería combinar la vida familiar y la vida monástica… Pío XII había dicho que una muchacha debe pasar de una familia a la otra. Y, ¡vaya!, eso me pareció muy duro —dijo Angélica—. Nada menos que yo, hablar de la familia, la muchacha que nunca tuvo una. Creo que por eso el Señor nunca me dio una familia, porque yo reconozco a la familia, sé la necesidad de tener familia. Sé que sin la familia no se puede sobrevivir.

A primera vista, la vida religiosa en el Monasterio de Nuestra Señora de los Ángeles parecía ser tan rigurosa como la de Sancta Clara. Se reservaba la mayor parte del día para orar y el silencio que se imponía se mantuvo intacto. Lo que cambió fue el enfoque hacia la vida monástica.

Sor Assumpta creía que en Birmingham, la Madre estaba «más interesada en la parte contemplativa».

—Descartamos las penitencias; jugábamos Monopolio durante el período de recreación. Trató de crear una comunidad más relajada —dijo Sor Assumpta.

Al eliminar la confesión pública de las faltas y las penitencias humillantes, la Madre Angélica promovió un monasterio donde no existiría «un individuo aislado que se busca a sí mismo solo, sino la unión... unánimes en voluntad, en propósito, en amor».

Para alentar a que todas participaran en la vida del monasterio, la Madre compartía abiertamente las bendiciones y los reveses con toda su familia. No había secretos. Se tomaban las decisiones de la misma manera. La Madre Angélica primero consultaba con las hermanas y les pedía su opinión sobre cualquier cuestión. Entonces analizaba las opciones sola ante el Santísimo Sacramento. Una vez que tomaba un curso de acción, las hermanas se unían para apoyarla y rezaban porque el resultado fuera positivo.

Las dificultades financieras con frecuencia eran un desafío al espíritu familiar y a la fe comunal.

—Recuerdo ocasiones en las que nada más teníamos tres dólares en la cuenta de cheques —me dijo Sor Michael, que llevaba la teneduría de la comunidad—. La Madre se preocupaba, pero aun así tenía fe de que se resolvería.

Gracias a la generosidad de Joe Bruno, dueño de un almacén de comestibles de la localidad, las hermanas nunca tuvieron que preocuparse de la comida. Bruno compraba todas las semanas lo que el monasterio iba a necesitar, y continuó haciéndolo hasta su muerte en 1996.

El problema mayor, como sabían las hermanas desde mediados de 1962, era la deuda. Con la lista de direcciones del St. Peter's Fishing Lure, la Madre Angélica comenzó a escribirle cartas a la familia de fuera del claustro con la esperanza de que hicieran donaciones. Las respuestas, que incluían los nombres de personas que necesitaban oraciones, regresaban con pequeñas ofrendas, pero no eran lo suficiente como para pagar la cantidad que debían pagarle al banco todos los meses.

Para complementar la entrada, Mae vendía cebos artificiales, rosarios y dibujos al carboncillo hechos por Sor Raphael a las personas que visitaban el monasterio. Mae cambiaba el precio de acuerdo a la situación financiera que ella estimaba tuviera el visitante de turno. Si Mae pensaba que la persona era pobre, le hacía un descuento. A los ricos les cobraba más. «Eso es lo justo», se jactaba ante Angélica cuando ésta la interrogaba sobre la cuestión.

Un día en el verano de 1962, durante el recreo, una de las hermanas tuvo una idea brillante. La monja sugirió que la Madre Angélica grabara una «charla íntima» que se pudiera vender a sus seguidores. Un grupo de personas laicas acordaron cubrir el gasto de la grabación y de las copias. En agosto de 1962, Angélica grabó su primera charla, que se tituló «El amor de Dios para contigo». Acompañada de un piano de fondo, el disco de 45 rpm meditaba sobre el amor personal de Dios hacia cada persona individual. Ya en la Navidad de ese año se habían vendido mil quinientas copias.

En un momento en que la Iglesia Católica en todo el mundo ansiaba encontrar una nueva forma de captar la atención del mundo moderno, la Madre Angélica dio con una.

El 11 de octubre de 1962, el papa Juan XXIII flotó por el corredor principal de la Basílica de San Pedro sentado en la silla gestatoria delante de un cañón de mitras blancas, para inaugurar el Segundo Concilio del Vaticano. Más de dos mil obispos estaban de pie en las diez hileras de plataformas a ambos lados del corredor, llenos de expectativas y armados con sus propias ideas sobre el futuro. Sentado a quinientas yardas del altar principal de la basílica, el obispo de Cracovia, Karol Wojtyla, sabía que presenciaba un momento histórico del catolicismo.

El papa Juan pidió que el concilio pastoral renovara el mensaje de la Iglesia Católica Romana en este tiempo moderno. Pero el concilio tendría un efecto mucho más extenso que ni el propio Papa hubiera podido concebir en sus inicios.

Más o menos en aquella misma época, la familia del Monasterio de Nuestra Señora de los Ángeles le dio la bienvenida a un nuevo miembro. Al completar su término como abadesa de Sancta Clara, la Madre Verónica se transfirió permanentemente al monasterio del Sur. Su gran cariño por la Madre Angélica y las deterioradas condiciones personales en Canton hicieron que el traslado fuera inevitable. En un acto supremo de humildad, se sometió ante su hija espiritual, Angélica, para ofrecer orientación y apoyo siempre que fuera necesario.

«Haz lo que el Señor te indique» era su consejo constante a la joven superiora. «Haz lo que Él te inspire a hacer».

Desde que recibió su llamado a la vida religiosa, la Madre Angélica había obedecido esmeradamente la inspiración de Dios. Estos impulsos sutiles y a veces fugaces guiarían a su comunidad tanto en asuntos insignificantes como en los transcendentales. La Madre Angélica ansiaba recibir inspiración y la buscaba con simplicidad infantil, lo cual causaba que algunos se burlaran de eso, hasta que veían los resultados. Su enfoque era directo: «Si Él lo desea, lo haremos. Y lo haremos sin importar qué haya que hacer. Eso es lo que me impulsa».

En septiembre de 1963, cuando la Madre «sintió el impulso» de grabar su segunda charla, «La presencia de Dios», Su ausencia se sintió en Birmingham. En el sótano de la iglesia bautista de la calle 16 del centro de la ciudad, explotaron diez barras de dinamita que desbarataron los vitrales y mataron a cuatro niñas negras. El atroz ataque hizo estallar de indignación al resto del país y le causó un golpe terrible a la segregación. Para la Madre Angélica, fue un angustioso recuerdo de su inspiración inicial de tener un monasterio que no se había materializado. De algún modo, la meta de establecer una comunidad para monjas contemplativas negras se había quedado por el camino. Con un año de existencia en Birmingham, el Monasterio de Nuestra Señora de los Ángeles no había logrado atraer ni siquiera a una sola vocación negra. En las entrevistas, ninguna de las hermanas fundadoras, incluyendo a la abadesa, recuerda haber dedicado su comunidad al «apostolado negro».

Pasó casi un año antes de que el monasterio le diera la bienvenida a su primera postulante, y no era negra. En agosto de 1964, Jo Ann Magro, una graduada de la secundaria John Carroll High School de ojos oscuros y piel aceitunada, se convirtió en la primera muchacha oriunda de Birmingham en ingresar en la comunidad. Con el nombre de Sor Mary Regina, se ocupaba de los jardines del monasterio y hacía reír sin querer a las otras hermanas debido a sus incongruencias crónicas al hablar.

Ya para esta época, Mae Francis estaba ataviada con el hábito y se llamaba Sor Mary David of the Infant Jesus. La Madre Angélica le escogió el nombre en honor al personaje bíblico favorito de Mae: el rey David. Había siete monjas ahora en el claustro. Pero Angélica quería profundamente atraer muchachas jóvenes con vocación. Y para lograrlo, hacía falta hacer cambios.

Primero, pidió permiso para cambiar el nombre de la orden de Monjas Franciscanas del Santísimo Sacramento a Pobres Clarisas de la Santa Eucaristía. La Madre pensaba que el nombre anterior sonaba como el de una comunidad activa y confundía a las posibles postulantes. A la misma vez, escribió a Roma para pedir un permiso especial que le permitiera rezar el oficio en inglés, y cambiar el hábito tradicional ligeramente. Paso a paso, pieza por pieza, sin tan siquiera saberlo, la Madre Angélica estaba a la vanguardia de la renovación que Juan XXIII introduciría.

La renovación a la vanguardia

PARA NO ROMPER con patrones anteriores, el dolor precedió el trabajo de renovación de la Madre Angélica. Una vesícula enferma, «abarrotada con unas cincuenta piedras», imposibilitó a la abadesa desde octubre de 1964 hasta principios de 1965. La cirugía y el período de recuperación le brindaron a la Madre Angélica una penitencia natural, y el tiempo necesario para reflexionar antes de encabezar una era de cambios en su propia comunidad y en otras partes.

El decreto del Segundo Concilio del Vaticano sobre la renovación de la vida religiosa no se finalizaría hasta octubre de 1965. Pero antes de eso, muchos fuera de las paredes de San Pedro supusieron que sabían lo que el documento contendría. Mientras que los padres del concilio seguían deliberando sobre los pormenores del decreto, sus *periti* (expertos en teología) ofrecían magistrales discursos en público y escribían artículos para preparar a la Iglesia para lo que se avecinaba. El tiempo demostraría que muchos de estos exagerados anticipos resultarían errados. Pero entre la fantasía de los pronósticos iniciales y la realidad de los documentos del Concilio Vaticano Segundo, se creó algo nuevo: el espíritu del Concilio Vaticano Segundo. Este emocionante movimiento de renovación y posibilidades cautivó la imaginación de muchos en la Iglesia. La Madre Angélica no quedó inmune a sus encantos.

En marzo de 1965, por sugerencia de la Sociedad de Ley Canónica de Estados Unidos, la Madre Angélica y sus hermanas se sentaron alrededor de la mesa familiar para diseñar una lista de cambios a las leyes de la Iglesia que ellas creían podían acelerar la renovación de la vida religiosa. La Sociedad de Ley Canónica quedó tan impresionada con el resultado final, que animaron a la Madre Angélica a adaptar la carta para publicarla en forma de artículo y publicarlo en la revista *Review for Religious*. Así lo hizo. Dos ensayos que aparecieron en la publicación periódica entre 1965 y 1966 muestran la visión sorpresivamente progresiva de Angélica para el futuro de la vida contemplativa.

En «One Heart and One Soul», reprendió a las comunidades del claustro por no estar dispuestas a acoger las «directrices y los cambios que promueve la Santa Sede». Preveía monasterios donde «se arrasaría con el formulismo y la disciplina estricta», los cuales se sustituirían por un «espíritu familiar» y una profunda «unión comunal con Dios». En una serie de audaces propuestas, Angélica pedía:

- Reevaluar los estatutos religiosos cada diez o quince años, en vista de que «muchas de las costumbres que son importantes para nosotras han pasado de moda y crean tensión y limitaciones entre las aspirantes jóvenes».

- Abolir los rangos (coro en contraste con hermana laica), y cualquier estructura de clase dentro del claustro.
- Descontinuar las «acusaciones públicas de las faltas», o *culpas*.
- Abandonar los «requerimientos con respecto a la edad al elegir las dirigentes» del claustro.
- Y, por último, levantar la penalidad de excomunión por romper el claustro o por no leer una pequeña parte del Oficio Divino. Escribiría, «Se entiende por qué un sacerdote está obligado bajo pena de pecado mortal a recitar el Oficio Divino (aunque la utilidad de esto también se ha puesto en duda); pero, ¿por qué las monjas?»

En el artículo «Contemplatives and Change», la crítica de la Madre Angélica sobre la vida religiosa fue aun más progresiva y ligeramente feminista:

¿Por qué es que tantos de nuestros monasterios se han convertido en frías y reglamentadas casas en vez de ser casas de santidad? A través de los siglos, muchas monjas del claustro se han visto envueltas en una nube de pequeñas reglas, costumbres y tradiciones contrarias al evangelio y al espíritu de sus fundadoras… Reglas que controlan cómo se paran, cómo se sientan y cómo caminan tienden a crear una apariencia falsa. Lo que necesitamos son religiosas que sean verdaderamente humanas, mujeres completas plenamente conscientes de que, a no ser que brillen con el amor de Dios y que ese amor realce sus personalidades humanas, han fracasado en su obligación de traer a Cristo al mundo.

En otras partes del artículo, Angélica critica «la promoción de prácticas ascéticas que tienden a deshumanizar al individuo bajo una capa de virtud». Hasta llegó a pedir que se modificara o eliminara el enrejado en el locutorio. Citó a otras superioras que creían que «la rejilla [era] un vestigio de antiguas leyes antifeministas» y argumentó que «ninguna de las órdenes contemplativas de hombres tenían la rejilla».

La Madre Angélica descubrió que sus escritos habían captado la atención de unas cuantas líderes de órdenes contemplativas cuando asistió en Denver a una reunión de los principales superiores religiosos en agosto de 1965. En la reunión, a Angélica se le ocurrió que las superioras de las diferentes órdenes deberían formar una organización para «intercambiar ideas» y compartir la necesidad y las dificultades de la renovación. En respuesta a esta inspiración, invitó a varias superioras a Birmingham a principios de noviembre para empezar la labor de crear una asociación progresista.

En Nuestra Señora de los Ángeles, la Madre puso en práctica su propio plan de modernización. Suavizó algunas de las reglas de abstinencia, como permitir que se comiera carne en días de fiesta y permitir por primera vez en la historia de la comunidad que las hermanas presenciaran la misa celebrada por el sacerdote. Antes de esto, podían escuchar al celebrante desde el otro lado del retablo, pero no podían ver nada.

Intrigadas por sus artículos, algunas comunidades religiosas comenzaron a llamar a la Madre Angélica para que las «ayudara a modernizarse». El 19 de octubre de 1965, la Madre Angélica y Sor Mary David condujeron hasta South Carolina para una consulta en una comunidad de Pobres Clarisas. El viaje a South Carolina iba a ser largo.

La Madre David expresaba abiertamente sus opiniones e interrogaba a la Reverenda Madre a cada paso. Y aunque la Madre Angélica tenía más paciencia con Sor David que con ninguna otra hermana en el claustro, ser la superiora de la propia madre de una tenía sus desventajas. Varias horas encerradas en un auto se hicieron sentir. Sin mostrar su agitación, la Madre Angélica se viró hacia la anciana monja y la corrigió comedidamente.

—Ah, eres igualita a tu padre —le contestó Sor David bruscamente y se puso a mirar por la ventanilla.

El 28 de octubre de 1965, el papa Pablo VI promulgó *Perfectae*

Caritatis, el Decreto del Segundo Concilio del Vaticano sobre la adaptación y renovación dentro de la vida religiosa. Abogaba por un período de «experimentación adecuada y prudente» en la vida religiosa. Le aconsejaba a los religiosos hacer cambios en la forma en que conducían sus vidas, trabajaban y oraban. Había que suprimir todas las «prácticas obsoletas», y los hábitos deberían ser «simples y modestos… de acuerdo a las circunstancias». Como gasolina a una fogata, el decreto del concilio enardeció la determinación de la Madre Angélica a instituir aun más cambios dentro de su comunidad.

En enero de 1966, media docena de carpinteros desmantelaron la rejilla y el torno que había en los salones de locutorio del Monasterio de Nuestra Señora de los Ángeles. Una puerta de madera con bisagras que se podía abrir para recibir las visitas de los padres y para otras ocasiones serviría de separador en lo adelante.

Los hábitos también se «renovaron» en el curso de los dos años siguientes. En la primavera de 1966, usaban velos y vestidos largos beige. Pero ya en 1967, el estándar eran chaquetas al estilo *mod* en color beige, velos cortos y faldas en combinación. El conjunto de chaqueta y velo permanecería en boga en el Monasterio de Nuestra Señora de los Ángeles durante casi ocho años.

La Madre Angélica resumió sus charlas en 1967, aunque ahora estaban limitadas al locutorio. No era extraño que la Madre se dirigiera a un grupo de estudiantes de enfermería por las mañanas y conversara con un grupo de mujeres negras que llegaban en autobuses por las tardes. Personas de todas las denominaciones religiosas, jóvenes y viejos, pasaban por el locutorio para asistir a sus conferencias espirituales improvisadas.

Las necesidades de sus compañeras religiosas también eran de interés para la Madre Angélica. Cuando se enteró en las reuniones de su asociación de las pocas opciones de recreación a disposición en las órdenes activas de monjas, mandó a construir una piscina y una cancha de tenis en los terrenos del monasterio. Sam Saiia donó de nuevo su equipo para la excavación. Pete Cox pagó por la piscina de cinco mil dólares. La Madre tenía la esperanza de que los proyectos promovieran «buenas relaciones públicas» entre las hermanas activas en Birmingham y los miembros de la asociación.

Pero aun mientras las hermanas disfrutaban de la piscina, y los vientos nuevos del Concilio Vaticano Segundo soplaban a través de Nuestra Señora de los Ángeles, Angélica podía detectar problemas en el horizonte. Algunas de las hermanas que visitaban el monasterio se habían deshecho de sus hábitos religiosos en nombre de la renovación. Los archivos de la comunidad describen a un grupo de monjas vestidas con «un hábito viejo recortado, con zapatillas bailarinas». Perturbada por los excesos, pero comprometida a su ideal de renovación dentro de la Iglesia, Angélica se presentó en televisión en una de sus primeras entrevistas televisivas con una estación local en septiembre de 1967. Con exuberancia contagiosa, explicó los cambios que se llevaban a cabo en el monasterio, tratando de ponerlos en su contexto. Junto con los beneficios evangélicos obvios, la Madre seguramente pensó que la publicidad engendraría donaciones, las cuales habían decaído considerablemente.

Locas inspiradas

ST. PETER'S FISHING LURES ya no atraía la clientela de antes. «Descubrimos que los peces sureños no picaban los cebos artificiales yanquis», la Madre bromeó con un reportero después de haber disuelto el negocio.

En busca de medios alternativos para autosustentarse, las monjas llenaban sobres por un sueldo mínimo, ofrecían servicio de recortes de notas de prensa y cultivaban fresas. Pero ninguno de estos esfuerzos resultó. La Madre Angélica estaba en un aprieto.

Ruth Sloan, una mujer extremadamente delgada que vivía frente al monasterio, vendía maní tostado en seco desde la cocina de su casa para mantenerse. El 5 de diciembre de 1967, le mencionó a la Madre Angélica de casualidad lo que hacía como trabajo extra. La Madre sintió una ola de inspiración: las monjas pudieran tostar, empacar y vender su propio maní. En pocos días, le vendió la idea a su red de ayudantes laicos. Como no tenía dinero para el proyecto, financió un asador de maní.

Se puso su velo de comerciante y reunió a las monjas alrededor de la mesa familiar para escoger un nombre para la empresa. Hubo consenso con el nombre que sugirió Sor Michael: la Li'l Ole Peanut Company. En poco más de una semana, el negocio estaba montado y en marcha.

Acostumbradas ya a la cadena de producción, las hermanas trabajaban arduamente sobre el hirviente maní con la misma intensidad que dedicaron antes al ensamblaje de los cebos artificiales. El maní «salía del asador y pasaba a una estera y luego a un granero donde se enfriaba», recordaría Sor Michael. Las monjas entonces empacaban el maní en bolsas especiales de celofán amarillas y rojas donde aparecía estampada la mascota Li'l Michael, ya famosa gracias a los cebos artificiales.

Los mercados de comestibles, los estadios de fútbol, los bares, las farmacias, los hipódromos y las escuelas, todos se deleitaban con el santo maní tostado en casa.

La Madre Angélica logró varias cadenas de supermercados como clientes tras reunirse en persona con los dueños de esas tiendas. Se las arreglaba para conseguir anuncios gratis por radio para anunciar la compañía y logró conseguir a precios muy reducidos maquinarias de empacar. Ya para finales de 1968, Angélica había pagado toda la deuda del monasterio, y la Li'l Ole Peanut Company había obtenido una ganancia de quinientos dólares.

El Miércoles de Ceniza de 1969, la Madre Angélica y su unida familia recibieron una cruz inesperada. Ese día, Sor Mary David, totalmente ajena a la presencia de otros, salió a toda velocidad de la oficina de Angélica. No se dio cuenta de que en ese momento Sor Verónica caminaba con paso de tortuga por el corredor de bloques. Las dos monjas chocaron en el pasillo. Sor Verónica no tuvo ningún problema, pero Sor David se cayó de costado contra la puerta y se partió el brazo derecho. Al caer al piso, su frágil cadera se hizo añicos. Gemía del dolor como un animal herido.

En el hospital la operaron y le pusieron una cadera artificial. Pero en algún momento entre la operación y su regreso al monasterio el 16 de marzo, la cadera se le fue de lugar. Sor David culpó a los médicos por su sufrimiento y rehusó categóricamente regresar al hospital para recibir el debido cuidado. Se aliviaba el dolor con un cóctel de aspirinas y arranques de cólera que lanzaba a cualquier desafortunado que tuviera cerca. Condenada a una silla de ruedas, Sor David se hundió en la autocompasión y en una profunda amargura.

La ansiedad por la condición en que se encontraba su madre —una espina enterrada desde la infancia— se apoderó de la Madre Angélica de nuevo. Sor David exigía atención constante, y la mayor parte de las veces quería que fuera su hija la que se la brindara. Con las responsabilidades de la comunidad sobre sus hombros y sin poder hacer nada para mejorar la situación de su madre, Angélica dependía de las hermanas para que la ayudaran.

Para aliviar la carga de Angélica, Sor David se convirtió en el centro de la vida familiar. Sor Raphael se sacrificaba por las noches y dormía en un sofá en el dormitorio de la anciana monja por si había alguna emergencia. Sor Michael improvisaba platos especiales para animar a Sor David.

—Yo pensaba, soy buena cocinera, así que le voy a preparar una comida —dijo Sor Michael—. Se la llevé a su habitación y me botó. Me dolió tanto; estaba dolida de verdad.

A pesar de eso, la habitación de Sor David se convirtió en el nuevo lugar de las reuniones familiares. Después de la comida, la Madre Angélica y Sor Raphael levantaban a Sor David de la silla de ruedas y la acostaban en la cama. Las hermanas se sentaban en el piso en sus batas de dormir a compartir los eventos del día y a jugar con su perro, Prince, hacían lo que fuera necesario para que Sor David se sintiera feliz y parte del grupo.

Fuera del monasterio, la Iglesia se sometía a otro tipo de prueba. Las enseñanzas del Concilio Vaticano Segundo llegaban poco a poco a las parroquias en 1969 y eran implementadas con más o menos éxito. Aunque los documentos en sí encerraban verdades poderosas, el lenguaje impreciso se prestaba a interpretaciones que quizás los padres del concilio no previeron. Los innovadores les infundían sus propias ideas a los documentos, descartando en nombre del concilio la devoción y las prácticas que los católicos habían albergado durante largo tiempo.

Ignorantes de qué decían exactamente los documentos originales del Concilio Vaticano Segundo, la mayor parte de los católicos aceptaba los abruptos cambios tales y como venían, pues los consideraban válidos y obligatorios. Casi de la noche a la mañana, el idioma universal de la misa, el latín, se echó por la borda; el sacerdote estaba de frente a la congregación; las devociones legadas por los antepasados católicos se descartaron; y lo que en el pasado era considerado pecado, ahora se consideraba simplemente un ejercicio de la libre voluntad. La Iglesia parecía estar en un continuo estado de cambio, sin amarras. El laicado se tambaleaba por la confusión, mientras que la estructura, las vocaciones y la asistencia a misa se convirtieron en un caos dentro de la Iglesia.

La Madre Angélica se dio cuenta de lo hondo de la crisis cuando su propio capellán le sugirió hacer cambios en la capilla. El sacerdote sugirió mover el tabernáculo en forma de orbe que guardaba el Santísimo Sacramento del altar principal a un lugar menos prominente. Angélica pensó instintivamente en su Esposo y se rehusó. Si la capilla estaba dedicada a Jesús, Él debía permanecer delante y en el centro, pensó. Un visitante no esperado de Roma ayudaría a la Madre a hacer circular la idea, y otras similares, fuera de su claustro.

El 22 de marzo de 1969, el delegado diplomático del Papa en Estados Unidos, el arzobispo Luigi Raimondi, visitó el monasterio mientras se encontraba en Birmingham por otras cuestiones. Impresionado con la simpática abadesa y su negocio de maní, el arzobispo le prometió a la Madre Angélica obtener permiso oficial para continuar sus charlas en el locutorio como una «actividad apostólica», una dispensa excepcional para una monja del claustro. Antes de dejar el monasterio, el arzobispo se detuvo ante Sor Mary David, confinada a la silla de ruedas, para ofrecerle su bendición.

—Usted tendrá una Cuaresma larga —le dijo.

Le hubiera podido transmitir la profética bendición al resto de la comunidad, y, de hecho, a la Iglesia entera en Estados Unidos. Para todos, la Cuaresma había acabado de empezar.

9
El espíritu se mueve

CON UN PICO en la mano y bajo el abrasador calor de Alabama, la abadesa y las hermanas limpiaban un terreno rocoso lleno de piedras y escombros que había delante de la capilla. Tenían pensado convertir aquel pedazo de tierra escalonado en un edén de canteros con flores y alegres fuentes donde iban a colocar una estatua donada de Nuestra Señora de los Ángeles. La Madre Angélica levantó la vista y observó que entraba en la propiedad un auto que le era conocido. La sombra de su ancho sombrero escondió la mueca que se le reflejó en el rostro al ver al joven sacerdote acercarse en su auto. A pesar de todas las veces que se lo había dicho, el sacerdote no acababa de entender.

La Madre Angélica vio que el clérigo bajaba la ventanilla de su auto, pero siguió con su labor con la esperanza de que no entablara conversación con ella al verla ocupada. Su estrategia le falló.

El padre Robert DeGrandis era un joven sacerdote italiano de la orden de San José que era párroco de una parroquia negra de Birmingham. Era conocido en la localidad por su programa semanal de radio *Ask the Priest a Question,* y acostumbraba a visitar el monasterio con regularidad. Su rutina consistía de dos partes: rezar durante varias horas en la capilla climatizada (algo muy tentador durante aquel abrasador verano de 1970) e insistirle a la Madre Angélica para que aceptara al Espíritu Santo.

El padre DeGrandis había entrado en contacto recientemente

con la pujante renovación carismática católica. Los carismáticos veneraban con mucha pasión en busca de las «ofrendas del Espíritu Santo» que se les concedía a los apóstoles en Pentecostés. Al igual que sus contrapartes protestantes, hablaban en lenguas desconocidas, recibían «palabras sabias» divinas y de vez en cuando mostraban dones de sanación. Miles de personas formaban parte del efusivo movimiento a principios de los años 1970. Pero para poder ingresar en esta vida realzada por el espíritu, uno tenía que recibir «el bautizo en el Espíritu Santo»: una infusión que sólo podía invocar un hermano o una hermana que ya viviera «en el espíritu». El padre DeGrandis estaba determinado a que la Madre Angélica recibiera este regalo.

—Ahí está ese sacerdote otra vez —dijo en un susurro la Madre Angélica mientras inclinaba el sombrero de paja para que la sombra del mismo tapara su boca.

Al escuchar esto, las hermanas se desperdigaron por el declive rocoso.

—Siempre que veíamos al padre DeGrandis, salíamos en la dirección opuesta —me dijo Sor Regina.

El sacerdote sacó la cabeza por la ventanilla del auto y le gritó a la sudorosa abadesa, iniciando así una conversación tan previsible que podía haber sido preparada de antemano. Sin tener dónde dirigirse, Angélica dejó a un lado su herramienta de jardín y se volvió hacia él.

—El Espíritu Santo es en verdad maravilloso —dijo el padre De Grandis jactándose como haría un vendedor al pregonar su mercancía nueva.

—Ya tenemos al Espíritu Santo —le gritó la Madre Angélica.

El sacerdote insistió.

—Pudiera rezar ante usted para que reciba el *bautismo* del Espíritu Santo.

—No, está bien. —El tono de Angélica sonaba tajante—. *Recibí* al Espíritu Santo en la confirmación.

Entonces el 11 de febrero de 1971, Barbara Schlemon, una carismática que supuestamente poseía el don de sanación, pasó por Birmingham y le pidió al padre DeGrandis que la llevara a conocer a la Madre Angélica.

A sugerencia de Schlemon, ella y el padre DeGrandis rezaron en nombre de Sor David para implorarle a Dios que sanara el dolor constante que la monja sentía en la cadera y en la vértebra por la fractura que había sufrido cuando usaba un andador. Angélica se suavizó al rezar por su madre y accedió a la petición que desde hacía tanto tiempo le hacía el padre DeGrandis.

—Bueno, si le permito rezar por mí, ¿me dejará tranquila? —le preguntó al sacerdote.

—Seguro, sólo quiero rezar por usted —le aseguró DeGrandis.

En la capilla, Schlemon y el sacerdote pusieron sus manos sobre la Madre e invocaron el bautizo del Espíritu Santo.

—¿Eso es todo? —preguntó la Madre Angélica cuando terminaron. No había sentido nada y siguió aferrada a sus sospechas.

Poco más de una semana después, Angélica se enfermó de un catarro. Para aprovechar el tiempo de inactividad en su celda, comenzó a leer el evangelio según San Juan. «Al principio existía la Palabra, y la Palabra existía con Dios, y la Palabra era Dios». Mientras leía, un lenguaje extraño brotó de su boca inexplicablemente. Cuando Sor Regina vino a traerle un vaso de jugo de naranja, la Madre trató de darle las gracias pero en vez de eso «le salió otra cosa». Para disimular lo extraño de sus palabras, Angélica apuntó hacia su garganta.

—¿Qué sucede? ¿Tiene laringitis? ¿No puede hablar? —preguntó Sor Regina.

La Madre asintió con la cabeza.

De nuevo sola, intentó pronunciar palabras que le eran familiares.

—No podía… no podía hablar en inglés —dijo Angélica luego.

Al menos, los síntomas del catarro habían desaparecido. Se atrevió a salir afuera y se puso a probar la voz mientras caminaba entre la capilla y las fuentes.

—Podía decir palabras, pero no sabía lo que significaban. Me asuste —me dijo la Madre Angélica.

Cuando regresó al claustro, la Madre Angélica recobró su lengua materna de nuevo. Días más tarde, llamó por teléfono al padre De-Grandis. Él soltó una risita cuando ella le describió los síntomas que tuvo.

—No es nada. Dios le dio el don de las lenguas —dijo el sacerdote.

Como no estaba segura qué pensar del «don», la Madre Angélica no le contó a nadie acerca de lo que le había sucedido.

Antes de esta experiencia carismática, Angélica nunca había meditado seriamente sobre las Escrituras. Había devorado los escritos religiosos y las obras sobre los santos, pero no las Escrituras en sí.

—Me inicié en el Nuevo Testamento a través de esta pequeña experiencia —me dijo.

Un gran entusiasmo hacia la Palabra sobrecogió a la Madre Angélica durante 1971. Tendría serias repercusiones en su vida personal y cambió su mensaje para siempre.

A instancias del obispo Joseph Vath, de Birmingham, la Madre aceptó invitaciones para hablar fuera del claustro a grupos católicos selectos. Un crepitar y una vitalidad nuevos colmaron sus charlas. Narraba las historias de la Biblia vívidamente, infundiéndoles un humor callejero. Para muchos en la audiencia, era la primera vez que podían relacionarse con Abraham, Moisés, Lot y los apóstoles como personas verdaderas: seres de carne y hueso como ellos mismos que sufrían, se reían, luchaban y cometían errores.

Evey Cox fue una de las personas fascinadas con el magnetismo de la delgada monja. Su esposo Pete, que era católico, había donado la piscina donde se bañaban las hermanas. Aunque pertenecía a la Iglesia Episcopal St. Luke, Evey estimó que si Angélica podía hablarles a los católicos, también podría hacerlo con los miembros de la Iglesia Episcopal.

La presentación de la Madre Angélica en la reunión «Mujeres en la Iglesia de St. Luke» fue electrizante. Jean Morris, una feligresa de St. Luke, recuerda sentir «al Espíritu Santo fluir» de Angélica durante la charla. En el medio del efusivo clamor que hubo después, las mujeres le rogaron a la Madre que las guiara en un estudio de la Biblia durante la Cuaresma.

—Yo misma estoy en el proceso de aprender sobre las Escrituras, quiero que sepan —dijo la Madre modestamente como para dar una excusa.

Aunque no estaba segura «cómo enseñar una clase», la Madre finalmente accedió a la petición de las damas. Como sucedía siempre, se entregó por completo al proyecto sin preocuparse de las exigencias que aquello involucraría ni del resultado.

Todos los lunes a la una de la tarde, las mujeres se reunían en el monasterio para su estudio semanal sobre las Escrituras. En una pequeña estructura entre el claustro y la habitación donde se tostaba el maní, la Madre se dirigía a sus invitadas durante casi dos horas. A pesar de que comenzó mayormente como una reunión de episcopalianos, los metodistas, los católicos y otros se unían poco a poco con el paso de las semanas. Mientras las mujeres engullían ávidamente cada lección, la Madre Angélica recibía su propia educación.

—Cuando enseñé esta clase, me di cuenta cuán poco sabía la gente. Aprendí de esas mujeres que ellas no entendían la vida espiritual: cómo vivir con Jesús, como lo hicieron los santos. Y entonces llegaron los católicos, que no conocían las Escrituras, pero conocían los sacramentos, lo que debió haber bastado. Pero nunca pudieron captarlo e introducirlo en sus corazones y vivirlo —me dijo la Madre Angélica.

Sintió la llamada a ayudar al laicado a «vivir el evangelio» y desarrollar una vida interior. Pero momentáneamente, no tenía muy claro cómo proceder.

El primer lunes de Semana Santa, la Madre Angélica le dio las gracias a las damas del grupo de estudio de la Biblia y les deseó una feliz Pascua de Resurrección. La Cuaresma casi había terminado y también el estudio de la Biblia, al menos era lo que creía la Madre. Al salir, las mujeres le prometieron regresar la semana siguiente.

—Pero ya terminó la Cuaresma —dijo la Madre.

El estudio de las Escrituras en el monasterio continuaría durante cuatro años más, y asistían hasta cincuenta personas cada sesión.

—Nunca pensaba qué venía después —me dijo la Madre—.

Para mí, era 'el momento presente'. El Señor quería que yo ayudara a estas mujeres, y eso era lo que yo hacía.

La Pascua se acercaba y Angélica se sentía culpable de no contarles a las hermanas acerca de su don de lenguas. Al enterarse, la comunidad completa deseó tener los dones carismáticos. El Sábado Santo de 1971, el padre DeGrandis y la Madre rezaron ante cada miembro de la comunidad. Todas las monjas excepto una experimentó el bautizo del Espíritu Santo, y todas recibieron algo. Después de esta experiencia, Sor Joseph y otras monjas sintieron que el Señor había empezado a hablarles a ellas. Ya el Domingo de Resurrección, la comunidad completa «hablaba en lenguas».

—Todo fue muy extraño —me dijo la Madre Angélica—. El don de lenguas en verdad no duró mucho tiempo. Pienso que el Señor lo hizo para darle una nueva orientación a mi alma y guiar a las hermanas a las Escrituras, de modo que hablábamos sobre ellas, las leíamos y las discutíamos. En realidad, fue el comienzo.

A mediados de 1971, Angélica hablaba ante aquellos grupos regularmente los lunes, miércoles en la noche y los jueves en el monasterio. Inevitablemente, había veces que alguien faltaba a una sesión. «De modo que a alguien se le ocurrió la idea de grabar las charlas, y si fallábamos una, podíamos oír las cintas luego», recordaría Jean Morris. Compraron una sencilla grabadora y cintas de cassette, que costaban un dólar cada una. La Madre Angélica había encontrado un nuevo vehículo para llegar al laicado.

Como se dio cuenta del potencial que tenían las charlas de enseñanza grabadas, Angélica se dirigió a la única persona que conocía en los medios de comunicación, el padre DeGrandis, sobre qué podía hacer para hablar por radio. Los esfuerzos de él deben haber dado resultado, ya que en noviembre de 1971 la Madre empezó a grabar un programa de diez minutos para la cadena WBRC; salía al aire los domingos a las 9:50 de la mañana.

Escuchar las grabaciones de los programas *Journey into Scripture* es una revelación. El tono de voz de la Madre es muy agudo, algo casi musical que revolotea en un registro alto y que rara vez desciende. La formalidad deliberada de su estilo recuerda a una monja que enseña una clase de catecismo en el sótano de una iglesia a estudiantes que no prestan atención. En estos intentos iniciales, lo que hace más que todo es dictar una clase, donde le habla a su audiencia, pero todavía no conversa con los alumnos. Pero, de repente, se topa con una anécdota personal que es tan real, tan accesible que se oyen risas en el fondo. Su sentido para decir algo cómico en el momento preciso es perfecto. Estos programas serían un ensayo para toda su obra posterior.

Las monjas pronto se introdujeron más a fondo en los medios de comunicación cuando compraron un equipo de grabación de uso y una máquina para doblar y así producir en masa las charlas de la Madre. Sor Michael perdió el uso de su pequeño cuartito de costura, el cual se convirtió en un estudio improvisado. Desde esta minúscula habitación, la Madre Angélica le hablaba al mundo fuera del claustro para comunicarle una espiritualidad que ella sentía le faltaba al laicado. El momento en que vivía le ofreció un reto, y a principios de 1972 lo enfrentó con el ministerio de sus grabaciones.

En pocas semanas, los asadores de maní dejaron de girar. La Madre atribuyó el deceso del Li'l Ole Peanut Company a un proveedor mañoso que trató de sacarle unos dólares de más.

—¿Usted quiere decir un soborno? —le preguntó la Madre directamente.

—Nosotros le llamamos dinero para publicidad.

Cuando la Madre rehusó aceptar la extorsión, el proveedor se puso intransigente y amenazó con no venderle el maní.

—Si voy a ir al infierno, no va a ser por maní —le dijo la Madre al proveedor.

Eso fue todo. Se mantuvo firme en sus principios, cerró el negocio de maní y vio con cierta tristeza salir del monasterio el equipo que tanto les había costado lograr. Pero ya para ese entonces, Dios le había dado una misión nueva y atraía la atención de personas en puestos altos.

De un tonto a otro

PARA CULTIVAR UNA ESTRATEGIA que le permitiera atender las necesidades espirituales de la Diócesis de Birmingham, el obispo

Joseph Vath invitó a la Madre Angélica a una reunión del comité en junio de 1972. Si había alguien que entendiera el estado espiritual de la diócesis en 1972, era sin duda la abadesa de cuarenta y nueve años. Angélica daba charlas por todo Birmingham en aquel entonces, transmitiendo su inconfundible espiritualidad católica a gentes de todas las creencias. «Lo que la gente necesita es orar,» pensaba ella. No sabían cómo orar. Desde hacía años, ella instruía sobre el tema a las monjas y al laicado. Algunos hasta pensaban que la enseñanza que ella impartía era un excelente tema para un buen libro. Pero consciente de sus mediocres calificaciones en las clases de inglés, la Madre rehuyó la tentación de introducirse en el campo literario hasta que la diócesis le hizo un llamado.

Decidió componer un manifiesto práctico de oraciones, una guía que tuviera «formatos de oraciones» con letanías, lecturas de las Escrituras y meditaciones organizadas para guiar a los feligreses de Birmingham hacia «una relación más cercana con Dios y con el prójimo».

En el monasterio, consiguió el apoyo de su familia para el proyecto. Las monjas encontraron pasajes del Antiguo y el Nuevo Testamento para meditar, mientras que la Madre redactó enseñanzas para guiar al laicado al orar.

La aventura literaria de la Madre Angélica comenzó con ella sentada bajo la lámpara de metal en forma de cono del coro mientras garabateaba en un bloc de papel amarillo.

—Señor, no sé cómo escribir un libro —le dijo al Santísimo Sacramento—. Pero si quieres que lo haga, lo haré.

Sentada en la sillería alta del coro, «se encendía una luz» en su mente, recordaría, y «las palabras le venían en párrafos».

El 18 de julio de 1972, la Madre Angélica repartió a los miembros del comité de la diócesis unas carpetas de archivos que contenían su folleto *Journey into Prayer*. Después de escuchar durante horas los planes de la primera fase para reavivar la diócesis, la Madre preguntó si podía leerles parte de su libro. El obispo Vath vetó la petición, y lanzó el folleto sin leer hacia el centro de la mesa.

—Esto será la segunda fase —anunció el obispo.

Ser descartada tan fríamente la afectó mucho y le hizo revivir sentimientos de rechazo que traía desde su infancia. Angélica reprimió su enojo en la compañía de Sor Raphael y las otras monjas y trató de entender la situación. Su labor —de hecho, su misión completa— había sido ignorada. Las hermanas calmaron a la abadesa y le aseguraron que su libro era un trabajo inspirado. La animaron para que encontrara un modo de publicar el folleto y de ponerlo en manos del laicado.

En la guía de teléfono, la Madre Angélica encontró una editorial situada «al otro lado de las líneas del tren». Con su manuscrito en mano, Jean Morris la llevó en su auto hasta aquella zona desértica de Birmingham para entrevistarse con el editor. Morris era una esbelta episcopaliana de pelo negro corto y dentadura perfecta. Como un pedazo de acero envuelto en terciopelo, su risa y acento cadencioso escondían su fuerza interna. Había sido escogida de las filas de los estudios de Biblia en el monasterio en 1971 para servir de chofer a la Madre cuando iba a dar sus charlas y pronto se convertiría en la compañera regular de viajes de Angélica, en su confidente y en su hija espiritual. La postura decidida de la monja ante la vida y la fe cautivaban a Jean.

A mediados de agosto de 1972, *Journey into Prayer* empezó a salir de las imprentas con el permiso del obispo y un imprimátur que lo declaraba libre de errores de doctrina. Las hermanas dejaban los folletos gratis en los vestíbulos de las iglesias, los centros comerciales y las estaciones de autobuses, en cualquier lugar al alcance de la persona común. Casi inmediatamente, la Madre empezó a escribir su próximo libro.

—Algunas veces, me levantaba temprano; no podía dormir y me ponía a escribir —dijo la Madre Angélica.

Normalmente, trabajaba en la capilla, pero en ocasiones, la inspiración le venía mientras caminaba por un pasillo o cuando se bañaba.

Sor Regina recuerda ver a la Madre escribir en la capilla.

—Miraba hacia el Señor. Y se le veía algo en la mirada, como si se le cerraran los ojos y se le pusieran casi en blanco, como si lo profundo de su alma saliera a flote. Y se podía ver: era como si una grabadora hubiera echado a andar en su mente; podía oír las palabras, y escribía y escribía.

La Madre Angélica le dijo a un reportero:

—Es como un cuento de misterio, no sé lo que viene después. Cuando los pensamientos paren, el libro estará terminado.

La Madre les leía a las hermanas lo último que había escrito. Las monjas discutían el contenido, sugerían cambios y después decidían democráticamente el título de cada folleto. Sor Raphael sometía algunos dibujos de entre los cuales la comunidad escogía uno para la portada, y luego lo mandaban a la imprenta. Al comparar los manuscritos originales escritos a mano con los trabajos publicados se puede ver que se hacían pocas revisiones, aunque se omitían algunos párrafos y secciones enteras.

Para fines de 1972, la Madre había escrito tres libros más: *In the Shadow of His Light, In His Sandals,* y *The Father's Splendor.*

La Madre Angélica dejó de escribir durante un par de meses después de que una mujer la acusó de cometer el error gramatical de dividir el infinitivo. La Madre ni estaba muy segura de qué era dividir el infinitivo. Cuando Sor Raphael se enteró cuál había sido la razón del fallo de redacción de Angélica, sonrió mostrando sus largos dientes. «La gente para la que escribes tampoco entiende qué es dividir el infinitivo», le dijo Raphael.

—Eso me armó de valor —me dijo la Madre—. Pensé, ¡es de un tonto a otro!

La Madre volvió a escribir y se empezaron a publicar de nuevo los libros. Ni tan siquiera los recursos limitados podían ahora disuadirla.

El Monasterio de Nuestra Señora de los Ángeles en realidad seguía sin dinero. Como sobrevivían gracias a la venta de las grabaciones y los estipendios de las charlas de la Madre, la vida de las monjas era verdaderamente pobre. Tenían que limitarse hasta en los gastos del mantenimiento del jardín. Por lo tanto, en el espíritu de San Francisco, la Madre Angélica importó ovejas y cabras en el verano de 1972 para que pastaran en los predios del monasterio. Las gallinas y los cerdos luego jugueteaban en el inclinado patio. Como testimonio del sentido práctico de las hermanas, el cerdo hacía su última aparición en la mesa de comer, lo que probaba que había más de una forma en que una franciscana podía disfrutar un animal, y potenciar al máximo una inversión.

En 1973, rodeada de un verdadero zoológico, la Madre escribiría el más largo y difícil de sus libros. *Three Keys to the Kingdom,* de ciento dieciséis páginas, buscaba purificar la mente, el entendimiento y la voluntad del lector para hacer a la persona más receptiva a los deseos de Dios. Una esclarecedora anotación en el libro explica la audacia con que Angélica enfocaba las nuevas iniciativas: «Usamos los talentos que poseemos lo mejor que podemos y le dejamos el resultado a Dios. Estamos en paz al saber que Él está satisfecho con nuestros esfuerzos y que Su providencia se ocupará del fruto de esos esfuerzos».

La mera diversidad de sus propios esfuerzos era impresionante. Además de dar las charlas, las clases de Biblia, ocuparse del manejo del monasterio, y de grabar el programa de radio y escribir, Angélica se convirtió en una especie de activista.

—La Madre siempre ha sido una líder, una luchadora y una de las personas de más imaginación que jamás he conocido —dijo Jean Morris.

En junio de 1973, la monja convenció a Jean de que donara quinientos dólares para producir cartelitos adhesivos para parachoques que decían LUCHA CONTRA LA CONTAMINACIÓN DE LA MENTE, y distribuirlos sin costo alguno en el monasterio. «Los cristianos deben estar al día y conscientes de las consecuencias de la contaminación de la mente, la principal forma de contaminación», le diría la Madre Angélica a un reportero del *Birmingham Post-Herald* como parte de su campaña de conciencia pública. La contaminación de la mente incluía desde la pornografía hasta una forma de vestir indecorosa, cualquier cosa que redujera «al hombre al nivel de un animal».

La Madre, que nunca dudaba en hacer uso de su perfil público, se pronunció en contra de la Enmienda por la Igualdad de Derechos en una audiencia pública. También se opuso desde el principio a la ordenanza de mujeres, sin temor a involucrarse en controversias públicas. Pero en octubre de 1975, la Madre Angélica tenía suficientes problemas en casa para mantenerse ocupada. El ministerio del libro estaba en peligro.

La Madre había acabado de someter a la casa de imprenta su último libro, una reflexión sobre la eucaristía titulado *To Leave and Yet to Stay*. El tipógrafo rehusó publicar el folleto espiritual porque alegaba que habían cambiado de dueños. Pero los archivos de la comunidad sugieren que fue el contenido del último libro de la Madre y no la cuestión del cambio de dueños lo que saboteó el trato.

Cualquiera que fuera la razón, la Madre Angélica no tenía una casa impresora. Las hermanas se reunieron alrededor de la mesa y estudiaron las opciones. O bien podían abandonar el ministerio del libro, o bien podían imprimir ellas mismas el libro. Las monjas se opusieron a establecer una imprenta con el argumento de que la falta de espacio, capacitación y dinero imposibilitaba el empeño. Pero Angélica vio la mano de la providencia en medio de la crisis.

Con doscientos dólares en el banco, la Madre y Sor Regina pidieron en un comercio del centro de la ciudad estimados para comprar un equipo de imprimir. Como si fuera una rica heredera con una línea de crédito a su haber, Angélica escogió impulsivamente una prensa, una cortadora y una engrapadora que costaban en total catorce mil dólares. Al ver aquel desatino, Sor Regina se desplomó.

—¿De dónde vas a sacar el dinero? —le preguntó Regina a la decidida abadesa cuando salía a toda prisa del salón.

—Del banco —le contestó Angélica.

Pero después de visitar todos los bancos de la ciudad, resultó que nadie le prestaba el dinero. El único colateral de la Madre era el monasterio y no había una entrada fija. Cuando un banquero rehusó hacerle el préstamo de palabra, Angélica lo catalogó de «pagano». Una recaudación de fondos privada produjo solamente cuatro mil dólares. Aun así, la Madre se mantenía optimista.

—El dinero es Su problema. Trabajar para Su reino es el mío —dijo Angélica en 1975 refiriéndose a su Esposo—. Él se ocupa de Su problema y yo me ocupo del mío.

El 16 de octubre por la mañana, Albert Moore, un voluntario fijo del monasterio, hablaba con Sor David en el área de la recepción cuando la Madre se acercó. Le dio una palmada en el hombro y le soltó una broma.

—¿Quiere prestarnos $10.000?

—Sí, yo se lo firmo —contestó Moore solemnemente.

—¿Usted bromea? —preguntó la Madre.

—No, ¿y usted?

—Yo sí bromeaba, ¡pero ya no!

A las cuatro de la tarde, tenía en sus manos un cheque por diez mil dólares, con mucha antelación de la fecha de entrega del equipo.

Todas las fases de producción de los libros se harían internamente. Para ser más autosuficiente, la Madre Angélica compró a principios de 1976 un cotejador, un monotipo, un equipo fotográfico y un aparato para empacar al calor. Pero aun con toda la atención que le prestaba a la tecnología, la Madre nunca perdía su inocente confianza en Dios, aun en los momentos más mundanos.

El día que llegó un fregadero de nueve pies para la imprenta es prueba de esto.

—¿No se le ocurrió medir la puerta antes de encargar el fregadero? —preguntó el enojado repartidor a Angélica—. Este fregadero no va a caber por la puerta.

—Bueno, recemos ante él —dijo la Madre calmadamente. Colocó sus delgadas manos sobre el fregadero y le dijo a los hombres que procedieran con la entrega.

—¿Usted espera que cuatro hombres saquen el fregadero del camión solamente para probarle a usted que no va a caber? —chilló el repartidor—. ¡Ni Dios Todopoderoso va a lograr que ese fregadero quepa por esa puerta!

—Haga la prueba —dijo Angélica. Puesto de costado, el fregadero pasó por la puerta con media pulgada de sobra.

Al igual que habían llegado a dominar los asadores de maní y las empacadoras, las hermanas rápidamente aprendieron los secretos del papel y la tinta. En las breves horas que reservaban para trabajar, las monjas podían producir hasta tres mil libros al día. Solamente un miembro de la comunidad expresó sus dudas mientras los pequeños volúmenes manaban de las máquinas.

Una vibrante prueba

—¡DIEZ MIL LIBROS! Vas a tener todos los armarios llenos de libros —dijo Sor Mary David al referirse a la primera tanda de tomos publicados por ellas mismas—. ¿Cómo te vas a deshacer de diez mil libros?

Sor David era «un reto diario» para la Madre, un comodín suelto en la comunidad, tan imprevisible como los tornados de Birmingham y a veces igual de mortal. Con una pequeña mantilla sobre el tupido pelo blanco, andaba veloz por el monasterio en una silla de ruedas mientras empujaba a un lado todos los obstáculos a su paso, incluyendo los muebles y las otras hermanas cuando era necesario. Y si David no estaba de acuerdo con la lección del día de la Madre Angélica hasta en lo más mínimo, no era poco común que la anciana monja se encaminara hasta el frente del salón, mirara a su hija directo a los ojos y le anunciara, «Eso son tonterías», para luego salir enfurruñada. Angélica continuaba hablando.

Sor David estaba igual de aferrada a sus opiniones con respecto al trabajo principal asignado a ella: leer la correspondencia. Cuando abría las cartas, ofrecía una crítica continua sobre cada corresponsal. Si la donación era muy pequeña o la petición demasiado grande, garabateaba «Agarrado», «Qué frescura» o «No mande libros» en el sobre. Pero era la Madre Angélica y sus proyectos los que suscitaban las críticas más fuertes de parte de Sor David.

—Nunca aprobaba nada que yo hacía. Nunca. Siempre decía, 'Es inútil; pierdes tu tiempo y vas a perder tu dinero —dijo Angélica—. Cuando pasaba luego frente a su habitación, la oía fanfarronear sobre mí. Pero nunca lo hacía delante de mí.

Hasta un regalo podía disparar la ira de Sor David.

—¿Qué quieres que haga con esto? —preguntó un día con la mirada adusta puesta sobre la cuidadosamente escogida cartera que tenía sobre las piernas.

—Es tu regalo de cumpleaños —contestó la Madre Angélica.

—Ah, bueno. Tú nunca tuviste buen gusto —dijo su madre desdeñosamente mientras miraba la cartera como si fuera algo inmundo.

Sor David guardó la cartera varias semanas, hasta que un día Angélica la vio en la silla de ruedas.

—Ah, tienes la cartera nueva —dijo la Madre Angélica.

—Ésa fue la que tú me diste —respondió Sor David—. No hay ninguna otra por aquí.

A pesar de sus mordaces comentarios y de los desaires, Sor David amaba a la Madre Angélica. Pero era un amor atormentado, cernido a través de una vida de penas y temores. El pasado nunca la abandonó. Cuando Sor David miraba a la abadesa todavía veía a Rita, su roca: la pequeña niña al lado de la cual temblaba en las noches frías y con la cual había compartido la comida para sobrevivir. Rita había cumplido su palabra: había construido un palacio y había traído a Mae a vivir allí con ella. Ella le pertenecía a Sor David, primero y siempre. Compartir a Rita con otros era inimaginable. Ese apego ponía a la abadesa en una posición incómoda.

—Si yo como superiora tomaba una decisión a favor de las hermanas, se enojaba —me dijo la Madre Angélica. Tenía muchas buenas cualidades, que no quiero menospreciar, pero tenía nubes de su pasado que la atormentaban constantemente.

Estas nubes se movían sobre la comunidad completa. Las monjas toleraban sus continuos arranques y su comportamiento mezquino debido al gran cariño que sentían por la Madre Angélica. Pero se les estaba acabando la paciencia con las payasadas de la anciana monja. La principal encargada de Sor David, Sor Raphael, que luchaba con su propia personalidad nerviosa, se sentía en particular frustrada. Escribiría en sus memorias no publicadas: «[Sor David] nunca sintió que las hermanas la querían por ella misma… Como resultado, con frecuencia rechazaba nuestros esfuerzos por unirnos a ella. Exigía tanto del tiempo de la Madre que no era humanamente posible satisfacerla». Aun así, Sor Raphael hacía un esfuerzo y permanecía junto a su cabecera como sustituta de la Madre.

A mediados de los años 1970, el Monasterio de Nuestra Señora de los Ángeles experimentaba cambios. La Madre Angélica modificó algunos de los cambios que se habían hecho durante el período experimental que siguió al Concilio Vaticano Segundo. Entre 1974 y 1975, el hábito con chaqueta de las monjas (que podía muy bien haber sido diseñado por el departamento de vestuarios del programa *Star Trek*) fue sustituido por una túnica a media pierna con cuello beige y velo. Se asemejaba mucho más al hábito tradicional, lo que permitía funcionalidad sin perder el sentido del pasado. Algo que quizás haya sido una medida defensiva contra la modernidad sigilosa que Angélica pensaba que amenazaba a la Iglesia en aquel momento fue instalar de nuevo la rejilla del locutorio. En contraste con el fácil intercambio que las hermanas y el público disfrutaban en los terrenos del monasterio, las barras reales del locutorio enfatizaban la vida aislada del claustro. Este cambio arquitectónico más bien de menor escala daba a entender la evolución de la Madre Angélica con respecto a la vida contemplativa, una evolución que tomaría décadas en desarrollarse completamente.

Cómo hacer apóstoles

JESUCRISTO LLEGÓ a la historia de la humanidad con un mensaje de redención y «unos pocos apóstoles mal vistos» (para usar las palabras de la Madre Angélica). De aquel reducido equipo, surgió una fe que se regó como un fuego arrasador y que continua encendida más de dos mil años después de Su venida. Ya hacia finales de 1975, la Madre Angélica, con más de veinte breves libros sobre la vida espiritual a su haber, tenía el mensaje de redención en orden. Lo que le faltaba eran los apóstoles para ayudarla a difundir aquel mensaje.

En enero de 1976, una pareja de Atlanta que visitaba el monasterio le pidió a la Madre que considerara la posibilidad de distribuir ediciones condensadas de su obra. Cualquier misionero laico podía llevar en el bolsillo o en la cartera estas versiones abreviadas de sus folletos espirituales y distribuirlas cuando lo necesitaran. «Minilibros», les llamó la Madre ese día. A la pareja le encantó la idea y la Madre desarrolló la idea a todo correr.

Para darle cabida a los minilibros y mantener su producción actual, la Madre planeó montar una nueva imprenta. Algunos materiales fueron donados y se compraron imprentas nuevas. En julio de 1976, a un costo de más de cien mil dólares, al fin quedó lista la nueva imprenta. Un letrero escrito a mano colgado en el nuevo cuarto decía:

LA IMPRENTA DEL SEÑOR. NO SABEMOS LO QUE HACEMOS, PERO ESTAMOS MEJORANDO. Con el tiempo, veinticinco mil libros saldrían de la imprenta cada día.

Un pequeño ejército de carismáticas misioneras de los minilibros diseminó los escritos de la Madre Angélica por todo New Orleans y Atlanta. Pronto empezaron a llegar montones de pedidos desde Ohio, Pennsylvania, New York y New Jersey de miles de personas que pedían ejemplares de los libros. La Madre estaba justo por salir hacia New Orleans a dar una charla ante un grupo de misioneros cuando el sufrimiento, su compañero silencioso de tantos años, apareció sin avisar.

Angélica sintió una apretazón en el pecho el 15 de julio de 1976. Sentía algo parecido a un ataque al corazón. Las monjas llevaron de urgencia a su superiora de cincuenta y tres años al Hospital South Highland, donde un arteriograma reveló una anormalidad en el corazón. Tenía el órgano más grueso en uno de los lados, lo que limitaba el flujo de la sangre.

—Me molesta en las noches —me dijo la Madre—. Por eso es que tengo el oxígeno puesto toda la noche; ayuda a que la sangre vaya con más facilidad a ese otro lado.

Le recetaron medicinas, pero no existía ninguna operación para corregir el problema. Sería una de las muchas cruces corporales que la Madre Angélica tendría que llevar por sí misma y por los demás, algo que había que aceptar, como a un viejo amigo.

—Esa parece que siempre ha sido la preparación que Dios me da —diría la Madre sobre el dolor una vez en una entrevista—. Siempre parece anteceder a algo que el Señor quiere que yo haga.

Durante el otoño, la Madre dio charlas, en su mayoría a grupos de oración carismáticos en New Orleans, Atlanta y Clearwater, en la Florida. La menuda monja con su pelo gris ondeado bajo un velo tenía la misión de reclutar apóstoles. Desde el podio, Angélica trataba de despertar a los católicos de su letargo.

«Denme diez católicos tipo Testigos de Jehová y puedo cambiar el mundo», le decía al gentío, sus intensos ojos encendidos tras sus lentes negros de gato. «Todo el mundo debe ser un misionero. Tenemos que entusiasmarnos tantos con nuestra fe que nos haga querer compartirla con nuestros vecinos». Y añadía, «Los libros y minilibros son semillas de mostaza. Todas las amas de casa, todos los hombres de negocio, pueden ser misioneros… Deja un libro, deja un folleto donde quiera que vayas. Tú siembras la semilla y entonces el Espíritu se hará cargo». Después de su charla en Clearwater, ochocientas personas se presentaron para distribuir los trece mil libros que había traído con ella.

Aunque se consideraba a sí misma «conservadora liberal que de casualidad es carismática», la Madre Angélica tenía sus reservas acerca de lo que veía que pasaba en las reuniones carismáticas. En su mente, el énfasis en la sanación y en las ofrendas del espíritu parecía enturbiar la importancia de los sacramentos.

—El movimiento carismático en general llevaba una dirección equivocada. Con los libros y las charlas, yo traté de inclinarlos más hacia los sacramentos, la eucaristía, Nuestra Señora y una vida interior intensa, no toda esa corredera con [el don de] lenguas y todo ese tipo de cosas. Desde el principio pude ver que no iba a durar —me dijo.

Un periódico católico en la Florida informó que ella les había advertido a los carismáticos sobre «una enfermedad llamada 'curativitis'». Angélica planteó que las personas enfermas pudieran estar en mejor estado espiritual que aquéllos a quienes se les consideraba saludables. Al ser una mujer que sufría de enfermedades de uno u otro tipo, se podía entender la parcialidad personal de la Madre.

Ron Lee, un oficial de la fuerza aérea retirado, y su esposa también veían problemas en el movimiento carismático. Ellos buscaban algo más profundo. Cuando escucharon a la Madre Angélica, pensaron que lo habían encontrado. En junio de 1977, Lee se dirigió a la Madre con la idea de organizar su confederación de misioneros para formar un movimiento mundial. Con la bendición de ella, Lee se convirtió en el «director guardián», y así nació la Alianza de la Familia Misionera Católica.

De acuerdo a lo que preveía Lee, los gerentes locales de las sucursales, conocidos como «guardianes regionales» se dedicarían a «enseñar y reclutar» a misioneros nuevos y a suplirles los libros y las grabaciones de la Madre Angélica. Los misioneros distribuirían los libros y equiparían a toda parroquia interesada en el país con un plan de renovación de cinco pasos diseñado por la Madre Angélica. La CFMA [por sus siglas en inglés] atrajo ocho mil misioneros en Estados Unidos y el extranjero. El vehículo había cambiado, pero la misión de la Madre seguía igual: llamar a las personas a la santidad.

Veintiocho guardianes de Indiana, Illinois, Florida, Georgia, New York, New Jersey, Wyoming, Michigan y Kansas asistieron a un retiro que dirigió la Madre Angélica en Birmingham el 2 de diciembre de 1977. Parados en la capilla, se tomaron de las manos con las monjas y «formaron un cinturón hermético humano, fuerte y protegido por los ángeles», de acuerdo a Sor Raphael. La Madre puso sus manos sobre cada guardián y rezó en lenguas para pedir por su lealtad. Algunos cantaban con una santa incoherencia, mientras otros «morían en el Espíritu». Mientras los guardianes salían de los terrenos del monasterio, la monjas entonaban una composición musical original de la Madre, «We Go Out into the World». Jean Morris era la única guardiana presente que no era católica.

—Era carismanía al máximo —diría Morris del CFMA—. La Madre empezó a darse cuenta de que la gente tomaba los regalos más en serio que al Señor... así que gradualmente se salió de eso.

Pero eso no sucedería hasta 1980. Durante ese tiempo voló por todo el país para hacer llegar el llamado a la santidad ante grupos carismáticos, y regalaba sus grabaciones y libros gratis a quien los quisiera.

Un viaje de siete días a Chicago en marzo de 1978 cambiaría definitivamente la vida de la Madre Angélica, para siempre. Tom Kennedy, un gerente de mercadeo retirado que vivía en un barrio de las afueras de Chicago y que era el guardián de la región central de Estados Unidos, fue quien organizó la visita. De acuerdo al itinerario, la Madre Angélica iba a ofrecerles a sus guardianes unos talleres de estudio, a dar unas charlas en diferentes parroquias de Chicago y a hablar con algunos periodistas. Pero fue la primera cita del itinerario la que inspiraría a la Madre Angélica a alcanzar cumbres inimaginables: una visita al canal 38, una estación de televisión manejada por bautistas ubicada encima de un rascacielos de Chicago.

10
Hacer el ridículo

LA MADRE ANGÉLICA le clavó los ojos al pequeño estudio de un modo que casi rayaba en la codicia. Acomodadas en lo alto de aquel rascacielos de Chicago había unas pocas cámaras, una rejilla de luces y un pequeño escenario.

«Señor, quiero algo así», susurró Angélica en una oración privada. Entonces tan pronto como lo dijo, dudó. «¿Qué pueden hacer doce monjas con esto? Soy una monja del claustro, y no sé nada de televisión». Pero ya estaba poseída.

Tom Kennedy, el intenso guardián con unas patas de gallo como rayos de sol, hizo pasar muy orgulloso a la Madre y a Sor Joseph al estudio localizado en el alto edificio. Como si fuera un minero que se acerca al filón principal, Angélica se dirigió al guía.

—Tom, ¿cuánto cuesta una cosa así?

Kennedy le preguntó a uno de los técnicos y le informó a la Madre.

—Novecientos cincuenta mil dólares —dijo.

—¿Eso es todo? —dijo la Madre, sin dudar más—. Quiero uno igual.

Al mirar por la ventana, vio el satélite del Canal 38 en la azotea. La Madre lo observó un rato. Sin quitarle la vista, le dijo a Sor Joseph:

—Vaya, no hace falta tanto para llegar a las masas, tú sabes.

Era un vehículo que podía llegar a millones de personas con muy buenos resultados sin el gasto de la imprenta y el agotamiento de los viajes. Los cincuenta y siete libros espirituales de Angélica habían alcanzado a una gran audiencia, pero una presentación por televisión podía llegar a toda esa gente, y más.

—Mi opinión es que si el Señor me inspira a hacer algo, yo trato de hacerlo. Lo empiezo y va cuesta abajo como una bola de nieve —diría la Madre—. Tengo que comenzarlo; si no es Su voluntad, o bien se desmorona o bien algo pasa que de verdad lo obstaculiza.

A la hora del desayuno la mañana siguiente, el 9 de marzo de 1978, Sor Joseph hizo una declaración sorprendente. Después de rezar el deseo de la Madre de montar un estudio, sintió que «el Señor le habló». Le dijo, «Los medios de comunicación son míos y se los voy a dar a [Angélica]».

Al principio, la Madre pensó que era una broma, pero Sor Joseph no se reía.

—Lo tomamos con espíritu deportivo, pero deseábamos que pasara —comentaría Tom Kennedy.

Esa noche, la Madre habló ante cientos de católicos en la Iglesia St. Margaret Mary de un suburbio de Chicago. Había tanta gente que muchos tuvieron que permanecer de pie después de enfrentarse a una tormenta de nieve y algunas calles peligrosas para poder asistir a la charla. La Madre les pagó con creces. De pie ante un pendón que decía SE HACE UN LLAMADO A LA SANTIDAD, les obsequió con cuentos maravillosos del negocio de maní, de la imprenta que le había permitido llegar hasta las personas en los bancos de las iglesias, y hasta tocó las castañuelas para dar una demostración rítmica improvisada.

En el medio de la charla, un abogado de Nashville medio desgarbado y un poco desorientado de pelo blanco y lentes de armadura cuadrada, se abrió camino entre el gentío que estaba en la parte de atrás de la iglesia. Se quedó allí parado, fascinado con lo que oía; sonrió de oreja a oreja.

Bill Steltemeier asistía ese día a una convención legal en Chicago cuando vio accidentalmente en el vestíbulo de la catedral del centro de la ciudad un volante que anunciaba la charla de la Madre Angélica. Steltemeier, que era casado y diácono ordenado católico desde hacía tres años, era socio mayoritario del bufete Steltemeier & Westbrook de Nashville, que se dedicaba a la práctica de bienes raíces y el comercio. Los fines de semana, el largo y flaco graduado de la facultad de leyes de Vanderbilt servía como capellán de la prisión. Cuando vio el volante de la Madre, preguntó cómo se llegaba a la Iglesia St. Margaret Mary y se encaminó hacia ella.

Irremediablemente perdido en la tormenta de nieve, Steltemeier pasó trabajosamente por delante de autos accidentados y letreros borrosos en la carretera estatal hasta que se quedó sin gasolina. Llegó cancaneando hasta la siguiente salida y se deslizó hasta la estación de gasolina más cercana. Molesto y cansado, le preguntó al encargado de la gasolinera dónde quedaba la Iglesia St. Margaret Mary. Estaba a una cuadra.

—Nunca había escuchado algo semejante —dijo Steltemeier sobre la charla de Angélica.

Como un hombre poseído, caminó por entre la multitud de pie y se abrió camino hasta un banco al frente. La Madre Angélica miró en la dirección de Steltemeier solamente una vez.

—Escuché una voz. 'Hasta el día que mueras', dijo la voz. Me quedé muerto del miedo. Supe que mi vida le pertenecía a ella desde ese primer momento, no había dudas de eso —dijo Steltemeier.

En una recepción después de la charla, Angélica saludó con la cabeza al abogado a través de la habitación y le sonrió, pero no hablaron. Steltemeier se montó en su auto asustado y regresó a la ciudad.

—Lo que pensaba era, no me voy a involucrar —me dijo.

En el vuelo de regreso a Birmingham, la idea de producir un programa de televisión consumía a la Madre Angélica. Miraba por la ventanilla, pero de repente se volvió hacia Jean Morris, que estaba en el asiento contiguo al de ella, como si hubiera tenido una inspiración en ese momento.

—¿Sabes dónde podemos grabar una cinta? —preguntó.

Jean no sabía.

—Bueno, averigua y hacemos una —ordenó la Madre.

El producto final se podía distribuir a la Alianza de la Familia

Misionera Católica, y después, si valía la pena, se le vendería a los presentadores de televisión. Animada por el encargo, Jean localizó a un correligionario episcopaliano que tenía un estudio de sonido en la ciudad, y a un ministro presbiteriano con un poco de experiencia como camarógrafo.

Un poco más de un mes después del primer encuentro entre ellos, Bill Steltemeier manejó desde Nashville para confrontar a la monja que lo perseguía desde Chicago.

—Todas las mañanas, interiormente, oía, 'Hasta el día que mueras' —diría Steltemeier con el alegre acento nasal de Nashville—. No sabía qué pensar.

Se abrió paso entre las cabras y ovejas que había en el jardín del frente, tocó en la puerta del monasterio y preguntó por la abadesa.

La Madre Angélica apareció en la puerta con una sonrisa de complicidad.

—Me preguntaba cuándo vendrías —dijo ella.

Para Angélica, él era un abogado católico con la visión práctica para los negocios que a ella le faltaba. Para Steltemeier, la Madre representaba un ideal espiritual a emular y seguir. La conexión entre ellos fue inmediata. El fiel Sancho había encontrado a su Quijote. Después de conversar el día completo, le ofreció a la Madre una donación cuantiosa y le prometió convertirse en guardián misionero. Steltemeier se ganaría el título en los años venideros.

El bautizo en la ermita

LA PRIMERA INCURSIÓN de la Madre Angélica en la televisión, *Our Hermitage,* de media hora de duración, se planeó como si fuera un retiro corto con la abadesa en un monasterio inventado. Sentada en un sillón y rodeada de velas, unos pocos libros y otros muebles (los cuales Sor Raphael arregló para darles un «aspecto viejo»), la Madre hizo lo que hacía desde años: extraer de las Escrituras para encontrar lecciones prácticas para la vida y presentárselas a la audiencia.

El 28 de abril de 1978, la Madre Angélica y Sor Raphael llenaron el baúl de utilerías, se montaron en el auto marca Imperial de Jean Morris y se encaminaron al estudio. Una vez que el escenario estuvo listo, la Madre caminó delante de las cámaras sin temor y comenzó la grabación.

Las fuertes luces y las tomas desde un ángulo bajo la hacían parecer «una abuelita con un perfil muy cómico». Su voz sonaba metálica, como la del ratón Mickey. Cuando se echó hacia delante para apagar una vela, la cabeza se salió del cuadro.

—Fue un desastre —recordaba Jean Morris entre risas—. En verdad que lo fue.

—No estuvo muy bien —reconoció Angélica.

Sin una audiencia, el fuego de siempre de la Madre no salió a relucir. El desabrido escenario solamente sirvió para complicar una situación mala. En el viaje a casa, la Madre Angélica estaba lista a darse por vencida.

—No puedo hacer esto. No tengo lo que se necesita —les dijo a Jean y a Sor Raphael.

—Sí lo tienes —dijo Jean severamente—. Mañana empezamos de nuevo.

Hizo falta varios mañanas antes de que les saliera bien.

Mientras la Madre trataba de perfeccionar el primer programa, los guardianes de la Alianza de la Familia Misionera Católica se reunieron para un retiro a fines de mayo. De acuerdo al archivo de la comunidad, durante la tercera noche la reunión se convirtió en un «fiasco, algo así como un circo [donde] los líderes pedían curas y proclamaban milagros». La Madre se quedó lívida y «reprendió a los guardianes» por la demostración.

—Se volvió demasiado carismático —dijo Tom Kennedy de la CFMA—. Cuando se involucró más en las cosas de la televisión, la Madre simplemente abandonó la cuestión carismática completamente.

Fue el comienzo de una lenta retirada de la Alianza Misionera, alimentada en parte por un cambio de enfoque y por desacuerdos con el liderazgo laico.

A principios de junio, la Madre regresó al estudio para volver a grabar el primer episodio de *Our Hermitage*.

—Nunca lo he podido olvidar. Fue increíble —dijo Jean Morris entusiasmada—. El poder estaba allí; uno lo podía sentir.

El programa comienza con una toma que recorre los campos de Alabama mientras Sor Mary Raphael canta, «Todo lo que te pido es que me recuerdes por mi amor hacia ti». La cámara se queda quieta ante la vista de un casita que después se desvanece y da paso a la Madre Angélica sentada en una silla de imitación de piel ante una chimenea de cartón piedra. La nariz se le ve enorme bajo la luz y los ojos se le pierden tras los lentes. Parece cansada y desconectada, probablemente debido a un fuerte ataque de asma que la había mandado para el hospital sólo unos días antes de la toma. La Madre Angélica rastrea las Escrituras, donde le busca significado a detalles aparentemente intrascendentes. El episodio está dedicado a la multiplicación de los panes y los peces. Después que Jesús hace el milagro, explica ella, le dijo a los apóstoles que recogieran las sobras de entre la muchedumbre. La madre se abalanza sobre este pequeño detalle y siente que su apasionamiento estalla de momento.

—¿Alguna vez se han preguntado qué sucedió con esas sobras después que Jesús las recogió y llenó aquellas doce cestas? Me apuesto que esos apóstoles comieron esas sobras durante meses. ¿Alguna vez han pensado en la cena de Acción de Gracias? Siempre tengo ganas de que llegue el día de Acción de Gracias, aunque a veces en Navidad todavía sigo comiendo lo mismo… ese pavo del día de Acción de Gracias no desaparece nunca, sino que cada vez se pone más grande —dijo la Madre Angélica.

Mientras que el público se ríe («Es como si los anestesiara»), la Madre aprovecha para incluir su lección.

—La mayor parte de ustedes toman las sobras que les da la vida y permiten que las mismas viertan culpabilidad en sus pobres almas, o resentimiento, o arrepentimiento. Y viven con esos arrepentimientos, o viven con esa culpabilidad… ojalá yo nunca hubiera sentido ira o angustia, pero me ha pasado. Pero sé que Jesús va a recoger las sobras de mi vida, y de sus vidas, y las va a convertir en algo tan alimenticio para nuestras almas, y tan bello… Si hay algo en tu pasado de lo cual te arrepientes y te parece que regresa a ti para hacerte más miserable y más desgraciado... deja que el Señor recoja esas sobras...

A pesar de todos los defectos que tenía el programa, captó la enseñanza práctica de la Madre y su manejo de las Escrituras. El sentido del humor —la autenticidad— estaba ahí.

Decidieron que la cinta, cuyo costo de mil dólares lo había asumido Jean Morris en su mayor parte, la someterían a las cadenas de radio y televisión. La Madre, que estaba familiarizada con el programa *The 700 Club,* se puso en contacto con el Christian Broadcast Network [Cadena de Televisión Cristiana] con la esperanza de que se interesaran en el programa.

Esta cadena de televisión nueva fue fundada por el evangelista Pat Robertson, llegaba a más de tres millones y medio de familias y combinaba las enseñanzas de la Biblia y los programas de inspiración divina enfocados al público cristiano en general. Acordaron mirar la grabación de la Madre porque en aquellos momentos estaban necesitados de programas.

Como era algo demasiado valioso para mandar por correo, Angélica le pidió a Jean Morris que llevara en persona la única copia que tenían de *Our Hermitage* a la cadena CBN. Jean se encaminó a Virginia Beach en Virginia.

Tom Rogeberg, el encargado de programación de CBN, me dijo que cuando Jean Morris tocó a su puerta él había rezado por un «programa católico romano» para completar la integración hasta ahora protestante de los programas. En una casa adyacente al estudio de televisión de *The 700 Club* donde él trabajaba, Rogeberg puso la cinta *Our Hermitage* en la máquina de video.

—Tenía un aura especial y no me cabía duda de que era una mujer que quería compartir al Señor con otros —dijo Tom Rogeberg cuando vio la grabación por primera vez—. Tenía personalidad y fervor. Me sentí inmediatamente atraído por ella, y me dije, 'Necesitamos más de esto'.

Rogeberg quería presentar el programa todos los días. Pero para poder hacerlo, necesitaba sesenta episodios en dos meses.

—¿Sesenta episodios? —gritó Angélica por el teléfono. Mientras hablaba con él pasaban por su mente las imágenes de utilerías que rodaban por el piso, las salidas a destiempo y los micrófonos retirados sin querer—. Si eso es lo que necesita, eso es lo que haremos —le prometió a Rogeberg, haciendo caso omiso a sus dudas.

Varios días a la semana, la Madre, Sor Raphael y Jean Morris cubrían el trecho hasta el Canal 42, afiliado local de CBS, para grabar tres o cuatro entregas a la vez. En algo que se convertiría en un patrón, la Madre se preparaba intensivamente para las tomas camino al estudio. Mientras hojeaba la Biblia sentada en el asiento trasero, identificaba puntos remotos para sus monólogos de media hora.

Para cubrir el costo de sesenta mil dólares de la cinta y la producción, la Alianza de la Familia Misionera Católica escribió cartas a los editores de publicaciones católicas para pedirles fondos a los lectores. Por su parte, la Madre Angélica volvió al circuito de charlas para despertar el interés y conseguir donaciones de los fieles.

«La tele ha estado en manos del enemigo durante demasiado tiempo», la Madre Angélica anunció a una multitud de cuatro mil personas en Clearwater, Florida, el 13 de julio de 1978. La solución de ella: un satélite que transmitiera las enseñanzas de la Iglesia a las masas. El público se paró en efusivo apoyo. Ésta fue la primera indicación pública que hizo la Madre de su intención de obtener una antena parabólica de televisión, y la primera vez que se mencionara en el archivo de la comunidad. Aunque la comunicación electrónica era algo nuevo para ella, ya preveía el siguiente paso audaz que daría.

El frágil y atormentado papa Pablo VI, un hombre herido por la inestabilidad y los desacuerdos de la Iglesia después del Concilio Vaticano Segundo, encontró la paz el 6 de agosto de 1978, cuando sufrió un infarto masivo en su residencia de verano en Castel Gandolfo, entonó una oración y se apresuró al juicio final. En el momento en que los cardenales rezaban ante el cuerpo del fallecido papa, la Madre Angélica colocaba sus manos sobre Matt Scalici, Jr., en su capilla.

Scalici le había pedido a la Madre su bendición antes de encaminarse hacia Los Ángeles a buscar fortuna como cantante. El muchacho de veinte años de pelo rizado y bigote estilo Burt Reynolds conocía a la abadesa desde que tenía tres años. Sus padres, Matt y Phyllis Scalici, amigos de la Madre Angélica, prácticamente lo habían criado en el monasterio. Pero en el verano de 1978, mientras estudiaba la carrera de cine y televisión en la Universidad de Alabama, se sintió atraído por Hollywood. Lo más natural era que la Madre le diera su bendición antes de emprender el viaje. De rodillas al lado de su compañero de viaje protestante, Matt le pidió a la Madre que rezara por él.

—Voy a rezar. Voy a rezar para que fracases bien rápido y regreses a casa, porque te necesito aquí para que me ayudes con mi apostolado en la televisión —le dijo la Madre.

Un asustado Scalici se encaminó hacia el oeste del país en el mismo momento en que una monja nueva entraba en el monasterio.

Gayle Breaux, una rubicunda muchacha de ojos verdes, tenía una voz como melaza mojada en los pantanos de Louisiana. Oriunda de Labadieville, Louisiana, Breaux tenía un título en musicoterapia y había sido maestra antes de ingresar en la vida religiosa. Durante sus primeras semanas, la futura Sor Mary Catherine aprendió el manejo de las imprentas. El momento fue muy oportuno. Pocas semanas después de la llegada de Sor Catherine, se terminó la construcción de un segundo taller de imprenta.

La arena y los bloques de concreto que sobraron del proyecto rápidamente se destinaron a otro edificio. En octubre, dos constructores, Nelson Campbell y Jim Gardner, estaban enfrascados en la construcción de la nueva cochera de las hermanas.

En Roma, una labor más difícil había acabado de comenzar. Recluidos en la Capilla Sistina, los cardenales buscaban en sus filas a un nuevo papa. El trono de Pedro se encontraba vacante por segunda vez en un año, ya que el nuevo papa, Juan Pablo I, había sucumbido a un ataque al corazón al mes de haber asumido el cargo. El segundo cónclave de 1978 que hizo historia concluyó la tarde del 16 de octubre. Por primera vez en cuatrocientos cincuenta y cinco años, la Iglesia Católica sería regida por un papa que no era italiano y el único papa polaco en la historia. Con una chispa en los ojos, Karol Wojtyla entró con gran fuerza a la galería abierta sobre la

plaza de San Pedro y lanzó uno de los más ambiciosos y trascenden-
tales pontificados de todos los tiempos.

Mientras miraba las primeras imágenes televisadas de Juan
Pablo II junto a las otras monjas en la habitación de Sor David, la
Madre Angélica no tenía la menor idea de cuán entrelazados estarían el mensaje y la misión de este Papa con los suyos propios.
Tanto el Papa como la abadesa comenzaron la gran labor de sus
vidas casi al mismo momento. Iniciarían al unísono una poderosa
evangelización que se hizo sentir por el mundo entero.

En el comienzo fue La Palabra

LA PALABRA LE LLAMÓ inicialmente la atención en un artículo
de un periódico católico hacia fines de octubre. Basado en la novela
homónima de Irving Wallace, *The Word* era una miniserie de
cuatro partes de CBS programada para salir al aire a mediados
de noviembre. En la misma, se descubre un manuscrito que pone
en duda la divinidad de Jesucristo, lo cual socava los mismísimos
cimientos del cristianismo. Al final, se prueba que el manuscrito es
fraudulento.

Basada en la reseña del argumento, la Madre Angélica estimó
que la película era una «blasfemia»; un mal uso de la pequeña pantalla que sólo serviría para sembrar las semillas de la duda en la
mente de los creyentes. Vio la película como un ataque contra su
Esposo, la Palabra hecha carne, y eso fue lo que les dijo a Jean
Morris y a Sor Raphael desde el asiento trasero del auto Imperial
camino a filmar el episodio número diecisiete de su nueva serie,
In His Sandals, una exposición de las cartas de San Pablo para
«demostrar quién era quién».

Cuando pasó por el tablón de anuncios camino a los estudios del
Canal 42, Angélica se dio cuenta por primera vez de que la estación
era una afiliada de CBS. Pidió ver a Hugh Smith, el vice presidente
y administrador general de WBMG, para hablar de la miniserie
próxima a televisarse.

—Su cadena de televisión va a pasar una película titulada *The*

Word —le informó la Madre Angélica a Smith medio irritada—, y es blasfema a Nuestro Señor.

—No he escuchado nada al respecto —dijo el sorprendido Smith. Pero déjeme llamar a la cadena.

Se retiró a un pasillo.

Después de llamar a alguien en la otra costa del país, Smith regresó al estudio. La película de hecho estaba supuesta a transmitirse, pero la cadena de televisión no había recibido ninguna queja.

—No veo cómo vamos a poder cambiar esta programación por cuenta de una persona —le dijo suavemente a la Madre Angélica.

—La transmisión de la miniserie pudiera tener un efecto terrible en los televidentes —protestó ella.

Sor Raphael y Jean Morris se miraron preocupadas cuando la expresión de la Madre empezó a cambiar.

—¿Usted me va a tratar de decir cómo dirigir mi estación? —le preguntó Smith.

—No. Creo que usted tiene programas terribles, pero nunca le he dicho cómo dirigir su estación. ¡Pero esto es una blasfemia! —Angélica se cruzó de brazos con el ceño fruncido—. ¿Es usted cristiano?

—Sí —dijo Smith—. Pero, ¿usted cree que a Dios le interesa lo que hacemos aquí abajo?

—Sí, a Él sí le interesa, y a mí también. —La voz de Angélica se alzaba—. No voy a poner mis programas en esta estación, ni voy a hacer más programas aquí si usted pone esa película.

El vice presidente trató de razonar con ella para salirse del conflicto y le recordó a la Madre cuán pocas estaciones de televisión había en la ciudad.

—Si se va de aquí, no va a aparecer más en la televisión. Usted nos necesita.

—No, no es así. ¡Solamente necesito a Dios! —La Madre estaba de pie ya, gritando—. Compraré mis propias cámaras y construiré mi propio estudio.

—Usted no puede hacer eso.

—Ya verá —dijo y miró a Smith fijamente.

En una entrevista, Hugh Smith no recordaba el contenido de la conversación entre ellos, pero la describió como «muy calmada» y «no una cosa cáustica». Jean Morris, quien también estaba presente, no está de acuerdo.

—Él no explotó, pero la Madre sí —dijo Morris—. Fue una situación muy tensa. Recogimos nuestros aparatos y materiales y la Madre, Sor Raphael y yo condujimos en silencio...sin decir una sola palabra hasta llegar al monasterio.

Ya en casa, la Madre Angélica se dejó caer en un sillón y les contó a las hermanas su intercambio con Smith.

—Eché todo a perder —les dijo—. Le dije al hombre que construiríamos nuestro propio estudio, y no tengo la menor idea por dónde empezar.

Las hermanas reflexionaron sobre el problema. Sor Catherine recuerda que algunas de las monjas gritaron, «El garaje. ¡Madre, convirtamos el garaje en un estudio!»

Intrigadas por la sugerencia, la Madre y las hermanas recorrieron el tramo hasta el lugar del garaje detrás del monasterio. Angélica sopesó la tierra pareja y tomó en consideración cada espiga de madera que marcaba el perímetro de la construcción. Le instruyó al constructor que extendiera la placa de modo que se pudiera albergar un «estudio de televisión». El hombre parecía desconcertado, como si la monja hubiera acabado de hablarle en arameo.

—No sé nada de estudios de televisión —dijo.

—Yo tampoco sé nada, pero no se trata de eso. Vamos a construir uno —declaró la Madre.

Sin fondos asignados, sin un plan de negocio y sin dudas, Angélica se lanzó fielmente a la producción de televisión independiente.

—A no ser que una esté dispuesta a exponerse al ridículo, Dios no va a hacer lo milagroso —dijo la Madre sobre su repentina decisión—. Cuando tienes a Dios, no tienes que saber todo sobre algo; solamente lo haces.

Se puso en contacto con los benefactores para pedirles fondos para la nueva empresa. A la vez, su CFMA en Michigan empezó a recaudar donaciones para una sala de control itinerante: una casa rodante donde se pudieran grabar por el camino la charlas de la Madre en vivo y las producciones de estudio en el monasterio.

En abril, un vendedor de New York vino a Birmingham a presentar un estimado de las luces del estudio. El costo era cuarenta y ocho mil dólares. Como sabía que ella no podía pagar nada que se aproximara a eso, Angélica le dijo al vendedor:

—Vayase de vuelta y afile el lápiz.

—Lo más que puedo hacer es catorce mil ochocientos dólares —le dijo el vendedor.

—Vendido —anunció la Madre, aunque no comprendió que el estimado más barato era por un equipo de inferior calidad.

Afortunadamente, las unidades más baratas no estaban en existencia en el momento de la entrega, de modo que el distribuidor mandó lo que tenía, un paquete de luces que valía cuarenta y ocho mil dólares. La Madre Angélica solo pagó catorce mil ochocientos dólares.

En mayo de 1979 le llegó su primera cámara Hitachi, a un costo de veinticuatro mil dólares. Si se incluían el edificio y el equipo, la Madre ahora debía a los acreedores más de cuatrocientos mil dólares. Las recaudaciones que se hacían después de sus charlas pagaban las cuentas en parte. Cuando visitó un mínimo de nueve ciudades entre 1979 y principios de 1980, predicó sobre lo prometedora que era la televisión y sobre la necesidad de apoyarla a ella en sus esfuerzos.

—¿Y qué pasa si usted fracasa? —le preguntó un incrédulo.

—Entonces tendré el garaje mejor alumbrado de Birmingham —dijo Angélica desde el escenario.

A principios de 1979, habló ante un salón repleto en Philadelphia. Un grupo muy variopinto de vendedores de equipos, camarógrafos y amistades fueron a grabar la reunión. En la tribuna, Angélica era eléctrica; combinaba cuentos personales divertidísimos con las Escrituras en su estilo directo de buena italiana, lo cual creaba un frenesí.

—El gentío estaba tan entusiasmado que el piso de la iglesia comenzó a estremecerse —diría Matt Scalici—. No podíamos mantener la cámara fija para las tomas.

En concordancia con los rezos de la Madre Angélica, la aventura de Scalici en Hollywood fracasó pronto. De vuelta en Birmingham, ayudaba a la abadesa con sus planes para la televisión y a veces la acompañaba en las giras.

No todas las excursiones resultaban exitosas. Un viaje a Houston, Texas, en junio, terminó en «una intoxicación y sin ningún regalo de cariño». Cuando regresó a casa, Sor Mary David agarró la funda de almohada que casi siempre estaba llena de donaciones. Cuando no encontró nada en la bolsa, le dio rienda suelta a su disgusto contra las monjas y su hija.

Sor David detestaba los viajes de Angélica y trataba de que desistiera de viajes futuros. «Me deprime pensar que el avión tenga un accidente y te pase algo», le decía a su hija para hacerla sentir culpable.

—Sor David nunca permitió que olvidaran que la Madre era *su* hija —diría Jean Morris—. Ella era la reina viuda. Era exigente, y cuando salíamos de viaje, no íbamos a ninguna parte sin que la Madre Angélica no llamara a casa un par de veces al día, creo que especialmente para que David supiera que estaba bien.

Pero mientras más viajaba Angélica y mientras más gente la conocía, menos conectada se sentía Sor Mary David. Compartir a Rita le era aún imposible.

Con un pie en el aire

A FINES DE 1979, los programas pregrabados de la Madre salían al aire en algunos mercados locales de la televisión comercial y a nivel nacional en CBN. Recientemente, había terminado cincuenta episodios de una nueva serie filmada en Atlanta. Al no estar segura de qué hacer con el cada vez mayor arsenal de cintas, Angélica les escribió a todos los obispos de Estados Unidos para ofrecerles copias gratis de sus programas con fines educativos o para retransmitirlos. Ni un solo obispo contestó, de acuerdo a la Madre.

Lo que necesitaba era un órgano de distribución, un modo de llegar a las personas que iban a las iglesias. Descartaron la televisión comercial por ser muy cara. Entonces la Madre prosiguió con la idea de ofrecer sus programas vía satélite. Un día que consultaba con un ingeniero, uno de los cinco empleados a tiempo parcial que trabajaban en el monasterio, ella preguntó:

—¿Cómo se llega de aquí, en Birmingham, a [el satélite] allá arriba?

—Necesita una antena parabólica, necesita una licencia, necesita un espacio para salir al aire y necesita un abogado —le dijo el hombre a la resuelta monja.

—¿Qué es lo que viene primero?

—El abogado.

Angélica consiguió una revista de televisión por cable y escudriñó los nombres de los abogados que se especializaban en leyes federales de comunicación, hasta que se tropezó con la firma de Pepper y Corazzini.

—Pensé que haría falta un italiano para entender a otro, así que los llamé —dijo.

Después de una serie de intentos, Robert Corazzini atendió su llamada. Corazzini era un abogado que conocía bien el funcionamiento de la Comisión Federal de Comunicaciones [FCC, por sus siglas en inglés]. Le había procurado licencias a varias entidades de televisión y había representado a quienes estaban al frente del naciente mundo de la televisión por cable, hasta a Ted Turner, fundador de CNN.

—Sr. Corazzini, soy la Madre Angélica del Monasterio de Nuestra Señora de los Ángeles y quiero construir una cadena de televisión por cable vía satélite.

Hubo un marcado silencio en la línea.

—¿Perdón? —preguntó Corazzini.

Angélica volvió a explicar. A pesar de su reticencia, el abogado aceptó visitar Birmingham para discutir las opciones legales de la Madre.

—Recuerdo estar sentado en una pequeña cocina en el monasterio ante una taza de café con la Madre Angélica y Sor Raphael mientras planeábamos lo que íbamos a hacer con la FCC —contaría

Corazzini—. Una vez que me di cuenta de la seriedad de Angélica, le di una advertencia: 'Una vez que empiece, no hay regreso. ¿Usted entiende eso?'

La Madre le contestó que sí, y Corazzini aceptó ayudarla.

Corazzini diría de la colaboración entre ellos:

—Lo maravilloso de la Madre era que tenía fe absoluta en que iba a funcionar. Mientras nosotros hiciéramos el esfuerzo, Dios se ocuparía de ello.

Mientras Corazzini se ocupaba de conseguirle en Washington la licencia para transmitir por televisión, la Madre Angélica voló hasta Carolina del Norte en enero de 1980. Su destino era el PTL, una cadena protestante fundada por el ministro de la Asamblea de Dios Jim Bakker y su esposa Tammy Faye. La Madre Angélica se había presentado en PTL varias veces a lo largo de 1979 con gran éxito y las encuestas la habían catalogado como una favorita del público. Durante una transmisión, le dijo a Bakker: «Estoy convencida de que Dios busca aves extintas como los dodos. Y lo encontró: ¡yo! Hay mucha gente inteligente por ahí que sabe que no se puede hacer, de modo que no lo hacen. Pero un dodo no sabe que no se puede hacer. Dios usa a los dodos: gente que está dispuesta a hacer el ridículo para que Dios pueda hacer milagros».

Bakker estaba tan impresionado con la monja que despachó un equipo de diseñadores de escenografías a Birmingham para fabricar el primer estudio de la Madre. El resultado fue una sala color azul claro con cuadros de Jesús y del Papa en las paredes a modo de decoración. Los programas que se grababan en el estudio se enviaban a la sala de control, una camioneta blanca estacionada afuera. Estampada en la carrocería de la así llamada furgoneta de TV estaba la filosofía del momento de la Madre, el dicho incorrectamente escrito [en inglés] «Dodos for Jesús».

Para este entonces, Angélica había reunido a un pequeño equipo de dodos, empleados fijos como Matt Scalici; Virginia Dominick, cuya familia era allegada a la Madre; y Mike y Martha Mooney, una pareja de protestantes devotos a la visión de Angélica. Si hacía falta personal adicional de producción, el mismo se tomaba prestado del equipo de construcción.

Como tenía su atención puesta ahora en la televisión, la Alianza Misionera de la Familia Católica [CFMA, por sus siglas en inglés] ya no estaba en el radar de Angélica en marzo de 1980. Con sede en la Florida, los líderes del CFMA encaminaron la organización en una nueva dirección. Angélica arguyó que «se había vuelto nada», y finalmente el Monasterio de Nuestra Señora de los Ángeles se separaría oficialmente del CFMA.

Más o menos en esa misma época, Bill Steltemeier redactó los estatutos y creó la junta de una compañía civil sin fines de lucro que se llamaría Eternal Word Television Network [Cadena de Televisión la Palabra Eterna, o EWTN por sus siglas en inglés]. El nombre reflejaba una empresa que se había originado debido a una polémica y se había fundado sobre una base de principios. La misma inmortalizaba la protesta de la Madre Angélica hacia la película *The Word,* así como su devoción sin límites a Jesucristo, la Palabra Eterna hecha carne.

La audiencia objetivo de la Madre se mantenía constante. Por su propia historia personal, ella quería llegar a la gente que mejor conocía, la gente a la que ella todavía pertenecía:

—Andamos detrás del hombre que está sentado en los bancos de las iglesias, de la mujer que sufre, del niño que está solitario —le dijo la Madre al *New York Times*—Tengo la esperanza de que podamos enseñar sin enseñar, iluminar el corazón y relajar el cuerpo.

Pero los obstáculos financieros lo impedían.

A mediados de mayo, Angélica debía trescientos ochenta mil dólares por el equipo del estudio, y el vendedor, Gray Communications, exigía el pago. Mientras que Bill Steltemeier buscaba el dinero entre los jefes de negocios, la Madre se dirigió al pueblo y daba charlas en New Orleans, Miami, Orlando, Houston, Grand Rapids, Kalamazoo y Kenosha, y hacía recaudaciones en cada ciudad. Pero tenía la esperanza de que una visita a una fundación con sede en Wisconsin acabaría con sus días de pasar la gorra y aliviaría su carga financiera.

La fundación De Rance era la creación de Harry John, nieto de Fredrick Miller, fundador del Miller Brewing Company. El desgarbado y excéntrico Harry John se asemejaba más a una persona sin hogar que a un millonario. Varios entrevistadores lo describen como alguien «que no parecía una persona limpia», un hombre que asistía a reuniones de negocios vestido con «boina, tirantes y pantalones de payaso». En los años cincuenta, este visionario alocado impulsado por la fe invirtió su participación completa en la compañía Miller Brewing (cuarenta y siete por ciento) en la fundación De Rance, una operación filantrópica católica que tomó el nombre de Armand-Jean De Rance, el abad ascético del siglo XVII que llevó a cabo una reforma religiosa que dio como resultado la orden trapense.

En 1970, Lorraine, la hermana de John, vendió sus acciones, el cincuenta y tres por ciento, al industrialista de New York Peter Grace. Grace rápidamente se las pasó a Phillip Morris, lo que aumentó varias veces el valor de las acciones de Miller que estaban en manos de De Rance. Harry John luego le vendió el negocio a Phillip Morris por noventa y siete millones de dólares. Con el dinero, financió expediciones en alta mar en busca de tesoros, coleccionó montones y montones de obras de arte religiosas, alimentó su obsesión personal por el Sagrado Corazón y construyó una sede color ciruela para la fundación en las afueras de Milwaukee. En este edificio entró la Madre Angélica en junio de 1980.

Dick DeGraff, un recaudador de fondos de una organización sin fines de lucro con base en Wisconsin, llevó a Angélica a De Rance después de enterarse que ella necesitaba dinero para una antena parabólica. Había desparramados por la oficina de Harry John varios estantes repletos de obras de arte religiosas, picos y tazones de frutos secos exóticos. Aunque fascinado con la monja, no estaba convencido de que ella pudiera montar una cadena de televisión. Le pidió que le explicara en mayor detalle sus planes a largo plazo y la función de una antena parabólica. La Madre Angélica accedió y como prueba de su seriedad, pidió cuatrocientos ochenta mil dólares para cubrir la deuda y el costo que calculaba que costaría la antena.

—Déjeme pensarlo —dijo John.

—¿Qué es lo que necesita pensar? —sonrió la Madre—. Lo necesito.

De acuerdo a DeGraff, la Madre Angélica no estaba contenta ni segura del éxito durante el viaje de regreso.

—Rece —le dijo DeGraff.

—Siempre rezamos —le contestó Angélica atribulada.

En agosto, la fundación De Rance le envió a la Madre Angélica un cheque por doscientos veinte mil dólares, ni remotamente lo suficiente para disminuir la creciente deuda de EWTN o para compensar por el desangramiento financiero inminente.

El 18 de septiembre de 1980, ya con un atraso de cientos de miles de dólares, la Madre Angélica sintió duda cuando estaba a punto de ordenar la antena parabólica de 33 pies de Scientific Atlanta a un costo de trescientos cincuenta mil dólares. ¿De dónde iba a sacar el dinero? ¿Y qué pasaba si no lo conseguía? La mayor parte de las personas reducirían sus gastos y saldrían corriendo. Pero Angélica puso en práctica lo que luego llamaría «teología de riesgo» y prosiguió con la orden.

—Si quieres hacer algo por el Señor… hazlo. Lo que sientas que hace falta hacer, aunque tiembles de miedo, da el primer paso hacia delante. La gracia viene con ese paso y recibirás más gracia con los demás pasos que des. Sentir miedo no es el problema; el problema está en no hacer nada cuando sientes miedo —dijo la Madre Angélica.

Su fe era muy fuerte. A poco de haber puesto la orden de la antena, Angélica le indicó a Bill Steltemeier que redactara un contrato de compra con la RCA para adquirir el equipo de transmisión por satélite. La compra de la antena parabólica junto con el equipo de transmisión aumentaría la deuda de la Madre a más de un millón de dólares.

Steltemeier tuvo que cambiar el contrato preliminar con RCA para quitar una cláusula que hipotecaba el monasterio como garantía.

—Me dieron un discurso sobre cómo no se podía hipotecar una tierra santa —recordaría Steltemeier. Una sucesión de ejecutivos de RCA rechazó el contrato corregido hasta que un vice presidente italiano llamó para hablar con la Madre Angélica.

—¿Usted en serio espera que yo apruebe este contrato? —le preguntó.

—Sí, sí lo espero, y Dios también —contestó la Madre.

—Voy a aprobar el contrato, pero usted necesita seiscientos mil dólares de entrada. ¿Dónde los va a conseguir?

—Dios se ocupará —respondió Angélica.

En Washington, su abogado, Robert Corazzini, estaba listo para enviar al FCC la solicitud para la licencia de televisión. Sólo le faltaba una cosa: una carta de crédito por doscientos ochenta mil dólares que garantizara los fondos. La Madre Angélica mandó cartas urgentes a fundaciones y benefactores importantes para conseguir dicha carta.

El 29 de octubre se hallaba sentada rezando antes de la misa en el lado enclaustrado de la capilla cuando un «tipo regordete», Lloyd Skinner, se acercó junto con Joe Bruno. Skinner le había vendido una compañía de pastas a Bruno recientemente y estaba en Birmingham de visita.

—El Señor me dijo, 'ahí tienes tu carta de crédito' —me contaría la Madre.

Después de la misa, le enseñaron el estudio y la imprenta a Skinner y a Bruno. Mientras recorrían las instalaciones, la Madre habló de sus viajes y de la carta de crédito que necesitaba para «extender la Iglesia por todo el país».

—Ve y búscale una carta de crédito —le dijo Skinner a Bruno—. Tengo unas acciones que no me benefician en nada. Yo se las mando.

Ya el 7 de noviembre, la carta de crédito y la solicitud para la licencia estaban en la FCC. Pero Corazzini advirtió que la competencia podía resultar encarnizada y que a lo mejor tomaba meses, posiblemente hasta más de un año, obtener la licencia.

Las monjas de Nuestra Señora de los Ángeles rezaban porque se hiciera la voluntad de Dios en Washington. La abadesa se encaminó a Milwaukee para reunirse con Harry John. Esta vez, le pidió setecientos mil dólares para pagar parte de la antena parabólica. John estaba dispuesto a dar el dinero si él podía controlar la antena. Angélica no estuvo dispuesta a aceptar esa oferta, a pesar de que sus opciones se agotaban. Convencida de que necesita indepen-dencia, aceptó un préstamo del banco por ese monto a una tasa de interés preferencial que podía llegar hasta el veintitrés por ciento.

Desde un punto de vista puramente económico, las perspectivas del Eternal Word Television Network a finales de 1980 eran funes-tas. La empresa andaba corta de dinero, con una deuda que supe-raba el millón de dólares y con gastos de operación de un millón y medio de dólares anuales. En contra de toda lógica, la Madre Angé-lica se aferró a su inspiración y a su Dios.

—Él espera que yo funcione a nivel de la fe, no a nivel de cono-cimientos —diría la Madre—. Él espera que yo funcione —si no tengo el dinero, si no tengo la mente, si no tengo el talento— con la fe. ¿Sabes lo que es la fe? La fe es un pie en la tierra, un pie en el aire y un estómago revuelto.

La sensación extraña de Angélica estaba a punto de intensifi-carse.

Una catedral en el cielo:
El Eternal Word Television Network

EL 27 DE ENERO DE 1981, la Madre Angélica entró triunfalmente en el refectorio a toda velocidad a pesar de su cojera, con el sobre del FCC en su delgada mano. En los últimos días de la fracasada administración de Carter, la monja republicana de Canton, Ohio, obtuvo permiso del gobierno federal para operar la primera estación de televisión por satélite católica en Estados Unidos. La rapidez con la que el FCC otorgó la licencia para transmitir rebasó todas las expectativas: En el plazo de sólo dos meses, la solicitud pasó como un bólido a través del proceso burocrático. Para la Madre, dicha rapidez no era otra cosa que una señal de la providencia de Dios.

Según cuentan, un carismático a cargo de clasificar las solicitudes del FCC reconoció el nombre de Angélica y puso su petición por encima de todas las demás. La política del FCC de acelerar casos de imperioso interés público puede que también haya jugado un papel; ser la primera cadena de televisión católica ciertamente la ponía en esta posición.

Las doce monjas del Monasterio de Nuestra Señora de los Ángeles fueron las primeras religiosas a las que se les otorgó una licencia del FCC. Sor Raphael lloró, otras de las hermanas rieron, y se intercambiaron abrazos mientras celebraban el milagroso momento.

—Una cadena de crecimiento espiritual debe originarse con la vida contemplativa —diría la Madre en aquel entonces—. Creo que por esto fuimos escogidas. Esto es muy poco usual para una orden religiosa, pero a Dios le gusta hacer cosas grandes con cosas pequeñas.

Aunque legalmente ya podían operar, la «cosa grande» estaba todavía por construirse.

Las deudas amenazaban con truncar la cadena de televisión antes de que empezara a respirar. Para estabilizar la situación, Angélica voló a Palm Beach con Jean Morris y Dick DeGraff el 15 de febrero para reunirse con Peter y Margie Grace, de la Grace Foundation. La Madre pidió un préstamo de seiscientos treinta y cinco mil dólares, a pesar de que detestaba pedir dinero. Las pocas veces que mendigó en su vida se limitaron a la sastrería de John Rizzo, donde había tenido que sufrir la mirada de los extraños mientras él buscaba en sus bolsillos sin darle lo que debió haberle dado libremente. Esa misma impotencia se apoderó ahora de ella mientras estaba sentada sonriente en Palm Beach.

La madre le causó buena impresión a Peter Grace, pero él necesitaba más tiempo antes de autorizar un préstamo. Y la Madre no tenía tiempo. En aquel momento, sus charlas era lo único que proveía una entrada fiable a las hermanas y a la cadena de televisión, una entrada que escasamente cubría los sueldos de los empleados.

Cuando regresó a casa, Angélica y las otras monjas se dirigieron a Dios con oraciones desesperadas. Se tomaron de las manos en la habitación de la Madre y Le imploraron que les diera los recursos y la guía que tan desesperadamente necesitaban. Mientras suplicaban, Sor Regina apretó los ojos. Tuvo una visión donde una antena parabólica blanca aparecía en un cielo oscuro con una llama roja que salía del centro.

—Nadie podrá extinguir esa llama —le anunció a las hermanas al decirles que era un mensaje de Dios—: Ésta es mi cadena de televisión y glorificará a mi Hijo.

Regina no estaba segura si la visión era auténtica o si era producto de su imaginación. Como agradecían cualquier palabra de consuelo, la Madre y Sor Raphael ampliaron el mensaje y rezaron para que «su Palabra abarcara al mundo entero».

A principios de 1981, la junta del Eternal Word Television Network había cobrado forma. Para proteger al monasterio de cualquier secuela financiera, la cadena de televisión necesitaba ser una compañía civil manejada por el laicado. Bill Steltemeier serviría de presidente, y Matt Scalici, Sr., Dick DeGraff y otros servirían en la junta. La vicaria y la abadesa del Monasterio de Nuestra Señora de los Ángeles (Raphael y Angélica, respectivamente) ocuparían puestos permanentes en la junta. Como presidenta, la Madre Angélica fue investida con poder absoluto para poder vetar cualquier acción de la junta. Un teólogo de New York, el padre John Hardon, fue escogido para examinar la ortodoxia de la programación religiosa que se iba a transmitir. Sin querer, Hardon instigaría una de las crisis más grandes en la vida religiosa de la Madre Angélica.

En el aire

EN LO QUE CARITATIVAMENTE se pudiera describir como una pequeña falta de juicio, el padre Hardon compartió en privado con los oficiales del Vaticano su preocupación de que una abadesa del claustro viajara por todo el país con regularidad. Informados de la situación, Roma compartió sus inquietudes. El 16 de febrero de 1981, la Congregación Sagrada de Religiosos, con autoridad sobre Angélica y su claustro, le notificó al obispo Joseph Vath, de Birmingham, que la Madre Angélica podía romper el claustro para visitar su estudio, pero que se le prohibía estrictamente hacer otros viajes. Con la bendición y el aliento de su obispo, la Madre había dado charlas espirituales fuera del claustro durante más de una década. Pero el 27 de febrero, Vath le revocó el permiso que le había dado desde hacía tanto tiempo.

Le retiraron así el último sustento financiero a la incipiente cadena de televisión. Habían planeado doce charlas durante 1981 para cubrir los gastos de operación hasta que la cadena empezara a transmitir. En una carta fechada el 7 de marzo, la Madre le rogó al obispo que le permitiera dar las charlas, y también le informó de su intención de pedirle permiso a la Congregación de Religiosos para poder salir del monasterio «para verificar el trabajo del Eternal Word Television Network fuera del estudio cuando fuera necesario». También prometió informar al representante del Papa en Estados Unidos sobre su situación.

El obispo Vath llamó a Angélica por teléfono el 10 de marzo.

—Su Excelencia, estoy obligada a dar todas estas charlas este año —le suplicó la Madre.

—Bueno, simplemente cancélelas —contestó el obispo.

—La semana que viene, estoy supuesta a ir a su ciudad natal, New Orleans.

—Bien, puede cumplir con ésa. Y ésa será la última este año.

—Obispo —dijo Angélica desesperada—. Nuestros sueldos son de tres mil dólares al mes, y de la única forma que podemos pagar estos sueldos es con las charlas que yo doy.

—Bueno… —la voz del obispo se apagó—. Acabo de hablar con el nuncio. Dijo que usted tenía que decidir si quería seguir con esto o salir de la orden.

La Madre se quedó sin aire como si la hubieran golpeado en el estómago.

—¿Salir de la orden? No puedo hacer eso. Mi vida es muy importante para mí, ¡mi vocación!

Significaba que la retirarían de la comunidad y le suspenderían a Angélica sus votos de pobreza y obediencia por un período de hasta tres años. En términos laicos, era una licencia prolongada de la vida religiosa.

—Me pusieron en una situación sin salida: si quieres esto, quítate el hábito —explicaría la Madre, sentada y todavía ofendida detrás de la rejilla del monasterio—. Me quedé horrorizada con aquello.

En la mesa, leyó la carta del obispo a la comunidad, lo que desató una tormenta en el claustro. Seguras de que aquello era parte de un esfuerzo para «destruir la cadena de televisión», las monjas hicieron callar a gritos la sugerencia de que su abadesa sacrificara sus votos y su comunidad en favor de la cadena.

—Él no puede hacer eso; tenemos nuestros derechos —saltó Sor Regina.

—Desafío a cualquiera que se atreva a tocar un pelo de la cabeza de mi hija —amenazó Sor Mary David desde su silla de ruedas.

Según las hermanas, la Madre Angélica estaba extrañamente silenciosa y deprimida. Se retiró a la capilla, se dejó caer de rodillas y miró hacia el Santísimo Sacramento. Ante su Señor y su Amo, las lágrimas marcaron las mejillas de Angélica.

—Uno podía sentir que Jesús la llevaba a cuestas —observaría después Sor Regina.

Una a una, las hermanas desfilaron por la capilla para brindarle consuelo. Con los brazos alrededor de la asediada Madre, se apiñaron para compartir sus lágrimas y jurar su lealtad pasara lo que pasara.

—La he visto derramar lágrimas amargas por cosas que la Iglesia le ha hecho, y ésa fue una de las veces —recordaría Jean Morris—. Pero al día siguiente se calmó y encontró una salida. Libraba batallas fuera y dentro de la Iglesia.

Forzada a escoger entre su vocación y la misión a la cual sentía que Dios la llamaba, la Madre le escribió al nuncio para pedirle ayuda. Su destino y el de la cadena de televisión estaban en las manos del arzobispo Pío Laghi, el representante del Papa.

Dos camiones cargados con la antena parabólica, de treinta y tres pies sin armar, y otras máquinas llegaron a los terrenos del monasterio al principio de la Cuaresma. Aunque estaba en el medio de la temporada de penitencia, la Madre salió a recibir la carga. Su estado de ánimo se aligeró en el mismo momento en que vio el equipo. Como haría una madre que ve a su hijo después de un largo viaje, juntó las manos de gusto y satisfacción.

Un fornido repartidor con tatuajes en los bíceps se bajó de la cabina de uno de los camiones. Le dijo a la abadesa que antes de poder bajar el equipo, necesitaba cobrar los seiscientos mil dólares de entrada que requería el contrato. La Madre se quedó lívida. Se fue a la capilla para tratar de ganar tiempo. Sencillamente, no tenía el dinero.

—Lo eché a perder todo, Señor —le dijo Angélica a su Esposo.

No tenía nada en las manos, no le quedaban cartas con que jugar. Después de rezar un momento, se incorporó con gran esfuerzo, decidida a mandar al repartidor y al equipo de vuelta. Cuando salió a la claridad, una de las hermanas le avisó de una llamada telefónica. Bill Stiltemeier estaba al teléfono.

—Un hombre de las Bahamas —en un yate— que había leído uno de sus minilibros porque tenía problemas con sus hijos —me dijo Steltemeier medio aturdido—, dijo que le iba a mandar una donación: seiscientos mil dólares.

—¿Puede mandarla en este momento? —la Madre le preguntó a su interlocutor.

Y a la hora de almuerzo, el dinero había llegado por transferencia electrónica y habían desmontado el equipo.

El domingo 8 de marzo, la antena parabólica colgaba de una grúa prestada en el escalonado patio del monasterio de las hermanas. Habían removido algunos de los árboles para que el transmisor llegara sin interrupción al despejado cielo azul en las alturas. Las monjas estaban paradas por los costados y rezaban cada vez que ponían en su lugar alguna pieza del *uplink* para la transmisión al satélite.

—Era como si tuviéramos allí a nuestro primogénito —recordaría Sor Regina—. Nos sentíamos como madres espirituales. Aquella antena representaba algo muy especial.

Como una araña que inspecciona la telaraña que acaba de tejer, John Scalici, el hermano de Matt, colgaba del extremo de la grúa para examinar el gran plato blanco que apuntaba al cielo. Matt tiró una foto para captar el momento. Cuando la revelaron, vieron un haz rojo transparente, como un rayo láser, que salía del centro de la antena parabólica. Los escépticos achacaron la banda roja en la fotografía a una sobreexposición o a un destello del sol, pero para la Madre y sus hermanas fue una confirmación divina de la visión de Sor Regina, una manifestación sobrenatural de la llama de la Palabra que nunca se extinguiría. La fotografía se convirtió inmediatamente en un ícono de inspiración y está colgada en las oficinas de la cadena de televisión todavía hoy.

Las malas noticias le llegaron a la Madre Angélica a través de las líneas del teléfono el 19 de marzo. Era el secretario del representante del Papa en Washington quien llamaba. El nuncio le envió la siguiente respuesta oficial después de recibir la petición de ella para poder hablar fuera del claustro: «Obedezca al obispo y ayude a los obispos de EE.UU.». En una carta que recibió posteriormente, el arzobispo Pío Laghi de nuevo le sugería a la Madre que pidiera salir de la orden, y le negó oficialmente su petición para viajar. Encerrada en el claustro, sin dinero para poder pagar el sueldo de los empleados, Angélica se dirigió a Bill Steltemeier.

Para transmitir la urgencia de la situación en aquel momento y la posibilidad muy real de una bancarrota, Steltemeier tomó un avión de Nashville a Birmingham y le rogó al obispo Vath que recapacitara sobre su decisión. Pero el obispo no podía hacer nada, ya que el principal promotor en este caso era Roma, no Vath. Con el fin de conservar el personal lo que restaba de 1981, Steltemeier pagó los sueldos de la cadena de televisión de su propio bolsillo.

Mientras tanto, Peter Grace ayudó en cierto modo al hacerle un préstamo de dos años a la Madre Angélica de seiscientos treinta y cinco mil dólares a un interés del siete por ciento. De acuerdo a Dick DeGraff, quien posteriormente trabajó para Grace, el multimillonario adoraba a la Madre Angélica y a su cadena de ensueño, pero la gente de su fundación estaba preocupada de la solvencia de la cadena EWTN.

—Le dije a la Madre que necesitábamos un presupuesto —dijo DeGraff—. Ella dijo, 'No, un presupuesto es la obra del diablo. Vivimos a base de fe'. Ella tenía una idea disparatada de que no hacía falta un presupuesto. En mi opinión, era una osadía absoluta».

Pero Angélica estimaba que los presupuestos limitaban la generosidad de Dios y categóricamente rechazó instituir uno.

En mayo, la Madre se dio cuenta de que iba a necesitar ayuda de alguien en el Vaticano para liberarse de la prohibición que no le permitía viajar. Las monjas no sabían qué hacer, hasta que leyeron sobre una conferencia catequística en New York que iba a ofrecer el cardenal Silvio Oddi, un oficial del Vaticano de alto rango, jefe de la Sagrada Congregación del Clero. Aunque era una posibilidad muy remota, quizás él pudiera intervenir a favor de la Madre y obtener los permisos que ella necesitaba para terminar de montar la cadena de televisión. Era imperativo que ella se reuniera en persona con el cardenal y, de ser posible, le mostrara las instalaciones. Dado que Angélica no podía ir hasta él, Bill Steltemeier voló hasta New York para traer la montaña a Mahoma.

Steltemeier se plantó en primera fila tres días durante la conferencia para vigilar al cardenal Oddi. Tal y como le instruyó la Madre Angélica, tenía un rosario entre los dedos y le clavaba la mirada fijamente al bajito y calvo cardenal de cuello estirado. Al final de una de las charlas, Steltemeier aprovechó la oportunidad. Sin duda el cardenal Oddi estaba curioso por las estrambóticas atenciones del abogado.

—Su Eminencia, la Madre Angélica está en el proceso de montar la primera cadena de televisión por cable católica en Estados Unidos, y necesito que usted venga a Birmingham a verla. —Con mucha ligereza habló y habló con su persuasivo encanto sureño—. Tenemos un pequeño problema con el obispo. ¿Pudiera usted ir hasta allá y darnos su bendición?

—No puedo. Mañana por la noche tengo que salir para Roma —contestó el cardenal en su inglés rudimentario.

Sin perder el ritmo, Steltemeier se apresuró a responderle.

—Puedo conseguir un Learjet, volar hasta allá y tenerlo aquí de vuelta a tiempo para tomar su vuelo—. Acompañaba la oferta de una sonrisa imperturbable.

El cardenal se dio por vencido y accedió al viaje. Steltemeier reservó un avión a través de su bufete, y él y Oddi volaron hasta Birmingham el 21 de mayo. Informada de la llegada de Oddi, la Madre Angélica mandó a Dick DeGraff a Roma para darle seguimiento personalmente a lo que ella esperaba sería una visita positiva del cardenal. Angélica no iba a dejar ninguna base sin cubrir.

Las monjas y el personal, vestidos formalmente, formaron una línea de recibimiento cuando el cardenal Oddi llegó en el auto. La Madre le tomó el brazo al cardenal como si lo conociera de toda la vida y le dio un recorrido por la imprenta y el estudio mientras le señalaba todo lo que Dios les había permitido. Luego esquivaron las ovejas que pastaban en el patio trasero para ver la obra principal: la antena parabólica. Bill Steltemeier movió un incensario que soltaba una estela de aromático humo mientras el cardenal bendecía la terminal de tierra. Oddi luego escribió en el libro de huéspedes del monasterio:

Me siento feliz de bendecir esta iniciativa que sin dudas va a producir abundantes frutos en el campo de la evangelización... La Iglesia debiera ser la primera en utilizar los métodos modernos de transmisión. Que el Señor recompense muy generosamente a este pequeño grupo de monjas consagradas que se ha dedicado con tanta fe a lograr esta labor.

—¿Qué desea? ¿Qué necesita? —preguntó Oddi al concluir su visita.

Angélica y Steltemeier le hablaron de la grave situación económica, de la necesidad de que la Madre viajara y de las dificultades con el obispo Vath.

—Yo me ocupo. Yo lo arreglo —prometió el cardenal.

En el Vaticano, Oddi le aseguró a DeGraffe, quien estaba a la expectativa, que él se ocuparía de todo. En pocos días, el cardenal, ahora el nuevo protector de la EWTN, visitó la Congregación de Religiosos y obtuvo las exoneraciones por parte de las leyes de la Iglesia que la Madre deseaba. El 10 de junio, se le otorgó un permiso oficial de tres años que le permitía salir del monasterio por cuestiones que tuvieran que ver con la cadena televisiva sin poner en riesgo su estado consagrado.

La tenaz abadesa, de cincuenta y ocho años, había demolido otro obstáculo, fortalecida por su férrea voluntad. Habían dificultado su misión, pero no la habían detenido.

—La necesidad que tenemos de sentirnos seguros y la absoluta carencia de voluntad de tomar riesgos en nombre de Dios me horrorizan. Estoy segura de que nuestro Señor le pidió a mucha gente que montaran una cadena televisiva. Tiene que haber una razón por la que Él escogió a unas pocas monjas que no sabían nada, en una situación indebida, sin dinero, porque va en contra de la razón —me explicaría la Madre Angélica—. La Biblia dice que Dios escoge los débiles para desconcertar a los fuertes. Alguna gente dice que yo soy una mujer de mucha fe. En realidad, soy una cobarde que sigue adelante.

EWTN

EWTN SE PREVIÓ como una «cadena de crecimiento espiritual», «un complemento y no un sustituto de la Iglesia». La declaración de propósitos del Eternal Word Television Network claramente indicaba que estaba dedicada a «fomentar la verdad tal y como la definía el Magisterio de la Iglesia Católica Romana… de servir la fe ortodoxa y la enseñanza de la Iglesia como lo proclaman el Santo Pontífice y sus predecesores». Sería un «medio por el que las varias organizaciones dentro de la Iglesia tendrán un vehículo de expresión a escala nacional… siempre y cuando su espiritualidad permanezca dentro del contexto teológico de la Madre Iglesia». EWTN sería «un medio para los empeños ortodoxos», aun cuando el enfoque de la Madre era tan poco ortodoxo de acuerdo a casi cualquier estándar aceptado de negocios.

La cadena de televisión existiría exclusivamente gracias a la contribución de los contribuyentes. No habría publicidad, no se iban a solicitar fondos y no habría líneas gratuitas para hacer donaciones. «Pienso en el fondo de mi corazón que si me preocupo de sus almas, de su felicidad y de su vida familiar… Dios les va a inspirar a dar sin que yo tenga que pedirles», le dijo Angélica a una revista de televisión por cable en 1981.

A medida que se aproximaba el lanzamiento, la Madre Angélica se presentó en *Good Morning America* y el programa *Today*, y apareció en la primera plana del *Wall Street Journal* para pregonar su cadena y su fe en la divina providencia. El 15 de agosto, la fiesta de la Asunción, el obispo Vath, la junta directiva, la Madre Angélica y las hermanas se reunieron en la capilla para prepararse para la transmisión inaugural de EWTN. El obispo entonó una oración y luego se unió a una procesión que se encaminó a la sala de control encabezada por un grupo que portaba banderas.

La Madre Angélica caminaba tomada de las manos con la escéptica Sor Mary David, que iba en su silla de ruedas. Rezagado detrás de ellos iba el agotado equipo, que había trabajado hasta tarde en la noche en la edición, los horarios y la filmación de los programas para cumplir con el compromiso de EWTN de televisar cuatro horas diarias (siete días a la semana). Tom Kennedy y algunos de los misioneros católicos portaban pancartas mientras que Harry John, Joe Bruno y otros benefactores se unieron a las líneas de los testigos. Creyentes como Jean Morris se pararon hombro con hombro con otros que pensaron que nunca iba a llegar el día y que dudaban de la capacidad de Angélica para mantener la cadena.

La Madre se abrió camino con dificultad a través del gentío que bloqueaba la puerta de la sala de control. Mientras trataba de aguantar las lágrimas, ofreció su propia oración:

> Oh Dios, Señor del cielo y de la tierra, Tú solamente has conseguido todo lo que hemos logrado realizar. Permite que esta primera cadena de televisión por cable católica sea un homenaje a la belleza de Tu Iglesia. Permite que glorifiquemos a Tu Hijo, la Palabra Eterna, a través de esta gran labor de Tus manos. Bendice todos los programas que se emitirán de estas instalaciones. Al igual que Tu Palabra proviene de Ti, Señor Padre, permite que la misma Palabra llegue al corazón de cada uno que escuche esta cadena. Permite que Tu Espíritu actúe con libertad a través de cada maestro que proclame Tu verdad y Tu Iglesia. Confiérele a esta cadena la capacidad de inspirar a los hombres a buscar la santidad en sus corazones, el fervor para extender Tu Iglesia, la valentía para buscar la justicia y los derechos humanos y la paciencia para soportar la persecución. Que Tu Bendición Paternal siempre descanse sobre ella. Amén.

La Madre Angélica cortó la cinta, entró en la reducida sala de control y se sentó frente a la consola de controles. A las 6:00 p.m., le dio al interruptor y así envió una señal al Westar III, un satélite secundario al que tenían acceso muy pocos operadores de cable. El puñado de televidentes que se sintonizaron esa primera noche vieron un documental sobre el Santo Sudario de Turín; una presentación de la cadena a cargo de la Madre Angélica; un programa antiguo del obispo Sheen; *Mother Angelica Presents*, donde aparece la monja en una charla en vivo; una entrevista con la Madre Teresa; y un festival ruso de baile presentado por ese gran maestro del baile, Orson Welles.

—Aunque éramos pequeños y a alguna gente no le gustaba lo que hacíamos, y aunque la mayor parte de la gente pensó que no iba a funcionar, me sentí segura en ese momento de que, de alguna forma, iba a ser un gran instrumento en las manos del Señor. Yo había comenzado a predicar el Evangelio de una nueva forma —dijo la Madre Angélica en su primera transmisión—. En aquel pequeño estudio, cuando manipulé aquel interruptor, supe que el Señor podía llegar al resto del mundo y a cada una de sus partes. Ése fue el día en que me sentí segura de que Él iba a hacer que resultara bien.

Dos meses después del lanzamiento, solamente seis sistemas de cables, que llegaban hasta 300.000 hogares, televisaban los programas de EWTN. Desde un punto de vista profesional, la cadena no estaba al nivel requerido por la industria. La guía de los programas iniciales demuestran un horario repleto de series de charlas, películas viejas y programas sindicados de los años 1950 y 1960. *I Married Joan, Lassie, Robin Hood, Wok with Yan,* películas de Bob Hope y musicales de la segunda guerra mundial se mezclaban con programas católicos espirituales para llenar la red. Cuando podía, la Madre se las arreglaba para presentar muestras limitadas de películas como *Joan of Arc* o *A Man for All Seasons,* pero la mayor parte del tiempo EWTN transmitía lo que resultaba barato y estaba disponible.

Eran la Madre y Ginny Dominick las que esencialmente dirigían la cadena en 1981. La pareja se consultaba entre sí sobre todos los aspectos de las operaciones y la producción, y compartía un vínculo profesional y espiritual muy cercano.

—Ginny era la hija que la Madre Angélica nunca tuvo —observó Marynell Ford, una futura VP de mercadotecnia—. Tenían una relación muy allegada, y creo que en el fondo de su corazón, la Madre tenía la esperanza de que Ginny se hiciera monja.

Los primeros empleados recuerdan a la muchacha alta de pelo rubio rojizo como una persona de voluntad fuerte, sensitiva y sin temor a decir lo que pensaba, y que ocasionalmente desafiaba a la Madre. Por ejemplo, Dominick se opuso a la idea de una cadena de televisión por cable antes y después del comienzo de la cadena. Su opinión era que la Madre debía seguir con la producción de su propio programa, pero que debía evitar producir programas de un valor inferior donde figuraban otras personas con el fin de llenar el horario de transmisión. Aparentemente, Angélica no estaba de acuerdo.

En el otoño de 1981, el equipo de EWTN había aumentado a veinte. Entre los nuevos miembros de la familia se encontraba Chris Harrington, una católica de Mississippi con un título en televisión que vino como interna a adquirir experiencia profesional en la cadena y permaneció por más de veinte años. Una persona bondadosa, corpulenta, de pecas, con lentes de cristal grueso, Harrington absorbió rápidamente la misión de EWTN y la hizo suya. Para aquellos primeros empleados, como había sucedido con los Tonys allá en Canton, parte de la misión era complacer a la Madre Angélica y ganarse su aprobación.

—Lo que le exijo al equipo es dedicación completa —le dijo la Madre a un reportero en los años 1980.

La mayor parte de los empleados originales eran bautistas que no estaban de acuerdo con los principios de la fe católica. Pero amaban a la Madre Angélica. Su cariño hacia ella superaba cualquier división y les permitía trabajar incondicionalmente en una compañía católica. Cumplían cualquier orden de la Madre y nunca se perdían su lección espiritual de los viernes. Este vestigio ecuménico de los días cuando Angélica dirigía un estudio de la Biblia en el salón de su monasterio forjó un tipo de unidad religiosa entre el personal, una unidad muy necesaria dados los cambios continuos de papeles y responsabilidades.

—No había nadie que tuviera un solo trabajo —confesaría Matt Scalici riéndose—. Hacíamos lo que la Madre quisiera en un momento dado. Al principio, recuerdo que yo esquilaba las ovejas.

Al igual que el resto de las cosas en EWTN, los deberes evolucionaban, al igual que el presidente.

Con el fin de balancear las demandas del claustro con las de la cadena, la Madre Angélica impuso límites desde el comienzo. El espacio de tiempo que se reservaba en el claustro para trabajar lo pasaba en la cadena de televisión; el resto del tiempo, que incluía las comidas, la recreación y las oraciones de la comunidad, la Madre lo pasaba en el claustro con sus monjas.

—Siempre supe que las hermanas tenían que mantener su vida en el claustro porque para mí ése era el eje de cualquier cosa que tratáramos de hacer en la estación —insistiría la Madre—. Sin eso, aquello simplemente se hubiera desintegrado.

La Madre Angélica siguió a cargo de la formación de las monjas, ofrecía una lección diaria y creaba personalmente un horario a seguir para cada una de las hermanas. Las monjas estaban todas de acuerdo en que el trabajo de la abadesa no podía inmiscuirse en la vida del claustro.

—Creo que el Señor me bendijo con la gracia de concentrarme en la cadena de televisión con toda su multitud de detalles, y luego de regresar al monasterio y dejarlo todo —diría la Madre—. Una vez allí, yo no era la jefa ejecutiva; yo era la abadesa. Tenía que ser lo que el Señor quería en un momento dado.

Con la cadena de televisión encaminada, la siguiente tarea de la Madre era venderle el concepto de EWTN a los operadores de televisión por cable y asegurarse un espacio en sus propios sistemas. En 1981, la televisión por cable estaba en su infancia. La transmisión en vivo por el Home Box Office del enfrentamiento «Thrilla in Manila» de los pesos pesados Ali y Frazier en 1975 marcó un hito que desató la moda de programación de primera e inició la carrera hacia la televisión por cable. Si suficientes operadores de canales por cable creaban espacio en sus sistemas para una señal en particular, una nueva cadena por satélite podría convertirse en una cadena nacional de la noche a la mañana. C-Span, Nickelodeon, CBN, ESPN y Showtime llevaban ya un par de años en el aire cuando la Madre Angélica entró en ese mundo. CNN había comenzado el año anterior y todavía buscaba abonados.

A diferencia de la mayor parte de sus iguales, la Madre le ofreció su cadena a los operadores sin ningún costo. Y aunque esto era algo muy ventajoso, había desventajas: su cadena carecía del destello y el atractivo inmediato de otros presentadores especializados, y EWTN sólo estaba disponible en un satélite secundario de televisión por cable.

Las primeras cadenas de televisión por cable enviaban los programas a través de transmisiones regionales por microonda, o grabaciones «bicicleta», a compañías locales de cable. Todo eso cambió a principios de los años 1980, cuando Home Box Office, Ted Turner, la Madre Angélica y otros trataron de convencer a los operadores de la televisión por cable de hacer una cosa novedosa: invertir entre setenta y cinco mil y doscientos cincuenta mil dólares en una antena parabólica receptora para interceptar la programación desde el cielo. Era un modo completamente nuevo de entrega, y había que convencer a la industria.

Para exponer su argumento, la Madre Angélica se convirtió en una parte integrante de las convenciones anuales de televisión por cable durante los años de 1980. Rondaba por los pasillos de las convenciones ensalzando el milagro que era EWTN y los beneficios de la entrega por satélite.

—La Madre y Ted Turner hacían cosas paralelas en aquel momento —observaría Robert Corazzini, el abogado que compartían—. Los dos más o menos actuaban en equipo en las convenciones de televisión por cable, sin tener una relación formal. Ted Turner era el simpático muchacho malo y en seguida detrás de él, en su hábito, llegaba la Madre Angélica, su antítesis.

La gente se fijaba en la pareja. Mientras que los peces gordos como Turner convencían a las empresas de la televisión por cable de comprar sus satélites para el *downlink* por razones puramente económicas, la Madre Angélica les hacía sentir bien por hacerlo. Aprovechaba el éxito de las grandes cadenas de televisión al estar cerca de ellas, mientras proveía a la industria de televisión por cable una presencia religiosa benigna por la cual las empresas de cable se podían relacionar con los sentimientos de la gente de los pueblos pequeños. La ventaja principal que Angélica tenía sobre sus competidores era Angélica misma.

—Ella era interesante por ser quien era más que por lo que

vendía —dijo Bob Corazzini de las visitas de Angélica a las convenciones—. Y ella lo sabía.

Metida en la esquina de la caseta de Southern Satellite System que compartía, la Madre cautivaba a las empresas de cable con versiones personalizadas de la fundación de la cadena de televisión que les contaba sentada en una mesa de jugar cartas cubierta de sus minilibros. Contaba una y otra vez su modesto comienzo con doscientos dólares y sin experiencia, la batalla que sostuvo por *The Word* y la decisión de convertir el garaje en un estudio, hasta crear algo cercano a un mito.

Angélica sabía cómo atraer un público numeroso, y cómo ahuyentarlo. Un año, al verse frente a la cabina de *Playboy*, la Madre, otra monja y Bill Steltemeier convocaron una concentración improvisada para rezar el rosario. Mientras rezaban en voz alta, los patrocinadores apenados se dispersaron y algunas de las conejitas se fueron a la carrera.

—Las muchachas con las colitas de conejo me veían llegar y daban media vuelta porque estaban medio desnudas. Por supuesto, yo no encontraba que de espalda estaban mejor que de frente —recordaría la Madre—. Me acercaba, les daba un botón del Sagrado Corazón, y no sabían qué hacer conmigo.

Para ella, era una conversación perfectamente natural, como volver a ser una niña en las corruptas calles de Canton. El enfrentamiento icónico entre la monja vestida con su hábito que conversaba con aquellas mujeres ligeras de ropa que personificaban la libertad sexual sin duda llamaba la atención.

Al igual que los transeúntes que pasaban por los salones de la convención, los obispos católicos también se fijaban en la Madre Angélica. Y a algunos no les gustaba lo que veían.

Una amenaza desde adentro

A EWTN HABÍA LLEGADO el comentario de que a la Madre la tachaban de cismática, como «una monja arrogante y desobediente» que desafiaba a los obispos. Bill Steltemeier y otros pensaban que las afirmaciones se originaban no con los obispos propiamente dichos, sino con los funcionarios de la Conferencia Católica de Estados Unidos, la entidad burocrática de obispos en Washington, D.C., dirigida por clérigos y laicos.

La tensión entre la Madre Angélica y la conferencia de obispos era inevitable. El mismo año en que fundó EWTN, los obispos de EE.UU. habían lanzado su propia incursión en la televisión por cable: la Cadena de Telecomunicaciones Católica de Estados Unidos.

CTNA [por sus siglas en inglés] era una cadena de distribución por satélite con fines de lucro que había sido aprobada para brindar programas católicos a todas las diócesis del país. En aquel momento, era el proyecto más costoso de los obispos, con un total de cuatro millones y medio de dólares en costos iniciales solamente. A través de la venta de servicios especializados como teleconferencias y con una cuota anual de cinco mil dólares impuesta a sus afiliados, CTNA contaba con ser autosuficiente en un plazo de tres años. Mientras que EWTN llegaba directamente a los televidentes vía cable, CTNA nada más podía ser vista por los obispos locales, o al menos aquellos obispos dispuestos a invertir capital en una antena parabólica.

Lograr que trescientos setenta obispos estuvieran de acuerdo sobre la enseñanza magisterial era difícil, pero lograr que estuvieran de acuerdo en qué constituía una programación católica era casi imposible. Para resolver ese punto tan controversial, los obispos crearon un sistema de guardianes, con el cual podían controlar por separado las decisiones relacionadas a la programación. Los afiliados de las diócesis recibían el material diario de CTNA, y luego el obispo de la localidad decidía cuál programa meritaba televisarse en su estación.

—Era un diseño viciado desde el comienzo —me dijo el padre Robert Bonnot, quien después fue jefe ejecutivo de CTNA—. La ironía era que ellos estaban muy preocupados por salvaguardar su propia cadena, y he aquí esta monja en Alabama que le importaba un bledo qué querían los obispos que se transmitiera. Obviamente, ella iba y hacía lo que necesitaba hacer para salir en los sistemas de televisión por cable. CTNA no tenía la libertad de hacer eso.

Los que dirigían la cadena de televisión de los obispos pronto se dieron cuenta de que la televisión por cable era donde había que estar, pero la Madre Angélica ya estaba allí. Ella era «la personalidad católica en la escena, mucho más que los obispos», según la opinión del padre Bonnot. Esta prominencia desviaba recursos potenciales de CTNA a EWTN y establecía un centro católico de poder e influencia independiente de la conferencia de los obispos, lo cual creaba animosidad. En privado, la Madre y aquellos en su bando temían la entrada de CTNA en el ruedo de la televisión por cable. Después de todo, ¿cuántas cadenas de televisión católicas podía tolerar o apoyar el mercado?

En público, Angélica descartó lo que llamó una «terriblemente exagerada» rivalidad entre las dos cadenas de televisión.

—[CTNA] es una cadena diocesana [que transmite] directamente a las diócesis; los programas se codifican para que vayan a un público en particular, —le dijo a *Los Angeles Times*—. Nuestros programas son gratis y van directamente a las personas en sus casas. Es como comparar *Los Angeles Times* con una tienda de golosinas.

Lo admitieran o no, la rivalidad existía y se definieron las líneas de batalla. En el verano de 1981, un año entero antes de que CTNA empezara de hecho a transmitir, Richard Hirsh, el secretario de comunicaciones de la conferencia de obispos, sugirió que EWTN representaba una «duplicación innecesaria» en los esfuerzos de los medios de comunicación católicos. Pasó a lamentar el hecho de que «no había en lo más mínimo contacto oficial con [la Madre Angélica]».

—No tengo ningún problema, en absoluto, con los obispos —le explicó Angélica a un reportero—. No me siento obligada a rendir cuentas al USCC, que es una entidad laica.

Al informar de sus planes respecto a su cadena de televisión, le escribió directamente una carta a cada obispo en Estados Unidos en la que les pedía que «sugirieran actividades de sus diócesis que quisieran que se transmitieran al resto de la nación a través de EWTN». Descartar abiertamente el aparato burocrático de los obispos en Washington no contribuyó exactamente a que la monja se granjeara el cariño del personal de la USCC. Un crítico anónimo de la USCC opinó en la prensa católica que «las monjas del claustro deben quedarse en el monasterio y no involucrarse en cuestiones como éstas».

El tono condescendiente de esta crítica y de otras similares a través de los años revelaron inquietud no solamente con el enfoque de Angélica, sino quizás a un nivel más profundo, con el hecho de que una mujer liderara en una iglesia dominada por los hombres. Los llamados a que las mujeres fueran admitidas en el clero y en la estructura de poder eclesiástico se escuchaban dentro del catolicismo desde hacía más de una década. Pero verse confrontados con la realidad de una mujer tradicionalmente ortodoxa que ejercía influencia sobre las masas era demasiado, aun para los defensores del feminismo. Por si fuera poco, el hecho de que Angélica hubiera conseguido esta hazaña sin haberse ganado los títulos académicos tan preciados por la estructura de la Iglesia en aquel entonces sólo sirvió para profundizar el abismo entre la monja y sus detractores.

En el otoño de 1981, Richard Hirsh y el padre John Geaney, presidente de la asociación católica de comunicaciones [UNDA, por sus siglas en inglés] emprendieron una misión exploratoria de paz a EWTN.

El padre Geaney tenía la esperanza de que la visita contestaría algunas preguntas.

—En aquel momento, eran: ¿Por qué necesitamos esto, el tipo de teología de ella en particular? ¿Es ésta una buena representación de la Iglesia en términos de lo que los obispos de la UNDA trataban de hacer? Tratábamos de presentar a la Iglesia en su totalidad.

La suposición aparente era que Angélica transmitía una versión cerrada de la fe y que consultar con los expertos podría ser de gran ayuda.

A todas luces, la reunión fue amigable, pero tensa. La Madre contó «historias encantadoras» sobre el origen del lugar y dejó sentado su punto de vista de que EWTN nunca podría ser «dirigida por un comité». Los visitantes admitieron su frustración con el modelo de CTNA y manifestaron su deseo de que colaboraran en un futuro.

En febrero, invitaron a la Madre a reunirse en Washington con un grupo de obispos que supervisaba los esfuerzos de la Iglesia con respecto a los medios de comunicación. El presidente de la conferencia de obispos, el obispo Louis Gelineau, de Providence, Rhode Island, encabezó las discusiones. Le aseguró a la Madre que no había competencia entre EWTN y CTNA, le escuchó sus bien pulidas historias y preguntó el monto del presupuesto de la cadena.

—Bueno, Excelencia, yo no tengo un presupuesto —dijo la monja, lo que causó gran alegría entre los obispos y los trajeados hombres de negocio sentados alrededor de la mesa.

—Hay que tener un presupuesto en el negocio de la televisión. No se puede operar sin un presupuesto, Madre —dijo el obispo Gelineau.

—Excelencia, permítame preguntarle qué quiere usted decir con un presupuesto —la Madre Angélica miró a los otros alrededor de la mesa—. Comencé este año con trescientos mil dólares en el banco. Bien, ¿cuánto cree usted que yo tuve que percibir el año pasado para tener trescientos mil dólares en el banco?

Se escucharon murmullos por todos los lados.

—¿Seiscientos mil dólares? —dijo el obispo para seguirle la corriente.

—Ya ve, Excelencia, ésa es la cuestión. El Señor me dio dos millones. Si yo hubiera tenido un presupuesto, hubiera perdido un millón cuatrocientos mil dólares —respondió la Madre Angélica.

—Debió usted haber visto cómo se reían —me diría Bill Steltemeier—. Nos desearon suerte —no creo que de corazón, pero nos desearon suerte— y nos fuimos.

A comienzos de 1982, EWTN firmó un contrato con Wold Communications en Los Ángeles para obtener acceso a la antena parabólica Westar IV. El acuerdo estipulaba que no habría contenido pornográfico antes o después del material nocturno de EWTN. El interés de Angélica era que los televidentes que vieran la transmisión de cuatro horas de EWTN en un canal dado no fueran expuestos a programas lascivos ni antes ni después de sus transmisiones. Cualquiera que fuera la fuente de satélite que antecediera o siguiera los programas de EWTN iba a interpretarse como parte del material del canal católico. Ambas partes estuvieron de acuerdo sobre la cláusula de moralidad, y la Madre firmó el acuerdo a pesar de que las cuotas mensuales de Wold eran más altas que el acuerdo de arrendamiento anterior.

Las hermanas se dieron cuenta del desangramiento financiero de EWTN en marzo de 1982. El estrés de la siempre creciente deuda agravada por las decenas de miles de dólares que se gastaban cada mes hizo que Angélica llorara abiertamente durante la cena. Les dijo a las monjas en el refectorio que estaban en quiebra. De no ser que consiguieran rápidamente trescientos cincuenta mil dólares, el banco iba a tomar control de la cadena de televisión. Les mandaron telegramas a sus más ricos benefactores y empezaron de nuevo a rezar fervientemente.

La salud de Sor Mary David decayó junto con las finanzas. Cuando regresó de Las Vegas y de una presentación en el *The Mike Douglas Show*, la Madre encontró a Mary David «aturdida y con los ojos vidriosos», de acuerdo a Sor Raphael. La anciana monja había sufrido «varios derrames cerebrales pequeños» y se le había empeorado el dolor de la cadera.

Para aliviar el sufrimiento de Sor David, el Dr. Rex Harris, un especialista que visitaba el monasterio, convenció a la monja de que se quitara la prótesis de la cadera dislocada. Después de trece años de rehusar hablar con un médico y solamente tomar aspirinas para aliviar el dolor, aceptó hacerse la cirugía.

En el hospital, la alta presión arterial de Sor Mary David y una convulsión causaron que atrasaran la cirugía. Para el 20 de mayo, su condición se había deteriorado rápidamente y la muerte parecía inminente. Se le administraron los santos óleos y las hermanas rezaron por su compañera que iba a fallecer. Entonces de repente, la exaltada monja se recuperó, burlando la muerte y sorprendiendo a la comunidad. Alrededor de una semana después, los médicos procedieron con la operación de la cadera de Sor David.

A finales de marzo, la providencia y los benefactores de la Madre Angélica habían salvado a la cadena de televisión. Menos de un mes después de que comenzaran las urgentes solicitudes de dinero, los trescientos cincuenta mil dólares que necesitaban empezaron a llegar gota a gota. El «día milagroso» de la Madre había llegado. Pero antes de poder recuperarse de la última crisis financiera, Angélica se enfrentó con otra, provocada por un trato que pondría EWTN al alcance de todos los sistemas por cable del país.

Durante la gravedad de Sor David, un intermediario de los transmisores le ofreció a la Madre ochenta y ocho horas en la antena parabólica de más prestigio de la televisión por cable: la Satcom IIIR de RCA.

—Bueno, eso sí es providencial —le dijo la Madre a un reportero en 1982—. Nadie puede usar Satcom ya; está lleno. Y aunque hubiera habido un espacio minúsculo, créame, nadie lo iba a conseguir, así que nunca ni miramos.

Trasladar EWTN a la antena de Satcom significaba tener acceso a casi seis veces el número de sistemas por cable (4.600) y una audiencia potencial de veinte millones de hogares (de un millón y medio en Westar). Aun con una amedrentadora cuota de $132.000 al mes por un transpondedor, la Madre Angélica estaba segura de que aquí era donde Dios quería que estuviera la cadena de televisión. Rompió el contrato con Wold que había firmado un año antes y firmó el contrato [con Satcom] el 14 de junio de 1982. Como no podía costear dos contratos de arrendamiento de antenas parabólicas, dejó caer uno. Los ejecutivos de EWTN alegaron que el incumplimiento del contrato con Wold estaba justificado debido a una violación del contrato por parte de Wold. Independientemente de las consecuencias —que iban a ser severas— EWTN era ahora parte de la antena parabólica más importante de la industria de televisión por cable.

Mientras tanto, los frecuentes arranques de Sor Mary David en el claustro ofendían más que a nadie a Sor Raphael. De modo que como penitencia, la monja de su propia voluntad, dormía en un catre en St. Vincent noche tras noche para cuidar a Sor Mary David después de la cirugía.

Debido al miedo y la frustración, Sor David escupía la comida en la habitación del hospital o regañaba a Sor Raphael por no tener cerebro. La vicaria hacía lo indecible por mantener su dientuda sonrisa.

Pero con el paso de las semanas, Sor Raphael de hecho encontró que estaba encariñada con David. «Mientras más dependía de mí, mi amor y compasión crecían hasta el punto que el pensamiento de perderla se me hacía insoportable», escribiría Raphael sobre la anciana hermana. El sentimiento era mutuo. En el verano de 1982, Sor David empezó a llamar a Raphael «Mamá».

Una vez que regresaron al monasterio, los viejos temores de David aparecieron de nuevo. Y también su pánico. A mediados de agosto, le dijo a su «mamá» en voz temblorosa:

—¡Ah, Raphael vas a perder a tu David!

—No, no te voy a perder. Siempre me pertenecerás.

Las palabras de Sor Raphael sirvieron para calmarla. Pero Sor David sabía que el final estaba cerca, y saberlo la sumió en una dolorosa introspección. Sor Mary David desempacó de repente las heridas que Mae Gianfrancesco había cuidado durante años como recuerdos en un cofre de cedro. Mientras yacía en lo que sabía era su lecho de muerte, todo regresó: el abuso que le había infligido su esposo, la educación que nunca llegó a tener, la lucha por la sobrevivencia, el abandono por parte de su «malagradecida» hija treinta y ocho años antes.

La llegada de la Madre Angélica a su habitación interrumpió el caudal de memorias. Pero, atrapada en el pasado, Sor Mary David no logró emitir un saludo, sólo una grave pregunta: «¿Por qué me dejaste?»

La herida del rechazo sangraba, tan fresca como el día en que se la habían infligido. Aun después de compartir veinte años de vida religiosa bajo un mismo techo, Mae no podía aceptar la repentina partida de Rita de su vida. Muy pronto, la Madre Angélica sabría exactamente cómo ella se sentía.

12

La muerte y la noche oscura

EL SUDOR PERLABA la frente de la Madre Angélica, testimonio del gran esfuerzo físico y espiritual que hacía en aquel momento. De rodillas al lado de la cama de su madre enferma, le pedía a Dios que le diera más tiempo y le agradeció la extensión que ya les había otorgado.

Minutos antes, aquel viernes 20 de agosto, Sor Raphael había entrado en el apartamento del monasterio para ver cómo estaba Sor Mary David. Desde la puerta, pudo ver la palidez de su rostro dormido y la rigidez que mostraba. Al inclinarse sobre su cama, se dio cuenta de que su «pequeña David» había dejado de respirar.

La desgarbada vicaria salió corriendo por el pasillo y le avisó a la Madre Angélica por el teléfono de la casa. Al ver a la abadesa, balbuceó:

—[David] ha muerto de un fallo cardíaco —y salió por la puerta a toda carrera para buscar a un sacerdote.

Los ojos de la Madre Angélica se llenaron de lágrimas por la pérdida, pero después sus ojos se llenaron de determinación. Entró como una flecha en la habitación de Sor Mary David y la tomó por los hombros.

—Hermana, no te vayas. ¡Ah David! ¡David! —gritó Angélica mientras sacudía fuertemente a su madre—. «Señor, no te la puedes llevar ahora. Por favor no te la lleves ahora. Ella no está preparada todavía. Por favor no te la lleves ahora.

La Madre Angélica sacudía a la vieja mujer, temerosa de que fuera a fallecer con «odio en su corazón» y de que se enfrentara con su Creador con «amarguras y rencores» sin perdonar a su antiguo esposo, John Rizzo.

Sor Mary David movió los ojos. Lentamente, recobró el conocimiento y volvió al mundo de los vivos. Cuando Sor Raphael apareció en el umbral de la puerta con el Dr. Rex Harris, la Madre Angélica estaba arrodillada y rezaba en señal de gratitud.

—La atmósfera estaba cargada y supe que estábamos en la presencia de Dios —recordaría el Dr. Harris—. Fue una experiencia absolutamente increíble.

Angélica se puso en pie como un boxeador profesional atontado después del doceno encuentro y les dijo al Dr. Harris y a Sor Raphael:

—Le he pedido al Señor que me la deje veinticuatro horas.

Ella se iba a ocupar de preparar el alma de Sor David para la eternidad, y la guiaría con mucho amor hasta el mismo umbral de la muerte.

En una oportunidad durante sus últimos momentos, quizás como respuesta a los ruegos de su hija, Sor Mary David se había incorporado en la cama repentinamente y había fijado los ojos en la puerta, como si un extraño hubiese entrado sin avisar. Su enfermera, Dorothy, no vio a nadie.

—Te ves muy bello —dijo Sor David como entre sueños con la mirada puesta en la puerta.

Para Angélica, aquello fue una señal de que su madre por fin se había reconciliado con John Rizzo, con lo que se había levantado el último obstáculo en el camino de Mae.

El domingo, después de examinarla, el Dr. Harris les dijo a las monjas que Sor Mary David iba a morir de un momento a otro. Los pulmones se le habían llenado de líquido y el corazón le había empezado a fallar. La Madre Angélica y Sor Raphael, sentadas en el borde de la cama, ayudaron a Sor Mary David a renovar sus votos. Mientras repetían la seguidilla rápidamente, las otras monjas entraron una a una para rezar por su hermana que se iba. El deseo de Sor

David era de morir ante el Señor, por lo que Sor Michael se ocupó de llevar el Santísimo Sacramento hasta la habitación en un pequeño estuche de metal.

Las lágrimas mojaban el hábito de Angélica. Tomó las manos de Sor Mary David entre las suyas y luego elevó la Hostia ante los cansados ojos de su madre.

—Ah David. Jesús te ama. Yo te amo —repetía una y otra vez mientras besaba la mejilla de Mae—. Ah Madre, Madre.

Con la voz entrecortada por el llanto, Angélica veía como los ojos de Mae iban de la hostia a su cara mojada por las lágrimas, y de nuevo hacia la hostia. El dolor, la angustia, los pesares con los que la Madre Angélica había luchado toda su vida por disipar se fueron con Sor Mary David el 22 de agosto a las nueve de la noche.

—Madre Angélica gritó, '¡Mamá!', y comenzó a llorar desesperadamente —recordaría Sor Regina—. Era el llanto de una hija al perder a su madre, y se podía ver que ella en verdad perdía una parte de sí misma.

La Madre Angélica con la mirada en el vacío y un poco de melancolía en la voz me dijo:

—Lloré durante tres días, porque a pesar de su dureza y el poco aliento que me daba, la quise porque ella se quedó conmigo. Ella me quiso a su manera.

El dolor de Angélica explotó en el funeral. Se lamentó por la vida que su madre pudo haber tenido y no tuvo, y quizás por su propia incapacidad para librar a Mae de los demonios internos que la atormentaban. La abadesa había hecho todo lo que estaba a su alcance, pero al final Mae no había logrado cambiar. Bajo el dosel de himnos que cantaban sus empleados, la Madre Angélica renuentemente dejó ir el último lazo que le quedaba con su infancia, la última persona que le quedaba de su familia inmediata.

Angélica lloraba desconsolada de rodillas ante la cripta de su madre. La lápida de mármol tenía grabadas las palabras de Isaías: «Una cosa le pido al Señor, esto pido, vivir en la Casa del Señor todos los días de mi vida». Angélica lloró su muerte en privado durante horas, derrumbada bajo el peso de su pérdida.

Cuando se presentó de nuevo en la cadena de televisión, otro peso la esperaba: la cuenta mensual de ciento treinta y dos mil dólares para poder transmitir por la antena parabólica Satcom. El acuerdo situaba a EWTN en una situación sin salida. Necesitaban la antena más costosa para poder aumentar la audiencia, pero la lista de donantes no crecía lo suficiente para enfrentar los exorbitantes gastos indirectos.

En agosto de 1982, las donaciones eran tan escasas que Bill Steltemeier sacó un préstamo personal de sesenta y seis mil dólares para pagar parte de la cuenta mensual del transpondedor. Y aunque las contribuciones al final cubrirían el préstamo, Steltemeier repetiría aquel desesperado acto antes del final del año.

Semanas después, en medio de los aprietos monetarios, la Cadena Católica de Telecomunicaciones de Estados Unidos (CTNA, por sus siglas en inglés), la nueva empresa en cierne de los obispos, llegó a la pantalla chica. Aunque sólo llegaba a unas pocas estaciones de las diócesis y a un puñado de hogares, representaba una terrible amenaza para EWTN. De acuerdo a los archivos, la Madre Angélica fue informada en aquel entonces de que la intención de CTNA podría ser la de «absorber» su cadena de televisión y «asumir control sobre ella» a la primera oportunidad posible. Si los obispos cambiaban su estrategia y llevaban su señal directamente a los sistemas de televisión por cable, pudieran desalojar a EWTN del aire. La cadena de televisión de Angélica podría ser vista como una intrusa porque carecía del imprimátur con el que contaba CTNA. Con un poco de presión política por parte de la conferencia de los obispos, EWTN pudiera desaparecer de los sistemas por cable y ser reemplazada con la programación de los obispos. Al menos, ése era el temor que existía en el bando de EWTN. Algunas entrevistas sugieren que dentro de CTNA había quienes abogaban por la distribución directa a los operadores de cable, pero es difícil determinar cuán cercano estaba esto de la realidad.

La Madre Angélica vio esta competencia entre los canales de televisión como una lucha por el futuro de la Iglesia Católica en Estados Unidos.

—El que controle los medios de comunicación, controlará la Iglesia —le dijo a un asesor en octubre de 1982.

La Madre creía que EWTN representaba la «voz del Papa» en un momento en que la Iglesia estaba confundida sobre su futuro y cada vez más olvidadiza de su pasado. Los teólogos, los sacerdotes, el laicado y hasta unos pocos obispos abogaban abiertamente a favor de que el celibato fuera opcional para los sacerdotes, de que hubiera cambios en la educación sexual por parte de la Iglesia y de que hubiera más control del gobierno de la Iglesia en manos laicas.

Preocupada de que estas voces disidentes encontraran espacio en la programación de CTNA, Angélica se enfocó en la nueva cadena de televisión. Algunos de los programas se dedicaban fuertemente al Evangelio social y le restaban importancia a la enseñanza moral de la Iglesia. Aparecían monjas y sacerdotes en documentales y programas de entrevistas vestidos con ropa de calle, para Angélica, una imagen que podía confundir al laicado y normalizar la innovación progresiva. Para mantener a CTNA lo más aislada posible de los operadores de televisión por cable y poder ejercer algún control sobre su programación, Angélica y su equipo concibieron un plan: ella les ofrecería gratis a los obispos una hora en el aire para cooperar con ellos en su incursión en la televisión. Tener acceso a los televidentes de EWTN satisfaría las ansias de CTNA de ser vistos por cable mientras que le daría a la Madre la prerrogativa de examinar el contenido del material de ellos. A los ojos del público y del Vaticano, la Madre Angélica lo que trataba de hacer era establecer una relación de trabajo con la conferencia de obispos. Hizo la oferta y esperó la respuesta de los obispos.

El 12 de noviembre, unas sombrías nubes dejaban caer la lluvia en la Plaza de San Pedro, opacando la luz matinal. La Madre Angélica y Sor Joseph, con una réplica de la antena parabólica a cuesta, encontraron cobijo bajo la columnata de Bernini mientras que el agua limpiaba los adoquines de la plaza. Después de una larga espera frente a las puertas de bronce, subieron los escalones de mármol del Palacio Apostólico. Iba a ser el primer encuentro personal de Angélica con el papa Juan Pablo II. Más que una peregrinación personal, ésta era su oportunidad de «presentarle el Eternal Word

Television Network al [Papa] para que hiciera uso de ella como mejor estimara».

Después de la Misa en la capilla privada del Papa, la Madre Angélica le extendió al Pontífice la antena parabólica en miniatura. Juan Pablo entrecerró los ojos con picardía cuando vio a la monja con su plato.

—He oído hablar de usted —dijo el Papa con una sonrisa cómplice—. Usted hace una buena labor.

Angélica sintió un vínculo instantáneo.

—Siempre he sentido que el Santo Padre entendía lo que tratábamos de hacer y por qué lo hacíamos —dijo tras su primera reunión.

La fotografía de esa visita y las palabras del Papa se convertirían en un aval importante durante un período de incertidumbre para EWTN.

Angélica se reunió con oficiales del Vaticano durante el resto de su estadía en Roma. Su cardenal protector, Silvio Oddi, le aconsejó durante una de las reuniones que rechazara cualquier programa que no fuera conforme a las enseñanzas del Papa.

—No lo saque al aire —le dijo supuestamente el cardenal.

La Madre y su cadena de televisión habían sido reclutadas en la guerra fría entre el Vaticano y la indisciplinada conferencia de obispos estadounidenses.

Mientras tanto en Estados Unidos, los obispos todavía no le habían contestado a la Madre sobre la oferta que ella les había hecho de espacio gratis para transmitir, aunque ellos habían sugerido una reunión de enlace en diciembre entre EWTN y CTNA para dialogar más.

Durante la reunión en Washington, que tomó lugar el 15 de diciembre, los oficiales y obispos en la junta de CTNA pusieron objeción a que EWTN se promocionara como «la cadena católica de la televisión», ya que no tenía el imprimátur de los obispos. También estaban contrariados porque la Madre Angélica había iniciado un servicio de televisión por cable sin primero consultarles a ellos. Pero como miembro de una orden pontificia, ella no necesitaba la aprobación de ellos siempre que tuviera aprobación de Roma. Steltemeier devolvió el fuego con cartas que ilustraban cómo los oficiales de CTNA habían tratado activamente de disuadir a algunos obispos de aparecer en los programas de EWTN. Se intercambiaron acusaciones así como informes financieros. Al final, la reunión sólo sirvió para aumentar la desconfianza entre las dos organizaciones y confirmar la inestabilidad financiera del principal competidor de la Madre.

—CTNA estaba descapitalizado, de modo que estaban, digamos, enterrados desde un principio —dijo el obispo Robert Lynch de St. Petersburg de la cadena de televisión que él después dirigiría como secretario general de la conferencia de obispos.

Para complicar más las cosas, las diócesis seguían sin anotarse para el servicio de transmisión, lo cual descarriaba las proyecciones de ingresos. Unas fuentes revelaron que CTNA tenía una deuda de cientos de miles de dólares y que hasta 1982 había gastado más de un millón de dólares. Pero las dificultades financieras no se limitaban solamente a CTNA. Mientras la Madre les ponía presión a los obispos para que aceptaran su oferta de espacio gratis en el aire, EWTN luchaba también por lograr solvencia.

A principios de diciembre, Bill Steltemeier sacó un préstamo de ciento treinta dos mil dólares avalado por sus ahorros para pagar la cuenta atrasada del transpondedor; en aquel entonces, EWTN funcionaba con una deuda pendiente de dos millones de dólares. A finales de mes, había que pagar la siguiente factura. La Madre llamó a Harry John de la fundación De Rance y le pidió que firmara un préstamo de ciento treinta mil dólares. El accedió, pero el banco local rehusó entregar los fondos pues creían que la Madre no iba a poder reembolsarles. Llamó de nuevo a Harry John.

—Sin el dinero, el lunes pierdo la cadena —le dijo.

—No queremos que eso suceda, Madre. La cadena es importante. No queremos que la pierda.

Harry John le prestó los ciento treinta mil dólares de su propio bolsillo, sin interés. Este tormentoso drama se repetiría cada treinta días durante muchos años.

«Todos los meses, pasamos por la agonía de tener que pagar esta inmensa suma para poder seguir en el aire», escribiría Sor Raphael en 1983. «Es una carga muy pesada».

La primavera trajo consigo una sucesión de honores para la Madre Angélica. La nombraron la Mujer Italiana-Americana del Año en New Orleans, recibió un doctorado honorario en teología de la Universidad Franciscana de Steubenville el 7 de mayo, y luego ese mismo mes recibió de la Liga Católica el Premio Juan Pablo II por la Libertad Religiosa. Otra sorpresa inesperada hizo su llegada al monasterio el 11 de mayo con escolta policial incluida: una citación de Wold Communications, que exigía el pago de un millón cuatrocientos cuarenta mil dólares por incumplimiento del contrato.

Según Matt Scalici, el ingeniero de EWTN, la Madre Angélica había cancelado el contrato con Wold cuando descubrió que EROS, un canal de pornografía, aparecía cerca del bloque de cuatro horas de programación de EWTN, lo cual violaba el contrato. Muy convenientemente, en junio de 1982 ella había encontrado una antena parabólica superior para transmitir. Contenta con el nuevo arreglo, la Madre le instruyó a Bill Steltemeier un mes después que le pusiera fin al contrato con Wold alegando que el transpondedor «purgaba pornografía» cerca de la señal de ella. Cualquiera que haya sido la explicación que dio para darse de baja, EWTN se enfrentaba ahora con una demanda masiva y la ruina financiera.

Varios meses de negociaciones culminaron en una reunión el 1 de junio en Los Ángeles entre abogados de Wold y EWTN. Bill Steltemeier, la Madre Angélica y Sor Joseph iban hacia la reunión apresuradamente en un taxi cuando la Madre divisó una iglesia. Le pidió al taxista que parara. El trío se arrodilló a rezar dentro de la nave oscura de la iglesia.

Después de varios minutos, la Madre, con los ojos cerrados y ensimismada en contemplación, le susurró a Steltemeier:

—Ve tú; yo voy a rezar.

—No me deje —Steltemeier protestó entre dientes—. La esperan a usted. No me quieren ver a mí; la quieren ver a usted.

—Nosotras vamos a quedarnos y a hablar con Jesús. Ve tú. Todo va a salir bien.

La Madre Angélica y Sor Joseph se quedaron donde estaban sin inquietarse, inmóviles. Derrotado, Steltemeier agarró su maletín y salió a zancadas por el pasillo.

Los abogados y ejecutivos de Wold se reunieron con Steltemeier durante tres horas de negociaciones. Steltemeier tenía bien claro que EWTN no tenía los fondos que le pedían y sencillamente no podía cumplir con los términos del convenio. Inicialmente, Wold le exigió a EWTN que pagara un millón cuatrocientos mil dólares de multa por romper el contrato pero después, inesperadamente, suavizó su posición.

—Sucedió un milagro ante mis ojos —diría Steltemeier—. Aceptaron transarse por doscientos cincuenta mil dólares.

Y aun más, Steltemeier convenció a Wold de distribuir los pagos a lo largo de un período de dos años y medio.

Un radiante Steltemeier corrió de vuelta a la iglesia para informarles a la Madre y a Sor Joseph sobre el convenio final. Cuando Angélica escuchó la noticia, se volvió hacia el tabernáculo.

—Gracias, Jesús. Sabía que lo harías —dijo.

Los principales estuvieron de acuerdo que la fe de Angélica contribuyó al desenlace, pero a nivel de lógica, la habilidad legal de Steltemeier y su inagotable determinación ciertamente influyeron. El presidente de la cadena había perfeccionado un aspecto de simplón que hacía que sus adversarios subestimaran sus proezas. Pero bajo el exterior despreocupado de Steltemeier había una mente tan afilada como sus torcidos dientes.

—Sin la habilidad legal de Bill y su sentido común no hubiéramos sobrevivido —afirmaría Dick DeGraff—. Steltemeier, un laico, fue el que encaminó aquella cadena de televisión.

Mother Angelica Live

EN AGOSTO DE 1983, que fue el segundo aniversario de la fundación de la cadena, la Madre Angélica decidió probar algo nuevo: un programa en vivo. Parada debajo de unas fotos enormes de ella con el Papa, una custodia, una antena parabólica y rodeada de una hilera de helechos artificiales, Angélica saltaba como una alocada niñita. Con las manos juntas y con gran entusiasmo, le dijo a su audiencia, «Éste es nuestro primer programa en vivo, en vivo, verdaderamente en vivo. Como ustedes saben, no estábamos seguros si íbamos o no a hacer esto, pero decidimos lanzarnos y dar el paso».

La Madre irradiaba una euforia optimista esa noche, algo así como un sentimiento de inocencia entusiasta al verse en el mundo de la televisión en vivo. Para explorar a fondo las posibilidades interactivas, aceptó hacer una serie de programas pilotos los martes, miércoles y jueves por las noches durante el mes de octubre, sólo para tantear el terreno.

Presentar a la Madre Angélica en un formato en vivo estaba más que justificado. Se compenetraba bien con la audiencia —en particular los que llamaban— y era crucial, desde un punto de vista de mercadotecnia, que los nuevos televidentes vieran a la Madre Angélica y la identificaran con la cadena de televisión. A finales de 1983, noventa y cinco sistemas de televisión por cable en treinta y un estados transmitían la programación de EWTN y muchos televidentes veían el canal por primera vez.

Afortunadamente, el programa en vivo sucedió en el momento en que el perfil nacional de la Madre iba en aumento. En Hollywood planeaban una película sobre la vida de la monja, y la leyenda del cine Loretta Young estaba interesada en el papel principal. Beverlee Dean, antigua productora de ABC, trataba de vender la historia de la Madre a varios estudios. Angélica aparecía con regularidad en programas nacionales de entrevistas, y las monjas del Monasterio de Nuestra Señora de los Ángeles habían acabado de grabar un álbum en Nashville. Todo ese alboroto hacía que las celebridades gravitaran hacia la Madre y su nuevo programa. La lista de invitados al programa incluía a Pat Boone, Chuck Colson, Betty Hutton y otros.

El formato, al igual que su presentadora, era directo. La Madre comenzaba el programa con una charla con «la familia»; luego, tras una pausa, volvía a aparecer sentada en una silla plegable de aluminio rodeada por la audiencia para hacer un estudio rápido de la Biblia. Sentada de nuevo en el sofá marrón, entrevistaba a los invitados de esa noche y contestaba las llamadas de los televidentes: ofrecía soluciones espirituales a problemas del mundo real. Con muy pocas excepciones, el formato de *Mother Angelica Live* se mantendría igual durante veinte años. No había libreto ni preguntas planeadas por anticipado, de hecho, no se preparaba nada. La Madre Angélica simplemente se tomaba de las manos con su equipo, decía una oración y entonces se dirigía resueltamente hacia el escenario para presentar durante una hora un número de equilibrismo sin paralelo en la televisión.

—La providencia de Dios me ayuda, porque no sé qué es lo próximo que voy a hacer —diría Angélica de su técnica de televisión—. A veces estoy tan preocupada por algo, o simplemente enferma, que no sé qué decir hasta que no se enciende la luz. Y hago el programa completo de una hora y los demás se ríen y lloran... y yo no tuve nada que ver con eso.

El 19 de octubre, el dinero se había secado de nuevo. Por primera vez en dos años, la Madre rompió su propia regla y solicitó fondos de los televidentes. Después de explicar su dependencia en la divina providencia, dijo, «Ustedes son parte de esa Providencia. Si desean que estos programas continúen, necesitamos ayuda esta semana para seguir adelante».

Unos días después, Harry John acordó mandarle $120.000 para cumplir con los pagos mensuales del transpondedor. Pero sin que la Madre Angélica lo supiera, su benefactor planeaba montar su propio reto a EWTN: Harry John estaba construyendo su propia cadena de televisión católica.

El 27 de octubre, la noche de su último programa piloto en vivo, la Madre Angélica tenía todavía que decidir si el programa en vivo iba a continuar o no.

—Ella no estaba segura si quería emplear tanto de su tiempo —recordaría Matt Scalici—. Creo que en ese momento las hermanas la necesitaban.

En la última media hora de la transmisión, la Madre atendió la llamada de un muchacho que amenazaba con suicidarse. Su mamá había fallecido, su papá estaba en el hospital y el muchacho no veía razón por la cual seguir adelante. Dijo que tenía una pistola apuntada a la cabeza.

—Suelta la pistola —le pidió Angélica.

—No —dijo él.

La Madre le rogó de nuevo. Con gran compasión, aconsejó al joven y les pidió a los televidentes que rezaran por el bienestar del muchacho. En medio de la estática de la línea del teléfono, la audiencia escuchó la pistola caer. Las notas de Sor Raphael son la única evidencia de la llamada del suicida, ya que el programa se editó posteriormente. Todo lo que queda de la grabación es una preocupada Angélica que hace una pausa en la transmisión y luego un final muy conmovedor. En los últimos minutos del programa, la Madre informa que un sacerdote que había reconocido la voz del muchacho en la televisión había ido rápidamente hacia su casa, tumbó la puerta y contuvo al muchacho tras un nuevo intento suicida. Dijo esta oración de gracias aun en el aire: «Solamente te damos las gracias, Señor, porque nos has usado de una forma muy pequeña... Te damos las gracias que estuvimos aquí en este momento de gran necesidad de nuestro hermano».

El programa mostró el poder de un programa en vivo, la habilidad para llegar a los espíritus necesitados en medio de sus luchas, y la cuerda salvavidas que podía resultar ser para aquellos que sufrían. Angélica y su personal estaban convencidos de que *Mother Angelica Live* tenía que continuar.

La bendición que es el dinero

DISPUESTO A APOSTARSE lo que le quedaba de su participación en la fortuna de la Miller Brewing Company, Harry John fundó impetuosamente Santa Fe Communications, una cadena de televisión católica con los equipos más modernos, que transmitía las veinticuatro horas. Que él no supiera prácticamente nada sobre televisión no le preocupaba. Inspirado por el ejemplo de Pat Robertson, Jim Bakker y, sí, la Madre Angélica, Harry John creyó que él podía mejorar el género de la televisión cristiana. Inmediatamente, adquirió el Gower Studios en Hollywood y una cadena de estudios satélites en Paris, New York, San Francisco, El Paso y Steubenville, Ohio. Reclutaron escritores, productores, directores y personal técnico de primera categoría para ocuparse de las instalaciones. Unos equipos de excelente calidad revestían la sala de control.

Harry John finalmente terminaría por gastar más de dos millones de dólares a la semana en aquel coloso de la televisión. En términos profesionales y financieros, Santa Fe eclipsaría cualquier cosa que la Madre Angélica o los obispos podían concebir. John sólo necesitaba personalidades en directo para liderar su cadena. Ya que había invertido tanto en ella, decidió dirigirse a la Madre Angélica.

La Madre, siempre a la busca de una infusión de dinero, hizo un trato con John. Él podría retransmitir los programas de ella en vivo a un costo de doscientos dólares el minuto; las transmisiones grabadas a un costo de ciento cincuenta dólares el minuto. Bajo las órdenes de la Madre, el equipo de EWTN trabajaba día y noche en la sonorización de los programas para mandarlos a California, «antes de que Harry diga que paremos». En unas semanas, Santa Fe estaba inundada con los programas de la Madre.

En enero de 1984, Harry John detuvo la sonorización. Para ese entonces, le debía a la Madre Angélica tanto como ella le debía a él. John ofreció aplicar sus pagos pendientes a la deuda de la Madre para quedar en paz. Ella aceptó. Aunque Santa Fe ya no tenía interés en la filmoteca de la monja, continuarían pagando sus transmisiones en vivo, una buena cosa, ya que Angélica tenía en mente ampliarse.

A EWTN ya le quedaba chico el estudio-garaje. El decorado permanente donde se presentaba la Madre dominaba el espacio y limitaba la capacidad de la audiencia y la producción de otros programas.

—Ahí fue cuando supe que necesitábamos un estudio más grande —diría ella.

En diciembre de 1983, la Madre le dijo a Nelson Campbell, su carpintero, que marcara un perímetro de cincuenta pies por setenta

pies, donde ella preveía su estudio nuevo con espacio para una oficina. Le sugirió que amarrara unos trapos blancos alrededor de los
pinos para delinear el lugar claramente.

Unos días después, un grupo de obispos que grababan un programa en el estudio preguntaron acerca de los noventa árboles con
fajín blanco.

—Necesitamos un estudio nuevo y no tenemos el dinero —les
dijo la Madre francamente—. Así que les puse las cintas para recor-
darle al Señor que ahí es donde debe estar.

Los obispos se miraron entre sí y entonces uno de ellos habló.

—¿Usted no cree que Él sabe donde va?

—Sí, pero no daña recordárselo —contestó la Madre.

Un antiguo amigo, Jack Ledger, también preguntó sobre las
banderitas en los árboles. Luego ese día regresó con los primeros
cincuenta mil dólares para el proyecto.

En agosto de 1984, una pareja mayor que visitaba el monasterio
por primera vez caminaron por los terrenos e interrogaron a la Madre sobre el nuevo estudio. Cuando iban a emprender su viaje de
regreso a casa, la Madre se apiadó de ellos y les llenó una caja de zapatos con unos bananos y bocaditos para que tuvieran que comer.
Después de contestarles sus preguntas pacientemente, se despidió
de ellos.

Cuando regresaron a Gainesville, Florida, la pareja de la cual la
Madre se había apiadado, los Bombergers, convocaron de emergencia una reunión de la junta de la fundación filantrópica que dirigían. A insistencia de ellos, la fundación le otorgó a la Madre ciento
cincuenta mil dólares para completar el estudio. Una donación ge-
nerosa de los Caballeros de Colón y una subvención de veinticinco
mil dólares que consiguió el arzobispo Bernard Law de Boston
completaron los fondos para el estudio. El personal de EWTN dividía su tiempo entre sus obligaciones de la televisión y trabajar en la
obra mientras que la Madre Angélica supervisaba personalmente
todos los aspectos de la construcción.

Harry John promocionó Santa Fe Communications como «la voz
católica de los Estados Unidos» y empezó a transmitir en la primavera de 1984. Fortalecida por los bolsillos repletos de dinero de su

fundador, la cadena con fines de lucro entró majestuosa en un futuro triunfante en el preciso momento en que la suerte de EWTN se encallaba. El 28 de junio, la Madre Angélica tenía un atraso de dos meses en el pago del transpondedor y estaba en peligro de perder su espacio en la antena parabólica. No iba a ser fácil conseguir doscientos sesenta mil dólares. Con sus recursos comprometidos en Santa Fe, Harry John rechazó la petición de la Madre de que le prestara ayuda financiera. Su grupo de benefactores de emergencia respondieron de igual forma. Esta vez, el dinero no se materializó y Dios parecía estar muy lejos.

Cae la noche

«TAL VEZ EL MAYOR sufrimiento interior es cuando estamos sedientos de Dios y no sentimos Su presencia», escribió la Madre Angélica en su minilibro *The Healing Power of Suffering*. En 1984, ella se enfrentó con esta miserable realidad.

A partir del 7 de julio de 1984, a lo largo de tres meses, la Madre Angélica experimentó lo que la historia de la comunidad llama «la experiencia». La muerte de su madre, las presiones del monasterio y la posibilidad real de perder la cadena de televisión se juntaron para crear en la Madre una privación espiritual parecida a la «noche oscura de los sentidos» de San Juan de la Cruz. Cuando comenzó, se encontraba en Virginia Beach para presentarse en el *The 700 Club*. En una anotación en su diario nunca antes publicada, ella describió algo que se asemejaba a una visión:

Señor, una oscuridad increíble me envolvió. Era como si personas de todos los rincones aparecieran a la vista. Había muchas de ellas. Yo parecía muy pequeña —tan vacía— tan sola. Sentía que mi alma había quedado de repente sin capacidad para sentir ni una onza de amor, mi capacidad para amar se había hecho añicos, la debilidad vencía mi fortaleza. Una fuerza desconocida ha arrancado de mi lado a todos los que amo, y yo me paraba ante Ti, Señor Dios, destrozada, sola y vacía... No era como los demás me veían, de modo que pensé que era una hipócrita. No podía cumplir con todo lo que me exigían. Entonces un abismo se abrió ante mí, y supe que sería mi hogar eterno si no tenía amor… Aquéllos que siempre sentí que me amaban no los veía por ninguna parte, se habían ido. Miré a ambos lados pero los únicos que pude ver eran los que me necesitaban: los solitarios, los enfermos, aquéllos que viven en un vacío, amigos y enemigos, los niños y los ancianos. Todos me miraban con ojos implorantes. Tenía las manos vacías, mi alma seca.

La soledad interior de la Madre Angélica y el dolor por el fallecimiento de Mae están plasmados en esa página. Sin embargo, ante el resto del mundo nada parecía estar fuera de orden. Jean Morris, quien estaba con la Madre en el viaje a Virginia Beach, no recuerda que hubiera ningún cambio en su comportamiento o en su conversación. Angélica continuó con su programa en vivo, decía chistes, se relacionaba con el público y compartía verdades espirituales con las personas que llamaban. Pero en privado, sentía la cercanía de la muerte.

La descripción de Angélica de su agitación interna y su distanciamiento de Dios parecía en la superficie como una clásica experiencia de «noche oscura». El 9 de julio, le escribió a su Esposo: «Tú diste todo de ti, totalmente. ¿Me pides a mí que haga lo mismo? Tengo miedo. Parece como una muerte en vida. No tengo la fortaleza —ayúdame, Dios». Al día siguiente se encontraba aun más angustiada:

La lucha continua, Señor. ¿Lucho contra lo que Tú tratas de hacer con mi alma?… Me aferro a todo y mientras lo hago, siento que se me va de entre las manos. ¿Qué o quién no me dejará más tarde o más temprano?… Mi debilidad bloquea la visión de tu rostro. Mis luchas ponen a un lado la añoranza interna de mi alma, mis pecados se yerguen como fantasmas en la noche para perseguirme y alejarme de tu maravillosa santidad… Todo a mi alrededor parece derrumbarse. Todo lo que valoro se aleja de mí cada día más…

Tal vez nada se alejaba tanto como la cadena de televisión. En más de una ocasión, delante de la comunidad completa y de los empleados de la cadena, la Madre rompió a llorar debido a los dos pagos pendientes del transpondedor, porque sabía que eso significaba que EWTN desaparecería.

El 13 de julio, en la oficina del monasterio, la Madre Angélica llamó a un benefactor confiable en un último esfuerzo por recaudar los fondos. Al ver su reacción, Sor Raphael supo que no recibirían ninguna ayuda. Cuando la Madre colgó, Sor Raphael le propuso una salida aunque sabía que la Madre probablemente no lo iba a permitir. A Sor Raphael se le ocurrió que la familia de televidentes debiera estar informada de la precaria situación en la que se encontraba la cadena de televisión para darle la oportunidad de salvarla a través de un teletón en las cadenas de televisión evangélicas. Pero dada la gravedad del momento, accedió al plan.

—No puedo ahora, estoy demasiado alterada —le dijo a Raphael—. Lo haré mañana en la noche.

La Madre recobró la compostura y durante seis noches a partir del 14 de julio de 1984, mendigó para que le mandaran dólares. Mientras gesticulaba ante las cámaras con sus gestos de italiana, explicó en detalle la crisis y le imploró a la audiencia con frases sutiles, como por ejemplo: «Bien, muchachos, aflójenlo». ¿Quién se iba a poder resistir a estas salidas, de boca de una sonriente monja de sesenta y un años con un crucifijo colgado del cuello?

Como todo en EWTN, el teletón fue un asunto familiar. Siete empleados y seis monjas se ocupaban de los teléfonos, mientras que la Madre, Matt Scalici y los sacerdotes invitados trataban de despertar el entusiasmo de los donantes.

El padre Mitch Pacwa, un jesuita que vivía en Nashville, cantaba el himno nacional polaco por cinco mil dólares. La Madre hasta bailó en el estudio con un sacerdote invitado para conseguir donaciones. En una de las entrevistas que llevó a cabo durante el teletón, Angélica le preguntó a Sor Regina cómo fue que había decidido entrar en la orden franciscana. Regina permaneció muda mientras miraba la cámara y después anunció, «No supe que era una orden franciscana hasta dos años después». La abadesa se quedó boquiabierta. Aparte de las meteduras de pata, el teletón recaudó los fondos que se necesitaban, y logró algo más:

—Fue un marcado viraje en la relación entre la Madre, EWTN como entidad y los televidentes —diría del teletón Sor Antoinette, una violinista que entró en el monasterio en la primavera de 1984—. En verdad intensificó el sentido de familia, del cual la Madre había hablado desde el principio.

De ahí en adelante, las donaciones eran personales: los televidentes no mandaban sus cheques a la cadena de televisión; se los mandaban a la Madre Angélica. Años después, acuñó una frase que se convertiría en su despedida al cierre de cada emisión, y que resumiría sus esfuerzos para recaudar fondos: «Recuerde mantenernos entre su cuenta del gas y su cuenta de electricidad. Esta cadena es presentada a usted por usted». Los televidentes tenían fe en ella y le mandaban sus donaciones religiosamente cada mes para mantener su cadena en pie y en marcha.

Antes del teletón, el 12 de julio de 1984, el padre Bruce Ritter del Covenant House de New York, envió a Jim Kelly, su joven recaudador de fondos, para explicarle a EWTN sobre la magnitud de su déficit financiero. Kelly era guapo, cosmopolita y estaba familiarizado con la plana mayor de la Iglesia Católica. Ginny Dominick, la vicepresidenta de la cadena, era su principal punto de contacto. Con el tiempo, Dominick encontró a Jim Kelly irresistible. Le dijo a sus compañeras de trabajo, «¿Y si me caso con él? Vive en New York».

En viajes posteriores a Manhattan con Dominick, la Madre pudo observar de cerca esta atracción. De regreso en Birmingham, la monja y su vicepresidenta conversaban largamente acerca de la relación.

—Esperábamos por la Madre para cenar en la casa y ella permanecía en la oficina hablando con Ginny —recordaría un poco molesta una de la monjas que pidió no ser identificada—. Quiero decir, hora tras hora tras hora.

Fuentes cercanas a ellas cuentan que las conversaciones trataban acerca de la relación de Dominick con Jim Kelly, sobre los celos dentro de la cadena y sobre la espiritualidad. Matt Scalici, Chris

Harrington y Marynell Ford describieron estas conferencias privadas como encuentros «llenos de tristeza» y «emocionales», ocasiones que le permitían a Angélica entender hacia dónde se encaminaban las cosas.

Cualquier esperanza que ella hubiera albergado de que Ginny entrara a formar parte de la vida contemplativa se desintegró durante esas conversaciones. Sor Mary David se había ido, y ahora sentía como si Ginny también se fuera a ir. La ruptura de esta relación de madre e hija impactó mucho a la monja. Este dolor inesperado tal vez es responsable en parte de una anotación en el diario el 18 de julio de 1984. Una vez más, la Madre se dirigió a Jesucristo:

> Siempre sentí y pensé que si te amaba a Ti intensamente, no me afectaría la presencia o la ausencia del amor humano, de las posesiones, del éxito y de todas esas cosas que hacen la vida diaria llevadera y soportable… amar como Tú amaste en esta vida es ser abierto, vulnerable, estar listo para amar tan intensamente que el corazón da sin tregua como una fuente que se desborda, es ser lo suficientemente vulnerable como para sentir lo menos posible la ausencia del amor pero lo suficientemente generoso como para pararse ante la Cruz de la separación, de la falta de comprensión, de la hostilidad y la soledad, y nunca cerrar las compuertas del amor. ¿Es acazo sentir el aturdimiento que deja el sufrimiento y nunca rendirse ante la autocompasión, añorar y estar sediento de amor infinito y luchar contra el cariño que sentimos por otros?

El cariño de la Madre Angélica hacia Ginny Dominick no se podía descartar a la ligera. Ella quería a Ginny como si fuera una hija. Y aunque sólo unos meses antes le había dicho a la joven, «Si amas a alguien y esa persona te ama a ti, te casas con él lo apruebe yo o no», la Madre no esperaba que pusieran su dictamen a prueba tan pronto. Quería lo mejor para Ginny. Pero también quería que la relación de ellas siguiera igual.

Durante los meses que siguieron, el purgatorio interno de Angélica se alargaba. Escribió sobre una barrera entre ella y Dios: «¿Podré cruzar el muro invisible que se interpone entre nosotros? Me pregunto si mi propio egoísmo es el muro». Había evidencia de una marcada confusión espiritual, una característica común de la experiencia de la «noche oscura». «Siento que de alguna forma no pertenezco —que estoy en una tierra extraña», escribiría el 20 de julio. «Nadie entiende el idioma que quiero compartir. No puedo expresar las pruebas a las que me someto». Ya los últimos días del mes, su sufrimiento estaba en su apogeo: «Hay tanta confusión en mi alma. Mis defectos y mis debilidades están a punto de estallar... Lucho por el más pequeño pensamiento bondadoso. Lucho por rezar —cada oración está acompañada de un montón de pensamientos enervantes, de tormentos y de angustia. Es como encontrar una rosa en un montón de basura».

Aquel otoño, Harry John se enfrentó con su propia dura prueba, aunque fue decididamente pasajera: dictaron una orden inhibitoria en octubre de 1984. Para ese entonces, Santa Fe Communications había agotado seriamente la fuente financiera de John. En poco más de un año, habían desaparecido cien millones de dólares de la fundación De Rance. Escaso de dinero, John pidió dinero prestado contra su casa e hizo una redada al fondo educacional de sus hijos, hasta que su esposa se hastió. Preocupada por su falta de juicio, para no hablar de su desmedido gasto de dinero, Erica John le pidió a la corte que dictara una orden inhibitoria, con lo que básicamente excluyó a Harry de la junta de De Rance.

Llamaron a Peter Grace para que liquidara los bienes de Santa Fe Communications, inclusive un equipo de editar forrado en caoba y un interruptor que valían dos millones y medios de dólares, el que luego le vendieron a EWTN por sólo ochocientos mil dólares.

El 23 de octubre, Angélica le dio gracias a Dios por revelarle lo «profundo de su miseria». A todas luces, su experiencia de la «noche de tinieblas» había pasado. Al menos las anotaciones cesaron, aunque sus problemas ni remotamente habían terminado.

Unos días después, el 7 de noviembre de 1984, llegó una nota de la fundación de Peter Grace que exigía el pago inmediato de la deuda de seiscientos cincuenta mil dólares, más interés, que existía desde hacía tres años. El préstamo, que incluía una hipoteca de la antena parabólica y el equipo de transmisión, de hecho debía haberse saldado en 1983. Aunque algunos consideraron que esto era un intento por parte de Grace para asumir control de la cadena de televisión, Dick De Graff, quien trabajaba para Grace, negó aquella interpretación.

—Finalmente, Peter vio esto como una fosa sin fondo y no sabía a dónde iba el dinero. Grace tenía un presupuesto hasta para el papel sanitario... y EWTN no tenía un presupuesto —diría De Graff—. La fundación exigió el pago de la deuda porque estaban bajo presión legal; no podían tacharla de incobrable y conservar su categoría 50IC3. Peter no quería la cadena de televisión; teníamos ciento sesenta y ocho compañías que dirigir.

Los informes demuestran que Grace personalmente le hizo a la Madre una donación de cien mil dólares en 1983 para reducir una porción del préstamo pendiente. Si hubiera querido controlar la cadena, es de dudar que hubiera ofrecido ninguna ayuda financiera, y es extraño que no hubiera exigido el pago del préstamo un año antes, que era cuando técnicamente había que pagarlo. De acuerdo a DeGraff y a la historia del monasterio, fue el tesorero de la fundación Grace quien convenció a Peter de que la ley requería que EWTN pagara el préstamo. La Madre comenzó una campaña para recaudar fondos.

El 9 de noviembre, Angélica, Bill Steltemeier y Ginny Dominick volaron a la Florida para visitar a un abogado retirado y a su esposa. La esposa había participado en un retiro en el monasterio ese año y había invitado a la Madre a ponerse en contacto con ella si en algún momento necesitaba algo. Y ahora la Madre necesitaba algo muy grande. Antes de que Angélica dejara la casa de ellos, la pareja le prometió un adelanto de setecientos mil dólares para pagar el préstamo de la fundación Grace.

—En New York, la gente de Peter Grace no podían creer que de buenas a primeras habían recibido el pago total —diría la Madre Angélica luego, sacudida por la risa—. Éste es el tipo de cosa que prueba la providencia de Dios. Nunca sabemos de dónde va a venir el próximo centavo. Eso es lo que trato de meterle a la gente en la cabeza: Esto es un acto de Dios. —La Madre Angélica frunció las cejas al tomar en cuenta cómo se sostenía su cadena de televisión—. Nuestro testigo es la completa providencia de Dios. Él nos guió; Él se ocupó de nosotros; Él nos protegió. Nadie puede decir que estas monjas, ninguna de nosotras, hubiera podido lograr esto. Todo evolucionaba, y evolucionaba siempre y cuando nos mantuviéramos junto a Él.

Poder mantenerse junto a Él a fines de los años 1980 pondría a la Madre Angélica a prueba a un profundo nivel personal y la hundiría en la más profunda angustia espiritual.

13
La abadesa de la pequeña pantalla

LA MODA PROBABLEMENTE comenzó con un anuncio de Wendy's [restaurante de comida rápida] donde aparecía una anciana encogida con cachetes de perro sabueso que preguntaba, «¿Dónde está la carne?» Pocos meses después, la encantadora Angela Lansbury aparecía a la caza de asesinos en Cabot Cove, y un cuarteto de retiradas que vivían en Miami a las que se les conocía como *The Golden Girls* estaban al frente de los índices de audiencia Nielsen, prueba fehaciente del cambio: a fines de 1984, las abuelitas agalludas con lengua mordaz se habían puesto de moda, y la Madre Angélica se vio a sí misma en una buena posición gracias a este clima cultural geriátrico.

Inclinada en el sofá marrón cada semana con sus aparatos ortopédicos y los pies cruzados, la Madre no se parecía a nadie en la televisión. Tocía cuando se le despertaba el asma, chupaba pastillas para la tos, se le aguaban los ojos por estornudar tan fuertemente y con regularidad padecía de ataques de risa. Este deliberado estilo sin pulir hacía que el público se encariñara con ella. Se veían a sí mismos en las pifias e imperfecciones de ella.

Para muchos, Angélica se convirtió en una abuela suplente; una amiga fiel en quien los desorientados, los heridos y los ancianos podían confiar para recibir consejos espirituales y consuelo. Más que ninguna otra figura católica a fines del siglo XX, ella era una persona accesible. El Papa, a pesar de que los católicos en general lo que-

rían, era un icono distante de santidad: el padre que los guíaba en la
fe desde otra parte del mundo, ajeno a su diario vivir. La Madre Teresa, a quien ya se le consideraba «la santa de los tugurios», había
logrado un nivel de santidad casi mítico que pocos en los suburbios
creían que podían imitar. Y aunque la gente sabía cómo se llamaban
sus obispos, raramente había encuentros a nivel personal. Sólo la
Madre Angélica escudriñaba la vida diaria del laicado —en sus sa-
las, sus habitaciones de dormir, sus cocinas. Ella resultaba tan familiar como una humeante taza de café por las mañanas, la persona
que se aparecía con una palabra de inspiración en el momento que
lo necesitaban. Con su humanidad y su capacidad para burlarse de
sus propios defectos, hizo de la santidad algo atractivo y factible
para las masas.

La Madre Angélica conversaba en el lenguaje del pueblo y hacía
uso de la jerga que se escuchaba en una barbería más que en una
catedral.

—Si estás cerca de Jesús a diario, puedes explicar quién es Jesús
en una forma muy sencilla porque estás en sintonía con un Jesús
que está vivo, con el Evangelio viviente —diría Angélica de su enfoque—. Jesús hablaba en el idioma del pueblo —podías entenderlo;
los niños podían entenderlo. Muchas veces en la Iglesia termina-
mos por hablar solos.

Su programa era un bálsamo para las heridas del hombre común:
trataba de ayudar con la adicción a las drogas, el alcoholismo, el dolor del divorcio y la soledad. La «gente que sentía el dolor» era suya.
Eran gente como Rita Rizzo.

Cuando una mujer que llamó le informó a la Madre que su esposo había traído a otra mujer a vivir con ellos, el consejo de Angélica fue típico de ella:

—Bueno, ¡pues sáquelo a patadas! —dijo la Madre Angélica.

—Ah, no puedo —dijo la mujer.

—¿Qué quiere decir con que no puede?

—No tienen adónde ir —respondió la mujer.

—Yo pudiera decirles a dónde se pudieran ir —ronroneó la Madre—. Están camino al infierno. Dígales que se vayan allá.

—No puedo juzgarlos —la mujer dijo lloriqueando.

Rizzo y su madre, Mae,
en una foto de estudio de
principios de los años 20.
(OLAM)

El andariego padre, John Rizzo.
(OLAM)

Rita y Mae en uno de los muchos
establecimientos comerciales que les sirvieron
de apartamento. *(OLAM)*

Frescura y agallas. La primera batonista femenina de McKinley High. Rita Rizzo en 1939. *(OLAM)*

Rita, la Abuela Gianfrancesco, Mae Rizzo y la Tía June Francis delante de la casa de los Gianfrancesco, en la calle Liberty, a principios de los años 40. *(OLAM)*

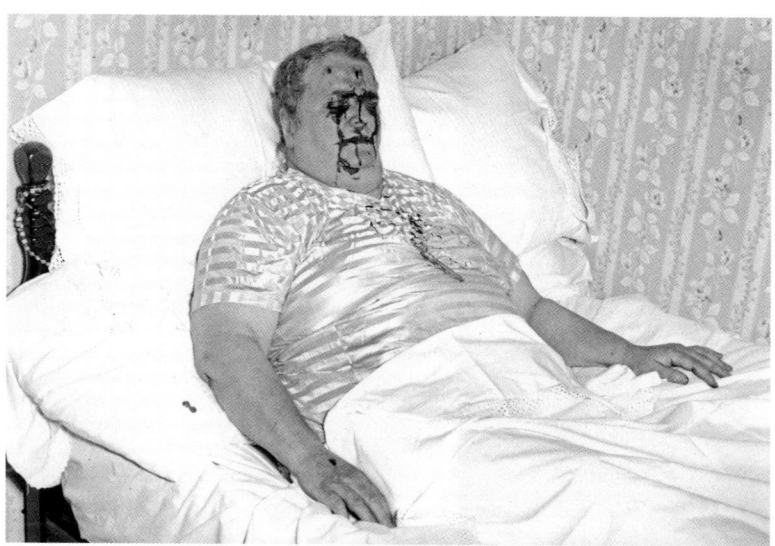

La mística: Rhoda Wise sufriendo la pasión de Cristo un viernes de 1940. *(OLAM)*

La primera profesión solemne de Sor Mary Angélica of the Annunciation. Las espinas eran apropiadas para ese día, 2 de enero de 1947. *(OLAM)*

La pescadora: la Madre Angélica y sus cebos de pesca, 1961. *(OLAM)*

Presentando el inspirado monasterio en forma de maqueta de cartón al Obispo Thomas Toolen, de Birmingham. La Madre Verónica observa, 30 de febrero de 1961. *(OLAM)*

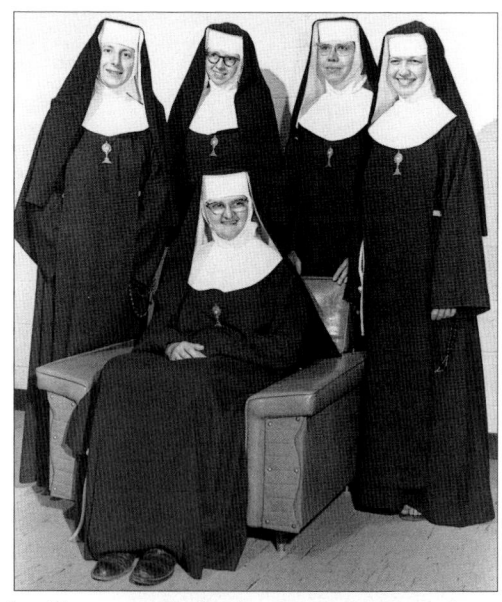

Las Hermanas de la Fundación de Birmingham: *de izquierda a derecha:* Sor M. Joseph, Sor M. Raphael, Sor M. Assumpta, Sor M. Michael y la Madre Angélica *(sentada)*, 1962. *(OLAM)*

La comunidad a finales de los años 70.
La madre de Angélica, Sor Mary David, está sentada en la silla de ruedas. *(OLAM)*

La confidente y el guardián: con Ginny Dominick y Bill Steltemeier a mediados de los años 80. *(OLAM)*

La constructora: supervisando la construcción del nuevo estudio de EWTN, 1985. *(OLAM)*

Sobreactuando con Tom Monaghan en *Mother Angelica Live* (OLAM)

«Estoy tan cansada de ustedes, iglesia liberal de Estados Unidos». Día Mundial de la Juventud, 14 de agosto de 1993. (Autor/OLAM)

La Muleta y el Báculo: con el Obispo David Foley el día de su instalación, 1993. (OLAM)

«Madre Angélica, débil de cuerpo, fuerte de espíritu». Con el Papa Juan Pablo II, 1996. *(L'Osservatore Romano)*

Con el autor en el jardín del monasterio, 2004.

(Autor/OLAM)

Vuelo de las Angélicas: la Abadesa de Nuestra Señora de los Ángeles y sus monjas, 2004. *(OLAM)*

En Lourdes, 16 de octubre, 2003. *(OLAM)*

—¿Está usted chiflada? ¡Otra mujer duerme con su esposo bajo su propio techo, y usted no puede juzgarlos!

En otra ocasión, la Madre aleccionó a la audiencia sobre la necesidad de vestirse modestamente, sin dejar fuera a las personas de la tercera edad:

—Nadie les dice a ustedes nada porque les da pena herir sus sentimientos. Pero algunas de ustedes viejezuelas, créanme, ¡mejor tápense! Ya no queda nada de lo que hubo —dijo la Madre.

También había momentos serios. Una mujer, a quien su esposo y sus hijos habían abandonado y que sufría de esclerosis múltiple, llamó desesperada a la Madre Angélica una tarde.

—Yo sé cómo usted se siente. Mi mamá se sentía así también —aconsejó Angélica—. No culpe a Dios por las acciones de su esposo y de sus hijos... Usted lleva una cruz muy grande, pero no le ponga encima la cruz del resentimiento porque si lo hace sí que perderá toda esperanza. Quiero que tome esa cruz y se la dé a María... Ella sabe lo que significa el abandono... Ahora voy a rezar por usted.

Ben Armstrong de la Asociaciación Nacional de Televisión de Locutores Católicos dijo de la Madre Angélica:

—Ella tiende a ser campechana y bíblica. Ella es la obispo Fulton Sheen de esta generación, y hay cabida para su voz.

La industria de televisión por cable estuvo de acuerdo.

El estilo de hablar directo de la Madre Angélica, realzado por la espiritualidad, captó la atención de sus pares, quienes en 1984 nominaron el programa *Mother Angelica Live* para el premio ACE (Award for Cable Excellence) que confería la industria. El programa de la Madre fue el único programa religioso nominado. Los locutores y otros en los medios de comunicación reconocieron igualmente el impacto de ella y le otorgaron su distinción más alta, el Gabriel Personal Achievement Award, en diciembre de 1984.

Aun sus errores garrafales llamaban la atención. A fines de 1984, la Madre Angélica recibió el Golden Blooper Award [Premio de Oro por Meteduras de Pata] de manos de Dick Clark y Ed McMahon. Durante la presentación *Bloopers and Practical Jokes* en NBC, ella se rió a carcajadas de tomas suyas que dejaban mucho que desear y se deleitó con la locura de aquel honor. Al igual que su Esposo, iba donde la gente la podía ver y se aventuraba a ir sin temor a lugares que jamás se atrevería a pisar un obispo.

Su enfoque secular dio resultado. A principios de 1985, más de doscientos veinte sistemas de cable transmitían la programación de EWTN, la cual podía verse en casi dos millones de hogares. La revista *Broadcasting*, una publicación de la industria de la televisión, catalogó a EWTN como la cadena de televisión por cable de mayor crecimiento en el país. Dicho crecimiento se debía a la Madre Angélica directamente y a su habilidad para tratar con la persona promedio.

Dificultades iniciales

MÁS DE CUATROCIENTAS personas se reunieron afuera de la capilla del Monasterio de Nuestra Señora de los Ángeles el 14 de abril de 1985 para la inauguración del nuevo estudio. En el lugar donde habían estado los pinos con las cintas blancas se erigía un edificio de ladrillos de seis mil quinientos pies cuadrados al lado del monasterio. La providencia y la tenacidad le habían concedido un nuevo favor a Angélica.

Los benefactores y amigos se paseaban boquiabiertos por las oficinas centrales de producción, cuyo precio había sido de trescientos setenta y cinco mil dólares. Vieron el área dedicada a las oficinas, la nueva sala de conferencias, el taller del escenario y, lo más importante, el estudio de cincuenta pies por setenta pies donde cabían hasta cuatro decorados diferentes. Pocos de los visitantes se daban cuenta del significado de lo que presenciaban. Gracias a que podía generar hasta un cincuenta por ciento de sus propios programas, el nuevo estudio representaba la independencia para EWTN. La cadena tendría que depender mucho menos del material proveniente de fuentes externas. La Madre ahora podría crear programas de acuerdo a sus gustos para así asegurarse de su contenido ortodoxo. Esto no era una cuestión trivial, en vista de la importancia que ella sabía que la cadena tenía a nivel nacional.

—EWTN es la clave para restituir la Iglesia Romana Católica en

Estados Unidos —diría el Papa al cardenal Silvio Oddi durante una reunión privada.

Oddi compartió esta información con Angélica el 19 de junio de 1985 cuando visitó la cadena para una presentación en vivo. Si la cita de lo que dijo el Papa es fiel o no es irrelevante. Tuvo influencia en la manera de pensar de la Madre y la inspiró a usar la cadena para respaldar «el catolicismo de la gente sencilla, de los pobres y de los ancianos».

En menos de un año, los programas que predominaban en EWTN eran de un tono un poco más abiertamente religioso. Desaparecieron del reparto *The Bill Cosby Show* y *Wok with Yan*, que se reemplazaron con programas como *Glory to God* y *Life in the Holy Spirit*. Aunque aun se transmitían películas seculares en el *EWTN Family Theater*, el tono de la cadena se volvía cada vez más explícitamente católico. Angélica hasta instituyó un programa para rezar el rosario a pesar de las protestas de algunos de los empleados más antiguos quienes pensaban que temas tan repetitivos nunca pegarían. Pero pronto se convirtió en uno de los favoritos del público, lo que confirmó el don de Angélica para anticipar las preferencias de su audiencia.

En el verano de 1985, Angélica reestructuró el manejo de la cadena para darle cabida al crecimiento, y también definió claramente por primera vez las obligaciones de cada cual. Marynell Ford fue nombrada VP de mercadotecnia, Dick Stephens VP de programación, Chris Harrington VP de operaciones y producción, Matt Scalici VP de ingeniería y operaciones de satélite y Ginny Dominick VP ejecutiva de cuestiones religiosas y del desarrollo de los temas a transmitirse. Aunque aparentemente había delegado responsabilidades, la Madre Angélica no tenía la menor intención de soltar las riendas. En un memorándum a los asociados, enfatizó que ella y la cadena eran una y en su rol de guía: «El Señor ha puesto sobre mis hombros los cambios, los virajes, la dirección y los riesgos. La capacidad de poder ver lo que otros no ven es una labor muy solitaria y es imperativo que cada uno de ustedes trabaje estrechamente conmigo en un esfuerzo cooperativo para llevar a cabo Su voluntad. Poder distinguir a diario cuándo arriesgarse, cuándo quedarse tranquilo y cuándo retirarse requiere fe en Dios y en nuestros hermanos».

Para facilitar la cooperación, Angélica manejaba la cadena de televisión como una extensión de su comunidad religiosa. Todos los lunes, enseñaba una lección a los empleados que sacaba de uno de sus minilibros, visitaba las áreas de trabajo y conversaba casualmente con los empleados y mantenía una política de puertas abiertas en su oficina, la cual estaba situada justo a la salida del área de recepción de la cadena.

—Tenía un bote enorme con golosinas y nosotros entrábamos para agarrar algunos caramelos y verla. En aquel entonces, éramos en verdad una familia —recordaría el padre Joseph Wolfe.

Wolfe vino a la cadena en 1985, cuando los defectos técnicos eran de rutina. Una noche, mientras él miraba el programa de la Madre en Dubuque, Iowa, el programa desapareció del aire sin previo aviso. Tras una prolongada espera, la Madre reapareció, miró a la cámara y dijo, «Como ustedes pueden ver, necesitamos un ingeniero». Wolfe, ingeniero en General Electric Medical Systems, respondió a la llamada y finalmente fue contratado.

—Éramos todavía una organización familiar —Chris Harrington recordaría con nostalgia—. Era una realidad manejable y era divertido. Era lo que en verdad se pudiera llamar una familia.

Los televidentes deben haber pensado de igual manera. En 1985, las donaciones superaron los gastos por más de un millón y medio de dólares. Y aunque la deuda de EWTN era de tres millones doscientos mil dólares, el crecimiento no se vio obstaculizado. En cuestión de menos de un año, la cadena aumentaría sus transmisiones diarias de cuatro a seis horas.

De acuerdo a un memorándum que se emitió en 1985, la colaboradora de más confianza de la Madre en la cadena tenía un puesto que le permitía máxima flexibilidad. Ginny Dominick «interpretaba la política de la compañía en ausencia de la presidenta de la junta directiva». Ella debía asegurar que el «espíritu de la cadena se mantuviera intacto en todas las series de televisión y otros programas» y se convirtió en la persona que resolvía los problemas con las autoridades políticas y eclesiásticas». La nueva posición le permitía a

Ginny estar en la cadena sin ser parte de ella. A mediados de 1985, con la bendición de la Madre, Dominick pasaba más tiempo en New York para conocer mejor a Jim Kelly. Durante este período sabático, la pareja desarrolló un verdadero vínculo afectivo.

En Birmingham, el resto de los vicepresidentes de EWTN se sintieron ofendidos por lo que veían como un creciente poder de Dominick dentro de la organización en un momento en que ella parecía alejarse de los asuntos de la cadena. Un administrador de importancia dijo, «La Madre estaba dispuesta a darle a Ginny la mayor autoridad posible», lo más probable es que esto servía para demostrar su confianza en Dominick y preservar la amistad entre ellas. Pero Ginny no lo vio así. Al no estar enterada del memorándum que definía su nueva posición y sin nadie que le reportara a ella ahora, Dominick sintió que le daban de lado.

Los malos entendimientos y las señales confusas formaban parte de una relación difícil que en verdad sólo entendían las involucradas. Lo que se sabe es que la Madre preveía a Ginny como la sucesora natural para dirigir a EWTN: una mujer leal, competente y espiritual, capaz de proteger la cadena en su ausencia. La relación personal entre las dos complicaba las cosas.

Como consejera de confianza de Ginny, la Madre estimó que su papel era ofrecer su opinión del hombre con quien Dominick pensaba casarse. Por la razón que fuera, Angélica no aprobaba a Jim Kelly. Dados los antecedentes de la Madre, es de dudar que ella hubiera encontrado apropiado a ningún hombre para su adorada hija suplente. Este desacuerdo básico sobre la idoneidad del prometido de Ginny quebraría la relación entre ellas y la volvió tirante.

—Ginny quería casarse y la Madre en realidad no quería que Ginny se casara —diría Jean Morris de la relación—. Ella pensaba que Ginny estaba destinada a trabajar en la cadena.

Pero Ginny había encontrado el amor.

A pesar de la oposición de la Madre, Ginny Dominick se casó con Jim Kelly en enero de 1986. Después de la boda, Ginny se mudó a New Orleans, pero a invitación de la Madre continuó en su función de vicepresidenta ejecutiva de EWTN y miembro de la junta. Aunque la vida llevaba a Ginny por otros caminos, Angélica intentó retener a su «hija». Desde New Orleans, Ginny escribía el boletín informativo mensual y la ayudó con su libro *Mother Angelica's Answers Not Promises* para Harper & Row. El libro era un compendio de la sabiduría sensata de Angélica sacada de los programas en vivo, transcrito y arreglado por un escritor para llevarlo a un formato ameno, revisado por Angélica y pulido por Ginny. La Madre «dedicó con mucho amor» la edición de 1987, «a Ginny Dominick Kelly, sin quien no se hubiera concebido ni terminado».

A través del tiempo y la distancia, mantuvieron una amistad que a veces se interrumpía. Angélica fue la madrina del primer hijo de Ginny y en 1990 Jim Kelly se unió a la cadena para mejorar la recaudación de fondos.

—Ella estaba muy segura de que su esposo era el único que podía sacar adelante la cadena —me diría la Madre Angélica.

Alrededor de seis semanas después, debido a desacuerdos profesionales, Jim Kelly tuvo que irse. Y aunque ella no renunció de la junta directiva de EWTN hasta abril de 1991, Ginny Dominick también se fue. La apurada partida de Jim Kelly de la cadena terminó definitivamente la amistad entre la Madre Angélica y Ginny, aunque resentimientos internos y otras expectativas también contribuyeron.

Tras la ruptura, la Madre Angélica tomó una decisión personal: Nunca más se uniría emocionalmente a una persona laica o dejaría que surgiera una amistad tan estrecha fuera del claustro. Al ofrecerle dirección espiritual a una de las hermanas en 1998, la Madre supuestamente dijo:

Les he entregado mi amor y amistad a personas laicas sólo para descubrir que se viran contra mí si no estoy de acuerdo con ellas. Les he perdonado y los recibiría con afecto si me vinieran a ver, ¿pero quererlos? No soy un chivo expiatorio —guardo mi distancia. Los que más he querido me han herido. Por fin he llegado a una conclusión: ¡basta ya! Jesús siempre es fiel. Tengo a Jesús, a mi misión, a mis hermanas y mi trabajo, para mí, eso es suficiente.

Pero la Madre sabía que para cumplir su misión tenía que pasarle la cadena de televisión a una heredera espiritual que pudiera preservarla sin ella. Bill Steltemeier podía ocuparse de los negocios de la cadena, pero ella necesitaba una sucesora que «garantizara que el espíritu de la cadena [se mantendría] intacto». Con la partida de Ginny, la posición estaba vacante.

En octubre de 1986, la Madre perdió otra cosa muy importante para ella: el contrato de arrendamiento de la antena parabólica y del transpondedor de EWTN. El proveedor de la antena rehusó renovar el contrato con EWTN en 1987, y a sus competidores sólo les interesaba prestarles servicio a cadenas de televisión por cable que funcionaran veinticuatro horas al día. Para mantener la cadena en el aire, Angélica podía tratar de llegar a un acuerdo con una antena secundaria para transmitir seis horas, o podía incrementar la transmisión de EWTN a veinticuatro horas al día y cambiarse a Galaxy III, una nueva antena parabólica que pocos sistemas de televisión por cable podían (o querían) considerar. Independientemente de su decisión, Matt Scalici le dijo a la Madre que EWTN «perdería todos sus afiliados y tendría que comenzar de nuevo desde cero».

Angélica oró y pidió orientación.

—Cuando el Señor actúa conmigo, siempre hay una respuesta de fe —me explicaría la Madre—, una respuesta de fe que dice sí o no. Y en ese momento, la pregunta es: ¿Reconoces la Providencia de Dios?

La mañana del 24 de octubre de 1986, Angélica reunió a los cuarenta y cinco empleados del estudio, les informó de las opciones que sopesaba, les advirtió de desafíos extraordinarios y de los beneficios que les esperaban si pasaban a formar parte del ruedo de la televisión por cable veinticuatro horas al día, y esperó la respuesta de ellos. Cada empleado expresaría su opinión y tomaría una decisión: mantener el material de seis horas o lanzarse al de veinticuatro horas. Iba a ser necesario una cantidad enorme de programas para sostener la programación continua y la presión financiera iba a aumentar, además de que el personal, ya abrumado, tendría que dedicar aun más tiempo. Uno a uno, los empleados hablaron y animaron a la Madre al unísono a «seguir adelante».

—Fue el día más maravilloso y edificante de nuestras vidas porque sabían que iban a tener que empezar de la nada y comenzar de nuevo. —El rostro de la Madre se sonrojó de alegría al revivir el recuerdo de aquella decisión de transmitir veinticuatro horas al día—. Les dije que probablemente tendrían que trabajar un tiempo sin percibir sueldo. No les importó; se sintieron retados pero lo logramos.

Poco tiempo después que EWTN se unió a Galaxy III, un formidable reparto de cadenas de televisión por cable compraron la antena parabólica. Le suministraban antenas de recepción a los siete mil sistemas de televisión por cable de la nación, lo que convirtió a Galaxy III en la antena parabólica más popular de la televisión por cable —la casa de Nickelodeon, C-SPAN y EWTN.

Durante los frenéticos preparativos para lanzar la transmisión veinticuatro horas al día, el Vaticano anunció una visita de diez días del Papa a Estados Unidos en el otoño de 1987.

—De repente, la mejor herramienta de mercadotecnia que pudiera tener una cadena de televisión hace acto de presencia —recordaría Matt Scalici—. Era como si Dios hubiera dicho, 'Ustedes han estado dispuestos a empezar de cero. Voy a mandarles a mi enviado para que se presente en la televisión en vivo.

La Madre Angélica se comprometió para que la cadena ofreciera cobertura completa de la visita del Papa. Era un evento de marquesina caído del cielo para poner en marcha su transmisión de veinticuatro horas, pero a un precio. El día después de Navidad, la Madre fue llevada de emergencia al hospital con dolores en el pecho. Después de cuatro días de pruebas comprobaron que una úlcera y una hernia hiatal le oprimían el corazón, que lo tenía engrandecido. Sin amilanarse, la Madre y las hermanas estimaron que el problema físico era una preparación espiritual para algún bien inminente.

Por orden suya

A PESAR DE QUE ERA una mujer muy comprometida con las enseñanzas y las tradiciones del pasado, la Madre Angélica nunca perdía de vista el futuro. En vista de que no tenía sucesora y de que
estaba determinada a que las monjas contemplativas de su orden
no estuvieran involucradas directamente en la cadena de televisión,
Angélica creó un par de órdenes religiosas activas en mayo de 1987.
Alimentados por su carisma, estos hijos e hijas espirituales protege-
rían la misión de EWTN siempre y continuarían su devoción ferviente a la eucaristía.

—Sólo es cuestión de ser práctica —diría sobre las nuevas órdenes en 1987—; las cosas tienen que continuar.

Tenía dos grupos en mente: La Orden de la Palabra Eterna, una
comunidad de sacerdotes y hermanos, y las Hermanas Servidoras
de la Palabra Eterna, una extensión activa de la orden contemplativa de Angélica. El trabajo en conjunto de las mismas, de acuerdo a
la Madre, era el de «asegurar que la Palabra de Dios y las enseñanzas de la Iglesia se proclamaran fielmente a través de EWTN».

Para encabezar a las Hermanas Servidoras, la Madre se dirigió a
Sor Gabriel Long. La hermana era una tenaz veterana que llevaba
treinta y cinco años en la orden franciscana, con el físico de un es-
tibador y un sentido del humor fantástico. Gabriel conoció por
primera vez a Angélica durante su servicio como directora de la aca-
demia St. Rose, una escuela dominica de Birmingham. Después de
haber dirigido otra escuela y de haber servido como superiora de su
orden, Sor Gabriel necesitaba tiempo para sí misma.

—Su madre priora me preguntó si la dejaría venir aquí durante
un año para que se tomara algún tiempo libre —diría la Madre—.
Pensé, ya que está aquí, sería perfecta para empezar esto conmigo.

Angélica y Gabriel fundarían juntas con mucho entusiasmo las
Hermanas Servidoras de la Palabra Eterna.

Para dirigir la Orden de la Palabra Eterna, la Madre Angélica
nombró al padre Donat McDonagh, un sacerdote de Clearwater,
Florida, director de la Renovación Carismática de una diócesis. El
delgado abogado canónico con su dinámico estilo de predicar an-

siaba formar parte de la vida contemplativa. A principios de 1987, eso se convirtió para él en una posibilidad. Pero hubo problemas desde el principio.

La Madre quería que la orden fuera franciscana y activa mientras que el padre McDonagh imaginaba una comunidad monástica enfrascada en la oración y la penitencia.

—Mike quería que las cosas fueran a su manera, y su estilo era más agustino —diría el padre Richard Mataconis, miembro de la orden posteriormente, sobre su superior.

«Ellos me ayudarán a desarrollar mi misión», pensó la Madre de sus hijos e hijas religiosos. «Tendremos ingenieros, libretistas y camarógrafos en estas dos órdenes nuevas, todo lo que necesitamos para promover, producir y fundar entidades en otras ciudades». Pero en una entrevista por aquel entonces, el padre McDonagh dijo algo disonante: «No preveo que vayamos a trabajar todos aquí en la cadena de televisión. Dios nos llevará por diferentes caminos. Estoy seguro que habrá actividad en el área de las comunicaciones, pero tal vez no se limite a eso».

A pesar de que tenían diferentes puntos de vista, el padre McDonagh se unió a la Madre como copresentador de su programa en directo que se transmitía tres veces a la semana. Quizás discreparan sobre el carácter de la orden religiosa, pero en el aire la química entre ellos y el enfoque carismático que compartían con respecto a la oración servía para unirlos.

—El padre Michael era muy carismático y convenció a la Madre de que todas las semanas debíamos rezar con las hermanas —recordaría el padre Joseph Wolfe—. Cerrábamos las puertas de la capilla y cantábamos música de alabanza. Algunas personas decían profecías. La Madre y las hermanas rezaban en lenguas.

La Madre llevaba el ritmo con un tambor desde una esquina mientras los hermanos y las hermanas tocaban la guitarra o cantaban. Después, inundada del Espíritu Santo, a veces se quedaba desmadejada mientras rezaba y luego experimentaba lo que ella llamaba «el sueño de los poderes».

—Se quedaba sin responder por horas —recordaría Sor Margaret Mary.

Además de las sesiones de oraciones, las comunidades compartían la cena en común y reían mucho.

—La gente me preguntaba si yo había entrado en un claustro, y yo les decía que era un semiclaustro —observaría Sor Mary Agnes, quien había llegado en 1986—. No había silencio, ni paredes; había un espíritu familiar.

Ya fuera por el espíritu familiar o por la oración, las tres órdenes prosperaban. Ya para 1988, había nueve miembros en la Orden de la Palabra Eterna, seis en las Hermanas Servidoras y quince Pobres Clarisas contemplativas. La televisión le ofreció a la Madre una oportunidad sin rival para atraer hacia las órdenes a otras personas con vocación. Pero ni la gran publicidad pudo superar los choques de personalidad y las diferencias que amenazaban a ambas de sus nuevas comunidades.

Las ovejas muerden al pastor

EN TRES CARTAS POR SEPARADO, la Madre Angélica trató de persuadir al Papa para que incluyera una parada en Birmingham en el itinerario de su viaje por Estados Unidos en 1987. Aunque la visita nunca se materializó, Angélica convirtió la peregrinación del Papa a Estados Unidos en septiembre en un evento personal para millones de personas. Durante la visita de diez días, EWTN lograría lo que ningún locutor de televisión en la nación había nunca intentado: una cobertura en vivo completa y sin editar del viaje del Papa desde que aterrizó hasta que despegó, desde por la mañana hasta por la noche.

La Madre comenzó a transmitir veinticuatro horas de costa a costa pocos días antes de que el avión del Papa entrara en el calor sofocante de Miami aquel 10 de septiembre. Cuando le dio al interruptor para comenzar la transmisión de veinticuatro horas al principio de mes, les dijo a los que estaban reunidos en la sala de control, «Esto es para siempre, hasta que Gabriel toque la trompeta. Y a lo mejor lo filmamos cuando lo haga». EWTN se podía ver ahora a todas horas. La nueva cadena de televisión por cable había entrado en las ligas mayores.

Plenamente consciente del nuevo alcance de la Madre Angélica, el Comité de Comunicaciones de los Obispos propuso que EWTN y la conferencia de obispos colaboraran para transmitir la peregrinación del Papa. El esfuerzo lograría la doble labor de mostrar en televisión una presencia católica unida, mientras ayudaban a la atribulada Cadena de Telecomunicaciones Católica de Estados Unidos [CTNA, por sus siglas en inglés]. Como incentivo, los obispos se ofrecieron para pagar la mayor parte de los costos de producción relacionados a la visita. La Madre sólo tendría que poner a disposición su servicio de veinticuatro horas en la antena parabólica y hacerse cargo de la mitad de los gastos adicionales. La sociedad le daría notoriedad a CTNA por vez primera desde que se había creado. Los televidentes a nivel nacional por fin podrían ver que los obispos de hecho contaban con una presencia en la televisión. Para Angélica, la cobertura conjunta significaba que su cadena recibiría gran publicidad y le daba a EWTN credibilidad dentro de la industria de la televisión por cable.

Para reducir costos, la cobertura en equipo se originó en WRAL, una afiliada de CBS en Raleigh, North Carolina. El padre Bob Bonnot, presidente y jefe ejecutivo de CTNA, y la Madre Angélica serían los presentadores durante la cobertura, con comentarios minuto a minuto sobre el Papa.

—Nunca he servido como presentadora antes, así que espero no meter la pata —le diría Angélica a un reportero antes de que comenzara la cobertura—. Pero va a ser divertido. Quiero ser una presentadora campechana. Creo que la mayor parte de los presentadores son demasiado serios y complejos.

Con la ayuda secular y una intensa promoción por parte de la conferencia de obispos, unos setecientos sistemas de televisión por cable recibieron la señal de EWTN en cuarenta y cuatro estados de Estados Unidos y llegó a veinte millones de hogares.

—De repente, había mucho interés en nuestra señal —diría Matt Scalici—. Los operadores de la televisión por cable nos dieron una semana, y ascendimos de diez millones a más de veinte millones.

Antes de dejar el confort de su avión de Alitalia, y besar la muy caliente pista para dar las gracias, bendecir las multitudes llenas de adoración en el aeropuerto de Miami y saludar al presidente Reagan, el papa Juan Pablo se preparó para la difícil labor que le esperaba. En su segunda peregrinación a Estados Unidos, el Pastor universal tendría que guiar al rebelde rebaño de nuevo al redil. Una creciente minoría de ruidosas voces católicas cabildeaban en pos de una Iglesia más democrática, libre de las doctrinas y de la autoridad que consideraban restrictiva.

El año anterior había sido uno de incertidumbre para la Iglesia Católica en Estados Unidos. En Seattle, Washington, el arzobispo Raymond G. Hunthausen desafió abiertamente la disciplina y las prácticas de la Iglesia. De acuerdo a las quejas de los fieles, nombró a ex sacerdotes para trabajar en las parroquias, permitió que una organización nacional de homosexuales católicos usaran su catedral para ofrecer la misa, les permitió a personas que no eran católicos recibir la comunión ilícitamente y escogió al descuido candidatos para el seminario. Tras una investigación, la Santa Sede dio el extraordinario paso de despojar al arzobispo de sus poderes principales y de reemplazarlo con el obispo Donald Wuerl para dirigir ciertas áreas de la arquidiócesis. El disgustado arzobispo calificó el arreglo de «no viable» a la prensa. En los meses subsiguientes, el *National Catholic Reporter* y otras publicaciones condenaron la «represión» de Hunthausen a manos de Roma con el argumento de que violaba la colegialidad del Concilio Vaticano Segundo; finalmente, el arzobispo fue restituido.

En la Universidad Católica de Washington, D.C., la opinión disidente del padre Charles Curran sobre la moralidad sexual difería poco de aquélla del mundo teológica de fines de los 80. Pero Curran era teólogo sobre conducta moral en la única universidad pontificia de Estados Unidos y sus enseñanzas desfachatadas pronto atrajeron el interés de Roma. Curran opinaba que «la anticoncepción artificial, el divorcio, la esterilización, el sexo antes del matrimonio, la homosexualidad, la masturbación y el aborto» —todas ellas prácticas estrictamente prohibidas por la doctrina tradicional católica— se podían considerar moralmente aceptables bajo ciertas condiciones. La Congregación del Vaticano para la Doctrina de la

Fe no estuvo de acuerdo, y el 18 de agosto de 1986 le prohibió categóricamente a Curran enseñar en una institución católica, haciendo mención de la disconformidad de él con el Magisterio (la autoridad doctrinal de la Iglesia). Setecientos cincuenta teólogos y nueve antiguos presidentes de la Asociación Católica Teológica apoyarían al recalcitrante teólogo.

Con retóricas de tono político, la prensa describió los casos de Hunthausen y Curran como enconadas batallas entre «progresistas» y «conservadores», con el Papa en un papel de conservador villano y todas las partes disidentes de progresistas amantes de la libertad.

Para 1987, los retos a la autoridad de Roma se habían convertido en rutina, y la disconformidad era cosa frecuente. Cuando el papa Juan Pablo comenzó a caminar entre su rebaño estadounidense, algunas de las ovejas enseñaron sus afilados dientes, dispuestos a morder si fuera necesario.

El sofocante aire de Miami envolvió al Papa al entrar en la iglesia de Sta. Martha para una reunión con los sacerdotes estadounidenses aquel primer día de su visita. La reunión fue uno de los varios diálogos que se sostuvieron con el Papa, lo que les brindaba una oportunidad a los representantes para que compartieran sus inquietudes como grupo específico dentro de la Iglesia con el hombre a cargo de ellos.

El escogido por la conferencia de obispos para dirigirse al Papa en nombre de los sacerdotes de EE.UU. fue el padre Frank McNulty, vicario de los sacerdotes de la Arquidiócesis de Newark, New Jersey. McNulty pronto sacó a relucir «la cuestión del celibato».

—Su utilidad se ha debilitado y se debilita cada vez más en la mente de muchos —dijo el sacerdote—. Esto nos preocupa mucho porque tiene serias implicaciones para la Iglesia.

El Papa, quien se mantuvo sentado sin inmutarse mientras duró el discurso de McNulty, improvisó al principio de su respuesta.

—Recuerdo una canción —dijo el Papa con ironía—. Tipperary está a mucha distancia.

Quiso decir: No esperen que eso vaya a suceder. En su discurso preparado, el Papa reiteró el celibato de los sacerdotes y pidió que rezaran por la vocación de los sacerdotes.

La Madre Angélica estaba disgustada con lo que veía, y probablemente avergonzada. Después de todo, era su cadena de televisión la que transmitía el reto público a la autoridad del Pontífice. Propagar la disconformidad y sembrar la duda en la mente de los televidentes no estaba entre sus planes. De modo que cada vez que se le presentaba la oportunidad, ofrecía su propio comentario campechano, pero ortodoxo, a modo de contrapeso.

—Creo que la perspectiva de la Madre Angélica era que ella se había hecho valer —diría el padre Bob Bonnot de la contribución de la Madre a la cobertura.

Pero la memoria más vívida de él, una que el sacerdote insistió era «sintomática de la situación general», ocurrió cuando el Papa visitó Phoenix el 14 de septiembre.

—Era el día de la Santa Cruz, y el Papa veneró allí una enorme cruz. La Madre Angélica se lanzó a decir cuán poco apropiado era tener una cruz y no un crucifijo. 'Quiero a mi Jesús en esa cruz', dijo. Y tomó el crucifijo que tenía colgado del cuello y lo besó. Fue una teología pobre en aquel entonces y es una teología pobre ahora —dijo Bonnot de los comentarios de la Madre—. Parte de la tensión y de los conflictos que resultaron se originaron por esta tendencia de la Madre a creerse que podía hablar libremente y criticar los eventos dentro de la Iglesia, aun hasta la veneración de la cruz.

Pero para la Madre Angélica, la cruz desnuda no representaba los sacrificios de su Esposo. Pensaba que mostrar la cruz sin el cuerpo de Cristo era como si aquellos reunidos veneraran un instrumento de torturas más bien que la cruz y el sacrificio de Cristo en específico. La trasgresión resultaría de poca importancia al lado de lo que estaba por suceder dos días después en Los Ángeles.

Tras un viaje agotador que lo llevaría hasta Miami, New Orleans, San Antonio y Phoenix, el Papa llegó a la ciudad de Los Ángeles el miércoles 16 de septiembre para tener una reunión a puertas cerradas con los obispos. La creciente disconformidad que había encontrado el Papa esporádicamente a lo largo de su estadía alcanzaría su apogeo en Los Ángeles.

En vez de permitirle a los obispos que se dirigieran individualmente al Papa, la conferencia preseleccionó cuatro representantes
para hablar en nombre de todos los pastores. Este «diálogo», al
igual que los anteriores, iba a estar completamente controlado
por la conferencia, con resultados predecibles. Los cuatro obispos
nombrados constituían la vanguardia progresista de la Iglesia Católica en Estados Unidos. Iban a someter al Papa a ingeniosos ataques verbales sobre un gran número de sus temas progresistas
favoritos.

El cardenal Joseph Bernardin de Chicago, uno de los obispos
más influyentes y poderosos de la conferencia, habló primero y discutió la relación entre la Iglesia Universal y la Iglesia local.

—Vivimos en una sociedad abierta donde todos valoran la libertad de poder decir lo que piensan —dijo el cardenal en su estilo
tranquilizador—. Muchos tienen la tendencia a poner en dudas las
cosas, especialmente los asuntos que les son importantes, como es
la religión.

Le advirtió al Papa que los estadounidenses «casi instintivamente reaccionan en forma negativa cuando se les dice que tienen
que hacer algo». Bernardin era meramente la presentación inicial
para lo que vendría después.

El arzobispo John Quinn de San Francisco le hizo saber al Papa
que la doctrina moral tradicional no servía en esta época moderna.
Le dijo al Papa:

—No podemos cumplir con nuestra labor sencillamente con
aplicar a ciegas soluciones diseñadas en épocas anteriores para problemas que han cambiado cualitativamente o que no existían en el
pasado.

El siguiente fue el *capo di capi* de los progresistas, un hombre a
quien se le veía como «inconformista» en los círculos del Vaticano;
el músico benedictino entrenado en la escuela de música Jui-
lliard, arzobispo de Milwaukee, Rembert Weakland, se levantó para
dirigirse al pontífice. Unos años antes, Weakland había roto una
«relación inapropiada» con otro hombre, un *affaire* que había comenzado en 1977. La noticia del romance, las cartas escritas a

mano y un pago por parte de la arquidiócesis de cuatrocientos cincuenta mil dólares para comprar el silencio del hombre obligarían al arzobispo a dejar su posición en el 2002 de forma bochornosa. Pero la relación era todavía un secreto cuando Weakland se enfrentó con el Papa en 1987.

«Los fieles», debido a la educación, la riqueza y a otros factores, no iban a aceptar más la doctrina de la Iglesia en «base de la doctrina en sí», amenazó Weakland. «Un estilo autoritario es contraproducente, y dicha doctrina queda entonces mayormente ignorada». Este ataque frontal contra el gobierno del Vaticano también quizás se refería al caso Hunthausen.

Weakland entonces se expresó a favor de la ordenación de las mujeres.

—Las mujeres —explicó Weakland—, intentan lograr una posición de igualdad cuando comparten la misión de la Iglesia... que enseña y demuestra con su ejemplo codisciplinario de los sexos como instrumentos del reino de Dios. Buscan una iglesia donde los dones de las mujeres sean aceptados y se valoren con igualdad... donde lo femenino no siga subordinado sino que sea visto como una reciprocidad holística con lo masculino para crear una imagen total de lo Divino.

Por último, el vicepresidente de la conferencia de obispos, el arzobispo Daniel Pilarczyk, ofreció una evaluación sombría de las vocaciones religiosas y las de los sacerdotes. Dijo que la Iglesia experimentaba «una ampliación del concepto de la vocación de la iglesia y del ministerio». Parecía insinuar que a través de «la participación y la colaboración», el laicado podía suplir las lagunas que dejaba el clero ausente. Pero el laicado desarrollaba sus propias nociones de lo que significaba ser parte de la Iglesia:

—Somos cada día más una comunidad católica que se da cuenta que la conformidad externa con los ritos y las regulaciones, a pesar de su importancia, no es suficiente —concluiría Pilarczyk.

El cardenal J. Francis Stafford diría de la reunión en Los Ángeles:

—Que se le desafiara y se le hablara al Santo Padre de esa manera no tenía precedentes. Uno salía de esas reuniones con una sensación de gran vacío debido a que las tensiones causadas en años anteriores se amplificaban en aquel momento.

La Madre Angélica estaba furiosa, en particular por la velada petición en favor de la ordenación de las mujeres.

—Que las mujeres formen parte del sacerdocio es solamente una estrategia por el poder, es una ridiculez —dijo Angélica al día siguiente de la reunión de Los Ángeles—. Tal y como son las cosas, las mujeres tienen más poder que nadie en la Iglesia. Fundan y dirigen las escuelas. Dios ha dispuesto que los hombres sean sacerdotes, y no podemos darnos el lujo de negarle a Dios sus derechos soberanos.

A pesar de toda la controversia, la cobertura de EWTN/CTNA del viaje del Papa fue un éxito rotundo. *USA Today* proclamó, «La cobertura secular entró en segundo lugar a la de la monja». EWTN consiguió doce nuevos afiliados de televisión por cable después de la visita del Papa, y a pesar de su preocupación con los comentarios de la Madre, los oficiales de CTNA hablaban con gran entusiasmo sobre una colaboración futura. El director de programación de CTNA, el padre Gerald Burr, le dijo al Servicio de Noticias Católico que la colaboración entre CTNA y EWTN probaba que las dos no «tenían que competir» y que las cadenas de televisión ya estaban en proceso de discutir una cobertura conjunta de la conferencia anual de obispos en noviembre. Pero la Madre Angélica no se sentía tan segura. Si los obispos con mentalidad reformista se habían sentido libres de desafiar tan atrevidamente la doctrina de la Iglesia ante el Papa, ¿qué no serían capaces de hacer delante de las cámaras en vivo?

Un baile con los obispos

LAS DIVISIONES IDEOLÓGICAS que se manifestaban dentro de la Iglesia y la reacción a la autoridad del Vaticano durante aquel período se personificaron en cierto modo en la rivalidad entre EWTN y CTNA. Ambas competían por promover su propia visión de la Iglesia Católica futura. Mientras que CTNA transmitía un régimen judeocristiano tradicional, abierto a nuevas realidades en constante cambio, EWTN le ofrecía a sus televidentes una espiritualidad católica tradicional y unas devociones a prueba del tiempo.

—No quiero ser conservadora y no quiero ser liberal. Quiero ser católica —diría la Madre de la programación y de las prioridades de la cadena—. Bien, si eso ofende a los liberales, mala suerte. Si ofende a los ultraconservadores, mala suerte. No voy a dejar que ninguno de ellos influya en mí. Quiero saber lo que la Iglesia enseña.

Muchos de los obispos entrevistados achacan el fracaso y finalmente la desaparición de CTNA a su programación demasiado amplia. Ya desde 1983, algunos católicos en Rhode Island y otras partes habían comenzado a quejarse de la programación de CTNA, convencidos de que presentaba una mezcla de «modernismo y política liberal» dañinos a su fe. Mencionaron en específico el programa *Spirituality in the Eighties,* una serie de entrevistas con teólogos disidentes como Hans Kung, Edward Schillebeeckx y otros que explicaban su «experiencia con la fe». Con el tiempo, aun los clientes más entusiastas perdieron su fe en CTNA. Un obispo, que pidió permanecer anónimo, dijo, «Nadie podía mirarlo. ¡Transmitían programas hasta de cómo entrenar a los acomodadores! Estaba repleto de temas liberales. Eran los burócratas los que dirigían eso, no la conferencia».

Programas desconcertantes y falta de interés llevaron a CTNA al borde de la bancarrota. Solamente cien de las más de ciento ochenta diócesis figuraban entre los clientes. Los directores de medios de comunicación en lugares como Delaware descartaban a CTNA abiertamente como «un desastre», un «ejemplo de cómo la Iglesia bota el dinero». La prensa católica la llamaba «el inmenso elefante blanco de los obispos».

Con el fin de tratar de salvar la cadena que se iba a pique, el padre Bob Bonnot y otros oficiales de la conferencia de obispos tomaron seriamente en consideración una invitación por parte de TCI, el proveedor de televisión por cable más grande del país, para pasar a formar parte de una cadena nueva que integraba distintas religiones. Vision Interfaith Satellite Network [VISN, por sus siglas en inglés] se convertiría en el todo-en-uno de la programación religiosa. Protestantes, judíos, musulmanes y, se esperaba que también los católicos, transmitirían temas religiosos genéricos, libres de desacuerdos sobre doctrina o recaudación de fondos. La programación de CTNA parecía encajar. Si lanzaban la cadena VISN, CTNA tendría razón con la que justificar su existencia, y tendría una forma de llegar a los televidentes que se suscribían a la programación por cable sin tener que pasar por la Madre Angélica. Dick Hirsh, el secretario de comunicaciones de la conferencia de obispos, se unió a la junta directiva de VISN para ayudar a crear la cadena de televisión, pero una colaboración formal iba a requerir el consentimiento del equipo completo de obispos.

La Madre Angélica se opuso a VISN desde el principio. En una reunión en Tampa, Florida, en noviembre de 1987 donde asistieron católicos dentro de los medios de comunicación, ella advirtió que participar en VISN llevaría a una doctrina católica «aguada» y limitaría la programación católica por cable. Angélica, el padre John Catoir de los Christopher y otros temían que una vez que los operadores de televisión por cable acogieran a VISN, estimarían que cumplían así con sus obligaciones con respecto a las transmisiones religiosas y empezarían a eliminar de sus ruedas de programas las cadenas de televisión religiosas individuales.

—Si iba a haber una participación católica importante en VISN, entonces era obvio para EWTN que la industria de televisión por cable se inclinaría marcadamente a favor de VISN, y cualquier esperanza que tuviera EWTN de ser la única cadena en existencia desaparecería proporcionalmente —comentaría el padre Bob Bonnot.

Las diferencias entre el padre Bonnot y la Madre Angélica iban más allá que la cuestión de VISN. A mediados de noviembre, EWTN le informó a CTNA que no iba a participar en una cobertura conjunta de la conferencia de obispos en Washington como habían acordado previamente. La cadena iba a producir su propia cobertura, que incluía comentarios ortodoxos para familiarizar a los televidentes con la doctrina magistral mientras veían el programa.

No se iba a repetir la experiencia de la visita del Papa: No se aceptarían obispos y teólogos desleales en la cadena de televisión de la Madre Angélica. Pero CTNA necesitaba esta coproducción para tener más relieve dentro de la industria de televisión por cable, y estimó que podían llegar a un acuerdo.

En la tarde del 10 de noviembre de 1987, sonó el teléfono en el vestíbulo del Monasterio de Nuestra Señora de los Ángeles cuando la Madre y las hermanas almorzaban en el refectorio.

—El padre Bob Bonnot la llama, Reverenda Madre —le informó una de las hermanas.

La Madre se dirigió al vestíbulo, cerró la puerta de acordeón para tener privacidad y levantó el auricular. Según recuerda, el padre Bonnot la trató de convencer para hacer la cobertura conjunta. También trató de convencerla para que transmitiera entrevistas con cualquier obispo que fuera sin importar cuál era su punto de vista, en consideración a su posición.

Aunque el padre Bonnot no recordaba exactamente el tema de la conversación, me dijo:

—Si la postura de ella era ser selectiva sobre cuáles obispos podían hablar, estoy bastante seguro que nuestra postura y política fue: Nosotros vemos a los obispos como aquéllos a quienes se les ha encomendado el liderazgo dentro de la Iglesia, y no se debe excluir a ningún obispo por principios.

Dicen las hermanas que mientras la llamada progresaba, la Madre Angélica «gritaba cada vez más». Una a una, las monjas se dirigieron al vestíbulo para escuchar la conversación y enterarse del desenlace que iba a tener como si se tratara de un drama por radio. Aunque la Madre respetaba el cargo del obispo, su conciencia no le permitía cederles su cadena de televisión a individuos o ideas opuestas al Magisterio —fueran o no obispo.

—¿Y quién es usted para decidir cuál obispo se debe presentar? —le preguntó el padre Bonnot.

—Da la casualidad que yo soy la dueña de mi cadena de televisión —le respondió Angélica de manera cortante.

—Bueno, usted no va a estar ahí eternamente.

—Vuelo en pedazos la condenada cadena antes que usted le ponga las manos encima —gritó Angélica como si le hablara a un sordo—. ¡Yo escogí mi Magisterio; escoja usted el suyo!

Las monjas se encantaron cuando oyeron que la Madre colgaba el auricular de un tirón y terminaba la conversación.

Una carta del padre Bonnot a la Madre Angélica dos días más tarde apelaba de nuevo en favor de una sociedad y reiteraba su oposición a censurar a los obispos. La Madre le escribió al nuncio el 16 de noviembre para justificar su posición. Luego de hacer un recuento de la hostil conversación por teléfono, le escribió al representante del Papa que el padre Bonnot tiene el «concepto que la televisión es para permitirle a cualquiera expresar su propia opinión sobre la fe, la moral, las doctrinas y el dogma… Nuestro Santo Padre definió las verdades por las que tenemos que regirnos y diferir sobre esos temas en la televisión nacional no es apropiado». La historia del monasterio luego muestra que «Roma sabía lo que ella hacía y lo aprobaba».

CTNA y EWTN hicieron una cobertura por separado de la reunión de noviembre de ese año de la conferencia de obispos.

Antes de que se acabara el año 1987, las normalmente discretas fuerzas contradictorias dentro de la conferencia de obispos riñeron en público. En diciembre, el comité administrativo de la conferencia dio a conocer un documento de treinta páginas de su política sobre el SIDA sin el consentimiento de todos los obispos. Redactado por el cardenal Bernardin y tres otros obispos, el informe exponía la doctrina de la Iglesia con referencia al sexo, y luego, por deferencia al hecho de que Estados Unidos era una «sociedad pluralista», decía que se podría educar sobre el uso de condones para prevenir la terrible enfermedad. «Los esfuerzos educacionales, si se basan en una visión moral más amplia como la que explicamos más arriba, pueden incluir información exacta sobre los dispositivos profilácticos», decía el informe. El documento sugería un viraje completo en la doctrina de la Iglesia y la aprobación tácita del uso de condones.

Muy pronto, gran cantidad de obispos a través de Estados Unidos denunciaron el documento y exigieron que se recapacitara sobre el contenido del mismo y que se prohibiera su implementación en sus respectivas diócesis. Aquí estaban los autorizados para interpretar la doctrina católica enfrascados en una batalla pública por cuestiones de enseñanza moral.

—No teníamos una visión uniforme de la Iglesia —me dijo un clérigo de alto rango estadounidense sobre el fin de la década de los 80—. Los líderes de la conferencia, la Santa Sede y los obispos discrepaban entre sí. La Iglesia en Estados Unidos estaba dividida con respecto al mensaje que quería transmitir.

En esta neblina moral, la Madre Angélica empezó a ver a EWTN como un modelo de claridad teológica, un puerto seguro para el católico promedio. Por cuestiones de conciencia, solamente individuos que reflejaran el dogma magistral de Roma podrían comparecer en sus transmisiones.

—Nuestra misión es representar la verdad, es sólo brindarla en la forma en que la Iglesia Católica se la brinda a quien la desee —diría la Madre—. Ahora bien, tienen que juzgar de acuerdo a esa representación. Yo no los juzgo; no los critico. Sólo digo, Aquí tienen la verdad.

Angélica en verdad había escogido su Magisterio.

Los obispos que se reunieron en Atlanta el 5 de mayo para discutir una cooperación futura con EWTN estaban molestos con la intransigencia de la Madre. Cuando las conversaciones tocaron el tema de establecer una relación formal entre EWTN y los obispos, la Madre puso sus condiciones sobre la mesa.

—Era una negociadora implacable —recordaría el cardenal Edmund Szoka, el segundo presidente de CTNA—. Básicamente, lo que ella decía era que revisaría y censuraría la programación en base de lo que ella estimaba se ajustaba al Magisterio. No la culpo. Había algunos obispos que yo no hubiera querido en mis programas tampoco. Pero ella estaba equivocada en creerse que era la única árbitra de la ortodoxia.

El obispo Robert Lynch, en aquel entonces el secretario general asociado de la conferencia, contó de un intercambio entre el cardenal Szoka y la Madre que es indicio de una «reunión más bien tensa». Supuestamente, el cardenal dijo:

—¿Existen buenos obispos y malos obispos?

—Sí —respondió Angélica.

—¿Cómo mi auxiliar? (El muy progresista Gumbleton, de Detroit).

—Sí, él es un buen ejemplo —dijo la Madre, animada—. No quiero a esos obispos en mi cadena de televisión.

Ese sentir se reflejaría en la propuesta final que ella le ofreció a los obispos en la primavera de 1988. La propuesta comprometía a EWTN a transmitir programas sobre la conferencia sin costo alguno durante varias horas al día. Cualquier programa donde hubiera un obispo ante las cámaras se transmitiría incondicionalmente. Todos los demás programas estarían sujetos al criterio de EWTN. Para proteger la posición de ellos en el sistema de cable y acabar con la posibilidad de que los obispos se incorporaran a VISN, la cadena integrada por diferentes religiones, Bill Steltemeier y la Madre insistieron en tener un contrato de exclusividad. Si los obispos aceptaban el acuerdo, no se le permitiría a la conferencia irse con su programación a otra parte. No se podrían transmitir por otra vía ni tan siquiera los programas descartados.

Los obispos tenían que tomar una decisión: o bien hacer un pacto con la testaruda hermana, o bien unirse a una cadena integrada por diferentes religiones, algo que pudiera quizás destruirla a ella. El enfrentamiento comenzó el viernes 24 de junio, el primer día de la reunión de primavera de los obispos en Collegeville, Minnesota.

VISN disfrutó de gran apoyo durante la votación. UNDA y el Comité de Comunicaciones de los Obispos, presidido por el obispo Anthony Bosco, exhortó al cuerpo de obispos a apoyar el ingresar en VISN. La junta de CTNA también refrendó la noción de asociarse a VISN. La suerte de EWTN cambió cuando el cardenal Edmund Szoka, en su función de presidente de CTNA, asumió la posición de oponerse personalmente a la oferta de VISN.

—Mi intervención fue decisiva. Lo hice para proteger a EWTN —diría Szoka luego—. A la gente del cable se le ocurrió la idea de que hubiera un canal que todas las religiones compartieran, pero eso hubiera acabado con EWTN y hubiera reducido el horario de

CTNA a quizás una hora al día. Todos los sistemas de televisión por cable hubieran tenido que sacar a EWTN de su programación si VISN hubiera tenido éxito.

Aunque Szoka en el fondo a lo mejor quería lo mejor para EWTN, durante su discurso exhortó a los hermanos para que descodificaran la señal de CTNA y le permitieran llevarla directamente a los operadores por cable. Si ellos hubieran consentido, CTNA hubiera competido directamente con EWTN y hubieran puesto en peligro la cadena misma que Szoka trataba de proteger.

El arzobispo Francis Stafford de Denver, quien había dedicado casi un año a hacer un estudio del esfuerzo de los obispos en el campo de los medios de comunicación, se opuso también al acuerdo.

—La visión del catecismo en Estados Unidos era tan débil tras el Concilio Vaticano Segundo debido al énfasis en la experiencia como cuestión de fe que hacía falta un pronunciamiento radical de la fe católica por televisión, no un esfuerzo integrado por diferentes religiones —mantuvo Stafford—. Hubiera sido un mal uso de los recursos de la religión católica.

El día de la votación, el obispo Thomas Daily de Brooklyn y Bill Steltemeier, con un rosario en la mano, presentaron la propuesta de EWTN ante la conferencia. El obispo Bosco fue el defensor de la propuesta de VISN.

—Creo que el obispo Daily fue muy persuasivo cuando habló de la posición de EWTN: Bailen con nosotros y con nadie más, o no bailen con nosotros, punto —diría el padre Bonnot—. El obispo Bosco fue más divertido pero no expuso con éxito el argumento a favor de VISN.

Las transcripciones y la cobertura de la reunión en Collegeville muestran un grupo incierto de obispos divididos sobre cómo proseguir.

—¿Qué va a suceder con Eternal Word? ¿Acabamos con la Madre Angélica? —preguntó el obispo Cletus O'Donnell de Madison antes de la votación.

—No creo que nadie pueda acabar con la Madre Angélica,

cualquiera que la conozca lo sabe —diría secamente el obispo Bosco—. No va a dejar que nadie acabe con ella.

Durante el debate, los obispos se preocuparon debido a la propuesta de VISN. Los espacios de tiempo sin establecer que estaban a disposición de ellos, los anuncios que podían ser contradictorios a la doctrina católica y los costos no incluidos les preocupaban. Por otro lado, algunos obispos estaban irritados por el enfoque teológico de EWTN y se oponían a que la Madre Angélica censurara sus programas.

Para superar el momento, Angélica, a instancias del arzobispo Phillip Hannan de New Orleans, un aliado de EWTN, aceptó que cualquier programa bajo discusión se sometiera a revisión por una junta fiscalizadora compuesta de cinco obispos. Si la mayoría de la junta decidía que el programa estaba libre de errores de doctrina, ella lo transmitiría. Esta concesión de última hora, junto con una moción por parte del obispo Rene Gracida de Corpus Christi para llevar a cabo con un voto secreto, aseguró el trato. El voto anónimo le brindó a los amigos de la Madre la oportunidad de poder apoyarla sin sentir el desdén de los hermanos que se oponían. Por un voto de ciento veintidós a noventa y tres, los obispos votaron a favor de firmar un pacto de dos años con EWTN.

La decisión constituyó una seria traba a los planes de VISN y le propinó un golpe terrible al liderazgo de CTNA.

—Fue una verdadera lástima, en mi opinión, una falta de liderazgo por parte de los obispos —me diría el padre Bonnot—. La conferencia aceptó las condiciones de EWTN... y se les sometió a un tamiz ideológico.

Al final, ni la Madre Angélica ni los obispos se sintieron completamente cómodos con el acuerdo al que se había llegado, pero esto salvó a EWTN de otra amenaza potencial y le proporcionó a los obispos tiempo gratis en el aire. Ahora que ya no era un paria, EWTN partió de la reunión de Collegeville con el imprimátur de la conferencia de obispos. La pregunta era, ¿podría la Madre conservarlo? Con cooperación o sin ella, Angélica se labraría su propio camino.

A mediados del verano de 1988, la Madre Angélica era la matriarca innegable de los medios de comunicación católicos. Nuevas pruebas de su supremacía se pusieron de manifiesto en el séptimo aniversario de su cadena de televisión con un equipo de producción de vanguardia de treinta y cinco pies que se bautizó con el nombre de Gabriel I, donado por Joe y Lee Bruno. La instalación ambulante de producción equipada con una tecnología valorada en seiscientos mil dólares permitía transmitir eventos en vivo desde cualquier parte del país. A finales de 1988, doce millones de hogares podían recibir la transmisión de EWTN, y Cablevisión la nombró la cadena de televisión de más rápido crecimiento en la industria.

Saber que la cadena de televisión estaba bien establecida y el fallecimiento de la que fue su querida amiga durante cuarenta y cuatro años, Sor Verónica, llevaron a Angélica a reevaluar su vida. Consideró la posibilidad de retirarse de la cadena, o de al menos alejarse del trabajo activo. Como acostumbraba a hacer, lo discutió con el Señor. Compartían todo: las decisiones difíciles, las preocupaciones por cuestiones monetarias, las alegrías, las penas y el dolor. Si se compraba un par de zapatos nuevos, hasta los llevaba a la capilla para «enseñárselos a Él», de acuerdo a las hermanas. En el otoño de 1988, durante una de sus conversaciones con Él durantes sus oraciones, le habló al Señor de su plan de «alejarse un poco» de EWTN.

Sintió que Él le dijo: 'No quiero que fundes una estación de radio de onda corta'.

—Señor, no sé nada sobre la onda corta —le dije, pero Él me respondió—, 'Lo sé. Comienza'.

Confundida, agarró el teléfono, le dijo a Bill Steltemeier que viniera al monasterio y se dispuso a comenzar, como le habían indicado.

14

WEWN: Un testimonio ante las naciones

ELLA IBA A LA CAZA de inspiraciones del mismo modo que los meros mortales perseguían la fama, los títulos y la riqueza. La inspiración era la parte vital de la Madre Angélica, el elixir fugaz que alimentaba su visión y abastecía sus acciones. Su mente racional interfería únicamente cuando el impulso quedaba firmemente establecido.

—Ella ejecuta cada inspiración al momento. Nunca las pone a prueba —diría Bill Steltemeier casi con orgullo al hablar de la osadía espiritual de la Madre—. Parece que el Señor le muestra una fotografía en específico, no la fotografía entera, sólo una pequeña parte. Y ella lo hace instantáneamente; no tiene nada que ver si tiene sentido o no.

La inspiración de la estación de radio de onda corta no tenía sentido —no para la Madre Angélica. Ni para ninguno de sus allegados. De modo que rezó y pidió ayuda y atendió la inspiración como si fuera una parra en el patio del viñedo de su abuelo, mientras se esforzaba por ver una luz que le indicara lo que tenía que hacer.

Quizás sería otra inspiración que no iba a llegar a ver la luz, al igual que había pasado con la «granja grande donde habrían hogares para familias monoparentales y madres solteras» que había prometido crear, de acuerdo a *USA Today*.

En el locutorio del monasterio, caminando a tientas por la neblina de su más reciente llamado, la Madre le dijo a Bill Steltemeier:

—El Señor me dijo, 'Ve a Roma'.

—¿Por qué? —preguntó Steltemeier.

—No estoy segura.

—Bueno, Él le está hablando a usted, no a mí. Sólo rece —le aconsejaría Steltemeier para concluir la reunión.

Steltemeier podía darle forma a una inspiración, pero la Madre tenía primero que expresarla claramente. Ella volvió a rezar.

Al día siguiente, Angélica convocó una reunión de vicepresidentes en el salón de conferencias de la cadena. Fue un momento solemne, como si Moisés bajara del Sinaí.

—El Señor me habló anoche y vi el mundo —comenzó la Madre—. Y Él me dijo, 'Angélica, he confiado en ti en las pequeñas cosas; ahora quiero que hagas algo grande'.

Matt Scalici que estaba en la reunión dijo de la misma:

—Si hablamos de humildad… ¿pequeñas cosas? Éstas cosas han sido las principales que yo he hecho en mi vida. Fue ahí cuando dio a conocer su idea de la estación de radio. Estados Unidos no era nuestro único mercado. El catolicismo ansiaba brotar en otras partes del mundo, dijo la Madre.

«Con obediencia ciega», los vicepresidentes aceptarían la visión de la Madre, aunque ninguno entendió ni aprobó el proyecto. Peor aún, dudaban que fuera necesario. Pero la Madre Angélica no se iba a dar por vencida. No importaba cuán poco claras fueran las órdenes, ella tenía la obligación de llevarlas a cabo. No era una cuestión de si se iba a crear o no la estación de onda corta, era sino de cómo y cuándo.

—La clave de su éxito es ésa: Ella confiaba en la inspiración —dijo el padre Benedict Groeschel, un fraile franciscano de la Renovación y sicólogo en New York que conoce a Angélica desde hace más de veinte años—. La Madre Teresa era así. Trabajé de cerca con ambas —eran mujeres intuitivas. Santo Tomás dijo que la más elevada forma de inteligencia es la intuitiva. Y ella ha tenido éxito por la inspiración del Espíritu Santo.

Unas semanas después, la Madre Angélica citó a Steltemeier para que regresara al locutorio del monasterio. Le contó con gran entusiasmo de un gran avance que había hecho durante su meditación. Había encontrado un pasaje en las Escrituras: el Libro de las Revelaciones 14:6. Decía: «Y vi volar a otro ángel por el cielo que tenía el evangelio eterno para predicarlo a los habitantes de la tierra, a toda nación, tribu, lengua y pueblo».

Envalentonada por estas palabras, y segura de que tenía ante sí una llamada a predicar el evangelio a todas las naciones, Angélica le dijo a Steltemeier:

—Me imagino que lo mejor es ir a Italia.

—¿Por qué hacer eso? —preguntó Steltemeier.

—Es ahí donde se hablan todos los idiomas. ¿No son necesarios los idiomas en la onda corta?

—No sé nada sobre onda corta, y mucho menos sobre otros idiomas.

—Tenemos que ir a Roma mañana —dijo Angélica con mucha seguridad.

Un hogar en Roma

EL 28 DE ENERO DE 1989, la Madre Angélica, Bill Steltemeier, Sor Michael y Sor Regina llegaron a Roma para lo que resultaría ser una visita peculiar. No había citas, ni planes, nada. La única reunión planeada era en Holanda (al final de la semana), con un millonario que Bill Steltemeier tenía la esperanza iba a poder financiar la aventura amorfa. Mientras tanto, las monjas y Steltemeier se miraban con desaliento en el cuarto del hotel.

—Nunca sentí tantos deseos de regresar como en aquel momento. Pensé, ¿qué hacemos aquí? ¿Adónde vamos? ¿Qué vamos a hacer? —recordaría la Madre—. Así que empezamos a buscar terrenos. ¿Qué otra cosa podíamos hacer?

Un corredor de bienes raíces que les recomendó un obispo en Roma les ayudó a rastrear la campiña para encontrar un lugar apropiado donde instalar una antena de onda corta.

En busca de bendición para sus confusos esfuerzos, la Madre y su séquito asistieron a la misa privada del Papa el 31 de enero. Después de la misa, el Papa pudo ver a la abadesa al final de la fila de recibimiento.

—Madre Angélica, usted es una mujer fuerte —dijo Juan Pablo con un estruendo.

A juzgar por el saludo, se puede inferir que el Papa había oído hablar de las hazañas de la Madre durante su estadía en Estados Unidos en 1987 y que probablemente sabía algo del roce entre ella y la conferencia de obispos. La monja le habló de sus planes de transmitir programas católicos por onda corta a Rusia y a Europa del este, lo cual el Papa acogió con euforia. La Madre interpretó esta reacción como una autorización para proseguir.

La gran estima del Papa hacia Angélica se hizo obvia poco más de un mes después cuando la divisó entre la multitud al concluir una audiencia general en el Salón Pablo VI del Vaticano. Alcanzó al otro lado de las barricadas y aguantó la cara de ella en sus manos.

—Ah, la Madre Angélica, la gran jefa —anunció el Santo Padre por encima del clamor—. La Madre Angélica, ¡la gran jefa! —repitió mientras reía.

La tarde del 1 de febrero, Angélica conoció a un hombre clave para el futuro de la estación de onda corta. Piet Derksen, el filántropo y millonario holandés católico había cancelado la reunión que se había planeado en Holanda y decidió en su lugar viajar a Roma.

Derksen era el fundador de una cadena de tiendas de deportes en Holanda, una empresa que le había dado una posición económica cómoda. Pero una revolucionaria idea que tuvo en 1967 lo había convertido en uno de los hombres más ricos de los Países Bajos. Concibió unas «vacaciones que el clima no podría estropear, con todas las instalaciones imaginables y que combinara un sabor de *country club,* centro de salud, complejo de deportes y villa de recreación». Sus villas, con sentido ecológico y construidas alrededor de gigantescas cúpulas transparentes (para controlar la temperatura en los pasatiempos acuáticos), se convirtieron en una sensación en Europa. Con el tiempo, Derksen abriría doce Center Parcs por toda Europa. En 1982, tras recuperarse de una prolongada enfermedad, concentró su dinero en una fundación llamada Testigo del Amor de Dios y empezó a financiar proyectos religiosos. Trabajos misioneros, iniciativas por televisión, esfuerzos en la radio —cualquiera actividad evangélica— podía confiar que la fundación de Derksen contribuiría fondos.

Mi riqueza ha sido como una pesada piedra que me cuelga del cuello —le diría Derksen a un periodista en 1984—. Me alegro de librarme de ella.

La Madre Angélica estaba más que contenta de serle útil. El augusto y ligeramente encorvado caballero de ojos saltones como los de un topo se acercó lentamente a Angélica en la cafetería del hotel de Roma aquel primer día de febrero. Era de pómulos altos y la cabeza la tenía cubierta de rizos canosos, lo que le daba un aspecto paternal.

—Usted es la persona —le dijo Derksen a la monja con un fuerte acento holandés—. ¿Qué necesita?

Lo repentino de la pregunta dejó a la Madre Angélica fuera de base.

—A lo mejor dos millones de dólares —le dijo ella.

—Yo se los consigo —prometió Derksen.

Conversó con la Madre menos de media hora y se fue tan rápido como había llegado. Al final de la semana, Derksen había mandado por transferencia electrónica los dos millones en su totalidad a la cuenta de EWTN. El proyecto de onda corta había definitivamente comenzado.

La Madre imaginó a los seminaristas que estudiaban en Roma llegar hasta su estudio para grabar devociones, oraciones, catequesis y lecturas de las Escrituras en sus idiomas natales. Ella transmitiría el fruto de sus esfuerzos por onda corta y llegaría a todas las naciones. Para asegurar el éxito, Angélica duplicaría el modelo de Birmingham y montaría las instalaciones de producción y transmisión contiguas al hogar para la oración contemplativa.

Una villa que compraron en abril de 1989 se acomodaba a sus propósitos. Estaba ubicada en el suburbio de Olgiata, una hora al norte de Roma. La parte izquierda de la villa alojaba el equipo de radio, al clero visitante y a miembros de la Orden de la Eterna Palabra que estudiaban para el sacerdocio. Cuatro hermanos se trasladarían a Roma en septiembre de 1989. El claustro de las hermanas ocupaba el lado derecho de la villa. Cada cierto número de meses se rotaban las hermanas y llegaban tres de la fundación de Birmingham para ocuparse del convento y orar en pos de la labor por radio.

En abril, Angélica había comprado la cima de una montaña que parecía hecha para una antena de onda corta. Piet Derksen se comprometió a donar más dinero para la labor, y otra fundación, Ayuda a la Iglesia Necesitada, con base en Alemania, donó seiscientos mil dólares en equipos de radio y cuatrocientos mil dólares en fondos. Todo caía en su lugar, a excepción de la licencia para transmitir y el permiso para construir.

Los repetidos intentos por conseguir la autorización del gobierno italiano habían sido frustrados.

—El gobierno había pasado una ley dos años antes que estipulaba que ninguna entidad extranjera podría obtener una licencia —recordaría la Madre Angélica—. Pero yo iba a Roma cada dos meses y me decían, 'Bueno, hemos hablado sobre la cuestión y parece favorable'.

Matt Scalici, quien se trasladó a Roma con su familia para ocuparse de los aspectos técnicos de la operación de onda corta, tiene su propia perspectiva sobre los reveses burocráticos.

—La corrupción en Italia era increíble. Todo el mundo quería una mordida. Encontrábamos lugares pero no podíamos llevar la electricidad. El tiempo de espera era de tres a cinco años, y la Madre nunca se comprometió a un proyecto tan largo. Si no se hacía ahora, mejor olvidarlo. De modo que dijo, 'Busquemos algo en Alabama'.

Aunque continuaba interesada en montar las instalaciones para transmitir por onda corta desde Roma, el 7 septiembre de 1989 la Madre comenzó a trabajar en un proyecto paralelo de onda corta con base en Estados Unidos. No se sabe con claridad si el propósito de esta estación era retransmitir la señal desde Roma a Estados Unidos o de servir de respaldo en caso de que el intento europeo fallara. Un estudio que ordenó la Madre estableció que Alabama era el lugar ideal para transmitir una señal por onda corta que pudiera abarcar a Estados Unidos y más allá. Su enfoque se dirigió entonces de vuelta a casa. Como el dinero de Piet Derksen estaba atado a la iniciativa romana, Angélica necesitaba dinero para proseguir con su proyecto en Estados Unidos.

Como de costumbre a lo largo de su vida religiosa, se dirigió a un italiano. Joseph Canizaro, un promotor inmobiliario de New Orleans que se había hecho a sí mismo y que había sido el que había garantizado la antena parabólica Galaxy de EWTN en 1987, atendió la llamada de la Madre el otoño de 1989.

La monja fue muy directa, según recuerda Canizaro:

—Joseph, ¿qué debo pedir en mis rezos para que me facilites un millón de dólares?

—Madre, nunca he regalado un millón de dólares en mi vida, y no me alcanza para la nómina —le contestó Canizaro prontamente, esquivando la petición de ella como una piragua que se desliza sobre las aguas de un pantano.

Angélica desconocía que había una recesión y que el capital de Canizaro estaba atado en una propiedad inundada de residuos tóxicos. La erradicación que se necesitaba se calculaba que costaría cien millones de dólares.

—Llámeme de nuevo y dígame qué debo pedir en mis oraciones —dijo la Madre para terminar la conversación antes de que le dieran un no definitivo.

Después de analizar la cuestión, Canizaro telefoneó a la monja para pedirle algo.

—Le dije que si podía vender el hotel Crown Plaza por la cantidad debida, le podría dar un millón. Pensé que estaba chiflada —diría Canizaro. Aun así, le pidió a la Madre que le rogara a Dios porque pudiera vender el hotel pronto.

La Madre Angélica oró en firme en nombre del hombre de negocios de New Orleans, después de haber hecho el cálculo que la operación de radio costaría once millones de dólares. Como signo espiritual de la necesidad que tenía, las hermanas y ella llenaron una pequeña bolsa con once monedas de cobre. Amarraron la bolsa a los dedos de una pequeña imagen de yeso de Jesús que izaba en alto una estatua de San José en el vestíbulo del monasterio. Del mismo modo que Jesús había convertido el agua en vino, esperaban que San José convirtiera el cobre en oro. Las monjas elevaron una simple oración de petición al santo.

El enfoque de la Madre Angélica en el apostolado de la radio y la extensa restauración de la capilla del monasterio (que se había comenzado en el verano) la alejaba cada vez más de la cadena de televisión.

—Dijo, 'Voy a restaurar la capilla; regreso dentro de dos semanas' —recuerda Chris Harrington, entonces el vicepresidente de operaciones y producción—. A efectos prácticos, nunca regresó.

Con su tiempo ocupado en viajar a Europa, en sus responsabilidades para con su comunidad y en la restauración en curso, la Madre sólo le dedicaba unas pocas horas a la semana a la cadena de televisión. Matt Scalici, el vicepresidente de ingeniería, dividía su tiempo entre Roma y Birmingham, mientras que Bill Steltemeier iba y venía de Europa con el fin de mantener la aventura romana a flote. La dispersión del equipo de administración y la ausencia de la Madre afectaron a EWTN, de acuerdo a Marynell Ford, vicepresidenta de mercadotecnia.

—En veinticuatro horas, toda la guía espiritual —todo— había desaparecido; el viboreo y cosas por el estilo comenzaron. El mundo real hizo su aparición. Chris y yo nos sentamos en el flanco de la acera delante de la cadena, alarmados por el futuro.

Harrington y Ford se ocuparon mayormente del funcionamiento diario durante los dos años siguientes.

A pesar de todas las distracciones, la programación de la cadena no se escapaba de la atención de la Madre, en particular los programas que se sometían bajo el contrato de la conferencia de obispos. La Madre Gabriel Long y algunas de las Hermanas Servidoras revisaban todo lo que enviaban.

—La calidad de la programación era terrible —Angélica admitiría más tarde—. Por ejemplo, recuerdo que una monja habló algo del Santo Padre, de que estaba muy mayor y que no sabía lo que hacía, así que eso no lo saqué al aire.

Un informe de 1989 del Comité de Comunicaciones de los Obispos dijo que EWTN rechazaba «uno de cada tres programas que se le enviaban». EWTN negó la cifra e insistió que rechazaron solamente un programa bajo el contrato debido al contenido.

Pero EWTN rechazó formalmente otro programa de la conferencia por otra razón. Como me dijo el obispo Robert Lynch, que era el enlace entre la cadena de televisión y la conferencia de obispos, «Decían que era por razones técnicas cuando rechazaban un programa. La Madre Angélica no era ninguna tonta; era astuta como un zorro».

—Nos informaban que la programación no era del nivel técnico requerido —el obispo Anthony Bosco dijo con una sonrisa—. Francamente, creo que la Madre pensaba que algunos de los obispos no eran muy ortodoxos. En cierto modo, no la culpo.

La situación condujo a un «intercambio infructuoso de recriminaciones» entre las dos partes, estimó el obispo Edward O'Donnell, presidente del Comité de Comunicaciones de los Obispos. Debido a que el contrato les impedía buscarles otra salida a los programas rechazados, los obispos votaron en noviembre a favor de cambiar el acuerdo con EWTN. Esperaban poder hacer una transición suave hacia un acuerdo menos exclusivo. Pero Bill Steltemeier les iba a ahorrar el trabajo.

Antes de que se hubiera vencido el término de dos años del contrato, Steltemeier vio un programa que les habían enviado donde aparecía un clérigo que prometía la ordenación de mujeres durante el próximo pontificado. «Eso fue el colmo» para Steltemeier. Envió una carta a la conferencia de obispos a modo de respuesta en la cual le ponía término al contrato entre ellos. Aunque algunos informes de la prensa le atribuía a los obispos la terminación del contrato, diría Steltemeier, «Eso es una mentira total y completa». Quien fuera que hubiera sido, la asociación entre la Madre y la conferencia de obispos había concluido.

El comienzo de 1990 trajo consigo una respuesta de San José y una recompensa a la fe de Angélica. La venta del hotel de Joseph Canizaro no se resolvió con las tenaces oraciones de la Madre, pero una transacción judicial superó todas sus expectativas. Una parcela de tierra contaminada que había comprado a principios de los años de 1980 amenazaba con llevar a Canizaro a la quiebra. Para tratar de recuperar algo, le puso una demanda de quince millones de dólares a la compañía petrolera que era la dueña original de la tierra.

—He salido de la corte con treinta y cinco millones de dólares —se jactó Canizaro en voz alta—. No tengo la menor duda que lo logré gracias a los rezos de la Madre Angélica. Ahí estaba su millón de dólares. Fue el milagro de mi vida, que me permitió comprar tierra a lo largo de la orilla del río en el centro de New Orleans. Fue así como me hice. Sabía que había sido una respuesta a sus oraciones.

En Birmingham, la Madre y su comunidad dieron llorosas las gracias a San José en el vestíbulo del monasterio. Canizaro y el arzobispo Phillip Hannan de New Orleans entregaron en persona el cheque de un millón de dólares a Angélica el 15 de febrero de 1990. Sería el génesis financiero de la estación de onda corta de EE.UU. Una semana después, la providencia le cobró con algo personal a la Madre Angélica.

Sucedió cuando salía del centro comercial Gallería en las afueras de Birmingham el 22 de febrero cargada con una almohada debajo del brazo. Sor Joseph y Sor Regina caminaban delante de la Madre cargadas de artículos que habían comprado. Cuando llegaban al estacionamiento, la Madre sintió que «alguien» la empujaba. Perdió el balance y se apoyó en el brazo izquierdo para suavizar la caída y ahí escuchó un crujido. Debido a que no podía levantarse por sí sola, las monjas y dos personas que pasaban por allí en ese momento ayudaron a Angélica a ponerse en pie y subir al auto.

—Dirígete al hospital St. Vincent —indicó la Madre—. Me fracturé la muñeca.

—No, te la torciste —dijo la siempre jovial Sor Regina.

—No, cariño, me la fracturé —Para probarlo, la Madre alzó su muñeca; un par de huesos le asomaban a través de la piel en ángulos opuestos—. Ve suave; no tienes que conducir rápidamente.

La muñeca hecha añicos le causó a la Madre el «peor dolor físico» que había sentido en su vida. Cuatro clavos sujetos a una armazón de metal le penetraban la piel y mantenían en su lugar los huesos fracturados. Angélica bendijo el contratiempo y le dijo a Sor Raphael que ofrecía el dolor «para que la bendición de Dios continuara en la labor que Él le había encomendado». La Madre tendría que soportar la molestia de aquel aparato de metal durante un mes, pero nunca recobró completamente el movimiento de la muñeca izquierda. La sanación completa quizás la eludiera, pero la bendición de Dios resultó menos tímida y se hizo muy palpable luego aquella primavera.

Matt Scalici consultó con el pionero de onda corta George Jacobs para hacer una lista de posibles lugares en Alabama donde se podía montar la estación de radio. Al inspeccionarlas, ninguno de estos lugares resultaron apropiados. Una propiedad de ciento ochenta acres en el pico de una montaña a una hora de Birmingham también se descartó porque era muy difícil construir en ella y porque no era indicada para la transmisión por onda corta. Pero la Madre insistió en ver el lugar en persona.

Condujeron hasta la inclinada ladera de la montaña a través de un estrecho pasaje entre árboles el 31 de mayo de 1990. En la cima, después de salir del denso bosque, la Madre y Scalici se toparon con un viejo huerto de melocotones y una fábrica de conservas. La vista de Angélica se fijó en algo que vio a través de la ventanilla.

—Aquí. Aquí mismo —dijo al desmontarse del auto—. La vamos a comprar.

—No puede comprar esto; no sirve —Scalici le aconsejó a pesar de que la tierra le pertenecía a una amistad suya—. Es rocosa.

—¿Ves a San Miguel allá arriba? —le preguntó la Madre.

—¿Dónde? ¿*Dónde*? —Scalici estudió los alrededores—. ¿Usted lo ve?

—Allí. —Angélica apuntó hacia la distancia—. ¿Lo ves *tú*?

—Yo no veo nada.

—Bueno, yo sí, y la vamos a comprar.

La Madre Angélica dijo que había visto a San Miguel Arcángel, «un guerrero guapo, fuerte, viril, de seis pies de estatura», encima de la montaña Vandiver en Alabama. No era éste su primer encuentro con este tipo de fenómenos. En 1989 mientras rezaba en el Monte Gargano, Italia, donde según la tradición San Miguel dejó sus huellas en un altar, la Madre sintió que la espada del ángel le tocaba los hombros. «Siempre estaré a tu lado y lucharemos juntos», San Miguel le dijo a Angélica de acuerdo a la historia del monasterio. Ella mantuvo que el arcángel apareció ante ella repetidas veces a través de los años.

—Por un lado, no creo que son fenómenos imaginarios, pero por otro lado no los categorizaría de apariciones —dijo el padre Benedict Groeschel, un experto en espiritualidad y en revelaciones individuales, sobre las experiencias de la Madre—. Caen en el campo de las visiones imaginarias, donde la inspiración toma una forma perceptible para esa persona; no es una alucinación. Una alucinación es un fenómeno patológico acompañado de una desintegración de la personalidad. Esto está integrado a la personalidad. La hace exitosa.

Un escéptico Matt Scalici fue a la corte del condado a investigar los lindes de la propiedad en la montaña. Se quedó atónito al saber que la tierra se extendía hasta los condados de Shelby y St. Clair. Scalici sabía que Santa Clara era la patrona de la televisión y la fundadora de las Pobres Clarisas. ¿Cuáles eran las probabilidades de que la Madre Angélica decidiera inesperadamente comprar una propiedad ubicada en el mismísimo condado que llevaba el nombre de la fundadora de la orden? ¿Y nada menos que en la zona en Estados Unidos donde predomina el fundamentalismo protestante [*Bible Belt*]? La confluencia de los eventos no se podía descartar como casualidad. Para Scalici, era una garantía que alguien más además de la Madre dirigía la adquisición.

Angélica compró la propiedad de Vandiver a mediados de junio, justo cuando la transmición de radio en otros idiomas comenzaba en la villa de Olgiata. Lituanos, bielorrusos y rumanos grababan clandestinamente oraciones que prohibían en sus países de origen. Aunque estaba contenta con los informes sobre los nuevos programas, las demoras debido a la burocracia italiana atormentaban a la Madre. Quizás pudiera llegar a todas las «naciones» con igual facilidad desde Alabama, pensaba Angélica. Pero habría que convencer a Piet Derksen.

Una carta del 30 de octubre de 1990 del arzobispo John Foley del Concilio Pontifico para las Comunicaciones Sociales cambiaría todo. La carta, aparentemente escrita a instancias de la secretaría de estado del Vaticano, trataba de convencer a la Madre para que no prosiguiera con la operación radial en Europa pues podía privar de dinero a otros esfuerzos. Consideraban que la transmisión por onda corta era innecesaria en vista de que Radio Vaticano ya transmitía a nivel internacional. Le enviaron una copia de la carta a Piet Derksen.

Angélica se sintió obligada a contestar la carta de Foley, pues la consideraba injusta. El 14 de noviembre le escribió al arzobispo y le informó que tenía en sus manos otra nota que le había mandado Foley a Piet Derksen, la cual «implica[ba] que el Sr. Derksen no debía financiar este proyecto». «El Sr. Derksen le ha hablado varias veces al Santo Padre sobre este proyecto y el secretario del Santo Padre solicitó mi presencia en Castel Gandolfo hace unos meses atrás», explicó Angélica. «El Santo Padre apoyó el proyecto y le ha dado su bendición, igual que al Sr. Derksen». Ella lamentaba que alguno de los cardenales u obispos pusieran objeciones a «la evangelización de los más pobres de los pobres» y concluyó con lo siguiente: «No entiendo la política, ni lo deseo entender. Deseo simplemente llevar a cabo la misión que el Señor me ha dado».

Disgustada con la resistencia de algunos en el Vaticano, los gastos cada vez mayores y el lento y pesado proceso legal en Italia, Piet Derksen llamó a la madre enojado el 29 de abril de 1991. Dice ella que él le dio una «perorata», durante la cual la interrogó sobre el uso de los fondos y el estancamiento burocrático. La Madre culpó a Italia por el costo y la lentitud y le mencionó la posibilidad de montar la estación de onda corta cerca de Birmingham. La perorata paró.

—Pues hágalo —le dijo Derksen—. ¡Hágalo!

El sueño de la Madre de transmitir por onda corta seguía vivo.

Se desobedecen las órdenes

DESDE EL MISMO COMIENZO, la Madre Angélica y el padre Michael McDonagh no concordaban en el camino que debía seguir la Orden de la Eterna Palabra. Como unos padres enfrascados en un tira y encoje sobre el futuro de un hijo, los cofundadores tiraban con toda fuerza en direcciones opuestas: McDonagh se aferraba a su visión ascética mientras que Angélica estaba decidida a que los sacerdotes y los hermanos debían trabajar fuera del monasterio para prestar servicio a la cadena y evangelizar al público.

El 27 de abril de 1991, la Madre invitó al padre McDonagh a su locutorio para la reunión de «volver a Jesús». Bajo el grueso pelo canoso cubierto con el velo, Angélica tenía la expresión firme de alguien que había cavilado sobre un problema y había llegado a una solución que estaba determinada a llevar a cabo. La Madre se sentía preocupada por la partida de la comunidad de doce hermanos, algunos de los cuales habían ido a la Madre para acusar al padre McDonagh de crueldad, y por la petición de que ella les construyera a los hermanos un monasterio detrás de la cadena de televisión. Le dijo a McDonagh que «las penitencias, el ayuno y las oraciones contemplativas» obstaculizaban el que los hermanos prestaran el servicio debido a la cadena y que había que hacer ciertos cambios en la rutina diaria de ellos. El sacerdote irlandés se mantuvo firme. Continuaría su entrenamiento de los hermanos en la forma agustiniana contemplativa a la que estaban acostumbrados —ya que habían puesto las cartas sobre la mesa, le informó que no disfrutaba participar del programa de ella en vivo. La amistad y la colaboración se había acabado de repente.

—El Padre y yo hemos sido amigos durante muchos años y éste es un momento muy duro para mí —le dijo Angélica a las monjas después de la reunión—. Pensé que la Orden iba a resultar de otra forma, pero no ha sido así. Le he cedido la Orden y le he dado al padre Michael la libertad para que averigüe qué quieren hacer los hermanos.

En mayo de 1991, la Madre viajó a Roma para ofrecerles la opción a los hermanos que estudiaban en el seminario.

—Nos informaron de la ruptura en Olgiata —recuerda el padre Philip (Richard) Mataconis, quien se había cambiado de la orden salesiana—. Ella dijo que el padre Michael deseaba fundar su propia Orden pero que nosotros teníamos la libertad de hacer lo que quisiéramos. 'Pueden quedarse con él o venir con nosotros', nos dijo.

Tres de los hombres o bien dejaron la Orden o siguieron al padre

McDonagh. El padre Philip y cinco de los hermanos permanecieron con la Madre Angélica. De este pequeño remanente resurgiría una Orden de la Palabra Eterna renovada, más cercana en su práctica y su visión a la inspiración inicial de la Madre.

Pocos días antes de regresar a Birmingham, ella procuró reivindicar la Orden y recordarles a los hombres sus raíces franciscanas. En una carta fechada el 13 de junio, les escribió a los hermanos que Dios les había llamado para traer «de vuelta a las ovejas descarriadas atendiendo a todas sus necesidades espirituales, [a través] de la dirección, enseñanza, los retiros, la radio, la televisión y la palabra escrita». Les aconsejó que leyeran las reglas de San Francisco, las que debieran permitir integrar a la vida de la comunidad.

Angélica adoptó un manejo práctico de la Orden. Visitaba con regularidad el monasterio y les daba a los hermanos charlas a mediados de semana que llegaron a conocerse cariñosamente como «las audiencias de los miércoles».

Surgió una nueva devoción hacia la fundadora dentro del monasterio.

—La Madre era el ícono de la ortodoxia para nosotros y queríamos protegerla —me diría el padre Francis Mary Stone.

Convencida de que las hermanas necesitaban establecer un recinto sin brecha, la Madre Angélica les indicó a las hermanas que no salieran más allá de la nueva cerca de cedro que se construía alrededor del monasterio.

—¿Por qué ha puesto este muro? —preguntó una de las hermanas a la abadesa un día mientras miraba entristecida desde la ventana de la oficina de la Madre.

—Porque me lo pidió el Señor, 'Éste es el momento' —respondió Angélica.

Habían quedado atrás los días en que las monjas se juntaban con los peregrinos y los trabajadores en la extensa propiedad. El principal objetivo de la Madre era limitar acceso a la comunidad para ponerle coto al chismorreo en la cadena acerca de la Orden de la Palabra Eterna y las Hermanas Servidoras. Pero las entrevistas sugieren que quizás era por razones espirituales más profundas.

A través de los años, la Madre había empezado a preocuparse más y más por un futuro escarmiento espiritual: un momento en que Dios pudiera permitirle a su gente pasar una prueba por los pecados que se cometían en la actualidad. Para prepararse, llamó a las hermanas que se encontraban en Roma y creó para la comunidad un claustro formal. Para reinstaurar la tradición monástica de la orden, protegió a las monjas hasta del más leve contacto con el mundo. Las cuestiones de la cadena, que antes se compartían abiertamente en la mesa, ahora habían quedado limitadas a los oídos de algunas personas íntimas. Las hermanas debían enfocarse en su vocación y evitar «preocuparse» de asuntos externos.

En el verano del 1992, la Madre se enteró que la conferencia de obispos tenía planeado hacer unos retoques a la traducción en inglés de la misa. La aclamación al final de la lectura de las Escrituras —«Ésta es la palabra del Señor»— se iba a cambiar a «Palabra del Señor». Un cambio muy sutil, sin duda, pero algo que la Madre Angélica vio como sintomático de las traducciones en constante cambio que ponían en peligro la estabilidad de la misa. Para proteger a las hermanas de las novedades litúrgicas del día, la abadesa le pidió a tres monjas que estudiaran minuciosamente los documentos del Concilio Vaticano Segundo y otros escritos oficiales relacionados para ver qué opciones tenían al alcance. Las monjas descubrieron que la intención del Concilio Vaticano Segundo nunca había sido abandonar radicalmente el latín en la nueva misa. Todo lo contrario: el concilio oficial y los documentos papales alentaban a que se retuviera el latín y el uso de los cantos gregorianos en la nueva liturgia. Inmune a los caprichos de los traductores, la Madre vio el latín como un refugio.

Ni las hermanas ni su audiencia seguirían sometidas a lo que ella llamaba la «Iglesia eléctrica» («Cada vez que vas, recibes un *electroshock*»). El 5 de julio de 1992, la Madre anunció que la misa televisada del Monasterio de Nuestra Señora de los Ángeles se celebraría en latín. La homilía, las lecturas y ciertas oraciones quedarían en el idioma popular.

El repertorio de las monjas de melodías populares con guitarra de los años 1960 y 1970 se retiraría gradualmente y se sustituiría con arreglos musicales con violín del Pater Noster, el Gloria y el Agnus Dei. Aunque el monasterio celebraba la misa nueva del II Vaticano, donde el sacerdote estaba de espaldas a la congregación, con frecuencia se interpretaban equivocadamente los sonidos del servicio y las antiguas devociones como un regreso a una época olvidada. De hecho, se acercaba mucho más a la renovación que preveía el Concilio Vaticano Segundo —y se transmitía a casi todas las diócesis de Estados Unidos.

—Para demostrarles el poder de EWTN y de la Madre Angélica: Cuando llegué aquí inicialmente, la gente decía, '¿Por qué dicen el Kyrie? Nadie lo entiende ya. ¿Por qué dicen el Cordero de Dios como el Agnus Dei?' —recordaría el obispo David Foley, obispo de Birmingham—. Pero si vas a muchas iglesias hoy, ahora cantan el Agnus Dei y el Kyrie. Nunca lo hubieran hecho si no fuera por EWTN.

Las Hermanas Servidoras, con sus hábitos dominicanos blancos y el escapulario marrón de San Francisco, no se parecían en nada a sus contrapartes del claustro. Las diferencias en la vestimenta sólo servían para enfatizar la desunión en el claustro. La Madre Gabriel no podía evitar comportarse como la superior que había sido una vez cuando era dominica. Por costumbre, las Hermanas Servidoras deferían a Gabriel en todas las cuestiones. Hasta desarrollaron sus propias devociones, para lo que se retiraban al pequeño apartamento a la salida de la cochera a recitar el rosario en grupo, con lo que así excluían a las monjas del claustro. Bajo las narices de Angélica, había surgido una Orden nueva aparte.

La veta independiente de las Hermanas Servidoras también era evidente en la cadena de televisión. Los empleados de EWTN recuerdan cómo las Servidoras intervenían directamente en las decisiones sobre la programación. En una oportunidad, un programa supuestamente censurado por la Madre Angélica desapareció de los anaqueles de EWTN.

—Resultó ser que una de las Hermanas Servidoras no estaba

de acuerdo con el programa, de modo que lo escondió —recuerda Chris Harrington—. Ése fue el final de la participación de las Hermanas Servidoras en la cadena de televisión.

El 5 de mayo de 1992, las cosas estallaron. La Madre llamó a su oficina a una de las Hermanas Servidoras, consciente de que la mujer luchaba con sus votos. En el curso de la conversación, la monja le dijo que no se sentía cómoda en el monasterio, y tampoco las otras externas. Angélica «se entristeció». Después de conversarlo, la Madre Angélica y Gabriel decidieron que las Hermanas Servidoras construyeran su propia casa en Birmingham y establecieran una comunidad por separado allí. «No podían hacer lo que su corazón no les dictaba», escribiría Sor Raphael de ese día.

Angélica reconoció que la selección de la Madre Gabriel para dirigir a las Hermanas Servidoras fue quizás precipitada.

—Nunca comprendió la esencia de lo que debía hacer —me diría la Madre Angélica. Entonces se calló —como reflexionando—. Llegué a la conclusión que yo no era muy buena como fundadora. Estoy segura que la culpa es mía por algún lado… no sé.

La Madre Gabriel y las Hermanas Servidoras rehusaron dejarse entrevistar para este libro, por lo que sólo se pueden hacer conjeturas sobre el punto de vista de ellas sobre la fundación de la comunidad y la ruptura posterior. Pero por la corta comunicación que tuve con ellas, es evidente que prefieren dejar este desagradable capítulo de su historia en el pasado.

Hoy en día, las Hermanas Servidoras ofrecen retiros dirigidos por personalidades de EWTN y les proveen alojamiento a las visitas, aunque no hay vínculos oficiales con la Madre Angélica o con su Orden.

La radio global

EN LA TERCERA MONTAÑA de mayor elevación de Alabama, permanecían regados como cerillas diez acres de árboles que habían sido desenterrados para dejar espacio a la única estación de onda corta en el mundo en manos privadas. La gente de la localidad echaban chispas por el daño al medio ambiente y por los cables eléctricos nuevos que zigzagueaban por la propiedad. Otros demandaron a la estación por invadir y extender el único terraplén que llegaba a la cima de la montaña. Además, la empresa proveedora de servicios públicos calculó que costaría alrededor de un millón de dólares al año solamente darle electricidad a la estación.

—Era un momento en que me preguntaba a mí misma, ¿tomé la decisión adecuada? ¿Esto fue lo que el Señor en verdad me dijo que hiciera? —diría la Madre de los retos que se presentaban—. Desde el mismo comienzo, fue un dolor, una interrogación, una duda, pero seguimos adelante.

La cortina de antenas de WEWN envolvía la cima de la montaña como si fuera un fénix de metal que abría sus alas sobre la maleza de Alabama por pura fuerza de voluntad. La estación, que recibía electricidad de unos transmisores de quinientos kilovatios y tenía unos generadores dobles de respaldo en caso que hubiera un apagón o algun escarmiento prolongado, había sido construida para que durara. Una excavación inesperada, voladuras, demoras por inclemencias del tiempo y gastos de tecnología inflaron el presupuesto a veintitrés millones de dólares.

El 28 de noviembre de 1992, Piet Derksen voló a Alabama para lanzar a WEWN parado al lado de la Madre. Una densa neblina envolvía la montaña y le impedía ver lo que sus veintitrés millones de dólares habían comprado.

Ante la presencia de más de cien espectadores que estaban dentro de las resplandecientes instalaciones, Derksen y la Madre prendieron el interruptor y lanzaron la ondulante señal por el valle y más allá. En su discurso durante el lanzamiento, Angélica enfatizó el singular servicio que proveería la operación a la humanidad y elogió a Piet y a Trude Derksen por su compromiso inagotable con el proyecto.

—La fe de ellos durante los años que duró la construcción de WEWN, y el hecho de saber que millones de almas se salvarán gracias a las transmisiones diarias, nos ha dado a todos el valor para perseverar… Es muy emocionante para todos nosotros saber que cuando haya un terremoto u otra tragedia, podremos llegar a la gente inmediatamente a través de este maravilloso medio —dijo la Madre Angélica.

Inglaterra, Rusia, Japón, India y otros países confirmaron prontamente la recepción de la señal. Al igual hicieron algunos residentes de Alabama quienes, sin la ayuda de un radio de onda corta, podían escuchar a WEWN resonar en el trabajo dental y los respaldares metálicos de las camas.

Al principio, la estación de onda corta transmitía lecturas de las Escrituras, catequesis y devociones en veintiséis idiomas. Pero en el plazo de dos años, abundaban las transmisiones de programas de televisión que se podían adaptar a la radio y programas en vivo de la Madre Angélica.

En 1993, un empleado que había sido despedido de la estación le escribió una carta a Piet Derksen en la que acusaba a la Madre Angélica de manejo financiero indebido. A pesar de que nunca se probaron las acusaciones —que Matt Scalici, Bill Steltemeier y la Madre Angélica negaron con vehemencia cuando los entrevistaron—, Derksen llamó furioso a la abadesa en tono acusatorio. De acuerdo a lo que recuerda la Madre de la conversación, él la llamó «sinvergüenza» y rehusó escuchar sus explicaciones.

—Si ésta es la voluntad de Dios, que sea Él quien lo termine —le dijo Derksen a la monja.

Después de haber contribuido alrededor de treinta y cinco millones de dólares entre los proyectos de Roma y Alabama, Piet Derksen cortó toda la ayuda financiera. Antes del fallecimiento de Derksen, él y la Madre se reconciliarían, pero en aquel momento la Madre estaba destruida.

—No te puedo decir cómo me sentía. Estaba más que destrozada, más que derrotada —diría la Madre de aquel momento—. Estábamos asustados por los pagos que teníamos que hacer todos los meses.

Angélica hizo un gran esfuerzo para llegar hasta la capilla, y allí le pidió a su Esposo que hiciera algo para que la estación siguiera y así probara que la operación de onda corta era parte de Su voluntad. Le indicó a Bill Steltemeier que incorporara los gastos de la estación de onda corta a los costos de operación de la cadena de televisión y confió que Dios de alguna forma respondería.

Al obedecer sus órdenes, ella había creado algo capaz de alcanzar a «todas las naciones». Pero en su lucha contenciosa por la doctrina y la práctica dentro de la Iglesia Católica, la Madre Angélica pronto descubriría que la estación de onda corta, y todo su imperio de medios de comunicación, iban a cumplir con un nuevo objetivo.

15
La defensora de la fe

FUE UNA INTERVENCIÓN por parte del cardenal Bernard Law de Boston durante un extraordinario sínodo de obispos en 1985 lo que originaría el primer catecismo universal de la Iglesia Católica en más de cuatrocientos años. Law, en expresar un deseo episcopal muy corriente, pidió que se creara un solo volumen que codificara exactamente las opiniones y enseñanzas de la Iglesia durante el rebelde período posterior al Concilio Vaticano Segundo. El papa Juan Pablo II aceptó la idea y autorizó en 1986 que se creara un comité para redactar el volumen.

Se vendieron más de un millón de ejemplares de esta edición original en francés del catecismo que promulgó el Papa en octubre de 1992. La demanda pública internacional se intensificó y fue necesario publicar ediciones en español y en italiano, así como para Asia y África. Pero la edición en inglés, atrapada en un laberinto lingüístico y teológico, no se veía por ninguna parte. La Madre Angélica era en parte responsable del retraso.

Debido al papel fundamental que había jugado el cardenal Law en producir el catecismo, lo más lógico era que él se ocupara de la traducción de la edición al inglés. Bajo su dirección, los traductores adoptaron un enfoque global y eliminaron del catecismo aquellos términos que distinguían entre los sexos, para usar en vez alternativas neutras. Cuando hablaban de «hombres», lo traducían como «humanidad»; «hombres y mujeres» se convirtió en «la gente y la familia». Donde Jesús decía «Como lo hiciste a uno de los más humildes de mis hermanos» aparecía en la nueva traducción «Como lo hiciste a uno de los más humildes de los miembros de mi familia».

En una carta que escribió en diciembre de 1992 para acompañar la versión final en inglés, el cardenal Law les describió la traducción a sus hermanos los obispos como un «enfoque moderado» escrito en un idioma inclusivo. Los obispos estadounidenses ratificaron la versión y la mandaron a Roma para obtener la aprobación final de la misma. Lo que siguió fue una avalancha de críticas.

—No han cambiado el lenguaje por razones orgánicas sino porque algunos grupos han dicho 'Estamos ofendidos' —declaró el padre Joseph Fessio, editor del tradicional Ignatius Press, a los medios de comunicación.

Fessio opinaba que la traducción capituló ante los deseos de los progresistas y los feministas, que querían ajustar a su medida las enseñanzas católicas y acomodarlas a sus propios intereses.

—Hay otros católicos que no desean el cambio, y a ellos se les ha ignorado —diría Fessio.

El cardenal Law defendió la traducción en el periódico de la arquidiócesis por motivos culturales. «En una época, se usaba la palabra 'hombre' en general… para abarcar a todos los seres humanos», escribiría. «Ése no es el caso hoy en día debido al cambio cultural con respecto a la inclusión».

Los comentarios de la controversia llegaron al claustro cuando ya las hermanas de la Madre Angélica habían encargado ciento cincuenta catecismos en inglés para venderlos en la tiendecita de regalos de ellas. La enérgica Sor Agnes, una monja con el don de la belleza y del arrojo, llamó al vendedor para determinar cuál edición ellas iban a recibir. Cuando se enteró que les habían reservado copias del catecismo con la «traducción del lenguaje de inclusión», Agnes canceló la orden pues supuso que sería lo que la Madre Angélica aprobaría. Si hubiera sido cualquier otro grupo de hermanas el incidente hubiera pasado desapercibido, pero un claustro que tenía un conducto directo a millones de católicos meritaba un examen más riguroso.

El 8 de enero de 1993 sonó el teléfono del monasterio. Era el cardenal Law, que supuestamente llamaba a la Madre Angélica para discutir la cancelación de la orden y para compartir con ella un mensaje del nuncio pontificio. Pero Angélica declinó la llamada debido a que un ataque de asma la había dejado con una ronquera. Según la historia del monasterio, el mismo nuncio llamó a la cadena de televisión y también le informaron que la Madre no podía hablar.

Al final de ese día, el obispo Raymond Boland de Birmingham llamó para informarle a Angélica que Roma iba a aprobar la traducción del catecismo con el lenguaje de inclusión y que oponerse públicamente a ello iba a verse como algo hostil a los deseos de la Iglesia. La Madre contestó la llamada. Con voz ronca, le dijo al obispo que ella no apreciaba el lenguaje inclusivo y después le hizo una pregunta retórica.

—¿[No fue] Jesús... concebido del Espíritu Santo y no nació humano o persona? ¡A una madre nadie le pregunta si el bebé es humano, se le pregunta si es hembra o varón!

Aunque ella no había sido directamente la responsable de la cancelación de la orden de libros que provocó la llamada del obispo, la Madre se puso muy contenta de poder expresar su opinión. La batalla había comenzado.

Después de revisar la versión en inglés del catecismo, el Vaticano en febrero mandó a llamar al cardenal Law a Roma. En aquel mismo momento, la Madre Angélica también se ocupaba de unos asuntos en la Ciudad Eterna. En el momento en que ella se acercaba a la Congregación para la Doctrina de la Fe, al lado de la Basílica de San Pedro, el cardenal Law salía del palacio con una sonrisa plasmada en su amplio rostro.

—Ah, hola, Madre. Tengo entendido que usted tiene una cita con el cardenal Ratzinger. No deje de hacer énfasis en el lenguaje inclusivo. Eso es muy importante en Estados Unidos —le dijo el cardenal a Angélica.

«Y pensé, bueno, usted debiera saber por qué voy allá».

La Madre Angélica se reunió con el cardenal Joseph Ratzinger, la autoridad del Vaticano responsable de la doctrina y el hombre responsable en última instancia del catecismo. Conversaron intensamente en el recibidor. Sentada en una incómoda silla de terciopelo color oro y rojo que bien podía parecer el trono de la coronación de Napoleón, Angélica le explicó el alcance de su operación de televisión que transmitía veinticuatro horas al día y de la estación de onda corta.

—Quiero llevar a la Iglesia al mundo entero, y lo podemos hacer. Pero no lo puedo hacer si se usa un lenguaje inclusivo —le dijo la Madre al cardenal refiriéndose valientemente a la versión estadounidense del catecismo—. Es horrible; cambia la doctrina, y lo cambia todo.

Después de intercambiar unas palabras amables, la Madre le dio las gracias al cardenal por el tiempo que le había dedicado y se fue.

El Vaticano rechazó la versión que usaba el género neutro y suspendió la publicación del catecismo en inglés durante casi un año y medio. Mientras tanto, la Santa Sede ordenó su propia traducción, una que era fiel al original en francés y que estaba repleta de pronombres masculinos y de una terminología que diferenciaba entre los sexos. Aunque es imposible evaluar la influencia de la Madre Angélica en esta sucesión de eventos, una década más tarde todavía el cardenal Law se siente herido por el rechazo y por la probabilidad de que Angélica tuvo algo que ver con ello.

—Pienso que nuestro producto final era superior al que se había publicado oficialmente, y ella dijo algunas cosas fuertes sobre mí. En mi opinión, la reacción al proyecto fue muy injusta —me diría el cardenal. Law puso objeciones al modo en que se describió su posición ideológica y los motivos que se le atribuyeron a sus acciones—. Creo que después de eso me marginaron porque no me invitaron más a presentarme en EWTN.

La congestión y los ataques de tos obligaban a la Madre Angélica a alejarse con regularidad del equipo a principios de 1993. Durante los programas en vivo, la abadesa, de setenta años, tenía que luchar con frecuencia contra la laringitis y las dificultades al respirar. En casa, tenía que usar inhaladores y dependía de tanques de oxígeno para sobrevivir. El 5 de mayo, tuvo que recibir atención médica por la condición en que estaban sus sobrecargados pulmones.

El diagnóstico fue una infección bronquial severa que la obligó a permanecer en el hospital durante dos semanas. Una noche cuando estaba ingresada en el hospital, una feroz tos que hacía temblar su corpulento cuerpo y enrojecer su rostro le rompió una vértebra. El hueso fracturado le dañó un nervio de la pierna derecha, su pierna buena. La pierna se le puso morada como una porcelana manchada de tinta, y no podía moverla. El dolor era espantoso. Para compensar el daño a la columna, tuvo que usar un aparato ortopédico para la espalda y la pierna. Le ofreció el aparato de la espalda a Dios Padre, el de la pierna derecha al Hijo y el viejo de la pierna izquierda al Espíritu Santo. Ahora necesitaba usar un par de muletas para caminar por muy corta que fuera la distancia.

Al mirar hacia atrás, la Madre vio la mano de la providencia escondida en aquel dolor.

—Me hizo depender en el Señor para todo. Me ponía a salvo, porque no me permitía darme crédito a mí misma por ningún logro que tuviera. Es una protección; es como un escudo para mí. Pienso que es así para todo el mundo; lo que pasa es que no lo ven, o que nadie se los ha dicho.

Tras una ausencia de siete semanas de las ondas radiales, la Madre compartió su dolorosa experiencia con su familia, y les dijo, «Una de las lecciones que he aprendido es que el sufrimiento y la vejez son valiosísimos. ¿Saben por qué? Por que en ese punto de nuestras vidas somos poderosos».

Semanas después, la vieja abadesa pudo probar cuán poderosa era ella durante una celebración del Día Internacional de la Juventud en Denver, Colorado.

Un cambio de sexo en Denver

LA REUNIÓN DEL PAPA con la juventud internacional era para EWTN lo que son las Olimpiadas para una cadena secular de televisión. Presentar al Papa en vivo y sin editar a los treinta y dos millones de hogares que recibían la señal era algo maravilloso. El padre Timothy Dolan de St. Louis, y Stephanie Claudy, una estudiante, fueron escogidos como los presentadores para cubrir la visita. La

Madre Angélica ofrecía comentarios especiales en un segmento diario de media hora conocido como *Mother's Corner*.

La noche del viernes 13 de agosto, EWTN transmitió el Vía Crucis desde el estadio Mile High a las siete y media de la noche. La Madre había promocionado el evento con una gran campaña el día anterior donde animaba a la audiencia a unirse al Papa y a la juventud internacional para contemplar la pasión de Cristo.

Pero aquella noche en el estadio Mile High nada había salido de acuerdo al programa. El cardenal Eduardo Pironio del Concilio Pontifical sobre el Laicado, y no el Santo Padre, presidió el Vía Crucis. Cuando después entraron en la arena los Fountain Square Fools, un grupo de mimos con base en Cincinnati, para hacer una representación de la pasión de Cristo, fue como un bombazo para todo el país.

Un nuevo productor, Michael Warsaw, quien antes era el responsable de publicidad del Santuario de la Inmaculada Concepción en Washington, D.C., se sentó en el camión de EWTN con una expresión de desconcierto en el rostro mientras miraba el Vía Crucis aparecer en la pantalla. Uno de los mimos que representaba la pasión se veía extraño. Cuando Warsaw se alejó para tomarse un descanso, Chris Harrington ocupó su lugar ante el banco de monitoreo de la transmisión. Se disgustó con lo que vio, y estuvo seguro de que la Madre Angélica iba a reaccionar de igual manera. En la pantalla, envuelta en una vestimenta de chifón blanco, la atractiva Christina Brown, claramente una mujer, apareció ante setenta mil adolescentes y millones de hogares para desempeñar el papel de Jesucristo.

Harrington salió del camión y fue a buscar a la Madre Angélica. Sentada en un restaurante con Bill Steltemeier y Sor Margaret Mary, la monja miraba fijamente un postre de chocolate blanco en el momento en que Harrington entró como un bólido.

—Madre, hay algo que necesito decirle —dijo Harrington con la respiración agitada—. Están presentando el Vía Crucis y una mujer es la que desempeña el papel de Cristo.

—No lo dices en serio —dijo la Madre Angélica mientras ponía el tenedor en la mesa sin haber tocado el postre. Se levantó y caminó hasta el camión de la cadena con su cojera habitual para ver por sí misma lo que pasaba.

—Ésa es una mujer —exclamó indignada mientras miraba los monitores—. Hasta aquí llegué. No aguanto ni una más.

La Madre Angélica despachó a Steltemeier hasta las oficinas de la conferencia de obispos para que le ofrecieran una explicación. Estaba dolida y furiosa. Desde su punto de vista, habían usado a EWTN como agente de propaganda para promover la ordenación de las mujeres. Si una mujer podía hacer el papel de Jesús ante millones de personas en un evento oficial del Papa, ¿por qué negarles a las mujeres el derecho a actuar en *persona Christi* frente al altar?

La habitación de Steltemeier estaba contigua a la de la Madre. Él cuenta que la abadesa permaneció despierta la mayor parte de la noche, y que lloraba y rezaba. Angustiada por no saber cómo responder a lo que ella consideraba una presentación políticamente tendenciosa, la Madre sentía que ella tenía que defender a la Iglesia y al Papa.

«Señor, estoy furiosa. Estoy disgustada», rezaba. «No quiero decir lo que pienso. Quiero decir lo que Tú quieras que yo diga». Sin ningún plan definitivo, decidió hacer unas declaraciones el próximo día.

El 14 de agosto, la conferencia de obispos emitió un escueto comunicado en respuesta a las preguntas implacables de Steltemeier y también con la esperanza de difuminar una controversia en cierne. «La pantomina no es una representación histórica», decía la proclamación. «Los organizadores nunca tuvieron la intención de que la interpretación de las estaciones de la cruz fuera una representación histórica. Cualquier persona, hasta un niño, hubiera podido desempeñar cualquiera de los papeles».

La edición matutina del periódico *Denver Post* habló del Vía Crucis transexual de una forma diferente porque carecía de la sutil aptitud interpretativa que sí tenía el personal de la conferencia. El escrito decía que «Jesús fue representado por una mujer, un hecho que algunos han encontrado irónico, ya que la Iglesia Católica no ordena a las mujeres como sacerdotes».

Los organizadores admitieron que la decisión de usar una mujer para hacer el papel principal fue premeditado. El 8 de septiembre, Salli Lovelarkin, directora ejecutiva de Fountain Square Fools, le dijo al Catholic News Service que habían escogido específicamente a Christina Brown porque ella «se parecía mucho a la forma en que representaban a Jesús en el Renacimiento» y que habían intentado lo más posible de «separar totalmente el sexo de la representación».

Sor Maureen Fiedler, una feroz defensora de la ordenación de las mujeres, no entendió aquella separación.

—La única razón por la que el Vaticano dice que las mujeres no pueden ser sacerdotes es porque no nos asemejamos a Cristo —le dijo Fiedler a un reportero después del Vía Crucis—. Pero, obviamente, si representan a Cristo como una mujer, hay alguien que cree que podemos asemejarnos a Jesús. Si usan a una mujer en las estaciones de la cruz... han demolido con su propia mano uno de sus argumentos principales.

Un oficial de alto rango del Vaticano que estaba presente mientras el Papa miraba el Vía Crucis en la televisión me dijo en una entrevista que Su Santidad «había podido ponerlo dentro del contexto porque había sido artista. Pero él con certeza captó el mensaje deseado». La arquidiócesis de Denver comenzó una investigación para descubrir quién había sido el responsable de la función. Pero el personal de la conferencia de obispos se mantuvo unido. Sor Mary Ann Walsh, la directora de comunicaciones del Día Internacional de la Juventud, dijo que la Arquidiócesis de Cincinnati había aprobado al Fountain Square Fools —una afirmación que la Arquidiócesis de Cincinnati luego negaría.

Cuando revisó el reporte a la hora del desayuno, la Madre Angélica anunció sus planes para aquel día.

—Los voy a acribillar. ¿Qué te parece? —le preguntó la Madre a Bill Steltemeier.

—Adelante, Madre.

Angélica llamó a Sor Raphael y le dijo que se asegurara que las hermanas vieran la transmisión del mediodía.

Aquel sábado, el segmento de *Mother's Corner* se titulaba «La agenda oculta». Sentada en un taburete delante de una pantalla de televisión que mostraba el emblema del Día Mundial de la

Juventud, la Madre Angélica parecía molesta desde el mismo principio. Angélica hacía recordar a una represa que aguanta un raudal. Con la quijada apretada contra el pecho y los ojos como puñales, estaba lista para la pelea.

—Ayer cometí un error cuando hablaba con ustedes. Les pedí que miraran al Santo Padre recorrer las Estaciones, pero él no recorrió las estaciones. De modo que me disculpo por ese error. Pero me alegro mucho que él no estuviera allí. Las Estaciones estuvieron preciosas. Las oraciones estuvieron preciosas. Pero representaron a Nuestro Señor como si fuera una mujer, ¡una abominación contra el Padre Eterno! —dijo.

Como una madre que defiende a sus pequeñuelos, esta vez les lanzó a sus adversarios algo más afilado que un cuchillo de pan. El resultado no fue menos visceral o apasionado. Cada vez se calentaba más la cosa.

—Es una blasfemia que alguien se atreva a representar a Jesús como si fuera una mujer. Como ustedes saben, nosotros los católicos nos hemos quedado callados todos estos años. Después del Concilio Vaticano Segundo —esos bellos documentos inspirados por el Espíritu Santo… han sido tergiversados y desfigurados todos estos años, y han culpado a los documentos del Vaticano por todas las excusas, como esta pantomima… Estoy cansada, estoy cansada de que me empujen hasta arrinconarme. ¡Estoy cansada del lenguaje inclusivo de ustedes que rehúsa aceptar que el Hijo de Dios es un hombre! Estoy cansada de las trampas de ustedes. Estoy cansada de su engaño. Estoy cansada de que ustedes abran una rajadura y en seguida se convierta en un hoyo donde todos nos caemos. No, esto fue a propósito… Lo que ustedes dijeron no fue por accidente —respiró profundamente y cerró los ojos—. Estoy tan cansada de ustedes, iglesia liberal de Estados Unidos.

Después de recitar una letanía de atrocidades, como la falta de respeto a la Eucaristía, las oraciones centralizadas y la educación sexual obligatoria en las escuelas, Angélica por fin explotó.

—Ustedes están enfermos… Ustedes no tienen nada que ofrecer. Lo único que hacen es destruir —dijo con indignación—. Ustedes no tienen vocación y ni tan siquiera les importa —el único propósito de ustedes es destruir. —La Madre se cruzó de brazos y alzó la voz—. Este Santo Padre *es* un santo padre. Su deber no es otro que representar la verdad y… la destruyen antes de que aparezca en los periódicos. Hablan en contra de ella. Lo llaman un anciano… ponen esta pantomima, esa mujer a desempeñar el papel de Jesús. No pueden tolerar ver el catolicismo en su cima, de modo que lo arruinan, como han arruinado tantas otras cosas en estos treinta años… Traten de hacerlo con Martin Luther King. Pongan a una mujer blanca en su lugar y miren a ver qué pasa. Traten de hacerlo con Moisés y Mahoma. No, a nosotros es a los únicos que se les puede hacer polvo y no decimos nada.

Hablaba entre dientes para acallar el dolor y los ojos se le llenaban de lágrimas. Defender la persona de Cristo y su Iglesia despertó en ella toda su furia. Enunciaba cada sílaba mientras aguantaba el crucifijo contra su pecho como si fuera la fuente de su oratoria.

—¿Ustedes ven este cuello? —continuó— Nos pusimos este cuellito moderno para acercarnos a este mundo moderno, a esta sociedad pagana… Lo vamos a cambiar. ¡Vamos a vernos muy romanas porque quiero hacer una proclamación!

Se escucharon vítores dentro del Monasterio de Nuestra Señora de los Ángeles. Al menos la mayor parte de las hermanas reunidas en la sala de San José gritaron con entusiasmo.

—Han escondido sus intenciones detrás de una pantomima. Yo no escondo mi agenda —dijo—. Todavía no he escuchado a nadie contradecirles u ofenderlos o decir algo que les moleste. Bien, yo lo digo… Resiento cuando tratan de imponer su anticatolicismo y sus costumbres impías en las masas de este país… Vivan su vida, vivan su falsedad, vivan sus mentiras —déjennos tranquilos… no viertan su veneno, su ponzoña en toda la Iglesia. —De repente, guardó silencio—. A pesar de lo que acabo de decir, les amo y siento mucho que tenga que ser así, pero tiene que ser.

El reto público de la Madre al ala progresiva de la Iglesia Católica hirvió mucho más allá del Día Mundial de la Juventud, eclipsando completamente la pantomima que lo había inspirado.

—Su mensaje resonó claramente en una gran parte de nuestra

audiencia —revelaría Michael Warsaw—. Ella dijo lo que mucha gente pensaba y comentaba en voz baja en privado desde hace mucho tiempo. Eran ellos los que decían 'Estamos furiosos, y no vamos a aguantar más'.

—El Día Mundial de la Juventud fue *el* momento decisivo para la cadena de televisión y para la Madre —opina Chris Harrington.

En aquella corta media hora en Denver, la Madre Angélica había convocado una cruzada ortodoxa y había retado a los que se sentían privados del derecho a representación y confundidos por los cambios continuos dentro de la Iglesia a que se pararan en firme y no cedieran más territorio.

La respuesta oficial a la explosión de la Madre fue rápida. En una llamada que le hizo el 15 de agosto, el presidente de la Conferencia Nacional de Obispos Católicos, arzobispo William Keeler, le dijo a la Madre que había «reaccionado de forma exagerada». Unos días después, exhortó a EWTN para que se deshicieran del editorial y que no lo pasaran de nuevo para no avivar las llamas de la controversia. Pero ya se habían avivado las llamas.

En un acerbo editorial, el arzobispo Rembert Weakland escribió que las «censuras despiadadas y sin sentidos de unos a otros» tenían que cesar. Luego procedió a condenar a la Madre Angélica por sus «virulentos» comentarios: «Ella gritó y pataleó durante media hora acerca de todo el abuso que se ha cometido después del Concilio Vaticano Segundo de acuerdo a su criterio personal, el cual, por supuesto, ella lo iguala al del Santo Padre», escribiría Weakland. «Ha sido una de las diatribas más vergonzosas, poco cristiana, ofensivas y divisivas que jamás he escuchado».

—Él no pensó que era ofensivo que una mujer hiciera el papel de Jesús —diría la Madre de las críticas de Weakland—. Puede meter la cabeza dentro del inodoro, en lo que a mí respecta.

El *National Catholic Reporter* catalogó a Angélica como una fundamentalista que había sembrado «el miedo y la oscuridad» en su presentación del Día Mundial de la Juventud. Las relaciones con la conferencia de obispos se deterioraron.

—En aquel momento, ella se deshizo de la banderilla como árbitro de la ortodoxia y el arte —dijo el obispo Robert Lynch, en aquel entonces un funcionario de la conferencia de obispos—. De 1988 a 1993, bailamos de lejos; después de 1993, ella se pasó de la raya.

Pero para un creciente número de católicos tradicionales, la Madre Angélica había puesto de manifiesto sus frustraciones y había ganado puntos como su portavoz. En una declaración conjunta, un grupo de católicos prominentes, que incluía al escritor y teólogo Ralph McInerny; al padre Joseph Fessio, editor de Ignatius Press; y a Helen Hull Hitchcock de Mujeres por la Fe y la Familia, felicitaron a Angélica por su franqueza e hicieron eco a sus inquietudes.

—Fui audaz, eso fue todo —dijo la Madre de sus comentarios del Día Internacional de la Juventud—. Para mí, eso fue un sacrilegio y me mostró cuán lejos había ido la iglesia liberal, y cuánto querían reducir la fe a la nada.

National Public Radio, el *Washington Post, Newsday* y otros periódicos del país hablaron de la audacia de Angélica. El público en general, muchos de los cuales la vieron por primera vez en Denver, quedaron fascinados con la «briosa monja» y querían ver más. Los sistemas de televisión por cable prestaron atención. Al año siguiente del Día Internacional de la Juventud, EWTN adquirió más de doscientos afiliados a la televisión por cable, y así llegaban al menos a dos millones de hogares nuevos en Estados Unidos y a otros dos millones o más en el extranjero. El espectáculo unipersonal de la Madre Angélica en Denver fue un éxito probado, uno que dejaría una marca perdurable en la monja y en su comunidad.

De regreso al futuro

NADA SIRVIÓ PARA dar mayor publicidad a la nueva ortodoxia reavivada de la Madre que el hábito tradicional franciscano que las hermanas y ella iban a adoptar. Para cumplir con su promesa de «verse muy romana», la Madre descartó el velo corto color habano que usaban las hermanas desde los años sesenta e instituyó el velo negro con griñón que ella había usado al principio de su vida de religiosa. El nuevo griñón envolvía la cara totalmente y les cubría el cuello y las orejas. Una tira gruesa de tela tapaba la frente y ocultaba la línea del pelo. El velo negro sobresalía plano por encima de la cabeza de las monjas y caía en una cascada por la espalda para formar un pliegue. Tomó meses perfeccionar y duplicar el diseño.

La proclamación de la Madre en Denver fue lo que causó el cambio en el vestuario, pero un pequeño grupo de monjas que incluía a Sor Antoinette y a Sor Margaret Mary pedían el regreso al hábito antiguo desde 1988. Cuando la Madre rechazó el nuevo diseño porque pensaba que los televidentes iban a considerar que la comunidad era «pre Vaticano Segundo», el grupo de monjas hizo una novena en privado. Se pasaban un dedo por la frente calladamente cuando se cruzaban en el pasillo para recordarse unas a otras su intención. El lugar donde hacían la señal indicaba donde iría la tira blanca de la pieza de la cabeza cuando lograran lo que intentaban alcanzar gracias a sus oraciones. El día de Nochebuena de 1993, su sueño se hizo realidad. Durante la misa televisada de medianoche, todas las monjas del Monasterio de Nuestra Señora de los Ángeles se vistieron con la pieza tradicional de la cabeza. Las hermanas mayores se opusieron al cambio en el hábito más que sus compañeras más jóvenes.

—A mí no me gustaba —me diría Sor Joseph en una entrevista—. No lo encontraba muy cómodo.

Una antigua monja dijo que la disminución de visión periférica cuando usaba la pieza de la cabeza le hacía sentir como si estuviera «en un cajón». Ni tan siquiera Sor Raphael, la vicaria, se sentía cómoda con el cambio; pero ella y las otras hermanas usaban obedientemente el hábito con orgullo.

—La vieja cara es la misma. Sólo que no ves la papada que cuelga. El hábito tradicional tiene una cosa buena —diría la Madre mientras bromeaba con su audiencia de televisión el 4 de enero de 1994.

Explicó que el cambio del hábito representaba un testigo necesario, un símbolo que expresaba un «sermón constante y comprensible del Evangelio».

Dentro del claustro, la Madre manifestó sus intenciones aun más claramente cuando les dijo a las monjas:

—Éste es un riesgo que tomaremos, porque no prevemos todos los efectos que puede traer. Podemos perder o ganar televidentes y benefactores, pero nada importa —solamente hacer Su voluntad. Debemos servir de ejemplo, quizás en forma exagerada. Quizás otras hermanas se llenen de valor y vuelvan a usar sus hábitos. Debemos dar el siguiente paso —es una muestra de nuestro compromiso total para con Dios, de unas a otras, de obediencia a la Iglesia.

No se detuvo en las cuestiones externas. En casa, Angélica volvió a instituir las prácticas del claustro que había ridiculizado en su juventud. Dar a conocer los fallos, o *culpas*, volvió, y se impuso el silencio estricto dentro del claustro. No se iban a leer más los periódicos ni a ver las noticias en la televisión dentro de la comunidad. La Madre les diría a las hermanas lo que ellas necesitaban saber. Restituyó los actos piadosos que se habían abandonado hacía tiempo para que las hermanas se pudieran enfocar en la adoración del Santísimo Sacramento. Las monjas se postrarían durante la consagración de la misa, y dirían una oración de gracias obligatoria al comienzo de las sesiones privadas de adoración. La misma Madre comenzó a dedicar tres horas todos los días para orar sin interrupción ante su Esposo y pedir por la «conversión del mundo». La primera hora era de cinco a seis de la mañana, el segundo período era de doce y media a una y media de la tarde y la última hora era después del programa en vivo, antes de acostarse.

—En aquel momento, ella tomó una decisión: Al demonio con los malos entendidos del Concilio Vaticano Segundo, vamos a regresar al núcleo —dijo el padre Joseph Wolfe—. Ella tenía que ser lo que se preciaba de ser: una monja del claustro. Parte del asunto era protegerse contra las críticas, mantener limpia su propia imagen.

Durante el período post-Denver, las enseñanzas de la Madre Angélica también evolucionaron. Después del Día Internacional de la Juventud, sus hermanas y hermanos notaron una indignación justificada en su enfoque —una Madre menos dedicada a cuidar y más dedicada a corregir. Era una época que se volvía demasiado grave y las apuestas eran demasiado altas para andar con frivolidades. Cuando antes enfatizaba la divina providencia, someterse a la voluntad de Dios y el poder del sufrimiento, ahora se filtraban en sus monólogos televisados y no televisados las conversaciones sobre los castigos y las advertencias funestas de los místicos.

La Madre Angélica sentía debilidad por los visionarios y los místicos debido a que la primera vez que había experimentado la presencia de Dios había sido con la ayuda de la estigmatizada Rhoda Wise. Aunque no estaba ligada a sus afirmaciones y a las supuestas revelaciones, sí era receptiva a ellas y mantuvo contacto con varios videntes a través de los años. Algunos afirmaban que recibían mensajes de la Virgen María; otros pensaban que los recibían de Cristo mismo. En términos generales, estaban de acuerdo que un escarmiento, una expiación divina por los pecados del hombre era inminente. Caería fuego del cielo y en la tierra se sufriría una agonía indescriptible. Algunos, como los visionarios de Garabandal en España, afirmaban que habría un aviso antes del escarmiento, una oportunidad para que la humanidad reconociera sus pecados y se arrepintiera antes del juicio abrasador. La Madre se sentía reconfortada de que fuera a haber un aviso y hablaba por televisión de lo que se avecinaba.

—[El] aviso. Si ocurre, va a ser un acto de misericordia por parte de Dios. Lo cual significa que en algún momento, por alguna razón, nadie lo sabe, todos nosotros vamos de repente a conocernos a nosotros mismos como Dios nos conoce… Somos como las personas que vivieron durante la época de Noé. No vemos las señales porque hemos esperado cien años.

También le habló a la audiencia de la esperanza y de la necesidad de amarse más unos a otros.

En otra ocasión, con motivo de una racha reciente de inundaciones, la Madre hizo una conexión entre los desastres naturales y la «crueldad satánica» del aborto. Tras un largo momento de reflexión, levantó la vista del piso, se humedeció los labios y dijo, —Esta inundación, mis buenos amigos, no es nada en comparación a lo que va a hacer el Señor si este país no se pone de rodillas y se arrepiente. ¡Arrepiéntanse! Los buenos y los malos van a sufrir juntos. —Levantó la mano para llevar el compás de cada palabra que seguía—. Y eso es una señal. No se pierdan la señal.

La Madre Angélica podía ver las señales y se preparaba de acuerdo a ello. El padre Mitch Pacwa recuerda ver que había comida y agua almacenadas en el sótano del monasterio durante la tormenta en marzo de 1993. Instalaron una bomba en el pozo natural detrás del jardín de piedras frente a la capilla del monasterio. Si iban a venir tiempos de escasez, las hermanas no iban a carecer. La Madre usó los medios de comunicación para preparar espiritualmente a su público.

—Muchos de ustedes que escuchan esta noche lo hacen porque yo soy directa y algo ingenua. Tienen razón... pero no quiero que me escuchen por eso —dijo la Madre el 27 de julio mientras tiraba del marcalibros de encaje de su Biblia durante una de las transmisiones—. Quiero que vean este canal porque ustedes se quieren acercar al Señor. Quiero que vean este canal porque hay momentos en que nos ponemos serios y porque hay gente que sufre por todo el mundo.

Mother Angelica Live perdió su frivolidad en 1993. El programa se había convertido en un programa muy serio y su presentadora lo usaría para fines serios.

La venganza de Angélica

EN SU MENTE, la Madre libraba una batalla pública y privada por el futuro de la Iglesia Católica.

—Hace mucho que la guerra debió haber empezado —le dijo a los televidentes poco después de lo de Denver—. Creo que necesitábamos la batalla que iniciamos hace mucho tiempo.

Chris Harrington, la productora de tantos años de la Madre dijo:

—Estaba más fuerte, casi como una activista. Era la activista católica ortodoxa.

En el otoño de 1993, la Madre dirigió la mirada a blancos ya familiares: el lenguaje inclusivo, las 'monaguillas' y el fallo de la educación católica. Durante un programa con el obispo Robert Banks de Green Bay, hicieron una pregunta sobre la clausura de un colegio católico en Hartford, Connecticut. El obispo Banks evitó hacer comentarios ya que el Arzobispo de Hartford era su amigo y compañero de clase.

—Tengo que sacar la cara por mi amigo —le dijo el obispo a la presentadora.

—Yo tengo que sacar la cara por esta gente —contestó Angélica mientras apuntaba hacia la cámara—. Ellos mantienen la cadena en pie, usted sabe… creo que como desafortunadamente no tengo ningún amigo en la jerarquía, puedo decir lo que pienso. Y lo que pienso es que necesitamos en verdad volver a esa maravillosa enseñanza que es el Magisterio.

Cuando se corrió el rumor de que el papa Juan Pablo II pronto iba a permitirles a las niñas que ayudaran en el altar, la Madre se puso a la defensiva. Lo catalogó de un «preludio» a la ordenación de las mujeres y le dijo a su audiencia:

—Creo que no es justo para las niñas, porque qué pasa si ella ayuda en la misa día tras día, semana tras semana, y llega a pensar igual que el niño: 'Creo que me gustaría ser sacerdote'. Y entonces no puede. ¿No sería eso una decepción? ¿Por qué exponer a una niña a eso? —Animó a sus tropas a escribir una carta semanal al Vaticano para oponerse a la novedad de tener niñas en el altar—. Si no lo hacen, entonces cállense y no se pongan a quejarse de las cosas. Opónganse o cállense —le dijo a su rebaño.

Pero en abril de 1994, cuando el Vaticano permitió formalmente que las niñas ayudaran en el altar, Angélica se sometió a la autoridad de Roma y aceptó su derrota con humor:

—El Vaticano ha aprobado que las niñas sean monaguillos… por primera vez en treinta años, todos los liberales fueron obedientes —dijo. No volvería más nunca a criticar públicamente a las niñas como ayudantas en el altar.

Durante la transmisión del 2 de noviembre de 1993, la Madre Angélica y el padre Joseph Fessio informaron a los televidentes de una próxima votación por parte de la conferencia de obispos que podía tener un serio efecto sobre la lectura de las Escrituras y las oraciones en la misa. La traducción con el lenguaje inclusivo que los obispos estudiaban amenazaba con cambiar la teología de las lecturas así como el género de las mismas. Comenzó otra vez de nuevo la batalla sobre el catecismo.

La Madre puso en la pantalla la dirección del obispo Wilton Gregory, presidente del comité de liturgia de los obispos, y comentó:

—Creo que cuando el programa concluya les voy a pedir que le manden una tarjeta o una carta. No tienen que poner nada excepto: 'Yo no deseo que se utilice el lenguaje inclusivo en ninguna parte, en ningún momento'. Bueno, eso no es difícil de recordar. Creo que eso ayudaría mucho.

Sus televidentes escucharon la llamada.

Sin importarle el desdén y el fuego que provocaba, Angélica se aventuraba donde los ángeles no se atrevían a entrar.

—Mis enemigos no saben algo de mí —la Madre me confiaría en el 2001—. A mí no me importa. A mí no me importa si me quieren o no. Pero si creo que ponen en peligro el honor y la gloria de Dios y sus maravillosos regalos porque tienen otra agenda, para mí eso es razón suficiente para enfadarme: eso es legítimo.

La «ira justificada» de la Madre y la continua «guerra» creo desastres en bajas. Si los funcionarios no podían llegar a Angélica debido a que ella contaba con la protección pontificia, sí podían atacar a los sacerdotes a su alrededor. El padre Philip Mataconis, superior de los Hermanos de la Palabra Eterna, fue retirado por la orden salesiana, a la que todavía debía obediencia, el 9 de noviembre de 1993. A otros sacerdotes —desde invitados hasta presentadores de las series— no se les permitió presentarse en las transmisiones de EWTN en un esfuerzo por privar a la cadena de televisión de la presencia del clero.

La Madre se había convertido en un fastidio para el círculo dirigente y en una amenaza para algunos de los obispos, pero su influencia era innegable. La Conferencia Nacional de Obispos Católicos recibió miles de cartas y tarjetas en respuesta a la petición que había hecho la Madre por televisión. La campaña postal por fin descarriló la traducción de la misa con lenguaje inclusivo y le prestó a los obispos de tendencia tradicional el apoyo que necesitaban para que la votación resultara a su favor.

«Hay que hacer algo» acerca de la Madre Angélica, dijo después de la votación el arzobispo Weakland, echando humo. Algunos de sus hermanos entraron en acción. En Long Island, el obispo Emil Wcela hizo campaña a favor de eliminar a EWTN de los sistemas afiliados locales de cable. El nuevo obispo de Birmingham recibió quejas de algunos en el episcopado, quienes pidieron cambios en la misa que transmitía la Madre.

Pero al obispo David Foley no le agradaron las intromisiones en los asuntos de su diócesis. Foley, que era un antiguo auxiliar de Richmond, se convirtió en obispo de Birmingham en mayo de 1994. Aunque parecía un personaje sacado de un *hobbit* de media edad, con la voz de *Mr. Magoo*, el diminuto y calvo prelado podía resultar formidable cuando estaba bajo presión. En medio de las crecientes críticas, defendió tenazmente las preferencias litúrgicas de la Madre Angélica.

—Les dije que me gusta todo lo que hacían en la misa. De modo que no pudieron hacer nada —dijo el obispo Foley mientras le daba la vuelta a su gruesa sortija—. Me daban quejas, pero les dije, 'Todo lo que hacen es apropiado'. No les gustaba que intercalaran el latín. Pero yo le decía a cualquier obispo que se opusiera, 'No me importa. Me gusta'.

En agradecimiento a su lealtad y amistad, la Madre le hizo una oferta al obispo Foley que él aceptó contento. Cuando se publicó la edición en inglés del catecismo de la Iglesia Católica en junio de 1993, EWTN sacó un nuevo programa en vivo, *Pillars of Faith*, una explicación sistemática del catecismo. Como el presentador del programa, el obispo Foley se convirtió en uno de los obispos mejores conocidos del mundo.

Con la protección del obispo y un montón de victorias, la Madre Angélica parecía invencible. Pero ella se había buscado más enemigos entre el episcopado de lo que pensaba; enemigos que la vigilaban para aprovechar cualquier paso en falso que diera, a la espera de la primera oportunidad para allanar el campo de juego.

16

El azote de los herejes

DURANTE UN PROGRAMA en vivo en enero de 1995, la Madre Angélica le atribuyó todos sus logros a la «cuota de dolor» que Dios le había puesto en el camino de su vida.

—¿Por qué? Bueno, porque es así como Dios trabaja —explicó—. Verás, a veces hace falta algo más que las oraciones… Hace falta un gran sufrimiento.

Durante sus cincuenta años de vida religiosa, Angélica había aprendido a aceptar el sufrimiento y había llegado a creer que Dios «le hablaba a [ella] a través del dolor y la tragedia». En marzo, la monja tuvo un ataque de asma tan severo que le dio a entender que la voz de Dios no podía estar muy lejos. Trataba de respirar desesperadamente, y ahí en ese momento Angélica tuvo una experiencia que la dejaría muy impresionada. Les escribió una nota a sus empleados el 3 de marzo, a la una de la madrugada, donde les explicaba los eventos de la noche anterior:

Tenía la cabeza empapada de sudor y le imploré a Jesús, «Sujétame». Ahí dejé de jadear y el amor me envolvió y comencé a respirar de nuevo.

En medio de esta maravillosa experiencia y después que pasó, vi a Jesús en la cruz —sacudía la cabeza de atrás hacia adelante— estaba con los ojos y la boca completamente abiertos, y tenía el pelo empapado de sangre y sudor.

El pecho se le movía mientras trataba de respirar con gran dificultad. Estaba cercano a la muerte. Me di cuenta de que Él me había permitido experimentar parte de su agonía. Recuerdo que pensé que su corazón se había roto por nuestros pecados, que eran la indiferencia y la falta de amor hacia Él.

Durante horas, sentí mi cuerpo como un caracol —vacío y solo.

Cualquiera que fuera el beneficio espiritual del dolor, la Madre no iba a pasar aquellas pruebas ella sola. La vicaria de Nuestra Señora de los Ángeles, Sor Mary Raphael, fue diagnosticada con cáncer del útero en junio de 1995, después de varios meses de sangramiento. Angélica y las hermanas quedaron destruidas al enterarse de la noticia. Los médicos estimaron que una histerectomía de emergencia detendría el cáncer, por lo que Sor Raphael accedió a someterse a la cirugía. Pero rehusó el tratamiento experimental de seguimiento y prefirió dejar su suerte en manos de Dios.

El 7 de junio, unos días después del diagnóstico de Sor Raphael, la Madre Angélica anunció un negocio con una antena parabólica que iba a globalizar su cadena de televisión casera. La antena parabólica de Intelsat transmitiría la programación de EWTN a cuarenta y dos países en Europa, África y América Central y del Sur. En el momento en que los obispos de Estados Unidos votaban a favor de liquidar su Cadena Católica de Telecomunicación de América, un proyecto en el que habían perdido más de catorce millones de dólares, la monja de setenta y dos años iba a pasar a formar parte de los multimedios globales. Pronto iba a poder transmitir por radio y televisión a nivel mundial, algo que ninguna entidad católica en el mundo hacía. Como una profecía, la Madre dijo antes del lanzamiento:

—La situación mundial es tan seria —guerras, terremotos, inundaciones— que necesitamos poder llegar a la gente en todas partes. Su fe será puesta a prueba en los años venideros —van a necesitar tener esperanza. EWTN les brindará mucha esperanza y mucha enseñanza.

El 15 de agosto, la señal internacional de EWTN se podía ver en cuarenta millones de hogares por todo el mundo. Dos días después, impulsada por la misma inquietud de mente que había hecho que el lanzamiento a nivel internacional sucediera más rápido, la Madre comenzó a buscar una propiedad donde fabricar un monasterio nuevo. En parte debido a que estaba convencida de que las hermanas iban a necesitar «protección» durante el escarmiento que se aproximaba y en parte porque se preocupaba del ruido alrededor del monasterio de Birmingham que no creía conducente a la vida contemplativa, la Madre recorrió la campiña de Alabama en busca del lugar adecuado. Pensó en la posibilidad de convertir el viejo monasterio en un noviciado donde entrenar a las monjas más jóvenes y reservar el edificio nuevo para las monjas profesas. La búsqueda para encontrar tierra continuó hasta el 12 de octubre de 1995.

Ese día, el agente de bienes raíces de la Madre la llevó a ver una propiedad en Hanceville, Alabama, una hora al norte de Birmingham. Pasaron en el auto por frente a un pequeño mercado desvencijado, una casa color salmón con un portal de ladrillos de ceniza y a la Iglesia Bautista Center Hill. Las ondulantes colinas rodeaban un gran valle salpicado de árboles.

—Me bajé del auto y lo sentí; sentí muy fuertemente la presencia del Señor —diría la Madre de ese día—. Supe que éste era el lugar donde Él quería que estuviéramos.

La parcela de doscientas acres estaba situada en el brazo de Mulberry Fork, un tributario del río Black Warrior. Al extremo de la propiedad se alzaba una meseta en la curva del río: un sitio ideal para el nuevo monasterio. Como una acuarela, las cumbres azules de las montaña creaban en la distancia un fondo surreal. La Madre presentó una oferta para comprar la propiedad el 15 de octubre.

La Madre tuvo la inspiración de comprar la tierra colindante con el fin de que no hubiera hoteles y restaurantes cerca de su monasterio, por lo que terminó por adquirir cuatrocientos tres acres. Ahora no sólo podía la Madre Angélica transmitir a mayor distancia que el Papa, sino que era dueña de una extensión de tierra que tenía trescientos acres más que el Vaticano.

—La Madre quería un monasterio del siglo XIII y que fuera lo más grandioso que se había visto nunca —dijo del diseño Walter

Anderton, el arquitecto bautista del nuevo monasterio—. Ella sabía lo que quería desde el primer día. Quería que la tierra del monasterio se cultivara, que hubiera ganado; allí tenemos hasta un matadero.

Para no atraer la atención indebida, la Madre en privado se refería al proyecto como la «granja» con una «pequeña capilla de campo» anexa. Aparte de que se asemejara a la basílica de San Francisco en Asís y de que tuviera características del siglo XIII, la Madre no le dio ninguna otra indicación al arquitecto. Él viajaría varios meses por Europa para estudiar las grandes catedrales del mundo mientras dibujaba los planos. De acuerdo a la norma, no había fondos para el proyecto y, aparte de su alcance, no había planes definidos para su interior.

Y un niño les guiará

A PRINCIPIOS DE 1996, la Madre Angélica viajó a América del Sur con el fin de promocionar la señal internacional de EWTN. Un viaje agotador a Europa que comenzó con una visita al Vaticano, le siguió en mayo.

El secretario personal del Papa colocó a la Madre, a Sor Margaret Mary y a Chris Wegemer, el vicepresidente de mercadotecnia, al final de la fila de recepción aquel 1 de mayo. Después de bendecir a los peregrinos y darles un rosario de recuerdo, el encorvado Papa se detuvo ante la monja, quien se tambaleaba sujeta a sus muletas de aluminio.

—Madre Angélica, mujer fuerte, mujer valiente, mujer carismática —anunció el Papa para que todos pudieran oírlo.

Que se supiera, era la primera vez que Angélica se sonrojaba y apartaba la vista del Papa. Como si fuera una niñita que le traía a su papá un regalito que ella misma confeccionó, le entregó una carpeta al Papa que detallaba el desarrollo de la cadena de televisión a nivel internacional.

—Su Santidad, éste es un perfil de las antenas parabólicas. Muestra dónde vamos a transmitir en el mundo —dijo la Madre—. Estamos en América del Sur, y pronto estaremos en Europa…»

—¿Y luego? —le preguntó el Papa.

—Luego iremos hasta Rusia.

—¿Y luego?

—Luego iremos hasta la China.

—¿Y luego?

El Papa sonrió pues se daba cuenta de que la Madre se había quedado sin territorios que conquistar. Riendo, tomó la carpeta y se encaminó hacia sus habitaciones privadas. En el umbral de la puerta, se volvió para echar un último vistazo. Observó las muletas, los aparatos ortopédicos y la aparente debilidad de su regordeta hija, y se encaminó de nuevo hacia ella. Puso una mano sobre el velo y con la otra le dibujó la cruz en la frente.

—La Madre Angélica, débil de cuerpo, fuerte de espíritu —dijo—. Una mujer carismática, una mujer carismática.

Chris Wegemer temblaba visiblemente mientras el Pontífice se alejaba, arrastrando los pies. El rostro de la Madre adquirió un resplandor rosado y sintió que podía «conquistar al mundo». Para una mujer que había sido rechazada por su padre, ser validada de esta forma por la figura paternal más importante en su vida marcaba un importante acontecimiento en su vida. La bendición del Santo Padre resultaría ser una fuente de alivio ante los difíciles días que se le avecinaban.

Al regresar a Birmingham, la Madre encontró un cheque de un millón de dólares destinado a la construcción del nuevo monasterio. Ella no había hecho mención del proyecto en sus programas de televisión, pero cuando una pareja llamó para ver si las monjas necesitaban dinero, Angélica había compartido con ellos sus planes. En marzo, prometieron enviarle un millón de dólares si vendían su negocio. Para mayo lo habían vendido, y la Madre recibió el primer millón de dólares de los muchos que se necesitarían para construir el monasterio.

El 20 de junio de 1996, la Madre Angélica se encaminó a Colombia, Perú, Ecuador y Bolivia para darle publicidad a su nuevo canal en español. Miles de personas se lanzaron a las calles y a las iglesias para alcanzar a ver a la monja.

En Bogotá, Colombia, el padre Juan Pablo Rodríguez, el anfitrión de la Madre, llevó a la monja y a su séquito a su parroquia. Él estimó que era importante que ella viera un pequeño santuario dedicado al Divino Niño.

El santuario había sido creado en 1935 por el padre John Rizzo, un misionero salesiano italiano, y en él había una estatuilla de treinta y nueve pulgadas del niñito Jesús: estaba vestido de rosado y tenía los brazos extendidos. La estatuilla había estado originalmente fijada a una cruz, pero el padre Rizzo no aprobaba de un niñito Jesús clavado a una cruz, de modo que ordenó que quitaran la figura. Desde 1935, miles de personas habían visitado el santuario y le atribuían poderes milagrosos a la imagen del Santo Niño.

Cuando entró en la capilla, la Madre divisó una placa de bronce con el nombre del padre John Rizzo. En referencia a su padre, dijo en broma:

—¡Bueno, un John Rizzo buena gente!

Los vecinos de la localidad se apretujaban en el corredor de la capilla y no dejaban a la Madre Angélica ver bien al Divino Niño. Para poder ver el objeto de su devoción, se paró a la izquierda de la caja de cristal alta que cubría la estatua. Con las palmas de las manos viradas hacia el cielo, comenzó a rezar. Las lágrimas comenzaron de repente a rodar por sus mejillas. No fue hasta un tiempo después que Angélica dio a conocer lo que le había sucedido. Cuando estaba parada ante el Divino Niño, contó, le pareció que la estatua se movía.

—De repente, Él se vira hacia mí —contaría Angélica—y, me dice, 'Constrúyeme un templo y ayudaré a aquéllos que te ayuden a ti'. Eso fue todo lo que dijo.

Ella dijo que la voz era audible y que era la voz de un niño.

Las hermanas sólo vieron las lágrimas que corrían por el rostro de la abadesa. Corrieron a su lado y le preguntaron qué le pasaba.

—Nada —les dijo la Madre.

Necesitaba tiempo para discernir el significado del mensaje.

—No sabía lo que era un templo. Sólo había oído hablar de los templos judíos y de los templos masónicos. Y no me gustaba la idea de que Él ayudara a los que me ayudaran a mí. Sólo podía pensar en Jim Bakker, quien dijo, 'Si me das cien dólares, Dios te dará mil'.

No mencioné esa parte hasta un par de años después —me diría la Madre—. Para mí, el mensaje completo era cuestionable.

Unos meses después, cuando salía de San Pedro en Roma, Angélica leyó una inscripción en una piedra que comenzaba con las palabras: «Este templo». Cayó en cuenta. La Madre se dio cuenta de que el Niñito Jesús quería un santuario muy elaborado. *Sí* existía lo que se llamaba un templo católico, y el Señor quería uno nuevo.

Contrario a la información que aparece en el libro *Come and See*, publicado por el Monasterio Nuestra Señora de los Ángeles, la inspiración del Divino Niño *no* fue lo que le dio el ímpetu inicial al proyecto del monasterio. Las excavaciones en la propiedad de Hanceville habían comenzado casi seis meses antes del viaje a Bogotá. Lo que se logró con el encuentro con el niño Jesús fue que la visión de la Madre para el monasterio de Hanceville se cristalizara, lo que alteró radicalmente el plan inicial. Después de lo que ella consideró una orden divina, la «simple capilla de campo» iba a resultar todo menos eso.

Como si la fundara por segunda vez

LOS CONTRATOS DEL transpondedor internacional permanecieron en el altar de la capilla de Nuestra Señora de los Ángeles veinticuatro horas antes de que la Madre Angélica los firmara. Con un trazo de la pluma, la Madre lanzó su cadena de televisión a una de las antenas parabólicas más populares de América Latina —PanAmSat— el 14 de junio de 1996. El canal en español, que transmitía las veinticuatro horas al día, sería el primero de un aluvión de iniciativas que lograrían ubicar a EWTN a la vanguardia de los medios de comunicación cristianos.

EWTN apareció en la red mundial en 1996 en un sitio preponderante donde se presentaban noticias, documentos de la Iglesia, apologéticas, los horarios de los programas y muchas cosas más. La cadena empezó por transmitir noticias, un servicio AM/FM por satélite, el programa *Religious Catalogue* al estilo QVC, y hacia fines de año empezó a transmitir a los países de la costa del Pacífico y llegó a Australia, Nueva Zelanda, China, Japón y las Filipinas. Cincuenta millones de hogares podían ahora ver a la Madre Angélica y por primera vez en la historia de la fe cristiana, el planeta completo podía participar simultáneamente en los eventos de la Iglesia universal. En retrospectiva, para la Madre aquel año fue «como fundar a EWTN por segunda vez».

En Hanceville, el monasterio estilo «granja» crecía exponencialmente.

—Es como cuando una mujer hace un edredón de parches —diría la Madre de lo que era para ella la construcción—. Pedía crecer, porque cada vez que yo iba a visitar la obra, había alguna cosa que no me gustaba a mí o alguna otra cosa que no le gustaba a nadie.

Sor Margaret Mary y la Madre se encargaban de aprobar cada fase de la construcción, y si algo no llenaba las expectativas —sin importar el costo o lo adelantado que estuviera— exigían que lo volvieran a diseñar o que cambiaran completamente de dirección. La Madre justificó el hecho de que fuera perfeccionista en una entrevista con un periódico local:

—[Dios] fue muy quisquilloso con respecto al templo de Jerusalén. No me siento muy segura de que Dios quiera estas cosas prefabricadas que sólo armamos a golpetazos. No creo que eso quiera decir ser austero. Creo que es estúpido… Si rindes culto en una iglesia que parece un garaje, sales con la sensación de que has estado en un garaje. Necesitamos ver la belleza para entender lo que es la belleza. ¿Alguna vez te has sentido inspirado ante un almacén?

La Madre calculó que el monasterio costaría tres millones de dólares, pero como era de costumbre en su caso, no había presupuesto. Sus benefactores eran increíblemente comprensivos. Aunque nunca recaudó fondos por televisión para la construcción del monasterio, cinco familias por separado y una fundación le ofrecieron su ayuda y donaron más de cuarenta y ocho millones seiscientos mil dólares para el proyecto. Financiaron todos los aspectos del monasterio sin reparar en gastos; una familia pagó por la cripta de la iglesia y la sacristía, otra por la capilla y los muebles, una tercera familia por el claustro, otra por el campanario, y así. En algunos casos, las familias, que insistieron en mantenerse en el anonimato, animaron a la Madre a comprar materiales y obras de arte que nunca antes ella había contemplado comprar. Cuando llegaban las facturas, se las remitía a sus benefactores, quienes las pagaban sin hacer ninguna pregunta.

El obispo David Foley de Birmingham, sin embargo, sí hizo algunas preguntas —no tanto sobre los fondos del proyecto como sobre el alcance del mismo. Él personalmente inspeccionó el sitio en abril de 1997, con la Madre Angélica de guía. Poco después, Foley pidió hacer una visita al monasterio para tener la oportunidad de reunirse individualmente con cada hermana, compartir la misa y explicarles la constitución a las monjas. Al retirarse la Madre de lo que ella consideraba era una asociación liberal de monasterios de Pobres Clarisas, el obispo quizás pensó que el estado pontifical de la comunidad había cambiado.

La Madre Angélica le negó al obispo la petición para hacer la visita. Le mandó a decir a través de Bill Steltemeier que eso podía afectar la posición de ella y dar la impresión de que había problemas internos que requerían la intervención del obispo local. Sin una invitación de la abadesa, el obispo Foley no podía entrar el recinto papal. Aunque Foley estaba convencido de que su función era la de supervisar, dejó el tema por el momento.

Sorprendidos por el interés indebido del obispo, la Madre Angélica y Bill Steltemeier se preocuparon por la autonomía de la cadena de televisión y de la propiedad en la que la misma estaba ubicada una vez que las monjas se mudaran a su nuevo hogar. Los votos de pobreza de las hermanas quizás no les permitía ser simultáneamente las propietarias del complejo de Birmingham, de la cumbre de la montaña Vandiver y de la granja en Hanceville. Para simplificar la cuestión, o por lo menos así lo pensó la Madre, las monjas de Nuestra Señora de los Ángeles votaron el 20 de mayo de 1997 a favor de donarle a EWTN la mayor parte de las propiedades que tenían (tasadas excesivamente en $14.683.259) en tres condados de Alabama. Cuando el obispo le informó a Bill Steltemeier que se necesitaba el consentimiento del Vaticano para cualquier traspaso de propiedades de la Iglesia valoradas en más de tres millones de dólares, Steltemeier devolvió parte de la tierra al monasterio y pidió una nueva tasación del conjunto completo a un valor inferior. Pero el obispo no perdía de vista el asunto, y tomaba notas.

Con la esperanza de atraer audiencias extranjeras y domésticas, EWTN diversificó su programación durante el segundo semestre de 1997. Estrenaron programas originales enfocados en los gustos de todos los católicos: *The World Over,* una revista informativa internacional; *Life on the Rock*, un programa para adolescentes y jóvenes; *The Journey Home*, un programa de entrevistas que presentaba a conversos a la fe católica; y, luego, *Nuestra fe en vivo*, un programa en vivo en español. Al enfocarse en los mercados internacionales a través de programas hechos a la medida, EWTN se convirtió en la primera cadena en el mundo en utilizar un servidor de videoarchivos Hewlett-Packard de vanguardia. Dicha tecnología le permitió a la cadena poder transmitir simultáneamente siete programas independientes a sus varios clientes alrededor del mundo.

En abril de 1997, EWTN solicitó una licencia a los funcionarios encargados de la televisión por cable en Canadá para transmitir en ese país. Y aunque les negaron la licencia (la cual se la dieron al canal de *Playboy*) las cartas de apoyo de miembros de la jerarquía de la Iglesia llegaron a montones, entre ellos el cardenal Anthony Bevilacqua, arzobispo de Philadelphia; el cardenal John O'Connor de New York; y el cardenal arzobispo de Los Ángeles, Roger Mahony. Un año después, Mahony todavía mandaba cartas sobre EWTN, aunque éstas eran de una índole muy diferente.

El asunto Mahony

CUANDO SU PROGRAMA en vivo del 12 de noviembre de 1997 estaba ya bien avanzado, la Madre Angélica expresó una queja bien conocida. [Le han dicho al público en general que] «no es necesario confesarse, no es necesario bautizarse, no existen en realidad Cuerpo, Sangre, Alma y Divinidad», le dijo a su invitado, el padre C. John McCloskey, un sacerdote del Opus Dei. Luego, para finalizar, dijo algo a modo de ejemplo y sin querer cruzó una línea canónica. Fue casi un comentario secundario, hecho como de pasada,

una cuestión en ciernes que duró menos de diecisiete segundos
—segundos que le costarían caros a la Madre Angélica.

Echada hacia atrás en su silla, gesticuló con la mano derecha
para hacer más énfasis y dijo:

—De hecho, el cardenal de California ha dicho que es pan y
vino antes de la Eucaristía y también después de la Eucaristía.
Temo que mi obediencia en esa diócesis sería completamente cero.

—Para lograr más efecto, juntó el dedo pulgar con el dedo índice y
formó un o con los dedos. Entonces pronunció la frase decisiva—:
Y espero que para todos los demás en esa diócesis sea cero. Quiero
decir, uno tiene que preguntarse a sí mismo… —Y continuó como
si nada extraordinario hubiese pasado. Pero sí había pasado.

En el monasterio de los Misioneros Franciscanos de la Palabra
Eterna en Birmingham, el padre Nevin Hammon, un abogado de
derecho canónico que impartía clases a los hermanos, escuchaba el
programa de la Madre en la radio esa noche. Estaba acostado
cuando la escuchó hablar de «cero» obediencia. El sacerdote me
contó:

—Salté de la cama y le dije al radio —y yo no acostumbro a hablarle al radio— 'Ah, Madre, no debió haber dicho eso. Va a tener
muchos problemas.'

Tres correos electrónicos aparecieron en el laptop del cardenal
Roger Mahony en la Universidad North American College en
Roma, donde le ponían en sobre aviso sobre los comentarios de la
Madre. Él asistía a un sínodo especial de obispos de Estados Uni-
dos en aquel momento. Al ser el único cardenal de California,
Mahony se puso que ardía cuando leyó las citas que le atribuían a
la Madre.

Los obispos y otros que residían en el North American College
recuerdan a un cardenal totalmente absorto en el asunto de la
monja. Con el fin de ganar aliados, Mahony les mostraba descara-
damente los mensajes marcados «Angélica» a cualquier obispo que
pudiera abordar. Un obispo afirmó que Mahony dijo:

—¿Usted ha visto lo que ella me ha hecho? ¿Usted no cree que
ella no debió haber hecho eso?

Mahony no encontró un público muy receptivo.

—Lo que lo motivaba era el deseo de castigarla, y quería que yo estuviera de su parte —otro obispo que asistió al sínodo me diría—. No sé por qué estaba tan enfadado con aquello.

Otro participante en el sínodo recuerda «una conversación durante la cual Mahony estaba muy molesto, aparentemente porque la Madre Angélica quería dispensar a la gente de la obediencia eclesiástica». El cardenal Mahony llamó repetidas veces desde Roma al obispo Foley en Birmingham para exigirle que hiciera algo con respecto a la insolente abadesa.

Angélica muy probablemente no se hubiera enterado de la carta pastoral de Mahony sobre la liturgia si no fuera porque una de las monjas le había dado una copia del documento antes del programa en vivo del 12 de noviembre. Durante la cena, la Madre ojeó por arribita la carta, «Gather Faithfully Together: A Guide for Sunday Mass», promulgada en Los Ángeles el previo mes de septiembre. A diferencia de la comida, a Angélica le fue difícil digerir la carta pastoral. Se enfadó porque consideró que intentaba restarle importancia a la transubstanciación —la doctrina que enseña que el pan y el vino en el altar, una vez consagrados, se convierten en efecto en el Cuerpo y la Sangre de Jesucristo. Angélica llevaba por dentro la rabia que sentía con la carta y le dio rienda suelta en el programa en vivo de esa noche. Le vino a la mente la carta de Mahony mientras expresaba una letanía de ultrajes, y disparó el comentario. Dar a entender que lo que el cardenal decía era una herejía era imprudente, pero hacer un aparente llamado para que hubiera cero obediencia en la diócesis era una violación de la ley canónica. El cardenal Mahony le mandó por fax una carta a la Madre Angélica el 14 de noviembre mientras estudiaba sus opciones.

«Que usted haya dicho públicamente en televisión que yo no creo en la Verdadera Presencia es sorprendente y reprochable y exige que usted presente inmediatamente una explicación y una disculpa», escribiría enfurecido Mahony. «Que usted ponga en duda mi creencia en la Verdadera Presencia no tiene precedente. Para complicar la cuestión, su llamado para que haya cero obediencia de parte de mis fieles hacia su pastor es chocante e insólito».

Michael Warsaw, en aquel entonces vicepresidente principal de producción de EWTN, insistió en que los comentarios de la Madre no habían sido «premeditados».

—Creo que ella se ofendió por lo que estimó una debilidad en una cuestión de doctrina, y creo que era algo muy personal para ella porque se trataba de la Eucaristía —diría Warsaw—. Si el cardenal Mahony no hubiese creado tanto aguaje, ella probablemente no hubiera criticado su carta pastoral y no hubiera hecho comentarios sobre la misma directamente. Pero cuando él la desafió, creo que ella pensó que tenía que hacer acto de presencia y defender la doctrina de la Iglesia. Recuerdo que ella dijo en aquel momento, 'Tengo que decir lo que creo y no me puedo echar para atrás. ¿Qué es lo peor que me pueden hacer, mandarme de vuelta al monasterio?'

El 18 de noviembre, sentada en el escenario de su programa en vivo, la Madre trató de cumplir con la petición del cardenal de que ofreciera una «explicación y una disculpa».

La Madre leyó una transcripción del programa del 12 de noviembre y después leyó gran parte de la carta del cardenal Mahony: «Debo insistir en que usted se retracte formalmente de su declaración y de que usted les asegure a sus televidentes que el arzobispo de Los Ángeles cree plenamente en la Verdadera Presencia y que promueve la devoción hacia este gran misterio de nuestra fe».

—Por lo tanto, quiero disculparme con el cardenal por mi comentario, que estoy segura pareció ser excesivo. Pero él me ha pedido una explicación. Y eso es lo que quiero hacer esta noche. Ésta es mi opinión y es así como yo lo entendí cuando lo leí —dijo la Madre Angélica.

Durante el resto del programa, la Madre desmenuzó punto por punto la carta pastoral:

—Lo que más me llamó la atención fue que el enfoque principal de la carta fuera la asamblea, la concentración en la asamblea por parte de las personas en la Iglesia en vez de en la Eucaristía. Por lo que la carta me pareció confusa con respecto a la enseñanza de la Iglesia sobre la Verdadera Presencia, el Cuerpo, la Sangre, el Alma y la Divinidad de Jesús… —dijo Angélica.

La única explicación clara sobre la transubstanciación fue «una pequeñísima nota al pie de la página», ella sostuvo.

—Yo no sé ustedes, pero yo, desafortunadamente, no leo las notas al pie de la página. Yo leo las letras grandes —chilló la Madre—. Bueno, no vi la nota... y si a mí me pasó, pienso que a muchos otros también.

La Madre habló todavía más sobre el asunto, y puso en duda la enseñanza «confusa» de Mahony de que la presencia de Jesús estaba «*en* los sencillos regalos del pan y el vino», como él había escrito.

—Yo soy parte de las masas; soy una mujer simple y no entiendo eso —le dijo a su audiencia—. ¿Quiere eso decir que Cristo está presente antes de la consagración, en el pan y el vino? ¿O quiere eso decir que Él está presente después de la consagración? ¿Es que Él más o menos da un brinco y se introduce en el pan y el vino, pero siguen siendo pan y vino? ¿O se convierten en Su Cuerpo y Sangre? Si todavía son pan y vino, ¿por que Lo voy a adorar? ¿Por qué debo arrodillarme y postrarme ante el pan y el vino?

La Madre Angélica prosiguió con su explicación:

—La semana pasada dije que si alguien me enseñaba eso, no le obedecería. Bien, el canon me dice que no puedo decir eso, que eso es algo que no se hace, decirle a alguien que no obedezca a su obispo o cardenal. Pido disculpas por ello. —Cambió de posición y soltó un suspiro—. Es muy confuso para la gente cuando sus líderes ignoran los problemas que hay en la Iglesia que necesitan confrontarse, cuando parecen que toleran y alientan la falta de claridad litúrgica y las prácticas que para mí no muestran ni manifiestan la santidad del Sacrificio de la misa.

—Su Eminencia pidió una explicación pública. Y quiero decirle a él que no quiero ocasionarle ningún contratiempo. No quiero desmentir a la Iglesia ni ser la causa de nada. Solamente estoy confundida porque no entiendo. —La Madre fue mesurada y cuidadosa—. No estoy aquí para rectificar a nadie... Tampoco estoy aquí para enseñar en el lugar de otros. Sé cuál es mi lugar y trato de mantenerlo. Pero es mi deber, porque el Señor me ha pedido que ilumine a las personas, no que les presente mis ideas y mis teorías sino que solamente diga, Aquí está, esto es lo que enseña la Iglesia... Espero haber satisfecho al cardenal. Voy a rezar por él, y espero que él rece por mí. —Ya casi había terminado—. Entonces, Su Eminencia, siento mucho si erré por su carta, pero aún la encuentro confusa…

La Madre tomó una cinta del programa en vivo junto con una carta donde hacía constar que había cumplido con la petición del cardenal, y lo envió a Los Ángeles. Pensó que la controversia había quedado atrás.

Los católicos progresistas y los ortodoxos empezaron a tomar partes. Adoremus, la Sociedad para la Renovación de la Sagrada Liturgia, condenó la pastoral de Mahony por ser una «sorprendentemente truncada teología de la Eucaristía», mientras que el *National Catholic Reporter* aclamó el «liderazgo pastoral» de Mahony y el quebranto de los «tabús eclesiásticos».

Al morir el cardenal Joseph Bernardin de Chicago en 1996, el cardenal Mahony había asumido la responsabilidad de liderar la izquierda católica. De hecho, durante los últimos días de Bernardin, Mahony se había mantenido junto a la cabecera del viejo cardenal fascinado por la heroica lucha del moribundo hombre. Los progresistas en general interpretaron que Bernardin le pasaba la antorcha a Mahony al escogerlo como el oficiante principal de su misa fúnebre. Con el tiempo, Mahony probaría su valía.

El Congreso Religioso Educacional anual de Los Ángeles, patrocinado por la arquidiócesis, presentó una cabalgata de disidentes y agitadores que estaban en contra del Vaticano. Los defensores de la ordenación de las mujeres, los críticos del pontificado, los teólogos desacreditados, y otros, encontraron un refugio seguro en aquella reunión. A juzgar por la lista de los oradores invitados, la tolerancia del cardenal hacia los disidentes y los críticos de los funcionarios de la Iglesia era considerable —lo cual hizo que su reacción a la Madre Angélica pareciera aun más peculiar. El cardenal Mahony se mantuvo firme cuando el laicado puso en duda las voces heterodoxas que presentó el Congreso Religioso Educacional en 1997, y afirmó su «profundo compromiso» con el evento. Durante su rencilla con la Madre Angélica, los progresistas demostraron su profundo compromiso con el cardenal Mahony.

En una carta fechada el 19 de noviembre, el obispo Robert

Lynch de St. Petersburg, Florida, denunció la demostración por televisión de la Madre Angélica como «el más reciente ejemplo del absoluto desprecio hacia los obispos de Estados Unidos, con pocas excepciones». Y prosiguió, «Ruego que usted cese estos maliciosos ataques personales contra aquéllos a quienes el Sucesor de Pedro ha escogido como líderes de la Iglesia ahora en este país… Usted y su cadena de televisión no me ayudan en mi desempeño como Pastor y Líder».

Mientras tanto, el cardenal Mahony compartía con un grupo de obispos invitados a Roma con el fin de ver la grabación de la «disculpa y explicación pública» de la Madre. Ver la grabación sólo sirvió para enfurecerlo más.

De acuerdo a un clérigo, «a Mahony le dio un ataque de furia» durante una cena en el Red Room del North American College.

—Estaba obsesionado con la cuestión —recordaría el clérigo— y les hablaba a todos sobre ello y sobre lo que significaba ser católico, y acerca del hecho de que la Madre Angélica había actuado sin autorización ni permiso.

Mahony concertó algunas reuniones en el Vaticano con personas que tenían autoridad sobre la Madre Angélica con la intención de presentar una queja.

—Todo lo que se hablaba en Roma en esos días era que cada dicasterio había recibido un mensaje de Mahony donde les exigía que actuaran —me diría un participante del sínodo—. Él bombardeaba las congregaciones.

El cardenal visitó el Consejo Pontificio para las Comunicaciones Sociales, la Congregación para la Doctrina de la Fe y, en algún momento antes del 27 de noviembre visitó también la Congregación para los Institutos de Vida Consagrada y las Sociedades de Vida Apostólica [CICLSAL, por sus siglas en inglés], que tenía control directo sobre la Madre y todos los religiosos.

Después de enterarse de la situación, se oyó a un cardenal de la Curia comentar, «La Madre Angélica tuvo el coraje de decirle lo que nosotros no le decimos».

«Debo informarle respetuosamente que no se puede catalogar su programa del 18 de noviembre como una explicación pública

y una disculpa», le escribió el Cardenal Mahony a Angélica el
1 de diciembre de 1997. «Si solamente usted hubiera leído las dos
secciones donde de hecho ofrecía una disculpa y hubiera con-
tinuado con otros temas, yo me hubiera sentido verdaderamente
satisfecho».

«Creo que su disculpa quedó tan diluida por los comentarios
que siguieron que cualquier televidente común y corriente hubiera
encontrado mi carta pastoral cuando menos confusa, y cuando peor
[sic] hubiera pensado que era en cierto modo un documento de
doctrina peligroso. Usted misma usó las palabras «confundida o
confusa» al menos treinta veces durante el curso del segmento, con
lo cual no dejó ninguna duda de que usted no aprueba la Carta
Pastoral».

Entonces hizo acto de presencia la ley canónica. Al referirse al
Canon 753, Mahony escribió que solamente el Papa y la Santa Sede
tenían derecho a corregir «la doctrina de [un] obispo diocesano».
Como él estimaba que se habían violado sus derechos, le informó a
la Madre de la queja que había presentado en contra de ella ante la
congregación responsable de los religiosos, y emitió una última petición: Ella tendría que ofrecer una nueva disculpa por televisión
antes de las Navidades. El comunicado reafirmaría la creencia del
cardenal en la Eucaristía, sería una admisión de que la Madre había
interpretado su carta pastoral incorrectamente, y les informaría a
los televidentes que ella carecía de autoridad para criticar a los
obispos. Mahony recomendó que el obispo David Foley compusiera
el *MEA* culpa y que el mismo se leyera públicamente en cuatro
ocasiones diferentes —libre de críticas adicionales. De lo contrario,
él continuaría con el caso en Roma.

—Me disculpé y ofrecí una explicación. Esto es un chantaje.
¿Por qué va a poder todo el mundo criticar la Pastoral menos yo?
—le preguntó la Madre al obispo Foley durante una conversación
telefónica el 3 de diciembre.

Ella se encontraba en Europa en aquel momento para revisar
el progreso de la custodia, los vitrales y otras cuestiones de su monasterio.

Angélica le pidió disculpas al obispo por cualquier problema que le pudiera haber causado, pero dijo que no veía ninguna razón por la que debiera retractarse de lo que había dicho, o refrendar la pastoral del cardenal.

—He dedicado mi vida a la Eucaristía y no puedo negar a Jesús —le dijo a Foley—. Estoy dispuesta a dejar mi posición en la cadena de televisión y a no continuar con el programa en vivo y vivir una vida contemplativa, pero no puedo negar a Jesús.

Foley apoyó su posición, pero tenía que tratar de apaciguar al cardenal ofendido. Le pidió a la Madre que rezara por él.

Foley y un teólogo de visita, el padre Don Deitz, redactaron una declaración de retractación que satisficiera las condiciones del cardenal pero que fuera de un matiz aceptable para la Madre. El documento parece haber sido un trabajo en grupo. Una copia que el autor consiguió lleva la información del fax del USCC, lo que sugiere que algunos en la conferencia de obispos ayudaron a redactarlo.

Decidido a conseguir su objetivo, el cardenal Mahony persiguió a la Madre Angélica desde todos los ángulos. A insistencia de él, Virgil Dechant, el gran caballero de los Caballeros de Colón, presionó a la Madre en una carta del 10 de diciembre a cumplir con las demandas y a que se retractara. Ese mismo día, los obispos auxiliares de Los Ángeles le escribieron a la Congregación para los Institutos de Vida Consagrada y las Sociedades de Vida Apostólica para instarles a que se le obligara a la Madre Angélica a retractarse de sus comentarios. Mientras tanto, el obispo Donald Trautman de Erie, Pennsylvania, y el obispo Lynch de St. Petersburg, los dos muy allegados a Mahony, presentaron una denuncia contra la abadesa al CICLSAL.

El obispo Foley tuvo la nada envidiable labor de presentarle a la Madre la declaración de retracción aprobada por Mahony el 15 de diciembre en el monasterio. Ella estudió la copia un momento y después miró hacia el obispo, negada categóricamente a leer el comunicado por televisión. El obispo trató de persuadirla de que lo hiciera.

—No —anunció la Madre pausadamente—. Tengo setenta y cuatro años. No voy a negar a Nuestro Señor cuando estoy tan cercana a enfrentarme a Él en el juicio final.

Para la Madre Angélica, no se trataba de una lucha de voluntades o de una cuestión de cortesía, sino de la creencia en la Eucaristía.

—Con el estrés y todo lo demás, me iba a mantener con la cabeza en alto ante la gracia de Dios. Y sé que Nuestro Señor me daba fortaleza porque yo repetía lo que Él había dicho. No era mi propia opinión —reflexionó la Madre—. No me sentía que actuaba con testarudez en el asunto; no me sentía que actuaba con desobediencia. Pensaba que esto era lo que mi Iglesia enseñaba.

Cuando regresó a casa, el obispo Foley encontró una serie de faxes y mensajes telefónicos del cardenal Mahony, quien sin duda estaba ansioso por saber la reacción de la Madre al comunicado.

—De modo que llamé a Mahony —recuerda Foley—. Dije, 'No creo que ella lo va a hacer'. '¿Y qué vas a hacer como obispo local?', me preguntó. 'No voy a hacer nada al respecto', dije. Él estuvo molesto conmigo durante un tiempo pero se le pasó. En los medios de comunicación seculares lo presentaban como la monja contra el cardenal. A la Madre le encanta una batalla, y se encontraba en el medio de una.

En repetidas ocasiones, intenté entrevistar al cardenal Mahony por escrito y en persona para lograr un mejor entendimiento de la perspectiva de él sobre la controversia. Todas las veces que lo pedí me lo negaron.

Mi último intento fue en noviembre de 2003 en la reunión de la conferencia de obispos en Washington. Después de haber mandado a su habitación varias peticiones para entrevistarlo, logré divisar al cardenal Mahony en el vestíbulo del hotel. Lo seguí hasta los elevadores y le pregunté sobre la Madre Angélica y el desacuerdo entre ellos. Sin mirarme a los ojos, me dijo al pasarme por el lado, «Todo eso es historia antigua».

Pero a finales de diciembre de 1997, la obstinación de la Madre Angélica parecía absorber totalmente al cardenal Mahony —y lo puso muy irritable. Al no tener noticias de la monja, le disparó una carta el 23 de diciembre donde le exigía que cumpliera con su petición y que le extendía el plazo hasta enero. Cinco días después, la Madre respondió.

Una retracción «significaría negar» su «creencia en la doctrina de la transubstanciación», le escribió a Mahony. Angélica no cedió ni un ápice. «De nuevo me disculpo por haberle herido o por cualquier dolor que le haya causado mi declaración. Pero yo también siento un gran dolor y me siento herida por los muchos artículos calumniosos sobre mí y sobre EWTN en los periódicos de las diócesis. Espero y ruego porque este asunto haya quedado ya resuelto».

Pero no iba a resultar así.

Mahony ansiaba recibir una disculpa y no iba a dejar que lo maniobrara una monja populista de Birmingham, Alabama. Debido a que se trataba de una batalla pública y a la participación de Roma era mucho lo que estaba en juego. En enero de 1998, el cardenal amplió su plan de ataque. Expresó su preocupación con EWTN como cadena de televisión en conversaciones con funcionarios del Vaticano —los programas, el gobierno y la administración de la misma. De acuerdo a los informes, consultó con abogados del derecho canónico para descubrir con qué cadenas eclesiásticas podría atar a la Madre Angélica y a su cadena de televisión, con la esperanza de que se obtendría un resultado favorable para él.

—El cardenal quiere que la Santa Sede haga algo acerca de la posición de la Madre Angélica en cuanto a rendirle cuentas a la Conferencia Nacional de Obispos Católicos o a algún otro obispo en particular —le dijo al *National Catholic Reporter* el padre Gregory Coiro, director de relaciones mediáticas de la Arquidiócesis de Los Ángeles—. Esto va más allá de la crítica de ella hacia el cardenal —se trata de cómo funciona la cadena de televisión y a quién la misma le rinde cuentas.

La cadena tenía que «reorientarse», de acuerdo al cardenal Mahony, y su portavoz dio a conocer un probable instrumento para asegurarse de que así se haría. El padre Coiro mencionó el Canon 1373, una ley que le prohibía a los individuos incitar la desobediencia en contra del Papa o de los obispos. Entre los «castigos justos» que mencionaba el canon se encontraba la «interdicción». Esto era

un castigo severo semejante a la excomunión, que excluía al individuo o a una entidad de los sacramentos, y el cual la Iglesia imponía
por «graves delitos».

—¿Lo que busca Mahony es que Roma le imponga un interdicto
a EWTN, lo cual tendría justificación técnica bajo las circunstancias? —dijo el padre Coiro en una entrevista—. Probablemente no,
aunque yo no lo descartaría.

EWTN descartó la amenaza como un intento desesperado para
sacar a la Madre de su silencio. Las obligaciones para con la cadena
y con el monasterio de Hanceville que se levantaba lentamente
consumían la atención de Angélica, lo cual propiciaba que no le
prestara mucha atención a las conversaciones que tomaban lugar
en Los Ángeles. ¿Le podrían a ella vedar acceso a los mismísimos
sacramentos que ella defendió y protegió toda su vida? ¿Podría la
Iglesia obligarla a entregar el control de la cadena a unos particula-
res, hasta a alguna autoridad, que pudieran usarla para socavar al
Papa y a la doctrina católica? De momento, estos pensamientos
eran fantasmas que pasaban; pero en el curso de los siguientes dos
años, ella regresaría a ellos una y otra vez.

17
Milagros y escarmientos

LA MADRE ANGÉLICA se esforzaba por cumplir con sus deberes a pesar de que ya estaba a punto de cumplir los setenta y cinco años y de que la armazón de metal alrededor de su cuerpo era cada vez más grande. Además de eso, también estaba debilitada por los serios ataques de asma y enfrascada en una riña con el «cardenal de California». Aun así, pasaba algún tiempo en la cadena de televisión, participaba en largas reuniones con los presidentes, autorizaba la costosa cobertura total de la histórica visita del Papa a Cuba a fines de enero de 1998 (sin la ventaja de tener fondos), y de algún modo se las arreglaba para hacer los dos programas en vivo semanales y grabar las sesiones de *Religious Catalog*. Pero el paño se deshilachaba por los bordes. Sus colaboradores veían que estaba tensa, distraída y que «no era la misma».

Los retrasos en la construcción del nuevo monasterio se convirtieron en una fuente de frustraciones para Angélica, quien con frecuencia se llegaba por Hanceville para ver cómo iba la obra. En el monasterio de Birmingham, continuaba con las lecciones a las monjas, vigilaba a los frailes y nunca faltaba de su tiempo privado de adoración. Pero toda esta actividad no la ayudaba a escapar del enconado conflicto con Mahony.

Una carta que escribió el cardenal Mahony el 2 de enero de 1998 reavivó la pelea. Como él no podía olvidar el asunto, le exigió de nuevo que le diera una disculpa por televisión, preferiblemente la que había redactado el obispo Foley.

La Madre con toda razón no respondió. De acuerdo a los archivos del monasterio y a varios obispos que el autor entrevistó, algunos funcionarios del Vaticano apoyaban en privado la posición de la Madre y le habían aconsejado que mantuviera el silencio. Ellos probablemente compartían las dudas de ella sobre lo que Mahony predicaba pero públicamente no podían contradecir a un cardenal. La Madre le informó a su superior directo, el cardenal Eduardo Martínez Somalo, prefecto de la Congregación para los Institutos de Vida Consagrada y las Sociedades de Vida Apostólica, sobre la carta de Mahony y luego volvió su atención a planear la cobertura de la visita del Papa a Cuba.

La sanación

PABLO DICE EN SU segunda carta a los corintios, «Bástate mi gracia, que en la flaqueza llega al colmo el poder. Continuaré gloriándome en mis debilidades, para que hable en mí la fuerza de Cristo». Para la Madre Angélica, esto no era una mera enseñanza sino un dogma para vivirlo y tenerlo de ejemplo a diario. En su teología personal, ella consideraba que su corazón engrandecido, su diabetes y los muñones que eran sus piernas eran misterios providenciales, regalos que aceptaba, no males que debía descartar o de los cuales quería librarse. Por lo tanto, nunca le imploró a Dios para que le quitara sus impedimentos físicos, y no albergaba resentimientos porque fueran parte de su vida. A fines de los noventa, eran una parte integral de Angélica y le servían para hacer más profunda su «dependencia en Dios».

La tarde del 28 de enero de 1998, la Madre caminó con dificultad hasta el estudio como había hecho cientos de veces, un recorrido que la llevaba por el pasillo que conectaba el monasterio a la cadena de televisión. El rosario que le colgaba de la cintura chocaba contra sus muletas de aluminio y golpeaba débilmente los aparatos ortopédicos debajo de su hábito. Solamente cubrir la corta distancia que separaba el claustro del lugar donde se hacía el programa en vivo era un reto para la monja a causa del daño en los nervios de su debilitada pierna derecha. De acuerdo a su médico de cabecera, el Dr. David Patton, esto se debía a una atrofia muscular.

La trayectoria de la Madre terminaba en la plataforma elevada donde se hacía el programa en vivo. Una vez allí, ponía las muletas en el escenario y dejaba que el guardia de seguridad la levantara por la cintura y la colocara en la contrahuella. No existía la menor posibilidad de que ella pudiera subirse allí por sí sola. Con cuidado, caminó hasta el acolchonado asiento, soltó las muletas y se dejó caer para comenzar el programa. Durante la siguiente hora, la Madre Angélica y el padre John Corapi se enfrascaban en una energética, aunque mecánica, conversación sobre el poder del rosario. Bajo circunstancias normales, ella saludaba al gran número de peregrinos embelesados que habían llegado en autobuses para formar parte de la audiencia, y después regresaba al claustro. Pero aquella noche, tenía una cita con alguien en su oficina.

Paola Albertini, una diminuta y chata italiana con el pelo peinado en un paje y un semblante extraño, pedía conocer desde hacía días a la Madre Angélica. Aparentemente, la antigua maestra de música tenía visiones de la Virgen María desde 1986. Dichas visitas místicas supuestamente ocurrían siempre que Albertini rezaba el rosario —de acuerdo a los informes, casi siempre cuando recitaba la cuarta decena del rosario. Con la esperanza de persuadir a la Madre Angélica de que difundiera los secretos que le habían otorgado a ella, Albertini, una traductora, y un par de sus discípulos se habían dirigido a Birmingham a fines de enero. Blandiendo un «mensaje especial de Nuestra Señora», Albertini había intentado acercarse a la conocida abadesa sin mucho éxito.

—Nos caen muchos de estos místicos, y la Madre trató de evitarla —me diría Sor Agnes.

Recelosa de lo que decía la mística, pero también simplemente porque estaba muy ocupada, la Madre no había tenido tiempo para ella. Entonces, el 27 de enero, aceptó reunirse brevemente con la mujer en el locutorio. Albertini le dijo en italiano que la Virgen María le había pedido que fuera, e insistió en que la Madre rezara el rosario con ella al día siguiente. Renuentemente, Angélica accedió reunirse con la mística para rezar a las ocho de la noche el día siguiente después del programa en vivo.

Cuando terminó el programa, la Madre Angélica caminó con dificultad por entre el gentío que la aplaudía y se encaminó hasta la oficina. Paola Albertini la esperaba dentro con el rosario listo. Como no tenían un idioma en común, Albertini recitó los «misterios gloriosos» en italiano mientras que la Madre lo hizo en latín. Cuando comenzaron la cuarta decena, la asunción de María, Albertini alzó la cabeza y fijó los ojos en un retrato que colgaba sobre el escritorio de la Madre. Sor Mary Clare, una de las monjas que estaba en la oficina, dice que un «resplandor brillante» envolvió el retrato de San Francisco y se extendió hasta el Cristo crucificado. «Nuestra Señora está aquí», anunció Albertini. Entonces proclamó un mensaje que la Virgen aparentemente deseaba compartir con la Madre Angélica:

—Cuánta alegría le brindas al corazón de Jesús, tu amado esposo… Defiende la Santa Eucaristía aun con tu propia vida. Sí, todavía hoy se burlan de Jesús y lo desprecian… Bendigo este lugar, te bendigo a ti, mi hija, y con mucho amor te digo, ¡No te detengas! Sigue hacia adelante sin perturbarte por tu amor a Jesús por el camino que Jesús te trazó desde que estabas en el vientre de tu madre… —dijo Albertini.

En algún momento durante la cuarta decena del rosario, la Madre Angélica «sintió» que Dios deseaba que ella se curara. «Señor, todos estos años me has usado para darle consuelo y para servir de ejemplo a todos aquellos minusválidos y lisiados —pensó—. Si deseas cambiarlo, por mí, puedes hacerlo».

Unos momentos después, Albertini le preguntó a la Madre si podía rezar con ella. Cuando la Madre accedió, la mística cayó de rodillas mientras decía en voz baja una oración en italiano. Después de varios minutos, Albertini le pidió a la Madre que se quitara los aparatos ortopédicos. La abadesa la obedeció y se inclinó para desabrochar las varillas de metal que tenía a lo largo de sus piernas, y luego le hizo un gesto a Sor Agnes para que le zafara sus gastados zapatos. Agnes así lo hizo, pero con temor de que la Madre se cayera al no tener puestos los aparatos ortopédicos.

—Yo la había visto anteriormente cuando había tratado de caminar. El pie era como de trapo y lo arrastraba —diría Sor Agnes.

La mística tomó a la Madre Angélica de las manos y la guió a través de la habitación como se le haría a un niño pequeño que da sus primeros pasos. Las monjas se pararon nerviosas a ambos lados de la Madre en caso que fuera a perder el balance. La Madre titubeó. Apoyaba los pies dudosa con cada paso que daba.

—Ven. No tengas miedo —espetó Albertini.

—Caminé hasta la puerta —recuerda la Madre— y me dio mucho trabajo dar la vuelta porque no podía controlar las piernas.

La tambaleante monja avanzó hasta la mística pulgada a pulgada flanqueada por las hermanas.

—Déjenla sola —gritó Albertini mientras trataba de alejar a las monjas.

—Madre, no hagamos esto —le imploró Sor Agnes.

—Agnes, siento algo tibio por los tobillos —dijo la Madre mientras se movía hacia Albertini—. No tengas miedo.

Imperceptiblemente, las piernas se le ponían más estables mientras avanzaba por la habitación. Lentamente, los pies se le pusieron en la posición correcta y se le enderezaron. Cuando se detuvo, Albertini hizo presión con el crucifijo sobre la espalda y las piernas de la Madre.

—Caminemos —ordenó la diminuta mujer—. Ahora, levanta las piernas.

Angélica levantó sus piernas hasta entonces inútiles. Recobró el balance y le desapareció la inseguridad que había tenido. Entonces se puso a brincar como un niño que practica un paso nuevo de baile.

La Madre abrió de un tirón la puerta de su oficina y le gritó a los guardias de seguridad:

—Miren, sin muletas y sin aparatos ortopédicos.

—Bueno, gloria a Dios —Johnny Laurence, uno de los guardias, soltó como si hubiera acabado de ver un fantasma pasar por la puerta.

Eufórica, la Madre Angélica le tomó las manos a un invitado que de casualidad pasaba por allí en aquel momento y bailó con él por la cocina del estudio.

Angélica caminó a lo largo del estudio para poner a prueba las piernas que llevaba cuarenta y dos años sin usar. Entonces saltó a la plataforma donde hacían el programa en vivo, en la cual no había podido subirse sin ayuda sólo una hora antes. En el monasterio, las monjas estaban extasiadas al ver a la abadesa. Como si se hubiera declarado un día de fiesta nuevo, la Madre bailó valses toda la noche con las hermanas más jóvenes y conversó hasta el amanecer.

Al día siguiente, un gentío se reunió afuera de la rejilla de la cochera para alcanzar a ver el milagro de la Madre Angélica. Para complacer a la muchedumbre, salió del claustro y fue recibida por una explosión de lágrimas y risas. Antes de hacer un anuncio público de la sanación aquella noche en EWTN, en el programa juvenil *Life on the Rock*, la Madre de nuevo se reunió con Paola Albertini y rezó con ella. Esta vez, Albertini le dijo que se quitara el aparato ortopédico de la espalda, lo cual la Madre hizo. Después, se lo volvió a poner.

—Tengo que ser honesta: mi espalda no se había curado —me diría la Madre—. Puedo quitármelo un par de horas, pero es difícil. ¿Por qué voy a pretender lo que no es para el beneficio de otros?

Tres médicos que examinaron a la Madre Angélica independientemente después de la visita de Paola Albertini insisten que no había nada falso en la sanación de sus piernas. El Dr. Stan Faulkner, el ortopédico de Angélica, describió los cambios físicos como «muy milagrosos». Su opinión era que la sanación se extendía más allá de las extremidades.

—La Madre padecía de una estrechez del canal vertebral que le estrangulaba los nervios —dijo Faulkner—. Honestamente, pensé que iba a necesitar cirugía. Pero se le fue y se le puso normal. Se le sanó mejor que si se lo hubiera operado. Hoy en día, uno no ve muchos milagros, y eso fue lo que pensé que había sido.

El Dr. David Patton, el jefe de medicina de Healthsouth en Birmingham y médico de cabecera de la Madre, le examinó también las piernas.

—Soy escéptico por naturaleza, y ella me contó sobre la sanación y yo la examiné —dijo el Dr. Patton con una sonrisa—. Nunca he visto una cosa igual. Físicamente, vi una pierna debilitada que visiblemente había mejorado. Cuando un músculo se atrofia durante un período largo, por lo regular no se recupera.

Después de escuchar las historias de sus colegas, el Dr. Richard May, un internista de Birmingham, también examinó las piernas de Angélica sin hacerlo público. Una de las veces que la Madre estuvo hospitalizada, él entró sigilosamente en su cuarto y la examinó él mismo.

—Vi unas piernas musculosas con unas pantorrillas redondeadas, no el tipo de piernas que debía ella tener —dijo el Dr. May—. Tenía las piernas mejor de lo que las debía de tener a su edad y con el nivel de actividad que ella tenía. Eran las piernas de una persona que había caminado mucho.

Para darle credibilidad a las versiones de ellos, May se describió a sí mismo y al Dr. Patton como «cínicos cascarrabias: un metodista y un episcopaliano sin mucho interés en descubrir milagros».

El propósito de la sanación era aumentar la fe de los televidentes y de los empleados de la cadena de televisión, le dijo la Madre a Jeff Cavins, el presentador de *Life on the Rock* en la transmisión en vivo del 29 de enero. Aunque estaba encantada con la sanación, la Madre no pudo remediar hacer una leve alusión a su pelea con el cardenal Mahony por la cuestión de la doctrina:

—Nunca en la historia del mundo ha habido tal grado de blasfemia, incredulidad, errores, escisiones y crueldad hacia el Cuerpo y la Sangre de Jesús. El Padre va a tomar medidas por ello y Nuestra Señora va a tomar medidas por ello en una forma nueva —dijo ella.

El portavoz de la Arquidiócesis de Los Ángeles, el padre Gregory Coiro, le dijo al *National Catholic Reporter* que él había oído hablar del milagroso evento en Internet 'por parte de personas que sugerían que la Madre Angélica se había sanado porque se había enfrentado con el cardenal Mahony'.

—Le he dicho a la gente en broma que la sanación fue para beneficio mío para que no me acusen más de criticar a una monja lisiada —dijo el padre Coiro.

Sin hacer mención de la sanación, el cardenal Mahony le escribió a la Madre el 5 de febrero y se lamentó de que ella no hubiera respondido a las repetidas tentativas conciliatorias por parte de él.

Para beneficio de EWTN, le informó a ella, él se iba a reunir con funcionarios de la Congregación para los Institutos de Vida Consagrada y las Sociedades de Vida Apostólica, aunque todavía tenía esperanza que entre ellos mismos pudieran llegar a una solución mutua al conflicto.

La Madre no contestó en seguida, y se negó dos veces a contestar las llamadas de Mahony. Pero el fax que le escribió al cardenal el 26 de febrero no dejaba duda sobre cuál era su posición: «Nada más se va a ganar con discutir este asunto, ya que el tópico es uno de doctrina», le escribió ella.

El hecho de que la Madre siempre difiriera a la doctrina y su negativa a retractarse de sus comentarios en directo indignaron al cardenal. En una carta del 28 de febrero, Mahony le comunicó los detalles de su reunión con el CICLSAL. Los funcionarios del mismo le recomendaron que él buscara nuevas normas nacionales y pautas para los medios de comunicación —regulaciones internas creadas por la Conferencia Nacional de Obispos Católicos— que la cadena de televisión de la Madre probablemente iba a aceptar. En este caso, el grupo de obispos podría obligarla a hacer lo que un obispo en particular no había podido. El cardenal dio su palabra de que una solicitud para crear dichas normas ya se había mandado a NCCB. Al final de la carta, invitó a Angélica a una reunión frente a frente el 21 de marzo en Orlando, Florida, donde podrían ventilar sus diferencias y tratar de llegar a una solución.

El arzobispo Oscar Libscomb de Mobile y el cardenal Martínez Somalo instaron a la Madre en misivas por separado a aceptar la invitación y a reunirse con Mahony.

—El silencio es mi arma —dijo la Madre de su estrategia—. Creo que el silencio es lo mejor muchas, muchas veces cuando sabes que la gente está detrás de ti y que no importa lo que digas o lo que hagas, no lo van a aceptar y sólo va a servir para empeorar las cosas. Con hablar sólo le echas leña al fuego. Así que en ese punto, lo dejo todo: No hablo. No escribo. No hago nada —dijo la Madre.

Y eso fue lo que hizo al informarle al cardenal Martínez por escrito que «iba a ser extremadamente inapropiado» reunirse con el cardenal Mahony ya que ella había presentado una petición ante la oficina de doctrina del Vaticano para pedir una decisión oficial sobre la doctrina como aparecía en la carta pastoral de Mahony. El enfrentamiento se ponía serio.

En su solicitud a la Congregación para la Doctrina de la Fe, la Madre explicó en detalle los fallos teológicos del documento y le rogó al entonces cardenal Joseph Ratzinger que «terminara con la confusión [creada por] la carta pastoral del cardenal Mahony sobre la doctrina de la transubstanciación. De lo contrario, la Iglesia en América desaparecerá».

Ambas partes ahora habían apelado a distintas congregaciones romanas en busca de ayuda. Antes de hacer pública una decisión, el Vaticano hizo un último intento por llegar a una solución informal. Nombraron al cardenal John O'Connor de New York como delegado del CICLSAL el 13 de marzo y le enviaron a Birmingham. Estaba a cargo de la monumental labor de servir de intermediario para lograr la paz y terminar la disputa Mahony-Angélica.

El 21 de marzo de 1998, el cardenal O'Connor, con fiebre debido a una infección bacterial, salió del auto que lo llevó al Monasterio Nuestra Señora de los Ángeles.

—No lo puedo creer —dijo al ver por primera vez a Angélica sin muletas.

Los dos se abrazaron cariñosamente y pasaron al salón de San Francisco en el monasterio para una conferencia que duró una hora y media. La Madre Angélica, el cardenal O'Connor y Bill Steltemeier fueron los únicos participantes.

O'Connor comenzó con cautela. Le aseguró a la Madre que tenía el apoyo del Santo Padre, aunque le confesó que ni el Papa mismo estaba seguro de cómo sacarla de su actual situación. Enfatizó el carácter crítico de la situación y se lamentó del escándalo que había causado. O'Connor sugirió que la Madre Angélica montara una serie sobre la Eucaristía con la participación de figuras centrales de la curia. Esto demostraría la devoción de ella hacia dicho sacramento e inocularía a sus televidentes contra la deficiencia doctrinal que ella temía.

Ella debía producir la serie de televisión, le aconsejó O'Connor, donde debía expresar algún comentario breve y sutil que no violara su conciencia pero que concediera que el cardenal Mahony aceptaba la doctrina de la Iglesia sobre la Eucaristía. También ella tendría que disculparse. Como incentivo, el cardenal O'Connor detalló lo que posiblemente podía ocurrir si Angélica mantenía su posición: La Santa Sede podía retirarla de la televisión; Mahony podía exigir un interdicto y privarla de los sacramentos, o podía virar a los obispos contra ella lo suficiente como para tratar de controlar la cadena de televisión.

La Madre Angélica había vuelto a empezar en cero. El arzobispo de la arquidiócesis más grande del país buscaba el imprimátur de *ella*.

La Madre declinó cortésmente.

—No pudiera entrar en esa capilla y enfrentarme con el Señor si yo cedo solamente porque él es un cardenal —dijo—. No puedo.

—Tiene que poder —exigió O'Connor con un golpe a la mesa.

Ella miró al cardenal.

—No lo voy a hacer —dijo la Madre.

O'Connor le dijo que él había hecho el viaje de su propia voluntad. Había venido a ayudarla. Alzó la voz, pero la Madre no se inmutó. Después de hacer una gira por la cadena de televisión, el cardenal abrazó a Angélica, le dijo «Te quiero», y partió raudo hacia el aeropuerto.

En una serie de faxes, el cardenal O'Connor le presentó a la Madre diferentes declaraciones para que ella leyera en televisión, una de ellas donde simplemente repetía pedacitos de la disculpa inicial de ella «para disculparse». Aun así, Angélica no creía que podía ya decir una palabra más en público sobre el cardenal Mahony o su carta pastoral. Prometió que se mantendría callada y le dijo a O'Connor por fax el 7 de abril, «Creo que es una cosa extremadamente degradante para un príncipe de la Iglesia el continuar con el tema en público, tanto aquí como en el extranjero, por un comentario que duró quince segundos. ¿Por qué es que un comentario tan breve debe tener repercusiones tan duraderas? Ahora me doy cuenta que las exigencias de Su Eminencia nunca van a acabar». Al final del fax, escribió, «No voy a dejar que me conviertan en un títere o una herramienta en manos de los liberales estadounidenses, quienes les han causado tanto daño a tanta gente».

Si ella cedía esta vez, ¿dónde iba a terminar el asunto?, se preguntaba la Madre. ¿Iban a desenterrar y a retar los comentarios que se habían hecho durante diecisiete años de transmisiones? Si repudiaba este comentario, ¿de qué más iba a tener ella que retractarse públicamente?

A juzgar por su correspondencia, el cardenal O'Connor, frustrado, le pidió a la Madre al final que le enviara una transcripción editada de la transmisión del 18 de noviembre donde ella se había disculpado y le dijo que le indicara los lugares donde había cumplido con lo que Mahony le había pedido. Esto constituiría la declaración de ella. A fines de abril, O'Connor incluyó el material en un informe que mandó a la Santa Sede, junto con algunas recomendaciones personales.

El 23 de abril, tres días después de haber cumplido setenta y cinco años, la Madre Angélica sufrió otro ataque de asma, por lo que necesitó ingresar en el hospital. Desde mediados de los años noventa, la Madre tuvo que ser hospitalizada varias veces al año para controlar los ataques de asma, ataques que el Dr. Patton consideró severos y «peores que lo normal». Para evitar daño a los pulmones, Patton recurrió a altas dosis de esteroides inyectados. Y aunque estas inyecciones le permitían a la Madre respirar con más facilidad, los efectos secundarios incidentales le causarían otras complicaciones. Dicha medicina le causaría diabetes y le debilitó los huesos. Pero los ataques de asma eran tan alarmantes para la Madre y su comunidad, que aceptaban contentas las consecuencias. Poder respirar no era algo opcional.

Una carta del CICLSAL a fines de junio prácticamente dejó sin aire a la Madre. A instancias del cardenal O'Connor, la congregación dijo que había decidido no hacer nada con respecto a la situación existente con el cardenal Mahony. La carta del 27 de junio simplemente pedía una declaración de objetivos por parte de EWTN para poder estudiar la conexión entre el monasterio y la cadena de televisión.

Parecía ser que la Madre Angélica había logrado librarse de un castigo por el comentario que había hecho en la televisión sobre la pastoral de Mahony. Pero en su petición, la congregación había sembrado la semilla que haría temblar a su comunidad, así como a la cadena de televisión que había fundado y a su propia persona. En la mente de los miembros del episcopado bailaron nuevas preguntas: ¿Quién es el dueño de EWTN? ¿Quién controla EWTN? Y, ¿que sucedería en la ausencia de la Madre Angélica?

Angélica le respondió al cardenal Martínez Somalo en una carta del 17 de julio que «el Monasterio de Nuestra Señora de los Ángeles no es el dueño ni el que opera Eternal Word Television Network. EWTN es una entidad civil constituida bajo las leyes que rigen las empresas sin fines de lucro del estado de Alabama». Bill Steltemeier, entonces presidente de EWTN, fue más directo en su carta al CICLSAL: «La verdadera cuestión que expone en su carta es el control futuro de EWTN y de su programación, directa o indirectamente. Ésta es una cuestión que solamente la junta directiva de EWTN puede decidir». En su carta incluyó una copia de la declaración de objetivos.

A pesar de la decisión de la congregación, el cardenal Mahony dedicó parte de su visita *ad limina* a Roma en septiembre a discutir de nuevo el tema de la Madre Angélica con el cardenal Martínez Somalo. Se quejó con los periodistas de los «programas que atacan a los obispos», y en las reuniones posteriores de la conferencia de obispos lideró una ofensiva para regular los medios de comunicaciones católicos. Todavía a fines de noviembre del 2003, Mahony machacaba sobre el mismo tema: hizo una enmienda al documento de los obispos con respecto a las devociones populares para asegurar que cualquier material que se transmitiera o se pusiera en la web se ajustaría a «la evolución teológica y ecuménica de la Iglesia contemporánea».

Al ponerle punto final a la crisis con Mahony, la Madre se dedicó a alcanzar el objetivo de la estación de radio de onda corta. A partir de 1996, EWTN empezó a ofrecer gratis su programación por onda corta a cualquier estación de radio católica del país. En aquel momento, solamente había catorce frecuencias católicas en Estados

Unidos. En 1998, la Madre Angélica trató de inspirar al laicado a fundar más estaciones AM/FM católicas en sus propias comunidades. «Algunos de ustedes, católicos, están forrados —de dinero, quiero decir», era normalmente su argumento de apertura. Durante el programa en vivo del 2 de septiembre de 1998, le dijo a los televidentes que las estaciones de radio eran necesarias para poder llegar hasta la «persona promedio del centro de la ciudad», y retó a los presidentes y a las juntas directivas de las empresas:

—Tengo una lista donde aparecen todos ustedes y no son muy generosos que digamos —dijo la Madre—. No somos grandes evangelistas y creo que es porque no amamos suficientemente a Dios. Así que por favor, si tienen más de lo que necesitan… deben hacer algo en nombre de Jesús. Ustedes pudieran comprar diez estaciones de radio.

Un millonario de Buffalo escuchó la llamada y se puso en contacto con EWTN a la mañana siguiente. Lo pusieron en contacto con Jim Wright, un dueño de negocio de la comunidad que trataba de poner una estación de radio católica al norte del estado de New York. En 1999, Wright y su benefactor compraron WLOF —una estación de FM en Buffalo— que sigue todavía en el aire. A la fecha de este libro, existen más de ochenta afiliados independientes de EWTN de estaciones de radio AM/FM católicas. La mayor parte de ellas se mantienen viables gracias a la programación gratis que les ofrece Angélica.

La construcción del templo

DURANTE LA MAYOR parte de 1998, la Madre Angélica se desvivió en atender la construcción del monasterio de Hanceville.

—La Madre cambiaba las paredes como otras mujeres cambian el papel de la pared —dijo Sor Agnes de la construcción.

La abadesa se ocupaba de todos los detalles: supervisó tres versiones diferentes del techo de la capilla, decidió añadir cuarenta pies a la iglesia después que se había echado la placa y buscó por todo el mundo los mejores artesanos y materiales que podía costear.

—Este edifico es grande y esa capilla no salió barata —dijo la

Madre en retrospectiva—. No ha salido exactamente a precio de Kmart, si entienden lo que quiero decir.

Sería una «capilla campestre» sin comparación. La materia prima que se usó en la construcción correspondía a la del templo del rey Salomón: jaspe rojo en los pisos, un cedro excepcional en los confesionarios y una vistosa custodia en oro de ocho pies. El estudio de Gustav van Treeck en Munich diseñó treinta y cinco vitrales con la imagen de Jesús, la Virgen María, un surtido de santos y nueve coros de ángeles. Sor Margaret Mary y Sor Agnes influyeron grandemente en el diseño de los vitrales después de emplear varios meses para encontrar las imágenes apropiadas que duplicar en vidrio. Unos artesanos españoles de Talleres de Arte Granda en Madrid armaron el comulgatorio dorado de cuarenta y cinco pies, los retablos de cincuenta y cinco pies, la custodia y otros detalles de la capilla.

Para darle realce al lugar, la Madre añadió una plaza delante de la capilla, completa con una columnata. En el centro de la plaza había una estatua de mármol blanco como la nieve del Niño Jesús con el corazón de jaspe rojo extendido hacia los visitantes.

—Pensé que con el corazón expuesto, le sería más llamativo a las mujeres que consideraban hacerse un aborto —dijo Angélica de la escultura—. A lo mejor las hace recapacitar.

Aunque las hermanas diseñaron sus propias áreas de trabajo dentro del monasterio y estaban maravilladas con la grandiosidad del lugar, en realidad se sentían indecisas sobre la mudada al nuevo lugar. Algunas estaban encariñadas con el acogedor monasterio de Birmingham a pesar de su falta de espacio, y temían que el mero tamaño del nuevo claustro acabara con la unidad familiar de la comunidad. Para confrontar esos temores, la Madre les dijo a las monjas:

—El nuevo monasterio mejorará nuestra vida contemplativa. El silencio será maravilloso... No se puede vivir con un pie en el mundo [externo] y un pie en el claustro. O es uno o es el otro, de modo que escojan. —Y entonces concluyó con una nota profética—. Hermanas, si ustedes supieran lo que se avecina, ninguna de ustedes se quejaría del sacrificio. Preparen sus almas para lo que se avecina.

En la reunión de la junta directiva de EWTN el 17 de octubre, solamente se apareció uno de los tres obispos que formaban parte de la misma: el obispo David Foley. Ni el obispo Thomas Daily de Brooklyn ni el arzobispo Charles Chaput de Denver pudieron asistir debido a compromisos previos. El acta de la reunion refleja que el obispo Foley hizo repetidas veces la misma pregunta de muchas formas distintas:

—¿Quién es el dueño de EWTN? —preguntó el obispo afablemente.

Sor Raphael, la vicaria de la comunidad y miembro de la junta, observó que Foley «estaba obsesionado» con la cuestión. Él era de la opinión que la Madre y las hermanas debieran «ser las dueñas de la cadena de televisión». Bill Steltemeier argumentó que EWTN no era propiedad de la Iglesia y le recordó al obispo que la junta era independiente. Pero Foley no quedó convencido y se creó un momento tenso en la mesa. Había demasiado en juego.

Los documentos del IRS [la agencia tributaria] muestran que los bienes de EWTN estaban valorados en más de cuarenta y nueve millones de dólares, y que en 1998 había recaudado más de diecinueve millones de dólares anuales en contribuciones. Esto, combinado con el alcance de la cadena y su penetración en el mercado, que se estimaba en los miles de millones, la convertía en un imperio demasiado grande para ignorarlo, y demasiado valioso para dejarlo escapar.

18
Las cosas más apremiantes

EL OBISPO David Foley era bien conocido entre sus iguales, quienes con frecuencia gustaban de gastarle bromas. Durante la reunión anual de obispos en Washington, sus amigos de siempre le tomaban el pelo a veces con presentaciones como ésta: «Éste es David Foley. Él viene de la diócesis de la Madre». Foley aceptaba las bromas sin inmutarse y hablaba bien de la Madre Angélica, y hasta la defendía de vez en cuando.

Pero en el fondo, el trasfondo de aquel «diócesis de la Madre» tenía que molestarle. Lo que daba a entender era que la autoridad legal en Birmingham, el sucesor de los apóstoles, se había convertido en un inocentón que estaba por debajo de la Madre. La opinión general era que en Birmingham la Madre era la que tenía la última palabra y que ningún obispo, ni el suyo propio, podía controlarla.

Foley sabía que no era así. Él sabía el peligro en que se había visto Angélica. Él se había enfrentado con las llamadas y las cartas de los enojados obispos. Él había formado parte en contra de su voluntad de la controversia en que se había visto involucrada la monja y se había visto obligado a servir como conciliador. Estaban tan compenetrados, que la Madre confiaba en Foley y compartía con él su desconfianza hacia algunos de los obispos, así como su aversión expresa por las intrigas que existían en la conferencia de obispos. Pero a pesar de todo eso, no podía lograr que ella le otorgara el derecho a visitar oficialmente el monasterio. Nadie había dicho que guiar el rebaño en la «diócesis de la Madre» iba a ser fácil.

De modo que era de esperar que más tarde o más temprano el obispo Foley empezara a mostrar su autoridad eclesiástica como testimonio público de su independencia, sólo para demostrarle a la Madre Angélica quién mandaba en Birmingham. La liturgia iba a ser su instrumento de emancipación.

Desde que se fundó el Monasterio de Nuestra Señora de los Ángeles en 1962, el sacerdote que celebraba la misa conventual siempre se paraba de frente a las monjas y daba la espalda al resto de la congregación. La posición del sacerdote, lo que se conocía formalmente como *ad orientem* («hacia el este»), había sido la norma en la misa católica durante siglos. Después del Concilio Vaticano Segundo, la mayor parte de los sacerdotes miraban hacia los fieles, y así se convirtieron en el foco de la «cena comunal». Aun así, los documentos del Concilio y el misal romano expresaban preferencia por la posición *ad orientem*. En honor a dicha preferencia, la primera misa que se televisó desde el Monasterio Nuestra Señora de los Ángeles en 1991 se celebró con el sacerdote de espaldas al público.

Con la esperanza de conservar la costumbre litúrgica de la monja después que se mudaron a Hanceville, Bill Steltemeier le dijo al obispo Foley en una reunión el 20 de mayo de 1999 que él preveía que la misa por televisión que se celebraba en Birmingham iba a continuar sin ningún cambio, inclusive mantener al sacerdote de frente al este.

En su respuesta por escrito el 3 de junio de 1999, el obispo Foley no mencionó la cuestión de la celebración de la misa. En vez de eso, su interés era definir claramente la relación entre las cuatro entidades: la Madre, el monasterio, EWTN y su propia persona. La carta no decía mucho más aparte de declarar que él tendría autoridad sobre la capilla de Birmingham después de que las hermanas se fueran.

En público, la relación entre el obispo y la Madre Angélica continuaba cordial. El 6 de agosto, él presidió una bendición de dos horas del monasterio de Hanceville que ya estaba casi terminado, con lo que se iniciaron una serie de visitas por parte del público y de los empleados, sacerdotes y benefactores. Durante una de las visitas, pasaron por allí como treinta mil personas. Los visitantes, que en su mayoría eran protestantes, miraban boquiabiertos lo que habían levantado en su propio vecindario. La Madre le daba personalmente la bienvenida a cada visitante con una sonrisa que nunca desaparecía, de pie a la entrada del monasterio hora tras hora. Lo único que se interpuso en aquella felicidad que sentía fue Sor Raphael.

La monja de setenta y un años sufría desde hacía semanas un dolor agudo en el estómago cada vez que comía. Una ecografía mostró un abultamiento debajo del abdomen de Sor Raphael. Las biopsias del tumor que se llevaron a cabo posteriormente determinaron que era un cáncer agresivo, muy probablemente el cáncer que ya había combatido en 1995 que le había reaparecido. Angélica lloró cuando le informó a la comunidad. La siempre fiel Sor Raphael la consoló.

La Madre Angélica sabía que podía hacer muy poco para detener lo inevitable. Se aseguró que su amiga recibiera atención constante y rezó por su recuperación. Pero la atención de Angélica se dividía. Los envíos desde Europa de los muebles de la capilla se demoraban, lo que amenazaba retrasar la ceremonia de consagración que desde hacía tiempo se había planeado para el 21 de noviembre. Sin embargo, las demoras en la entrega iban a parecer unas agradables distracciones en comparación con los retos que se le avecinaban a la abadesa.

De cara al este

EL LITURGISTA PRINCIPAL de la diócesis de Birmingham se reunió con el padre Joseph Wolfe en agosto de 1999 para ultimar el protocolo que se iba a seguir en la consagración de la capilla. Joseph tenía entendido que el obispo había aprobado todos los aspectos de la ceremonia, pero no accedía a la petición de celebrar la misa *ad orientem*. A pesar de que él personalmente había celebrado la misa por televisión en el monasterio de la Madre desde 1994 con la espalda al público, Foley ahora imponía su autoridad y rechazaba esa posición. Para el obispo Foley, no había ya razón por la que darle la espalda a la concurrencia. En el monasterio viejo, el celebrante tenía que darle la espalda a la congregación para estar de frente a las monjas que estaban sentadas en el retablo. Pero en el monasterio nuevo, no tenía ninguna importancia hacia dónde mirara el sacerdote porque las hermanas no iban a estar detrás del altar sino en el coro de la misa a la derecha del santuario.

La Madre se puso furiosa de que el obispo fuera a usar la ocasión de la consagración de la capilla para probar su punto de vista. Ella se enteró de su decisión el 24 de agosto, el mismo día que Sor Raphael decidió no someterse al tratamiento de quimioterapia. La monja hasta canceló algunas de las citas con el doctor porque estaba segura de que ello no iba a prolongar su vida de una forma significativa. Sentía que iba a sucumbir a la enfermedad y las hermanas lo veían así también.

El cáncer se le había regado a los nódulos linfáticos y había acabado con el sonrosado color de piel de Sor Raphael. Dormía largas siestas al mediodía. Le costaba tragar las medicinas, y aunque Sor Michael se esforzaba por prepararle platos fáciles de tragar como el puré de papa y el pollo hervido, Sor Raphael no podía retener nada.

El deterioro de la vicaria puso de relieve la brevedad de la vida y enfocó la atención de la Madre en las cosas más apremiantes. Un indicio de su estado mental fue que Angélica dedicó el primer semestre de 1999 a prepararse para el temido virus Y2K: el muy cacareado fallo de las computadoras que amenazaba con paralizar la red de suministro de electricidad y todo lo demás que acompaña al disco duro. La Madre instaló unos molinos de viento en el monasterio de Hanceville para bombear agua, compró dos toneladas de alimentos secos listos para comer, encargó cocinas de leña y se aseguró que las hermanas tuvieran ropa que abrigara en caso que fallara la calefacción.

Las acciones de Angélicas eran moderadas en comparación con las de otros líderes católicos y protestantes del país. En la locura del Y2K, algunas figuras distinguidas invirtieron en retiros en áreas desiertas donde pensaban que podían vivir de la tierra. Otros se hicieron de ballestas para cazar (porque la munición de éstas se podía utilizar de nuevo) y escribieron piadosos manuales sobre los matices más sutiles de cómo enterrar el excremento y purificar el agua contaminada. Las piscinas se convirtieron en reservas privadas de agua, mientras que en las cocheras de los más ilustrados aparecieron montañas de latas de sopa y barriles de sémola de maíz.

En Hanceville, la construcción progresaba muy lentamente. Los contratistas ya habían construido y demolido dos versiones de la escalera que iba a la iglesia baja e intentaban hacerla por tercera vez cuando la Madre convocó una asamblea. En septiembre, le imploró al equipo de construcción que finalizara el trabajo. Les dijo que la cuestión del tiempo era de fundamental importancia y que era necesario que terminaran el monasterio antes de que ocurriera el Y2K. Sea lo que fuera lo que se avecinaba, las hermanas estarían listas para ello e iban a estar instaladas en el nuevo monasterio cuando sucediera.

En una carta que le escribió el 13 de septiembre, la Madre se quejó al obispo Foley de su decisión de estar de cara al frente durante la consagración. Esa dirección iba a atentar contra el diseño arquitectónico de la capilla y a romper con una tradición de ciento cuarenta y cinco años de su orden, insistió. Al final de la carta le puso: «Valoro y honro su autoridad como obispo de esta diócesis. Le pido humildemente que usted me honre como abadesa de este monasterio y sus legítimas costumbres y tradiciones específicas».

Tras consultar la oficina de liturgia de la Conferencia Nacional de Obispos Católicos, Foley le escribió a Angélica el 29 de septiembre. Le recalcó su autoridad al celebrar la misa, aun en el monasterio de la Madre, y prohibió de plano el uso de la posición *ad orientem,* debido, explicó, a que no era la norma que seguían el Papa, los obispos o los sacerdotes de Birmingham.

La Madre no estuvo de acuerdo y le dijo al obispo que «sus consultores del canon le habían informado mal». En su carta del 10 de octubre argumentó que durante la misa, la ley universal de la Iglesia le permitía al sacerdote estar de frente o bien al público o bien al este, pero que ninguna de las dos direcciones se consideraba prescriptita. También mencionó que el Papa «de hecho celebra [la misa] *ad orientem*» en su capilla privada, lo cual ella había visto en persona.

Pero para Foley, todo el asunto se trataba de un «tema de obediencia», una cuestión de honor que definía su cargo y su poder.

—Lo veo como un reto a mi autoridad, o a la autoridad de cualquier obispo —dijo del reto de la Madre a su decisión—. Soy el liturgista principal de esta diócesis. No la Madre. Yo.

El obispo tenía que escoger: O bien se retractaba y reconocía que se había apartado un poco de la ley al exigir aquello, o bien seguía adelante y hacía uso de su cargo para imponer condiciones más severas. Alentado por su canonista, el padre Gregory Bittner, Foley exploró las posibilidades legales y consultó una vez más con canonistas «fuera de Birmingham», de acuerdo a los comentarios que hizo Bittner en público. Dichos comentarios indican que el obispo se había dirigido de nuevo a la Conferencia Nacional de Obispos Católicos en Washington para solicitar su ayuda.

El estrés causado por la intervención de Foley, las demoras en la construcción y la condición de Sor Raphael que cada vez empeoraba más pueden haber contribuido al ataque de asma de la Madre Angélica aquel 6 de octubre. Una doble dosis de esteroides le aliviaron la respiración, pero la frecuencia de las inyecciones empezó a hacerse sentir. Durante las transmisiones, se le veía la cara inflamada y roja, y el temperamento le cambió.

—Tomaba una dosis alta de esteroides, y los esteroides la ponían inflexible, muy agresiva —contaría Sor Mary Catherine—. No podía evitarlo, pero se enfurecía. —Mary Catherine hizo una pausa, disculpándose—. No era la Madre de siempre —dijo.

Su tono implacable de vez en cuando salía a relucir en el aire, especialmente cuando hablaba del escarmiento que se avecinaba o de la secuela del Y2K. Cuando un tornado pasó por Oklahoma una noche y destruyó vidas y propiedades, la Madre lo vio como una señal.

—Pienso, amigos míos, que vamos a ver más tragedias porque el mundo tiembla por la maldad que le acaece. ¡Tiembla! —dijo la Madre en su transmisión del 4 de mayo de 1999—. Nos merecemos lo que nos venga arriba, seamos culpables o no... De modo que cuando una nación aprueba el aborto, promueve el aborto en otros países, lo que hace es permitir el peor de los asesinatos —es fantástico, ¿eh?… Cuando los abortos cesen en este país, a lo mejor el clima va a mejorar. No lo sé, a lo mejor no. Pero si se sienten disgustados con este tornado, van a venir otras cosas. Estoy segura. Pero tenemos que alabar a Dios en todas las cosas.

Algunos televidentes estaban perturbados con el nuevo enfoque de la Madre.

—Nunca había visto a los televidentes alejarse hasta que ella empezó con la cuestión de que iba a venir el final del mundo, y de que tomaran el buen camino y anduvieran rectos —me dijo Chris Harrington, la productora del canal de la Madre—. Ahí fue cuando comencé a recibir llamadas donde nos decían 'Ella es muy dura'.

—Ella había perdido un poco la esperanza debido al dolor que sufría, lo que ocasionó que la cuestión del escarmiento saliera a relucir —dijo el padre Mitch Pacwa, quien estaba en la cadena con regularidad—. Perdió algo de su buen carácter debido al dolor.

En lo que respecta a la Madre, respondía a la misión que le había encomendado Dios en aquel momento.

—Creo que lo que Él quiere es que yo mantenga a la Iglesia en la Iglesia… Las personas se tienen que preparar y tienen que cambiar su forma de vivir para llegar a una espiritualidad más profunda; prepararse para la próxima vida, no solamente para este mundo —me diría en aquel entonces.

El obispo Foley produjo una explosión el 18 de octubre de 1999 cuando promulgó una ley en la Diócesis de Birmingham que prohibía la opción *ad orientem*. En una carta adjunta dirigida a los sacerdotes que estaban bajo su autoridad, Foley explicó que la posición del sacerdote al celebrar la misa era semejante a «una declaración política… que divide a las personas». Foley argumentó que la costumbre local invalidaba en cierto modo la ley universal que le permitía esa posición al sacerdote. Para proteger a los fieles de Birmingham de la «innovación ilícita o del sacrilegio» del sacerdote de volverse de espalda a ellos, Foley decretó que todas las misas se celebrarían en lo adelante en un altar no empotrado y que, de acuerdo a la tradición local, el sacerdote se pondría de frente al público. Los clérigos que desafiaran el decreto se arriesgaban a «ser suspendidos o depuestos de sus obligaciones». La ley entraría en efecto tres días antes de la consagración de la capilla de la Madre.

Durante su programa en vivo del 19 de octubre, Angélica examinó la Biblia y predicó sobre la hipocresía de los fariseos, repitiendo los siete males que Jesús les impuso. El comentario era obvio para cualquiera que conociera la historia que había trás de eso. Cinco días más tarde, la Madre mandó a Bill Steltemeier y a Michael Warsaw a Roma para entregar en persona unas cartas donde pedía la intervención de las congregaciones del Vaticano que estaban a cargo de la misa y de la doctrina de la Iglesia.

La Madre sabía que tenía un aliado en el cardenal Joseph Ratzinger (el futuro Papa Benedicto XVI), la autoridad del Vaticano sobre doctrina y el hombre más poderoso en Roma después del Papa. Desde hacía mucho tiempo, el cardenal Ratzinger defendía las ventajas que había en que el sacerdote se colocara en la posición *ad orientem* porque así hacía énfasis en la teología —principalmente, la unión del sacerdote y la congregación que miran en la misma dirección para ofrecerle un sacrificio a Dios, en vez de ofrecérselo el uno al otro.

Las cartas de Angélica y su poderoso defensor provocaron una reacción casi inmediata. Un fax de la Congregación para la Adoración Divina y la Disciplina de los Sacramentos dirigido al obispo Foley el 8 de noviembre condenaba su decreto y estipulaba lo siguiente:

1. Ninguna costumbre asumida o de otro tipo puede intervenir en la libertad del celebrante a celebrar la Sagrada Liturgia de acuerdo a la rúbrica del *Missale Romanum*.

2. Después de haber escuchado la opinión de la Congregación para la Doctrina de la Fe, la cual le ha expresado a su congregación sus propias serias inquietudes, este Dicasterio ha concluido que los obispos diocesanos individuales no pueden prohibir la celebración de la Sagrada Liturgia de frente al ábside (*ad orientem*) y, por lo tanto, respetuosamente le soli-

cita a Su Excelencia que retire este Decreto porque va en contra del *ius commune* con respecto a cuestiones litúrgicas.

Pero la Madre Angélica no sabía nada del fallo del Vaticano, y el obispo Foley no lo divulgó. La única comunicación del Vaticano con Angélica fue por parte del cardenal Martínez Somalo del CICLSAL, el responsable de los religiosos. La carta del 12 de noviembre le ordenaba a la Madre «Como abadesa de un monasterio que está dentro de la diócesis [de Foley], usted deberá cumplir con los decretos de dicha diócesis».

Mientras tanto, la Congregación para la Adoración Divina y la Disciplina de los Sacramentos reclutó al arzobispo Oscar Libscomb, de Mobile, el obispo metropolitano de Foley, para que tratara de convencer al pastor de Birmingham a cambiar de curso. La congregación hasta puso en sobre aviso a Foley por escrito de que el fallo socavaba la solidez de su decreto y pedía su anulación.

Cuando Foley vio que se le acababan las opciones, intentó influir en los obispos de Estados Unidos en contra del Vaticano. De nuevo encontró ayuda y consuelo en los brazos de la Conferencia Nacional de Obispos Católicos.

En unas conversaciones privadas durante la reunión de otoño de la conferencia de obispos, Foley y su liturgista, el padre Richard E. Donohue, se reunieron con funcionarios de la NCCB a cargo de la liturgia para trabajar en pos de encontrarle una solución al impasse.

El obispo Foley compartió el tema de dichas conversaciones.

—Le expliqué el asunto al presidente de la conferencia, Joe Fiorenza, y él se dio cuenta del problema. Le dije, 'No me pronuncio en contra de la Madre, pero ella tiene un arma que es más poderosa que cualquier otra cosa en el mundo, la televisión, quiero decir. Ése es el problema, no la Madre'. Entonces yo le dije, 'No necesito [esa misa *ad orientem*] en la televisión'. Entonces dijo que yo representaba a la Conferencia Nacional de Obispos Católicos y la opinión era que esto causaba confusión en EE.UU. cuando se transmitía por televisión —dijo.

Con ello, el obispo Foley se convirtió en el representante oficial del NCCB, con la libertad de insistir en Roma, no como obispo de Birmingham sino como el portavoz de los obispos de Estados Unidos. El aparato de la conferencia participaba de lleno en el esfuerzo.

Algunas fuentes con las que conversé recuerdan que las copias de las cartas de Foley circulaban por entre los obispos y el personal del NCCB en la reunión de noviembre de 1999. El padre Bittner, el canonista de Foley, admitió que «muchas reuniones y discusiones han tomado lugar con miembros de la Secretaría para la liturgia del NCCB, así como con otros liturgistas y canonistas». Fue un esfuerzo a nivel nacional y quizás la última oportunidad para asumir algún control eclesiástico sobre la Madre Angélica.

Para proteger a sus frailes de «que los suspendieran o les suprimieran sus facultades», y para evitar una posible trampa, la Madre les dijo a los sacerdotes que cumplieran con el decreto del obispo y celebraran la misa de frente al público. Les indicó a las monjas que mantuvieran la rejilla del retablo cerrada mientras se celebraba la misa para que el público no pudiera ver la participación de ellas durante la liturgia. Las monjas no cantarían ni rezarían en voz alta el resto del tiempo que permanecieron en Birmingham.

Sin que la Madre Angélica lo supiera, el obispo Foley escribió al Vaticano el 14 de diciembre y prometió retirar su decreto si se «promulgaba un decreto apropiado» nuevo, y se concertaba una reunión en privado con el cardenal Medina Estévez en la Congregación para la Adoración divina.

—En forma sencilla pero con astucia, le dije a Roma que no retiraría el decreto hasta que yo no quedara satisfecho. De modo que mi objectivo era que Roma me satisficiera —diría el obispo Foley luego.

La pregunta que queda es: ¿Por qué? ¿Por qué iba un obispo a enfrascarse en un tira y encoge con Roma por un decreto que sabía que era indefendible? Es difícil saber los motivos. Los observadores en Roma y en Estados Unidos especularon que Foley había caído bajo la influencia del cardenal Mahony, quien trataba de saldar una cuenta pendiente. Foley descartó la idea, y me dijo que Mahony y él no tenían contacto «desde los faxes que él le había enviado por lo de su carta pastoral».

Por lo tanto, ¿qué fue lo que provocó que el obispo Foley provocara un debate público por cuenta de una forma que era lícita de celebrar la misa? ¿Y por qué, si sabía que esto lo iba a enfrentar con el Vaticano, continuó amenazando a los sacerdotes con castigos tan draconianos?

—Amenazaba con la suspensión para conseguir que Roma me prestara atención —me diría el obispo Foley.

Obviamente, hacer que el Vaticano se enfocara en la posición *ad orientem* obligaría a que se emitiera un dictamen definitivo sobre la cuestión. Pero pudo haber un beneficio colateral como resultado de la controversia: sólo un año después del altercado con Mahony, la Madre Angélica volvía a ser el centro de atención, gracias a un encontronazo con otro obispo. Esto fue de gran importancia en aquel momento.

Desde 1997, el obispo Foley indagaba sin cesar sobre su relación con la Madre, con el monasterio y con la cadena de televisión. La esencia de sus indagaciones parecía ser cuánto control el ordinario local podía ejercer sobre el monasterio y, por asociación, sobre EWTN. Insatisfecho con las respuestas que obtenía y sin permiso para poder visitar el monasterio, Foley le pidió a Roma ayuda en algún momento entre 1997 y 1999. Quería que el Vaticano autorizara una visita apostólica al monasterio de la Madre para saber a qué atenerse. Era algo así como solicitarle al FBI que investigara una disputa doméstica.

Mientras el conflicto con el cardenal Mahony puso a la Madre en el radar de Roma, la discusión con el obispo Foley pudo haber convencido a los funcionarios allá de que Nuestra Señora de los Ángeles y su abadesa merecían más investigación. A propósito o sin querer, el obispo Foley había captado la atención de Roma.

El 4 de diciembre, el día después de que la Madre y las hermanas llegaran a Hanceville tras desocupar permanentemente el monasterio de Birmingham, el cardenal Martínez Somalo le escribió a la abadesa para informarle que la Congregación para los Institutos de Vida Consagrada y las Sociedades de Vida Apostólica habían nombrado un visitante oficial apostólico. En breve, comenzaría una investigación exhaustiva por parte de la Iglesia sobre la vida diaria y los asuntos del Monasterio de Nuestra Señora de los Ángeles.

Camino a casa

DESPUÉS DE HABER invertido más de cincuenta millones de dólares y de haber empleado un sinfín de horas en aprobar y planear cada detalle del templo, la Madre Angélica, como millones de otras personas alrededor del mundo, miró la consagración del templo por televisión.

Fue necesario cambiar la consagración del Santuario del Santísimo Sacramento para el 19 de diciembre de 1999 debido a las demoras que hubo en el envío de los muebles de la capilla de Alemania a España. El resultado fue que muchos que esperaban asistir tuvieron que cancelar. El obispo Foley no estaba entre ellos. Como celebrante principal, él ungió el altar con aceite que se esforzó por frotar sobre el extenso mármol; dibujó unas ingeniosas cruces en cada una de las columnas donde descansaba la bóveda del techo; repartió el humo del fragante incienso por la capilla; y celebró la misa de frente al público.

En silenciosa protesta, durante la ceremonia la Madre y las monjas del claustro no aparecieron en el lado que daba el público de la capilla. Vieron la consagración entera desde detrás del retablo dorado en dos pantallas grandes de televisión. Hasta Sor Raphael, a quien se la veía gris y apática en su silla de ruedas, observaba asombrada mientras se desarrollaba el elaborado evento.

Era la primera vez que el público alcanzaba a ver el templo románico-gótico del cual la Madre hablaba desde hacía años. La intención de ella de «sobrecoger a todo el mundo, en caso que olviden la realidad que es la presencia de Dios —la Casa de Dios—» quedó más que cumplida.

Las cámaras se enfocaron en los retablos dorados de veinticuatro quilates que se elevaban como un castillo desde el santuario de la capilla. Detrás del altar estaba el tabernáculo: una resplandeciente catedral de centelleantes capiteles y oro tallado a mano que deslumbraba la vista. La Madre había ordenado que se incrustaran diamantes en la pared interior del fondo del tabernáculo —el hogar de la posesión más preciada del monasterio, la Eucaristía— que fuera visible solamente para el Ocupante. Jesús se merecía lo mejor de lo mejor. Mientras miraba en la gran pantalla la imagen del producto de sus esfuerzos, la mente de la Madre Angélica debe haber deambulado con satisfacción hasta aquella promesa suya que hizo en 1956 de «construirle a Dios un monasterio en el sur».

Hubo un momento desagradable hacia el final de la ceremonia. Originalmente, la Madre estaba supuesta a decir unas palabras a la congregación, antes de que ella y las hermanas pasaran al claustro. El obispo entonces bendeciría la puerta del claustro y ellas quedarían encerradas bajo llave. Pero con el tema del *ad orientem* todavía candente y como el obispo Foley no había mostrado ninguna señal de que fuera a retractarse, la Madre tomó una decisión:

—No quería que él bendijera esa puerta, no quería que él hiciera nada. Llamarme a mí sacrílega… —dijo.

No solamente se canceló la procesión, sino que la Madre tampoco iba a dirigirse a la congregación. El obispo Foley, que no estaba informado, llamó a la Madre Angélica al podio para que compartiera sus reflexiones. Hubo aplausos, y después un silencio prolongado e incómodo. Detrás del retablo, la Madre se mantuvo inmóvil mientras miraba hacia la rejilla.

Sor Antionette tocó a la abadesa en el brazo.

—Reverenda Madre, creo que la esperan para que salga a decir unas palabras.

—No voy a salir —susurró la Madre con la vista fija en la rejilla, plantada.

Después de esperar varios minutos, el obispo Foley, visiblemente nervioso, con los ojos revoloteándoles, dijo:

—Supongo que la Madre Angélica no va a decir nada.

Elogió a Angélica por su lealtad a la Eucaristía, subió a la parte superior del retablo y encerró la hostia sagrada en la custodia de ocho pies mientras resonaba la atronadora melodía del «Hallelujah Chorus» de Handel.

Las treinta y un monjas empezaron el proceso de adaptarse a su nueva vida de soledad una vez que se instalaron en su grande y tenebroso monasterio. Silenciosamente, horneaban pan en la panadería, embotellaban jugo en la habitación de conservas y clasificaban la correspondencia de EWTN que había en unas canastas en la grandísima sala de correo. Era una existencia contemplativa en la que habían vuelto a lo básico y suplían sus propias necesidades.

El hecho de vivir a una hora de la cadena de televisión solidificó el distanciamiento personal de la Madre con EWTN. Con permiso de la Santa Sede y con la bendición del obispo Foley, una de las hermanas y ella iban a EWTN los martes y los miércoles para el programa en vivo y para ocuparse de otras cuestiones. El enfoque de la Madre ahora era prepararse para el futuro. Entrenó a los vicepresidentes para que siguieran su estilo único de tomar decisiones, y les asesoró sobre cómo continuar la labor sin ella. Debe haber sido un entrenamiento difícil. Las técnicas de administración y las medidas para cortar gastos son fáciles de impartir, pero ¿cómo se enseña a responder en forma radical a la inspiración de Dios, y a tener una fe inquebrantable en la divina providencia? Por suerte para la Madre, los vicepresidentes la habían visto en acción durante años, de modo que no fue necesario perder tiempo en convencer a nadie de la legitimidad de sus métodos.

El sistema gástrico de Sor Raphael sufrió un espasmo el 22 de diciembre. La llevaron a la carrera a la sala de emergencia del Cullman Regional Medical Center, donde los médicos prontamente encontraron que la causa de sus problemas era un enorme tumor. Los exámenes confirmaron que el cáncer estaba «en todas partes». De nuevo, Sor Raphael rehusó ser operada y ni tan siquiera accedió a someterse a una forma leve de quimioterapia. Para que estuviera más cómoda, le pusieron un tubo naso-gástrico. Un suero con morfina la ayudaba con el dolor.

—Sé que voy a morir —le dijo a los doctores con serenidad.

El Gran Jubileo del año 2000 del Papa Juan Pablo II llegó al Monasterio de Nuestra Señora de los Ángeles sin incidentes. La Iglesia celebraba ese año el aniversario de la venida de Cristo. El Año del

Jubileo llegó sin apagones y sin el pandemonio que se había pronosticado mientras las monjas oían misa en la capilla. Unos días más tarde, la Madre les dijo a las hermanas:

—No piensen que porque ya pasaron el 1 de enero y el Y2K que no va a suceder nada. Hermanas, les aseguro que algo se avecina.

Y en cierto modo tenía razón.

Hay que perdonarle a la Madre que pensara que la humanidad iba a sufrir tribulaciones. Su comunidad había pasado por un sinfín de tribulaciones durante casi dos años, y el futuro tampoco parecía muy brillante. La visita apostólica que estaba pendiente, el enredo con Foley y el hecho de que Sor Raphael se deteriorara visiblemente ponían a prueba la fortaleza de la Madre. Le subió la presión y no podía contener sus emociones. Lloraba cada vez que trataba de planear el funeral de Sor Raphael o de elegir quién la reemplazaría como vicaria. Se tapaba la cara con el pañuelo para que los demás no vieran su gran dolor.

—La muerte de la Madre Vicaria me va a sentar muy mal, le confiaba a las monjas—. Ha sido mi fiel amiga durante todos estos años.

El 5 de enero, la confidente y punto de apoyo de Angélica regresó a casa a morir. Consumida y jadeante por la falta de aire, Sor Raphael dormitaba en la enfermería bajo el cuidado de una enfermera del hospicio. La Madre Angélica rompió en llanto cuando pasó a verla. En algún recóndito lugar dentro de aquella marchita mujer de tez grisácea y boca fláccida por la morfina estaba la sensible novicia de Canton a la que Angélica había librado del dolor tantos años atrás. Aquella que tanto le había servido de consuelo ahora se había convertido en su principal fuente de dolor.

Sor Raphael tuvo una pequeña mejoría el 6 de enero cuando comenzó a hablar. Una sonrisa dejó ver sus largos dientes antes de que empezara a cantar alegremente el Ave María con las hermanas. Y después se llenó de pánico. Llorosa, le imploró a la Madre:

—No me dejes. Quiero morir en tus brazos.

—Siempre estaré contigo —le dijo la Madre para calmarla.

El tumor le sobresalía por la parte inferior de la espalda, lo que intensificaba su dolor. Durante las semanas antes de ser hospitalizada, mencionaba con frecuencia de que el reclinable estaba lleno de bultos sin darse cuenta que ella era la que tenía los bultos.

—Lo aceptó todo; nunca se quejó —Sor Michael recordaría—. Uno sabía que sufría mucho, pero ella nunca dijo ni una palabra, nunca se quejó.

Del 7 al 9 de enero, Sor Raphael dijo haber visto a Sor Mary David, a los santos y a Jesús. Esos últimos días se le veía radiante. Conversaba con Cristo mientras perdía y recobraba el conocimiento: «Ah, sí, mi amor, ah sí», lloraba mientras la sangre le pasaba por el tubo naso-gástrico a un recipiente adjunto.

Muchas veces, las hermanas pensaron que la habían perdido. Sor Raphael decía:

—Jesús viene —y cerraba los ojos.

Un momento después, los abría de repente. Tras varias falsas alarmas, la Madre dijo en broma:

—Jesús está en camino, pero es lento.

La Madre abrazó a su amiga la tarde del 9 de enero. Se mantuvo en esa posición durante casi dos horas, abrazada a Sor Raphael en espera de la muerte que se acercaba. Las hermanas se reunieron alrededor de la cama y rezaron calladamente. Al mirar por la ventana, Angélica vio a Gabriel, el camión de producción de EWTN, que se ponía en posición para transmitir la misa fúnebre de Sor Raphael.

—Te quiero, te quiero —le borboteó Sor Raphael a la Madre.

—Yo también te quiero —le dijo Angélica mientras le pasaba suavemente la mano por la cabeza—. Ve ahora hacia donde está Jesús.

La Madre pegó su frente a la de Sor Raphael a la vez que contenía las lágrimas, y se despidió de ella calladamente. A las 4:43 de la tarde, acunada en los brazos de la Madre Angélica y con el crucifijo de la profesión apretado entre sus dedos, Sor Raphael fue hacia Dios.

—Si alguna vez has visto a dos personas que eran una, eran ellas dos. Era casi como un matrimonio, como un esposo y una esposa. Siempre estaban juntas en espíritu, mente y pensamientos —diría Sor Regina—. Sor Raphael defendía a la Madre hasta el punto de llegar a pelearse con otra hermana. Se nos enfrentaba.

El rápido deterioro y la muerte de Sor Raphael dejaron a la Madre abatida y preocupada.

—Era una premonición que las cosas no iban bien, y así era —diría Angélica.

La misa matutina que se televisaba desde el Santuario del Santísimo Sacramento obtuvo críticas negativas por parte de un gran segmento de la audiencia de EWTN. Las cartas de quejas inundaron la cadena. Los televidentes extrañaban no ver a las monjas y se sentían ajenos a la ceremonia. Algunos expresaron su consternación por lo ostentoso de la capilla y acusaron a la Madre de usar el dinero de ellos para pagarla. Tras una ausencia de un mes del programa en vivo, la Madre Angélica reapareció el 18 de enero del 2000 para aclarar las cosas.

Comenzó suavemente a hablar de los «montones de cartas crueles» que había recibido.

—Algunas personas critican el oro, la plata, el mármol. —Estaba desencantada más que brava—. ¿Ustedes saben lo que yo creo? Creo que ustedes están desubicados. Porque ustedes no se quejan de que los reyes y las reinas vivan en grandes casas. Ustedes no se quejan de la Casa Blanca, la cual es extremadamente grande para dos personas. Y a veces hay más de dos personas, y esas personas no debieran estar allí —dijo aludiendo al escándalo sexual del presidente Clinton—. Lo que me molesta es que nos contentamos con lo menos posible para Dios, pero lo mejor para nosotros mismos.

Levantó el antebrazo frente a su cuerpo como si quisiera bloquear a un asaltante con su palma abierta, y continuó.

—No se empleó ni un sólo centavo de ustedes en la fabricación de esa iglesia. Cinco personas. Uno, dos, tres, cuatro, cinco —por si acaso no pueden contar. Cinco personas construyeron esa iglesia y el monasterio completo…

Con la respiración dificultosa, le dio rienda suelta a su temperamento italiano.

—Para algunos de ustedes, yo soy su madre. Para algunos de ustedes, yo soy su abuela. Para algunos de ustedes, yo soy su padre. Bueno, esta noche, soy su padre. Mi humilde respuesta a la pregunta de ustedes es: disfrútenla y cállense.

Se echó el velo hacia atrás para enfatizar su punto de vista y entonces quitó la vista de la cámara. Le brotaron las lágrimas cuando comenzó a hablar de la muerte de Sor Raphael. Se las trató de enjugar, pero ya era demasiado tarde. Silenciosamente, su rostro se volvió tenso con una expresión de dolor y de furia. Trató de recobrar la compostura, disgustada de perder el control en una transmisión de televisión en vivo, y les dijo a los televidentes al final que «había tenido que sacárselo de adentro».

Conmovidos por el programa, las cartas y las llamadas de apoyo diluviaron de todas partes del mundo, al igual que las donaciones.

El 4 de febrero, en Roma, el representante de la Conferencia Nacional de Obispos Católicos, el obispo David E. Foley, y sus séquitos llegaron para asistir a una reunión en la Congregación para la Adoración Divina y la Disciplina de los Sacramentos. Foley le expresó al cardenal Medina que la posición *ad orientem* era un «problema» en Estados Unidos y una señal de «desunión». El cardenal Medina lo escuchó pacientemente y entonces le sugirió que la verdadera queja del obispo parecía ser la transmisión de la misa *ad orientem*. Foley estuvo de acuerdo. La congregación le indicó al obispo que redactara unas reglas donde indicara la dirección de las misas televisadas, y de nuevo insistió que rescindiera de su decreto.

De acuerdo a fuentes en el palacio apostólico, algunos miembros del hogar pontificio estaban irritados por el decreto del obispo Foley y su posición hostil hacia aquella monja que ellos llamaban «la mujer milagrosa». En aquel entonces, un funcionario de la curia que tenía acceso al Papa se refirió a Foley en la presencia del autor como «el obispo loco», lo que dejó muy poca duda sobre cómo se percibía esta situación en las altas esferas del Vaticano.

Una caja de satín blanco con la insignia del Papa llegó a la sala de correo de EWTN el día de San Valentín. No había nota, solamente la caja y el matasellos del Vaticano. Una llamada telefónica le informó luego a la Madre que en la caja había un regalo del Santo Padre, «en agradecimiento por la labor que hacía EWTN en todo el mundo» y por la dedicación de las hermanas a la Eucaristía.

La noche siguiente durante el programa en vivo, la Madre y los vicepresidentes de EWTN rodearon la misteriosa caja como si se tratara del Arca de la Alianza.

—Sé que el Santo Padre hace regalos, pero nunca había visto uno tan grande —diría la Madre.

Antes de que se acabara el programa, rompió el sello de la caja y se vio una custodia que los habitantes de Nowa Huta le habían regalado a Su Santidad durante su peregrinación a Polonia en 1999. Una Angélica llena de alegría le dio las gracias al Papa y a sus vicepresidentes por su ardua labor.

—Alguien, en alguna parte, tiene que decir, 'Hacen un buen trabajo. Simplemente, sigan adelante'. Y creo que eso es lo que esto nos dice —declaró la Madre.

La conferencia de obispos luego pediría que no se repitiera el programa.

El gesto del Papa dijo mucho. Un arzobispo de alto rango del Vaticano me dijo que el regalo era «una señal de la solidaridad del Papa para con la Madre Angélica».

—Fue un gran incentivo para todo el mundo aquí —dijo Michael Warsaw, el presidente de la cadena—. Pero sobre todo, le levantó el espíritu a la Madre.

El alentador gesto del Papa no pudo haber llegado en un momento más propicio. Sólo faltaban unos días para la visita apostólica, y el 22 de febrero el obispo Foley dio a conocer sus «Normas para transmitir por televisión la misa en la Diócesis de Birmingham, Alabama».

Con la publicación de las normas, Foley retiró su decreto del 18 de octubre de 1999 «en su totalidad», y los severos castigos que éste incluía. En una carta del 8 de febrero, el cardenal Medina dijo inequívocamente que ya fuera que el sacerdote estuviera de frente al público durante la misa o de espalda a él, «las dos opciones no acarreaban en sí ningún estigma teológico o disciplinario de ningún tipo». Como no pudo prohibir la misa *ad orientem*, el obispo Foley simplemente prohibió que se transmitiera. «Todas las misas por televisión van a celebrarse de tal modo que cuando el sacerdote esté parado en el altar, estará de frente a los fieles», escribiría Foley. En un momento en que había muchos abusos y muchas innovaciones en la liturgia, la posición *ad orientem*, que era perfectamente lícita, no se podía transmitir por televisión en Birmingham, supuestamente para evitar que se copiara.

Alegando «cuestiones técnicas» en la capilla de Hanceville, EWTN dejó de transmitir la misa de las hermanas el 12 de marzo y envió la producción de regreso a Birmingham en total conformidad con las normas del obispo. A la fecha de la publicación de este libro, cada mañana se celebra la misa *ad orientem* en el Monasterio de Nuestra Señora de los Ángeles, sin la presencia de las cámaras.

La visitación

DURANTE VARIAS SEMANAS antes de su llegada a Birmingham el 29 de febrero, el visitante oficial del Vaticano, el arzobispo Roberto González, de San Juan, Puerto Rico, había revisado los informes financieros de EWTN, los del Monasterio de Nuestra Señora de los Ángeles, los de los misioneros franciscanos del Eternal Word, el *Religious Catalogue* de EWTN y de todas las empresas relacionadas. La suya iba a ser una investigación minuciosa y de gran alcance.

La investigación del Vaticano se concentraría principalmente en la vida diaria del monasterio: la liturgia, las oraciones, el mantenimiento del claustro, la administración y la relación con el obispo diocesano. Se limitaría cualquier investigación de EWTN o de sus asuntos. La CICLSAL claramente estipuló en las pautas de la investigación que EWTN no era «de interés principal» en la visita, pero que «parecía que iba a ser necesario calcular hasta qué punto, si es que lo había, causaba un impacto en la vida contemplativa del Monasterio de Nuestra Señora de los Ángeles, y si su gobierno y administración financiera estaban completamente separados de la orden».

Había varias preguntas que explorar, pero tres de ellas eran primordiales para González: primero, ¿quién era el dueño de EWTN? Segundo, ¿tenía el Monasterio de Nuestra Señora de los Ángeles el derecho de traspasarle tierra y propiedades a EWTN? Y, por último, ¿era la Madre Angélica, que había sido la superiora durante treinta y nueve años sin haber sido elegida a la posición, en verdad abadesa?

El arzobispo González, un hombre delgado y tímido de piel aceitunada y grandes ojos negros, voló hasta Birmingham acompañado de un abogado en derecho canónico, un abogado en derecho civil, un contador y una hermana religiosa. González, de cuarenta y nueve años, era una estrella ascendente episcopaliana y el arzobispo más joven del país. El cardenal O'Connor había sacado al sacerdote franciscano de una parroquia del Bronx en los años ochenta y lo había recomendado al cardenal Bernard Law. Law había querido nombrar a un auxiliar hispano en Boston, y González reunía las condiciones. Después de ordenarse como obispo en 1988, lo nombraron obispo coadjutor de Corpus Christi, Texas, en 1995, durante un período tempestuoso. Al año de su llegada, el fiscal general de Texas entabló una demanda contra el obispo de Corpus Christi, René Gracida, y lo acusó de deshonestidad con el fin de destituirlo como presidente de la fundación Kennedy, un fondo caritativo. Se dice que en este caso, que extrañamente recordaba al de la Madre Angélica, los obispos de distantes diócesis incitaron a la demanda contra el obispo Gracida con la esperanza de desviar dinero de la fundación Kennedy hacia sus propios proyectos. Al final, Gracida fue vindicado. El arreglo final le dio más control al laicado sobre la junta directiva de la fundación Kennedy, y así marginó la influencia futura de los obispos participantes.

Roberto González presenció, directamente, un riesgoso y desagradable intento de toma de poder episcopal. Mientras emprendió su investigación en los asuntos de la Madre, los balances generales y requisitos de la Iglesia le eran terreno conocido al joven arzobispo.

La Madre se preparó para la visita sólo con fe. El lunes 28 de febrero, el día antes de que fuera a comenzar, recibió una imagen hecha en Italia del niñito Jesús sentado en una silla. Disfrutó en contarles a las hermanas sobre su devoción favorita, la que le decía el padre John Rizzo al Divino Niño: «Vas a componer esto, ¿no es así? Si no lo haces, me van a matar a mí y a ti te van a hacer pedazos».

La primera parada de los visitantes fue una reunión con todos los miembros de la junta de EWTN a los que les fue posible reunir en poco tiempo. Los investigadores indagaron sobre la condición de Angélica como abadesa, lo que causó una reacción inmediata de parte de Bill Steltemeier y de ciertos miembros de la junta. Hubo discusiones tangenciales acerca de la política de programación de EWTN, y el uso de la palabra *católico* en el nombre de la cadena de televisión. González también exploró la conexión financiera entre EWTN y el monasterio.

—Era una expedición de pesquería para encontrar información que pudiera ayudar los fines de alguien en particular —diría Michael Warsaw, entonces vicepresidente de EWTN—. No había nada que le diera a uno la impresión de que esto era para apoyar o ayudar a EWTN.

—Me parece que la línea de interrogación tenía la intención de averiguar si EWTN pertenecía a la orden. De ser así, ellos podían asumir el control —recordaría Helen Hull Hitchcock, miembro de la junta. Aun así, Hitchcock pensaba que el arzobispo González actuó con imparcialidad—. Pensé que él tenía que hacer las preguntas y ser duro, pero él fue comprensivo con nosotros. González no simpatizaba con los torturadores de la Madre.

Uno de los principales intereses del visitante era el grado de control que la Madre ejercía sobre la cadena. De acuerdo al acta constitutiva de EWTN, la abadesa del Monasterio de Nuestra Señora de los Ángeles y su vicaria tenían derecho a ejercer ex oficio como miembros permanentes de la junta. Un estatuto posterior nombraba a la abadesa presidenta de la junta a perpetuidad, con el poder de vetar cualquier voto. Aun en el caso que la junta completa votara a favor de una acción en particular sin el consentimiento de la abadesa, la misma no podría pasar. Esto quería decir que la mujer que manejara el monasterio manejaba la cadena de televisión.

A Steltemeier le preocupaba que dudaran de la validez de la Madre Angélica como abadesa. Si el arzobispo llegaba a la conclusión de que ella no era la abadesa del monasterio, el control de la cadena de televisión y sus bienes podían quedar en manos de otros. Y si el visitante ignoraba la afirmación de Steltemeier de que

EWTN era una entidad civil, contraria a la opinión del obispo Foley de que la cadena era un apostolado del monasterio, se podía crear un caso a favor de que la empresa en su totalidad era propiedad de la Iglesia, y por lo tanto estaba supeditada al obispo y a la Santa Sede. Bill Steltemeier estaba preocupado.

La tarde del 2 de marzo del 2000, el arzobispo González se reunió en privado con la Madre Angélica en el locutorio del monasterio. Conversaron durante varias horas, sólo con una interrupción para cenar.

—Queremos que usted continúe con lo que hace —él le dijo—. Solamente queremos estar seguros de que las hermanas están bien, que tienen su espacio y que la cadena no las afecta.

Le cayó bien a la Madre. Le gustaba el modo en que él escuchaba, y respetaba sus posturas aun cuando no estuviera de acuerdo con ellas. Y tuvieron desacuerdos. Uno de importancia fue la observación de González de que todo lo que Angélica hacía era inválido debido a que ella no obtenía los permisos apropiados.

—¿Usted quiere decir que cuando yo tenía doscientos dólares, ningún conocimiento, y tuve la inspiración de montar el estudio de televisión, que le debí haber escrito a Roma —y que ellos hubieran dicho que sí? —le preguntó la Madre incrédula.

—No, no le habrían dado el permiso —le contestó el arzobispo—. Pero usted no lo hizo.

—Bueno, perdón —contestó la Madre.

—¿Y este templo? —preguntó el arzobispo—. ¿Este monasterio? ¿Quién le dio permiso para construir esto?

—El Señor, Él me pidió que le fabricara un templo. Y después de eso, no pensé que necesitaba el permiso de nadie más.

—La Santa Sede va a tener que perdonarla a usted por todo lo que ha hecho.

—Bueno, deje un poco de espacio, porque probablemente haga las mismas cosas otra vez —dijo la Madre.

Para Angélica era particularmente mortificante que pensaran que ella había desviado dinero de la cadena de televisión para pagar por el monasterio.

—Todo lo que veían era el dinero —me diría la Madre—. Es tan difícil que la gente comprenda que este lugar es el fruto de la providencia de Dios. —Se echó para atrás para dar una explicación típica de ella—. Si digo que el Señor me habló y que Él quería que yo construyera este edificio, y nunca hubiera pasado nada y hubiera resultado ser una casucha —obviamente no hubiera sido el Señor. Quiero decir, la prueba no es creerme a mí; ¡la prueba es que *sucedió*! ¿Y cómo sucedió? Nunca salí; nunca solicité fondos para este lugar.

Las monjas presentaron copias de los cheques de los benefactores, algunos de ellos por millones de dólares, para probar lo que la Madre decía. Dicha evidencia aniquiló definitivamente los cargos de malversación financiera con relación al santuario.

Antes de irse, el arzobispo González le aconsejó reiteradamente a la Madre que no pensara en ceder su posición como presidenta de la junta directiva de EWTN. Entregar la cadena a manos legas era demasiado peligroso, y el poder del veto muy valioso para que lo perdiera, le dijo.

La mañana del 3 de marzo, los visitantes inspeccionaron el claustro y se reunieron con la Madre y cuatro de las monjas. El arzobispo González les dijo que iba a recomendar que la Congregación (CICLSAL) sanara (lo quería decir «sanar en la raíz» o perdonar retroactivamente) el no haber pedido permiso por escrito para los proyectos de construcción, los gastos y la donación de propiedades a EWTN. Una vez más, el arzobispo le advirtió a la Madre que no renunciara a su posición en la cadena de televisión ya que esto podía constituir otra enajenación de una propiedad y podía agravar sus problemas. Sin el permiso del obispo local y de la Santa Sede, dicha separación entre el apostolado y el monasterio sería inválida, dijo. La Madre escuchó con aprehensión.

Sor Catherine asistió a la reunión.

—Era casi como si trataran de tomar control de EWTN en ese momento —me diría—. Trataban de decir que éste era nuestro apostolado y nosotras tratábamos de probar que no era nuestro apostolado. Nosotras solamente abrimos la correspondencia. No participábamos activamente. La Madre era la única que participaba activamente.

Las entrevistas individuales con cada monja el 4 de marzo impactó a los visitantes. Ellos probablemente esperaban susurros y testigos renuentes, pero se encontraron que las hijas de Angélica tenían fuego y que eran agalludas.

—Las novicias los despacharon como galletitas —recordaría la Madre.

La noticia de que el arzobispo González había dudado de la legitimidad de Angélica como abadesa ya había penetrado las paredes del claustro. Naturalmente, sus hijas se sintieron ofendidas.

—Interrogatorio es como yo lo llamo —diría Sor Joseph—. Era una investigación personal de la Madre y de la cadena, especialmente de las finanzas.

—En Canton tuvimos una visita, pero no fue así en lo más mínimo —dijo Sor Michael que también estaba de acuerdo—. Esto era una investigación de la cadena de televisión más que una visita al monasterio.

Hasta la reservada Sor Bernadette puso su granito de arena:

—El arzobispo González fue atento, pero no llegó ni a primera base, porque yo le dije, 'Usted trata de combatir algo en lo que Dios tiene puesta su mano'. Y él solamente me miró.

El 4 de marzo, después de su reunión esa tarde con el arzobispo González, a la Madre se le cayeron las vendas de los ojos y vio claramente cuál debía ser su siguiente paso. Angélica me dijo que ella le había preguntado a González por qué algunos de los obispos estaban determinados a controlar la cadena de televisión.

—Ellos no quieren controlarla, Madre. Ellos quieren destruirla —contestó supuestamente el arzobispo.

Algunas fuentes allegadas a González no están de acuerdo. Aun así, se convirtió en el evangelio de la Madre —una última ratificación de que ella tenía que hacer lo inimaginable. El arzobispo dio su bendición apostólica y concluyó formalmente la visita a las 7:30 de la noche. Luego esa noche, el obispo Foley manejó desde Birmingham hasta el pabellón de los huéspedes para entrevistarse con los investigadores.

Antes de que finalizara el día, la Madre le ordenó a Bill Steltemeier que redactara una resolución para cambiar el acta constitutiva y los estatutos de EWTN.

Y quemó el puente

FIEL A SU ESTILO de llegar a un consenso, la Madre compartió su plan con Bill Steltemeier, con las hermanas y con Michael Warsaw antes de presentárselo a todos los vicepresidentes de la cadena el 6 de marzo.

—Nunca la había visto tan agobiada con algo. Se le veía cansada, pensativa, preocupada —recordaría Michael Warsaw—. Me dijo lo que pensaba hacer. Recuerdo que pensé que seguramente tenía que haber otra opción, alguien a quien pudiéramos dirigirnos en Roma que pudiera parar esto.

En la reunión con los vicepresidentes en su oficina, la Madre presentó un resumen de los eventos recientes, que salpicó con sus propias percepciones de los hechos. Luego, los vicepresidentes debatieron como ejecutivos de la cadena las ventajas y las desventajas de la solución que ella proponía. Fue Doug Keck, el vicepresidente de producción, el que ofreció una opinión inusitada que terminó por ser decisiva. Keck había encabezado durante veinte años las operaciones de Rainbow, el conglomerado responsable de una serie de cadenas de televisión por cable que incluía Bravo, American Movie Classics y el canal Playboy. Reencontrarse con su fe había llevado a Keck a EWTN, donde él resultaría ser el instrumento que transformaría la apariencia en el aire y el contenido de la cadena. El alto y encorvado vicepresidente de pelo rubio dejaba por lo general que otros tomaran el mando, pero en esta ocasión se sintió obligado a expresar su opinión.

—Para mi sorpresa, algo me hizo decir, 'Madre, creo que usted tiene razón. Creo que necesita dar un paso atrás para proteger la cadena'. Ella consideró la idea —dijo Deck—. Yo normalmente no creo en tramas, pero era absolutamente cierto que algo pasaba.

Los vicepresidentes temían un golpe contra la Madre desde el altercado con el cardenal Mahony. La visita sólo sirvió para aumentar la sensación de peligro. La información que se obtuvo con la investigación se podía usar para justificar alguna acción futura. Pensaban que la congregación o que el obispo Foley podían obligar a la Madre a instituir cambios en la cadena de la televisión; a reconfigurar la junta directiva; o —en el peor de los casos— a nombrar un sucesor armado con el poder del veto. Angélica podría tener que escoger entre obedecer a Roma y su responsabilidad hacia EWTN y los televidentes. El 6 de marzo, los vicepresidentes estuvieron unánimemente de acuerdo con la Madre: que si ella continuara a la cabeza de EWTN ponía a la organización y a su comunidad en gran peligro.

Contra toda lógica, la mismísima cosa que había servido para proteger la cadena de ataques —la posición de la Madre como abadesa de una orden pontifica— ahora ponía en peligro su futuro. Ella misma se había convertido en el puente que los líderes de la Iglesia podían usar para invadir la organización y distorsionar su mensaje. Firme en su creencia de que la cadena debía continuar como una entidad autónoma civil regida por laicos, la Madre ignoró el peligro personal y decidió usar una escotilla de salvamento antes de que le pudieran exigir nada. Un hombre a lo mejor se hubiera quedado y hubiera peleado. Pero una madre haría cualquier cosa por proteger a su prole.

En la reunión, la Madre Angélica firmó una carta de renuncia que Bill Steltemeier aceptó. El segundo párrafo de la carta afirmaba «que el único apostolado de las Pobres Clarisas de la Adoración Perpetua en Hanceville, Alabama, es continuar la adoración del Santísimo Sacramento y rezar por la salvación de las almas. El monasterio nunca ha tenido otro apostolado que no sea éste».

La renuncia de la Madre no tendría efecto hasta el 17 de marzo de 2000, cuando terminara una reunión de emergencia de la junta de directores que se planeó para ese mismo día.

Se les notificó por carta a los miembros de la junta acerca de la teleconferencia especial de emergencia y se les dijo que se iba a considerar poner fin a la participación de ellos ex oficio como miembros de la junta y a disolver el derecho al veto del presidente. No se hizo mención de la renuncia de la Madre.

En uno de sus últimos actos como presidenta, la Madre cedió simbólicamente la cadena de televisión a los vicepresidentes durante una videoconferencia.

—Aquí tienen esta cadena —les dijo—. Trátenla como si fuera su único hijo.

Marynell Ford, vicepresidenta de mercadotecnia, se volvió hacia otro de los vicepresidentes y sollozó abiertamente.

Advertido por un miembro de la junta, uno de los visitantes apostólicos llamó a Angélica el 13 de marzo. Él se oponía al apuro con que se habían enmendado los estatutos de la cadena y le informó a la Madre que la visita no había concluido todavía. Se necesitaba más información, dijo, y le informó que el arzobispo Gonzáles y compañía regresarían a Hanceville la primera semana de abril.

La siguiente noche, los planes de la Madre se complicaron aun más debido a una fuerte congestión de pecho que pensó que era un catarro. De hecho, era una pulmonía que la hizo ingresar en el hospital durante nueve días. Sin inmutarse, Angélica prosiguió con la renuncia desde la cama del hospital.

El 16 de marzo, el día antes de la reunión de la junta directiva, el arzobispo Gonzáles se apareció en el Monasterio de Nuestra Señora de los Ángeles y exigió ver a la Madre Angélica. Su misión personal era la de detener la reunión de emergencia y disuadir a la Madre de que cediera su posición permanente en la junta directiva de la cadena y su derecho de veto. Las monjas le dijeron a Gonzáles que la abadesa no estaba disponible. Bill Steltemeier luego dio a conocer que ella estaba en el hospital, aunque se negó a identificar el hospital. Al no quedarle opciones, el arzobispo le escribió una nota a la Madre Angélica y le rogó que retrasara el voto de la junta directiva hasta que él presentara su informe y Roma tuviera la oportunidad de estudiar la información que éste contenía.

Sentada al borde de una cama en su bata de hospital y con un tubo de oxígeno por la nariz, la Madre Angélica se preparaba para abandonar el imperio de medios de comunicación al cual había dedicado casi veinte años para crear. Su canto de cisne sería tan polémico, dramático y cómico como habían sido otras cosas en su vida.

Bill Steltemeier, unas pocas de las hermanas y un abogado se apiña-ron alrededor de su cama. Los miembros de la junta directiva hicie-ron acto de presencia en la habitación por vía electrónica a través del altavoz del teléfono.

Steltemeier, como si fuera el maestro de ceremonias de un circo revoltoso, intentaba que el enfoque se mantuviera en las resolu-ciones como tema principal, pero los otros actos creaban distraccio-nes. Casi inmediatamente, los tres obispos que eran miembros de la junta —el arzobispo Charles Chaput de Denver, el obispo Thomas Daily de Brooklyn y el obispo David Foley de Birming-ham— se pronunciaron en contra de la reunión y de los temas bajo consideración. El arzobispo Chaput propuso que se pospusiera en deferencia al visitante apostólico, con quien había hablado la noche anterior. Bill Steltemeier rechazó su solicitud y dijo que una cuestión religiosa no tenía relación ninguna con la reunión de la junta de una entidad cívica, y continuó rápidamente con los puntos que iban a tratar. El obispo Foley interpuso que el monasterio y EWTN eran inseparables ante la Iglesia. Steltemeier lo pronunció fuera de lugar.

Al ver el rumbo que tomaban las cosas, el obispo Daily se dis-culpó de la reunión y colgó. La discusión se calmó lo suficiente para permitirle a la Madre Angélica a tomar la palabra, aunque con voz ronca. Ella contó de nuevo la providencial creación de la cadena de televisión y le ofreció a la junta una retrospectiva his-tórica. Recordó al obispo Vath, quien en 1981 le había sugerido que dejara el hábito y se dedicara a hacer televisión; la polémica relación con CTNA; la alegría que sentía por sus frecuentes reu-niones con el Santo Padre; la inspiración de fabricar el Santuario; y cómo el proceso de la visita la hizo sentirse violada. Y entonces soltó la bomba al leer la carta de renuncia, seguida por unos comen-tarios:

Soy una hija obediente de la Iglesia. Por ella he llorado, he sangrado, he reído, la he diseminado por todo el mundo. Y ahora, tengo una sospecha. Ahora dudan sobre la vida que llevan las hermanas y sobre su orden y su vocación. Somos contemplativas, y vamos a permanecer contemplativas... No comprendo esta lucha dentro de la Iglesia por el control de esta cadena. Nadie se preocupaba por ella cuando pasábamos dificultades. Nadie se molestaba excepto para criticar y tratar de controlar... Dios ha defendido esta cadena. No es mía. No tiene importancia si estoy yo ahí o no. Ustedes tendrán que vérselas con Él... A lo mejor sí necesito que me perdonen por lo que hemos hecho. Me haría sentir feliz. ¡Y después, déjenme tranquila! Déjenme tranquila y dejen que hagamos lo que el Señor quiere que hagamos. No entiendo esta sospecha. Lo siento. ¡Pero no pienso que tenga que disculparme por hacer lo que Dios desea! 'Con la ley'. Eso lo dijeron los fariseos. Los fariseos que están por todas partes. '¡Ah, pero no, no pueden sanar los domingos!' ¡Ustedes no pueden construir una cadena de ochocientos millones de dólares! ¡Ustedes no pueden construir una iglesia de cincuenta millones de dólares que han pagado cinco familias! ¡No hacen las cosas de acuerdo a la ley! ¡No siguen las reglas! Bien, no lo hice a propósito.

Steltemeier literalmente soltó el llanto y las lágrimas le corrían al concluir la Madre el soliloquio. Después de tomarse un respiro, dijo molesto:

—¡He estado con la Madre veintiún años! ¡La han crucificado con la cabeza hacia abajo!... ¡Toda esta complicidad y todos estos arreglos me enferman!

Los ánimos se enardecieron, el dramatismo corrió y las amenazas volaron por el aire durante dos horas. De acuerdo a Steltemeier, los obispos «trataban de obstaculizar» el proceso, Chaput se quejó de que violaban sus derechos y Foley pidió un sinfín de aclaraciones. En el medio de todo esto, Steltemeier trató de cubrir sus bases legales mientras que la Madre promovía el voto.

—El Señor me lo entregó a mí para que lo hiciera. Lo he hecho —dijo—. Pronto voy a cumplir setenta y siete años. Tengo un asma muy fuerte. No puedo dejar esta cadena de televisión colgada en el aire para que cualquiera la agarre.

—Debemos proseguir —gritó Steltemeier—. Hemos tenido toda esta discusión; no tiene sentido decir tonterías.

Steltemeier formuló la pregunta y justo antes de la votación, el obispo Foley volvió a interrumpir para pedir que hubiera más debate.

—Hemos hablado sobre esto una hora y cincuenta minutos —vociferó exasperado Steltemeier.

—Obispo —dijo la Madre inclinada sobre el altavoz del teléfono que tenía en su cama, no voy a cambiar de manera de pensar, y creo que tenemos que terminar con esto.

A pesar de las objeciones del arzobispo Chaput, quien se sintió «presionado» por el proceso, y del obispo Foley, quien estaba preocupado que el derecho de veto y las posiciones ex oficio no «se iban a poder recuperar fácilmente», la Madre y Steltemeier prevalecieron. La junta de directivos votó a favor de cambiar los estatutos y aceptaron la renuncia de Angélica. Solamente los dos obispos se opusieron.

A las 5:00 de la tarde del 17 de marzo del 2000, la Madre Angélica descansaba cómodamente en su cuarto del hospital, formalmente separada de la cadena de televisión con la que se le identificaría por siempre. Calladamente, había quemado el puente después de cruzarlo. Ningún religioso, clérigo u obispo podría nunca ejercer control completamente de EWTN de nuevo. Confió en la divina providencia y se sintió segura de que la junta directiva y los vicepresidentes podrían perpetuar su visión y mantener la cadena firmemente fiel al magisterio en Roma. La cadena ahora le pertenecía al laicado y a Dios. Habían devuelto y desviado el golpe.

El complot organizado para asumir control de EWTN parecía remoto. Sin duda, algunos obispos estaban preocupados, hasta obsesionados, con la autoridad de la Madre sobre la cadena y obviamente estaban a la caza para descubrir cualquier fallo. ¿Pero, habría un plan general para tomar posesión de la cadena? Todos los obispos que entrevisté que estaban familiarizados con el caso rechazaban la idea. El autor tampoco estaba convencido.

Entonces en octubre del 2003, el canonista del obispo Foley, el padre Gregory Bittner, al concluir un largo discurso ante la Sociedad de Derecho Canónico de Estados Unidos propuso su propia solución final para EWTN. Con respecto al hecho de que la junta directiva hubiera aceptado la renuncia de la Madre Angélica, Bittner planteó en un discurso que «la Santa Sede… hubiera podido autorizar una demanda civil contra el consejo directivo de EWTN, Inc.» para que «declararan inválidas e ilegales» sus acciones. Además, sugirió Bittner, la Santa Sede pudo haber sancionado otra demanda «para disolver la compañía y crearla de nuevo, y poder asegurar así el papel de la institución que la subvencionaba y la misión de la Iglesia Católica Romana en el campo de los medios de comunicación. Las partes actuantes serían los tres obispos que son/eran miembros del consejo directivo». En otras palabras, llevar la compañía civil a la corte, destripar la junta y volver a crearla con los obispos al mando.

Además de demostrar una mentalidad maliciosa, las sugerencias de Bittner no probaban mucho por sí mismas. Pero sí sirven para dar crédito a la creencia de Angélica de que se fermentaban estratagemas y planes para arrebatarle su cadena de televisión. Como estas palabras salieron de boca del asesor canónico del obispo Foley, es difícil imaginar que el mismo obispo no estuviera al menos parcialmente familiarizado con dichas cavilaciones.

Un año después de haber renunciado, la Madre Angélica no se había arrepentido de su decisión.

—Tuve que retirarme porque era la única forma de salvar la cadena de televisión, y yo tenía que probar que podría seguir por cuenta propia —diría.

El arzobispo González regresó al monasterio el 5 de abril para examinar unos expedientes financieros adicionales y resolver algunas cuestiones finales. La congregación (CICLSAL) en Roma se tomó más de un año en reaccionar a las conclusiones de la investigación de González. En una carta del 26 de junio del 2001, el cardenal Somalo sanó la donación de propiedades, así como el largo término durante el cual la Madre había servido como abadesa sin haber sido elegida. Le otorgó permiso a la Madre para que continuara como presentadora del programa en vivo en Birmingham, le pidió que tratara de enmendar la relación con el obispo Foley, y, casi como una idea de última instancia, determinó que la cadena de televisión no impactaba negativamente la vida de las monjas.

En una carta por separado al obispo Foley, la congregación se lavó las manos de todo lo que ver con la cadena debido a que ello estaba «fuera de nuestra competencia». Sin embargo, sí defendió el derecho de la junta de EWTN de abolir cargos, rescindir poderes y nombrar miembros a la junta directiva como lo estimara necesario. Roma había fallado, diplomáticamente, a favor de la Madre.

El obispo Foley fue suspendido del consejo directivo de EWTN y su programa en vivo, *Pillars of Faith*, fue cancelado. El aviso le llegó por carta el 16 de junio del 2000, firmado por el nuevo presidente electo y jefe ejecutivo de EWTN, Bill Steltemeier.

Después que los pleitos quedaron atrás, la Madre Angélica se integró a la vida de la comunidad y empezó a saborear su tiempo libre lejos de la cadena de televisión. Pasaba los días estudiando las Escrituras en el porche del fondo, mientras planeaba la construcción cerca del monasterio de una tienda de regalos y un centro de peregrinación al estilo de un castillo; encontraba sosiego en rezarle al Santísimo Sacramento.

La mañana del 3 de julio del 2000 casi logró el descanso eterno. Cuando iba a volver a poner su breviario en la sillería del coro después de la misa, la Madre sintió un dolor de cabeza. Cuando fue a buscar una tableta de Tylenol en el bolsillo del hábito, sintió un entumecimiento de la parte superior de la cabeza hacia abajo. La cajita de pastillas se le cayó de la mano, lo que llamó la atención de las hermanas. Empezó a temblar de repente, pero atinó a agarrarse del banco para recobrar el balance. Una monja la agarró por la cintura y la colocó en una silla de ruedas con la ayuda de otras personas.

—Jesús, ayúdame. Jesús, ayúdame —dijo la Madre. Un momento después, ya no respondía.

—Se empezó a poner morada. Los labios se le pusieron rígidos —diría Sor Antoinette—. Parecía como si se fuera a morir.

Las monjas temieron lo peor y llamaron al número de emergencia. Uno de los frailes jóvenes le dio la extremaunción. Cuando el equipo de emergencia se la llevó a toda carrera, Sor Antoinette le susurró en el oído:

—Reverenda Madre, no puede morirse todavía, nosotras no estamos listas.

Angélica no podía escuchar nada.

—Ah, Dios —dijo el Dr. James Hoover, el médico de la Madre, cuando la entraron en la sala de emergencia del Cullman Regional—. Llegó al hospital sin responder. Era como si estuviera en un coma profundo.

La Madre Angélica estaba tan desmadejada que las enfermeras tuvieron que rasgarle el hábito para prepararla para los exámenes. El Dr. Brown determinó que el TAC, el ECG y las pruebas de laboratorio no habían revelado nada.

—Pero en un corto plazo de tiempo, la Madre se despertó y estaba bien —dijo Hoover—. Desde el punto de vista médico, era un evento extraordinario. No había evidencia de que hubiera sufrido un derrame cerebral o una convulsión. Nunca había visto a un paciente que hiciera un viraje tan dramático y pasara de un estado en que no respondía a un estado alerta.

Al rato de haberse despertado, la Madre le contó a la nueva vicaria, Sor Mary Catherine, la extraña experiencia que había tenido mientras le duró el coma.

—Estaba en un cuarto oscuro. Podía sentir la presencia de Nuestro Señor a mi lado derecho. Pensé, bueno, me voy a morir. Más vale que diga mi oración por las almas pobres: '¡Jesús y María, les amo, salven las almas!' —contó la Madre. Como sintió que tenía poco tiempo, dijo— Señor, no creo que esté preparada todavía, pero está bien. En ese instante, vi como mi alma se desprendía de mi cuerpo. Se desprendió y regresó tres veces.

Un par de días después, la Madre regresó al monasterio y trató de entender el episodio.

—Siento que en verdad había muerto y había regresado —le dijo a las monjas el 7 de julio—. No siento ya temor a la muerte, no siento temor ya a los obispos o a lo que va a suceder… nada más importa excepto Dios y cómo vamos a expresarle ese amor al mundo.

Una Madre Angélica renovada compartió con los televidentes su experiencia cercana a la muerte en su programa en vivo del 11 de julio. Les aseguró a los enfermos desahuciados y a los ancianos miembros de su familia que no tenían nada que temer.

—No sé cuánto tiempo nuestro amado Señor me va a permitir quedarme aquí —dijo—. Espero que sea mucho tiempo. Pero sé con toda seguridad que no voy a sentir miedo. No hay por qué temer a la llamada de nuestro maravilloso, bondadoso, compasivo y misericordioso Padre. No hay por qué sentir miedo.

Durante una sesión de entrevistas a fines del 2000, la Madre compartió conmigo una oración que le ofrecía a Dios desde que había tenido la experiencia cercana a la muerte: «Señor, quiero que me utilices como mejor lo estimes. No me importa lo que ello sea. Solamente no me dejes ver el fruto».

En el 2001, Dios aceptó su oferta.

19
La purificación

LA NOCHE DEL 12 de diciembre del 2000, el mundo alcanzó a ver cómo debió haberse visto Rita Rizzo de batonista. Entre bailes y risas, monerías y cacareos, la Madre Angélica celebró la fiesta de la Virgen de Guadalupe acompañada de una banda de mariachis. Los que no estaban en sobreaviso hubieran podido pensar que el canal que miraban era Univisión y no EWTN. Su programa en vivo no había parecido tan vivo desde hacía años. Iba a ser la última celebración para sus viejos amigos, aquéllos como Jean Morris, Tom Swatek y Gene McLane, que estaban sentados al frente —la última oportunidad que iban a tener para saborear a la Madre Angélica de antes: despreocupada, espontánea y completamente impredecible. Con un sombrero mexicano sobre el velo, pretendió cantar en español y se mecía al compás de los mariachis en una alegre demostración que hizo que algunos recordaran sus días carismáticos. Pero esto no iba a durar.

La Madre, como se sentía obligada hacia su público, continuó de presentadora del programa en vivo y viajaba todas las semanas de Hanceville a Birmingham. Pero los viajes se convirtieron en un «esfuerzo físico» que se reflejaba cuando salía al aire. Durante la primera mitad del 2001, los programas sobre doctrina de los martes en la noche se volvieron cada vez más azarosos y repetitivos. Aunque su perspicacia espiritual y sus consejos para los que sufrían no habían disminuido, Chris Harrington observó que «su mensaje sonaba deshilvanado. No había una línea continua de ideas, y las antiguas historias las repetía una y otra vez».

Los presentadores laicos que trabajaban en equipo con ella se hacían cargo del contenido del programa de entrevistas de los miércoles por la noche, lo cual le permitía a la Madre hacer comentarios cuando lo deseara sin tener la responsabilidad de llevar el peso ella sola. En general, disfrutaba la interacción, y al público le encantaba tenerla allí.

El 15 de agosto del 2001, allí sentada frente al estudio repleto de público, se le veía distraída, cansada y extrañamente resignada al hecho de que su cadena de televisión cumplía veinte años. Para celebrar la ocasión, así como sus cincuenta y siete años de vida religiosa, EWTN transmitía ese día una programación especial que incluía liturgia *ad orientem* desde Hanceville en claro desafío de las regulaciones del NCCB. El momento más importante del día era una celebración televisada en vivo donde figuraba la fundadora de EWTN.

La Madre reía con las serenatas improvisadas y contaba viejas historias sobre la fundación de la cadena de televisión, dijo algunos chistes y pacientemente respondió a las preguntas de los que llamaban para felicitarla desde todas partes del mundo. Pero los recuerdos ya no le atraían, y la vieja llama se había opacado. A veces, la Madre miraba directamente a la cámara sin inmutarse. Se le hacía difícil completar sus ideas durante la programación. Se movía intranquila en la silla y de vez en cuando se dirigía al público para que la ayudaran con palabras o hechos que se le escapaban.

Cinco días más tarde, la Madre sentía el cuerpo cortado. El 20 de agosto, mientras leía su breviario después de la misa, le era imposible entender las palabras que leía en las páginas. Sudaba profusamente. Pidió ayuda, pero por mucho que tratara, no podía acordarse del nombre de Sor Margaret Mary.

Ésta no era la primera vez que a la Madre se le dificultaba el leer. Ya le había pasado lo mismo una vez cuando iba para Birmingham con Sor Agnes para presentar su programa en vivo. Pero le dio miedo que fuera un derrame cerebral y no dijo nada por no alarmar.

En esta ocasión, le informaron a Sor Margaret Mary y le avisaron a una enfermera para que fuera al monasterio.

La Madre temblaba. En su cuarto, quiso probar si podía o no leer. Sor Faustina tomó al azar un libro del estante —la edición de Navarra del evangelio según San Juan— y se lo alcanzó a la abadesa. Angélica abrió el libro y leyó en voz alta el primer verso que encontró, Juan 11:4: «Esta enfermedad no es de muerte, es para la gloria de Dios, para que el Hijo de Dios sea glorificado por ella».

Un análisis de sangre después reveló que sufría de una infección en los riñones. Le recetaron antibióticos y que descansara. Pero pasaron los días y todavía se sentía débil y sin energía. Un día que se sintió mejor durante su convalescencia dijo que había visto al niñito Jesús pasar a toda prisa por los pasillos del monasterio. Los archivos del monasterio mencionan que el Divino Niño no solamente se le apareció a la Madre una y otra vez, sino que también le habló con «voz de niño». Aunque las hermanas no vieron nada, sí creían que la Madre de hecho lo vio. Como dice el dicho, 'Para los que tienen fe, no hace falta evidencia'; para los que no la tienen, no habrá evidencia que sea suficiente.

El pirata del alma

SEA CUAL FUERE la fuerza de la percepción mística de la Madre Angélica, sí estaba claramente consciente de algo al principio de su programa en vivo del 4 de septiembre del 2001. Le hizo saber a la audiencia que las oraciones en familia serían «para rezar por aquellos a los que les suceden tragedias inesperadas».

Habló de las maravillas del cielo, de la existencia del infierno y de Satanás. Las monjas externas que miraban el programa en casa pensaron que la Madre pestañeaba de una forma extraña, pero no estaban completamente seguras de ello.

La mañana siguiente a la hora del desayuno sentada con Sor Margaret Mary, la Madre se rió de una broma pero su rostro no acompañaba a la risa. El lado izquierdo de la boca lo tenía hacia abajo, como si una mano invisible hubiera tirado de él. El ojo izquierdo, con el cual no pestañeaba, estaba como congelado con una macabra mirada fija. Sor Margaret Mary la animó a ir al hospital.

—¿Por qué? —le respondió la Madre en forma enredada—. No me siento mal.

De acuerdo al Dr. David Patton, el IRM reveló que la parálisis facial se debía a una serie de «derrames cerebrales bihemisféricos recurrentes». Aparentemente, hacía un tiempo que la Madre padecía de aquellos miniderrames cerebrales. Para evitar ataques futuros, el doctor le recetó Coumadin, un diluyente sanguíneo.

La mañana del 11 de septiembre, la Madre me llamó del hospital.

—Tuve un derrame cerebral ligero —me dijo con voz enredada como si tuviera la boca llena de espaguetis—. Todo funciona bien excepto la mitad de mi cara. Me dijeron que era porque tengo un lado de la cara completamente paralizado. Pero estoy muy bien —sólo que me parezco a Anita, la que cultiva manzanitas.

Mientras hablábamos, en la televisión de todo el país se vio como un segundo avión se estrellaba contra las Torres Gemelas. El demonio del que ella había hablado sólo una semana antes mostraba ahora su rostro, y una de muchas «tragedias inesperadas» acaecían a la nación.

Había que aplicarle un ungüento al ojo izquierdo de la Madre con regularidad para que no perdiera la vista, y tenía que ponerse un parche para que no se le ulcerara. ¿Por qué Dios ha permitido esto?, se preguntaba la Madre. Miró hacia su interior para analizar los defectos propios que ella sentía le habían obstaculizado el camino: su mal genio, su impaciencia. «Por favor no permitas que destruya tus planes con mis debilidades e imperfecciones», le rogó a Dios. Finalmente, la Madre encontró un propósito en el dolor.

—Nunca en mi vida había sentido tan claramente que Dios me había escogido para ayudar a los demás —dijo después del derrame cerebral—. Esto ha sucedido para que la gente se de cuenta de la nueva realidad que Dios nos hace sufrir para hacernos más santos. Estoy muy consciente de eso.

La Madre Angélica sintió la necesidad de volver al aire.

—Al principio, no pensé que sería una buena idea —dijo Michael Warsaw del regreso de Angélica a la televisión—. Temía que la gente iba a ver lo debilitada que estaba y que sus enemigos iban a tratar de aprovecharse de eso, y que su público iba a sentir que la Madre o la cadena de televisión iban en descenso. Pienso que ella sentía que no le quedaba mucho más tiempo.

El familiar tema musical de *Mother Angelica Live* se oyó en hogares por todo el mundo el 25 de septiembre del 2001, pero la imagen que apareció a continuación no recordaba nada conocido. Tenía la boca retorcida en una mueca y un parche negro por debajo de los lentes —así fue el regreso de la Madre ante su gente, la imagen del sufrimiento redentor.

—Hola, no tengan miedo. Soy yo —dijo alegremente para romper el hielo—. Debido a todos estos pequeños impedimentos, quiero estar con ustedes mientras Dios me lo permita.

El tono del programa en seguida tomó un matiz serio. Angélica encontraba irónico que Estados Unidos fuera a la caza de los terroristas tras los ataques, ya que Estados Unidos continuaba mimando en su propio territorio a quienes ella llamaba «terroristas sociales». Los culpables eran los traficantes de drogas, los que se dedicaban a la pornografía y particularmente los partidarios del aborto —«los peores», de acuerdo a la Madre, «porque ellos destruyen a los inocentes, y a la vida, y a las poblaciones». Como temía que los ataques terroristas fueran a provocar un odio general hacia los musulmanes, la Madre imploró que hubiera tolerancia, y habló del médico islámico que le había operado la espalda a ella hacía más de cincuenta años.

Aunque deforme, la Madre no había perdido nada de su mordacidad ni de su atractivo.

Se recibieron sesenta y cinco mil cartas en reacción a la transmisión, la mayor parte de las cuales expresaban la preocupación del remitente por el semblante de la Madre. En una época en que el culto a la perfección dominaba los medios de comunicación, y que la juventud y la belleza eran los valores que más se veneraban en la televisión, he aquí un impactante testimonio a la contracultura: una anciana desfigurada que proclamaba sin vergüenza y sin vanidad lo que ella consideraba la verdad.

Las víctimas de derrames cerebrales y los deformados, que vivían avergonzados, le escribían para darle las gracias. La Madre les había dado permiso para que salieran de sus escondites y les había servido de inspiración para que volvieran a ser parte de la vida.

—Una mujer dijo, 'Yo la escucho, Madre, yo veo todos sus programas, y yo la amo, pero ahora usted es uno de nosotros' —me diría Angélica—. Me tomó un tiempo poder entender eso un poco. Espero entenderlo completamente.

Ya en noviembre, la Madre Angélica había empezado a perder la tonicidad de los músculos de la cara. A pesar de este contratiempo, continuó con su labor en la televisión. Y aunque consideraba que ninguna de las cruces que había llevado a lo largo de su vida había sido «tan buena como ésta», la Madre podía sentir la finalidad del tiempo. Una noche, en noviembre, mientras esperaba en el estacionamiento de la cadena de televisión que la recogieran para volver a Hanceville después que el programa en vivo había terminado, le dijo con seriedad a Michael Warsaw:

—A lo largo de mi vida, el comienzo y el final de todo lo que Dios me ha encargado hacer han estado muy definidos. Siento que ya voy a llegar al final de mi hora con la cadena de televisión.

El 5 de diciembre, la Madre reclutó al padre Mitch Pacwa, un jesuita estudioso de las Escrituras y elemento principal de EWTN desde 1984, para suplir como presentador invitado permanente cuando a ella le fuera imposible comparecer en el programa. Un tiempo después, los superiores de él aceptarían el arreglo, aunque aquel día la Madre no mostraba señales de reducir la velocidad.

Por la mañana, grabó el programa *Catalogue*, por la tarde asistió a una reunión de los vicepresidentes, filmó un especial de Navidad y luego se reunió conmigo por la noche para hacer su programa en vivo. En un momento de tranquilidad antes de ir al estudio, algo poco usual, le hice una pregunta difícil. Si tomábamos en cuenta el retiro paulatino de ella de EWTN, el manejo presente y la precaria situación de los eventos a nivel mundial, le pregunté qué creía ella que iba a pasar con la cadena de televisión. Me tomó de las manos, me miró fijamente con su irritado ojo derecho, y me dijo:

—Nada dura para siempre, mi corazón. Acuérdate de eso. Nada dura para siempre. Ja, ja.

A fines del 2001, la separación de la Madre Angélica de EWTN era total y completa.

El martes siguiente, 11 de diciembre, antes de su programa en vivo, la Madre comió comida china en Birmingham con Sor Margaret Mary, Sor Michael y el chofer de ellas. Mientras abrían las galletitas chinas con las predicciones para el futuro, decidieron que pararían en Books-A-Million cuando fueran camino al estudio para recoger un libro de cocina que una de las monjas había mandado a encargar.

El chofer entró para comprar el libro pero no lo encontraron. Sor Margaret Mary y el chofer dejaron a la Madre y a Sor Michael en el auto y regresaron a la tienda para buscar otro libro adecuado en lugar de aquél. El tiempo empezó a pasar. Angélica se preguntaba por qué se demoraban tanto y empezó a preocuparse de que no iba a llegar a tiempo para el programa en vivo. Molesta con el retraso, abrió la puerta del auto y le dijo a Sor Michael:

—Vamos a entrar.

Adentro de la librería, la Madre y Sor Michael tomaron cada una por un lado para buscar a Sor Margaret Mary. La abadesa tuerta divisó a su hija perdida al fondo de la tienda y se dirigió hacia allá. No vio que había una plataforma elevada que le obstaculizaba el paso, tropezó y se fue de cabeza. La cara dio en el piso y se le partió el brazo a la altura del codo.

En el hospital, los rayos X confirmaron que tenía una fractura en el brazo, pero tenía la sangre tan aguada debido al Coumadin que tuvieron que atrasar la cirugía unos días. El 12 de diciembre le inyectaron plasma congelado para que se le pusiera la sangre más espesa en preparación para la operación. Todo marchaba bien hasta que llegó al área de espera fuera del salón de cirugía. De súbito, Angélica comenzó a temblar y se le puso «la cara como una pelota de baloncesto y los labios morados». La violenta reacción dejó perplejos a los médicos, quienes se movilizaron para estabilizar a la abadesa.

Más tarde, cuando Sor Margaret Mary se lavaba los dientes en la suite del hospital, encontró en la meseta al lado del lavamanos una bolsa de plasma que estaba marcada «O-positiva». ¡La sangre de la Madre era de tipo O-negativo! La monja, en un estado de pánico, les avisó a los médicos de Angélica. Hasta la fecha, Sor Margaret Mary es de la opinión que la transfusión equivocada de dos unidades de sangre O-positiva podían haber matado a la Madre, y que eso ciertamente había contribuido a la peligrosa condición en que se vio la Madre. El Dr. Patton dijo en una entrevista que el plasma congelado pudo haber sido un factor, pero que la causa del trauma que sufrió Angélica nunca quedó «completamente esclarecido».

Usaron un clavito y dos tornillos para fijarle el brazo a la Madre. Esto fue el 14 de diciembre. Dos días después de la cirugía, el Dr. Richard May recuerda vívidamente haber entrado en la unidad de cuidados intensivos durante su ronda de visitas a los pacientes para ver cómo estaba la Madre Angélica. La abadesa estaba acostada en la cama y hacía muecas mientras Sor Margaret Mary y Sor Michael rondaban a su alrededor; tenía el ojo derecho completamente cerrado.

—Dr. May, usted tiene que ayudarla —le rogó Margaret Mary—. Dice que el diablo está detrás de ella y que le muestra las almas atormentadas que están en el infierno. Ella no quiere que la dejen allí.

Como no tenía una receta para tratar dicho mal, el doctor ofreció palabras de consuelo «a la manera presbiteriana» al lado de la cabecera de la Madre, y después prosiguió con la redacción de las órdenes. El Dr. May dijo luego:

—Había una sensación de opresión en la habitación.

Cuando miró de nuevo a Angélica, vio que todavía tenía «los ojos apretados y batallaba». Él había oído algo sobre la devoción de los católicos a San Miguel Arcángel para protegerse del mal, por lo que ofreció una «oración mental» calladamente, algo que nunca antes había hecho por ningún paciente. «Señor, si el demonio está en verdad detrás de esta mujer, yo no la puedo ayudar. Más vale que mandes a San Miguel ahora», rezó. No le dijo a nadie lo que le había pedido a Dios y siguió con el papeleo.

Unos minutos más tarde, Angélica se animó.

—Todo ya está bien —dijo.

—¿Pasa algo? —preguntó Sor Margaret Mary nerviosa.

—Todo ya está bien. San Miguel está aquí.

—¿Sor Michael?

—No, no. San Miguel Arcángel está aquí —dijo Angélica, se viró hacia el otro lado y se durmió.

—Yo estaba pálido, pero el cambio en la habitación era palpable —recuerda el Dr. May con los ojos aguados—. Algo sucedió.

La Madre guardaría el secreto sobre lo que ella vio, lo que sea que haya sido. Sólo le diría a las monjas después:

—Tenemos que sufrir... para evitar que las almas vayan para al infierno. La gente no entiende lo que significa ir al infierno.

La Madre Angélica, muy estropeada, regresó a casa en silla de ruedas con un yeso azul en el brazo y un parche que le tapaba el ojo derecho, que nunca cerraba. A pesar de todas los suplicios que había pasado, esperaba la Navidad con entusiasmo: era su día preferido del año. El día 20 de diciembre, dos días después de su regreso a casa, les dio a las monjas algunos «puntos para reflexionar» durante el desayuno en espera del nacimiento de Jesús. Sentada detrás de una solitaria mesa al frente del refectorio bajo el alto techo de madera tallada, les dijo:

—Vamos a tener muchas sorpresas esta Navidad.

La Madre después compartió una oración que le había ofrecido a Dios: «Señor, aquí estoy —no muy radiante— hecha polvo. Toma lo que tengo y haz que se vea bonito, para Ti. Su esperanza era que la oración la hicieran suya.

—Prepárense para cualquier cosa que Él les dé —les dijo a las monjas.

La sorpresa de Navidad

EL DÍA DE NOCHEBUENA por la mañana, el cuerpo de la Madre se vio de nuevo sujeto a la voluntad de su Señor. Estaba sentada en la capilla ante Él, cuando se desplomó en su silla de ruedas. Cuando las hermanas vieron que estaba inmóvil y que no respondía se movilizaron, y rápidamente buscaron el oxígeno, el jugo de naranja y le avisaron a Sor Margaret Mary.

La Madre no podía hablar cuando llegó al Cullman Regional Medical Center. La parálisis que sufría en el lado derecho del cuerpo le indicó al Dr. Hoover que era un «problema en el cerebro». Un TAC del cerebro confirmó el diagnóstico. El lado derecho del cerebro de la Madre, de setenta y ocho años, había sufrido un trauma debido a una apoplejía acompañada de un peligrosísimo derrame cerebral.

—Después de lo que vi, en verdad pensé que probablemente ella iba a morir a consecuencias del sangramiento —dijo Hoover.

De la única forma que la Madre se podría salvar, el doctor estimó, era si se sometía a una cirugía del cerebro inmediatamente. Pero basado en el TAC y en la edad de la Madre Angélica, ningún hospital quería aceptarla. Entonces el Dr. J. Finley McRae, un neurocirujano del hospital St. Vincent en Birmingham que se había presentado en uno de los primeros programas en vivo de la Madre, accedió a operarla —si era que sobrevivía el viaje de una hora. Las monjas subieron a una ambulancia con su abadesa y partieron raudos hasta Birmingham, algunas de ellas con el temor de que ése sería su último viaje juntas.

La Madre estaba catatónica, pero además de todo aquello, se presentó otro problema durante el viaje en la ambulancia cuando comenzó a aspirar el jugo de naranja que las hermanas le habían dado por la mañana para nivelar lo que pensaron que era una baja de azúcar. El equipo de emergencia batalló por mantener a la Madre viva. Sor Margaret Mary se hallaba en la parte delantera de la ambulancia en aquel momento. Recuerda lo siguiente:

—El hombre que se ocupaba de la Madre miró por la mirilla y dijo, '¿Alguien le ha dicho lo serio que esto es? Todo lo vomita y después lo aspira de nuevo'. El ácido le debió haber destruido los pulmones.

La Madre Angélica llegó a St. Vincent poco después de las dos de la tarde. El Dr. David Patton, parado en la entrada, asesoró instantáneamente su condición.

—Era terrible —diría después—. De acuerdo a las estadísticas, sé que las probabilidades eran remotas. Sabía que en verdad estaría en manos de Dios.

Hasta el mismo cirujano estaba escéptico sobre las probabilidades de que la operación fuera exitosa.

—Era una situación muy peligrosa en vista del diluyente sanguíneo y de su edad —recuerda el Dr. McRae—. Tuvimos que administrarle algo para contrarrestar y ayudar a que la sangre se le coagulara; dados los múltiples problemas médicos, había una probabilidad del cincuenta por ciento de que sobreviviría. Había que hacerlo en ese momento, o no se podría hacer. No hubiera podido sobrevivir con aquella presión en el cerebro.

En el salón de cirugía, el cirujano inmovilizó la cabeza de la Madre, le hizo una incisión en forma de media luna que iba desde la frente hasta la oreja izquierda, y luego cinceló varias aperturas en el cráneo con una sierra para cortar hueso. Con unos fórceps y con la ayuda de succión, McRae extrajo el coágulo, lo que le permitió que la sangre volviera a circular libremente a través del hemisferio izquierdo del cerebro. Pero la hemorragia ya le había causado serios daños: le había faltado oxígeno al lado del cerebro responsable del habla y del razonamiento.

Los días inmediatamente después de la cirugía, las elegantes manos de la Madre, llenas de abultadas venas, era lo único reconocible en ella. La hinchazón la había deformado. Con excepción de las manos, podía ser cualquier persona. Tenía la piel enrojecida y estaba hinchada, y en la atiborrada cabeza llevaba un gorro quirúrgico. Descansaba inquieta en la sala de cuidados intensivos… tendida allí podía pasar por su madre espiritual, Rhoda Wise, en una de aquellas fotografías amarillentas cuando soportaba la pasión de Cristo cada viernes en Canton.

Resoplaba y hacía muecas, sus ojos grises fijos en el techo con expresión vacía; sacudía las piernas. Los médicos achacaron esos movimientos a reflejos involuntarios. Estaban seguros de que la Madre quedaría paralítica, si era que sobrevivía.

Me invitaron a despedirme de la Madre junto con una procesión de hermanas, hermanos y antiguos amigos que pasaron por la habitación de ella. El 29 de diciembre, una enfermera me dijo en el pasillo que la Madre quedaría «como un vegetal, cuando mucho», y que probablemente «no duraría una semana». Aquella enfermera no conocía a la Madre Angélica o a su legión de hijos espirituales.

En el sitio web de EWTN, cientos de miles de personas prometían ofrecer misas y oraciones por su recuperación. Las monjas rezaban por la completa sanación de su líder. Revestida con un relicario del Santísimo Francisco Xavier Seelos, de New Orleans, y el crucifijo que había pertenecido a Rhoda Wise, Angélica se recuperó de una forma asombrosa.

A fines del 2001, una semana después de la operación, la Madre ya podía mover las dos piernas. La parálisis que le había imposibilitado la boca y el ojo izquierdo desde septiembre desapareció. También parecía comprender mejor.

Cuando el obispo David Foley entró en la sala de cuidados intensivos para visitarla el 29 de diciembre, las alarmas sonaron en el equipo monitor. Los signos vitales de la Madre enloquecieron al disparársele la presión arterial. Esta estridente reacción a aquella visita fue causa de esperanza para las monjas. Quería decir que la Madre había recuperado la memoria y que el estado vegetativo que le habían pronosticado no se materializó. Sin inmutarse por el recibimiento que había recibido, el obispo regresó en otro momento para rezar con la Madre y les habló a las hermanas de ella con afecto. En la edición del 4 de enero del periódico diocesano, el obispo escribiría, «La Madre Angélica ha sido una estrella de nuestra época que nos ha guiado a Belén para que podamos ver cosas maravillosas y descubrir a Jesucristo el Hijo de Dios en nuestras vidas nuevamente. La Epifanía continua. Que pueda la Madre continuar como una estrella para todos nosotros».

Cuando una de las monjas le preguntó el 7 de enero si ella se había ofrecido a sí misma como alma víctima para sufrir por el bien de otros, la Madre frunció los labios.

—No —dijo claramente, poniendo los ojos en blanco.

El 25 de enero, cuando le dijeron que ya podía regresar a casa, la Madre Angélica tiró las piernas por el lado de la cama del hospital con alegría y comenzó a mover el brazo derecho que todos pensaban que iba a tener paralizado. Luego ese día, la abadesa regresó al monasterio. Al compás de una interpretación a capella de «Adoremus in Aeternum», las monjas se encaminaron a la capilla con la Madre, el mismo lugar donde el Niño Jesús había ido a buscarla.

Acostada en una camilla ese día mientras cantaba calladamente a coro bajo la custodia que guardaba a su Esposo, la Madre Angélica regresó a su primer voto —a su primera llamada. Después de tantos años dividida, iba a volver a ser de nuevo una monja del claustro, accesible solamente a Dios.

Un lugar solitario

EL LIBRO ILUSTRADO *Come and See,* que muestra el arte y la arquitectura del Santuario del Santísimo Sacramento, abre con una cita del Evangelio de San Marcos. «Deben alejarse a algún lugar solitario y descansar un tiempo», dice. Para la Madre Angélica, ese verso podría ser un anuncio publicitario de lo que era su nueva vida.

La oración y los sacramentos ocupaban los días de la Madre en el claustro. Hizo un esfuerzo serio para participar en las actividades de la comunidad, hasta practicar música, algo de lo que se había sustraído en épocas pasadas. La rutina monástica sólo se rompía durante sesiones de media hora, cuando recibía terapia del habla, ocupacional y física. Los resultados fueron sorprendentes. En febrero, la Madre Angélica podía leer en voz alta y caminar por el monasterio con la ayuda de un andador.

—No recuerdo a nadie que se haya recuperado como lo hizo la Madre Angélica —diría el Dr. Patton, incrédulo—. De la forma que yo lo veo, su capacidad para funcionar es increíble.

A pesar de que había tenido una mejoría sorprendente, la Madre añoraba tener más independencia de lo que le permitía su capacidad actual. Para la abadesa, era una gran incomodidad que un equipo de hermanas, aterrorizadas de que se fuera a caer, la siguieran como una sombra siempre que caminaba por los pasillos. Una de las veces, para evadir a sus cautelosas asistentas, se introdujo en la oficina de Sor Mary Catherine y cerró la puerta de un tirón.

—Quiero liberarme de esos espeluznantes personajes —dijo mientras gesticulaba con un dedo hacia la puerta.

Los terapeutas no salieron mejor parados. Durante una de las sesiones de terapia, le dijeron a la Madre que se acostara en la cama y que les mostrara cómo hacía para levantarse.

—Eso no es necesario —contestó la anciana monja con brusquedad—. Ya he hecho eso hoy.

En marzo, disminuyó las horas de terapia física y eliminó completamente al entrenador de foniatría porque alegaba que se frustraba con las sesiones.

La incapacidad de poder hacer algunas labores y los medicamentos que tomaba la llevaban al borde de las lágrimas y la deprimían. Ir al servicio, bañarse o simplemente andar ya no eran actividades solitarias. Para una mujer tan independiente como Angélica, poderse adaptar fue difícil, pero ella se rindió lentamente ante la situación y dejó de poner resistencia.

—La Madre es una mujer tan de vivir el presente, que se entregaba por completo —no trataba de alejarnos de ella como harían otras personas —dijo Sor Margaret Mary, la principal persona a su cuidado—. Nunca me dio la impresión de que luchaba con nosotros, nunca.

Durante el 2002 y el 2003, la Madre Angélica sufrió convulsiones de diferente intensidad. Aunque no la ponían en peligro de muerte, los aterradores episodios le quitaban la energía y la obligaban a guardar cama durantes largos períodos.

—Esto para ella ha sido un infierno —confesó Sor Mary Agnes—. Es tan difícil verla sufrir, y es angustioso verla cuando quiere decir algo y no le sale.

A excepción de algunas cosas que a veces disparaba, a Angélica le daba trabajo comunicarse después que sufrió la apoplejía. Una noche en que las monjas armaban un lío durante la cena por la comida de Angélica, la Madre observó el desfile de platos y dijo exasperada:

—¿Por qué no salimos a comer?

Pero la eludían otras expresiones que requerían más reflexión. Las reuniones en el locutorio, donde otrora ella era quien dominaba la conversación, se convirtió en un ejercicio agridulce para la abadesa.

—Ella acostumbraba a ser la que hablaba todo el tiempo. Ahora tengo que ser yo el que hablo todo el tiempo —diría el padre Joseph Wolfe.

La Madre podía reaccionar a la conversación de un visitante con las expresiones faciales, pero el don de la palabra —su gran don— había desaparecido. Comenzaba a hablar debidamente, pero cuando se trababa con alguna palabra se sumía en un doloroso silencio y al final acababa con el ceño fruncido porque no podía expresar las ideas que le pasaban por la mente. Se encogía de hombros como para pedir disculpa y esperaba a que la otra persona continuara.

La opinión del padre Wolfe era que la pérdida de comunicación, de independencia, había transformado a Angélica:

—Ahora es como la Angélica de antes, amante de las diversiones, como era al principio cuando yo llegué aquí. Se le ve muy feliz. Así es como yo la recuerdo —no intimidaba a nadie con su presencia.

La apoplejía y la recuperación moldearon a la Madre hasta convertirla en una mujer diferente. El espíritu de batalla que estaba antes tan de manifiesto en su personalidad se disolvió para convertirse en aceptación. Aquel filo recio, indignado, a veces lleno de ira que había emocionado a sus seguidores y atemorizado a sus enemigos ya no existía. Un resplandor dulce, casi aniñado, ahora brillaba en la abadesa.

Traté de hablar con la Madre la primera oportunidad que tuve para saber cómo ella veía su más reciente cruz. El 13 de febrero del 2002 me fue posible verla en la enfermería del monasterio, donde estaba sentada en un reclinable. Tenía puesto una bata ligera color pastel y su cabeza rapada estaba cubierta por un pañuelo. Todavía se le podía ver levemente la cicatriz oscura que le había quedado como resultado de la cirugía del cerebro.

—¿Hay alguna razón que explique su derrame y su dificultad para poder comunicarse? —le pregunté.

—Purificación. Mi purificación —contestó ella sin titubear.

Me recordó algo que ella había escrito en la década de los 70: [Dios] tiene un plan determinado en mente, una purificación en la mira —algo que es necesario si vamos a vivir con Él en el reino de los cielos.

Proseguí a hacerle otra pregunta.

—Cuando le empezó el ataque de apoplegía, antes de perder el conocimiento, ¿estaba consciente de lo que le pasaba? —le pregunté.

Respiró profundo, soltó el aire por la boca y contestó entonces:

—Sí, yo estaba consciente, consciente —Jesús vino y me habló— me dijo que yo iba a sufrir mucho y a sufrir bastante, bastante, bastante. —Hizo un pequeño zumbido mientras trataba de encontrar la siguiente palabra—. Sufrir angustias por Jesús...

Sus pensamientos se fueron apagando hasta convertirse en un enredo de palabras que no podía desenmarañar.

Antes de irme aquel día, Sor Margaret Mary le preguntó a la Madre si preveía su regreso a la televisión. Sin dudar un momento, respondió:

—Lo dudo.

Pero en octubre del 2002, la Madre aparecía de nuevo ante las cámaras. Una solitaria mañana, EWTN grabó una sesión en la capilla del monasterio donde Angélica dirigía el rosario. El resultado final es perfecto, pero a la Madre le fue difícil completar los misterios: fallaba en algunas palabras, repetía otras y a veces se quedaba callada. Cuantiosos recortes al editarlo y un bucle de las mejores tomas de la Madre salvaron la grabación y crearon una experiencia de devoción que su familia puede saborear una y otra vez. Han rezado de nuevo rosario con ella todas las noches desde marzo del 2003.

El próximo intento de Angélica de aparecer en la televisión puso en evidencia su debilitada capacidad de comunicación. En diciembre del 2002, apareció en el programa en vivo en un segmento pregrabado.

—Feliz Navidad y un próspero Año Nuevo —dijo con su aplomo de antes.

Pero cuando Chris Harrington, la productora, sugirió que añadiera como remate chistoso «Manténganos entre su cuenta del gas y su cuenta eléctrica», a la Madre se le entrecortó la voz. Deseosa de poder cooperar, trató con entusiasmo de pronunciar la línea: «Feliz Navidad, y recuerden…» El remate chistoso no le salió, solamente unas gruesas lágrimas. Llena de pesar, miró hacia la cámara y dijo entre sollozos con voz entrecortada «Feliz Año Nuevo», sin sonar nada feliz. Para familiarizar a los televidentes con su condición física, EWTN televisó en su integridad el fallido intento de la Madre por mandar un mensaje de alegría en aquella época de fiesta.

De todas sus aflicciones que había padecido en sus ochenta años de vida, la pérdida del habla quizás fue la cruz más pesada para Angélica y su comunidad. No poder hablar, no poder expresar los pensamientos que cruzaban a toda velocidad por su todavía activa mente se convirtieron en un purgatorio supremo. Por esto, cuando Christina Akl, una empleada de Swissair que era miembro del consejo directivo de EWTN, habló de su sueño de llevar a la Madre a Lourdes —uno de los pocos lugares de peregrinación que la monja no había visitado— ésta se mostró muy receptiva. Como gerente de los servicios VIP de Swissair, Akl le prometió planear el viaje para el momento adecuado. En agosto del 2003, Akl pensó que el momento llegaría mucho después, una vez que Angélica hubiera recuperado algo más de su fortaleza.

—¿Cuándo vamos a ir? —la retó la Madre, aceptando la invitación al momento.

En vista del entusiasmo de la abadesa, inmediatamente se empezaron a hacer los planes para viajar a Lourdes, en Francia, antes de que terminara ese año.

La sanación en Lourdes

LA MADRE DESEABA impacientemente que hubiera un milagro más.

La víspera de la mayor crisis en la historia de la Iglesia Católica en Estados Unidos ella se encontraba limitada —había quedado muda cuando los fieles más la necesitaban. Al final del 2001, me había dicho:

—Pienso que el año que viene va a ser uno de los peores años para nosotros. El diablo quiere llevarse a su propia gente.

El escándalo a principios del 2002 debido a los abusos sexuales por parte del clero fueron como una represa que se rompió a principios del 2002, algo que hundió a obispos negligentes, al clero descarriado y la fe de muchos en la Iglesia Católica en Estados Unidos. En el período subsiguiente, la credibilidad de los clérigos católicos, en particular la de los obispos, descendió como nunca antes. La gente ansiaba encontrar a alguien que los guiara espiritualmente.

Ya para el 2003, Angélica probablemente ansiaba evangelizar como antes. Si pudiera recobrar la voz, pudiera volver a reunir a sus fieles, reconocer el dolor por el que pasaban y guiarlos hacia al Cristo que sufría, alguien que ella conocía como a nadie.

Tal vez Lourdes podía resucitar la misión de ella. Tal vez a Rita Rizzo la esperaba una última sanación tal y como le habían prometido a Bernadette Soubirous, la niña campesina, aquella milagrosa primavera en 1858.

El 12 de octubre del 2003, la Madre Angélica, cuatro de las hermanas, Lisa Gould (una de las vicepresidentas de EWTN), el matrimonio Akl, un médico y un servidor abordaron un avión G-5 hacia Lourdes para una peregrinación secreta de seis días.

Fue secreta hasta que llegamos al hotel. Allí, un grupo de turistas estadounidenses que había llegado en autobús divisaron a la Madre en el vestíbulo, y como las velas que se encienden una tras otra en la plaza frente a la basílica de Lourdes, la noticia de la presencia de Angélica se regó por todo el pueblo.

La tarde del 14 de octubre, protegida por los encargados de seguridad, llevaron a la Madre en silla de ruedas hasta los famosos baños de Lourdes. Millones de enfermos y otros con diferentes padecimientos habían pasado por allí antes que ella, para cumplir con el llamado de la Virgen María a Bernadette: «Toma de esa agua y lávate allí». Angélica haría lo mismo, unida a otros que iban como último recurso y le rogaban a la Virgen que intercediera e hiciera un milagro.

Pasaron a la Madre al baño número nueve. En deferencia a sus impedimentos, la asistente dijo que no era necesario sumergirla en la bañadera sino que sería suficiente con que se lavara el rostro.

—Quisiera caminar dentro del agua —dijo la Madre y se levantó de su silla de ruedas.

La Madre desbordaba de alegría al salir del agua helada de la bañadera de mármol después de repetir las oraciones indicadas. Tal vez fue aquel resplandor o quizás su hábito lo que llamó la atención del gentío cuando se iba. Todos se amontonaban para tocar a la Madre: sacerdotes africanos envueltos en pañoletas de un amarillo brillante, mezzo sopranos de las Filipinas, mujeres italianas con sus rosarios firmemente agarrados, un español con barba que llevaba una gastada fotografía de su hijo muerto y un grupo de turistas de Chicago. Aparecían por todos los lados y se postraban en el cemento a sus pies, al punto que la silla de ruedas tuvo que detenerse. Le tiraban de sus frágiles brazos, cantaban canciones religiosas en su honor, le besaban el hábito color carmelita y lloraban desconsoladamente. La Madre saboreó cada minuto después de haber estado alejada de ellos durante casi dos años.

Sin prestarle atención al consejo que le habían dado las hermanas, le tendía la mano a la multitud, les complacía con las oraciones que le pedían y tocaba cada cuenta y cada postal religiosa de ellos mientras que nosotros hacíamos un círculo alrededor de ella tomados de las manos para evitar que el gentío la aplastara. Pero a la Madre no le importaba. Estaba de nuevo entre su gente.

En el medio de aquella desenfrenada adulación, la Madre se sentía como si corriera su vuelta de la victoria. Televidentes en Inglaterra, Francia, España, Estados Unidos, África, Asia y otros lugares se dirigieron a ella para darle las gracias por el estímulo espiritual, la orientación, el amor y la esperanza que les había ofrecido durante tantos años. Sin llevar cuenta de gastos, la niñita de Canton que había sido rechazada había tocado muchas vidas y conseguido muchos logros.

A LA IGLESIA CATÓLICA, la Madre le había dado la próspera comunidad de monjas Pobres Clarisas de Adoración Perpetua que había establecido, y dos órdenes religiosas logradas gracias a ella: los Misioneros Franciscanos de la Palabra Eterna y las Hermanas Servidoras de la Palabra Eterna. Y a pesar de que las Hermanas Servidoras habían seguido su propio camino y manejaban un centro de retiro independiente en Birmingham, el espíritu de su Madre ausente nunca ha estado muy lejos. Su cadena de televisión es la que atrae la mayor parte de los directores de retiros y de los clientes que les permite continuar en función. La partida de las Hermanas Servidoras y su incapacidad de llevar a cabo la inspiración que fue la base para fundar la orden, resultó ser uno de los grandes desencantos en la vida religiosa de la Madre Angélica.

Los frailes, por otra parte, hicieron realidad dentro del tiempo debido la visión que la Madre había forjado para ellos. Después de muchos años de contratiempos, los Misioneros Franciscanos de la Palabra Eterna se ocupan ahora de las necesidades espirituales de los que visitan la cadena de televisión y están involucrados más activamente en la labor de EWTN que nunca antes. Además de oír las confesiones y de celebrar la misa, ellos presentan programas, graban y editan los videos, producen, dirigen y son hoy por hoy la presencia en medio del personal laico que la Madre por mucho tiempo esperó que fueran. Algunos pocos de los dieciocho frailes viven en los terrenos del Monasterio Nuestra Señora de los Ángeles en Hanceville, y regularmente les administran los sacramentos a sus hermanas contemplativas y a la Madre.

Aisladas en la campiña de Alabama, las cuarenta y tantas monjas Pobres Clarisas del Monasterio de Nuestra Señora de los Ángeles viven una existencia retirada en el espíritu de su fundadora. A pesar de la increíble diversidad del grupo, cada una de las hijas de Angélica lleva dentro de sí un pedacito de la abadesa: su brío, su alegría, su ortodoxia infecciosa y su amor desmedido por Jesucristo en el Santísimo Sacramento. Algunas de ellas recientemente se trasladaron a Portsmouth, Ohio, para salvar una fundación que experimentaba dificultades en atraer muchachas con vocación. El grupo de la Madre Angélica nunca se ha visto en esa situación. La directora de las novicias dice que ellas reciben un promedio de siete indagaciones a la semana por parte de jóvenes que han pensado entrar en la vida religiosa. Para poder alojar a los nuevos miembros, recientemente se añadió un ala de dormitorios al monasterio de Hanceville. A la fecha, las hermanas tienen planeado establecer una nueva comunidad en Phoenix, Arizona.

El laicado del mundo entero, católicos y no católicos, recordarán a la Madre Angélica por todas las cosas que su inspiración la llevó a construir: el Santuario del Santísimo Sacramento y el imperio de comunicaciones ahora firmemente establecido a nivel mundial. En el 2003, nombraron a la Madre Pionera de la Televisión por Cable, exactamente lo que ella ha sido. Cuando la televisión por cable estaba todavía en pañales, ella creó la primera cadena de televisión vía satélite en el mundo y la mantuvo en el aire durante más de veinte años. A la vez, fundó la estación de onda corta en manos privadas mayor del mundo, un servicio AM/FM vía satélite, y el principal sitio web del catolicismo. Todos en la Iglesia se maravillan de sus contribuciones.

—Su importancia se equipara con la creación del sistema de escuelas parroquiales. Fundó una cadena de televisión católica como medio de enseñanza —diría el obispo David Foley—. ¿Quién creó la nueva predicación del Evangelio en los Estados Unidos? Fue la Madre Angélica.

El obispo Macram Gassis, de Sudán, concuerda con esto.

—La contribución de ella a la Iglesia Católica internacional es increíble —¡yo mismo veo el programa de ella en Alemania! Esta cadena de televisión es importante porque ha devuelto la Iglesia a sus cimientos, a sus raíces.

Pero EWTN y toda su prole fueron simplemente un medio para lograr un fin para Angélica.

—Lo que más me impresiona de la Madre es el amor de ella hacia otras almas —confesaría Sor Mary Catherine, su vicaria—. Ella aseguró que si esa cadena de televisión completa, con todo el dinero que costó —millones y millones— podía salvar un alma, entonces valió la pena. El interés principal de ella era salvar las almas, ya fuera un alma o millones de ellas.

Sentada en una acolchonada silla con la mano puesta sobre una Biblia que decía en la cubierta «La palabra de Dios», la Madre Angélica al final logró alcanzar a millones de almas. Su espiritualidad simple captó tanto la atención de aquéllos que saltan los canales de programas indiferentemente, como la de aquéllos que se sienten desconsolados. Mientras ellos se reían a carcajadas, ella los alimentaba con pequeños pedacitos de la doctrina de la Iglesia que podían digerir fácilmente para que los asimilaran y vivieran de acuerdo a ellos. En medio de la confusión que surgió en la Iglesia después del Concilio Vaticano Segundo, la cadena de televisión de Angélica se convirtió en una roca inmovible de convicción, anclada al Papa en Roma.

El padre Richard John Neuhaus, autor y experto en religión, dijo:

—Lo más grande que hizo Juan Pablo II fue construir y poner en su debido lugar una interpretación autorizada del Concilio Vaticano Segundo. Y aunque todavía estamos en un estado de confusión y aunque el daño ha sido enorme, creo que en verdad podemos decir que ha habido un cambio, y la Madre Angélica jugó un papel muy importante en ello.

—La Madre Angélica representa al católico sencillo, que compone el noventa por ciento de la Iglesia —observó el cardenal J. Francis Stafford, Penitenciario Mayor de la Penitenciaría Apostólica en Roma—. Sin ella, el católico sencillo hubiera estado aun más confundido, pero a través de ella han tenido una clara visión de la belleza, la gloria y la verdad de la Iglesia.

Más que predicarles, la Madre le presentó a su rebaño cosas que podían hacer. Usó la televisión para enseñar y popularizar devociones piadosas que se creían perdidas en la modernidad. Se puede decir sin temor que nadie en Estados Unidos, y tal vez en el resto del mundo, ha hecho más que la Madre Angélica para perpetuar y avivar el interés en el rosario, en la adoración eucarística, en el latín de la liturgia, la Coronilla de la Divina Misericordia, las letanías y las oraciones tradicionales. Entretejió un hilo de devoción en los corazones de la juventud que no se zafará con facilidad, y sembró semillas que hizo retoñar una nueva generación que la autora Colleen Carroll ha apodado «los Nuevos Fieles».

La influencia de Angélica entre los católicos jóvenes de veinte y treinta años es profunda. Esa generación ha absorbido más la televisión que ningún grupo anterior. Para las personas de esta generación en busca de espiritualidad, la Madre ofreció un alternativa a *Beverly Hills, 90210* y *Melrose Place:* una fe a prueba del tiempo a través de su prisma personal. Solamente hace falta ver la nueva tanda de seminaristas, sacerdotes jóvenes, religiosos y familias que asisten a las iglesias y que luchan con la crianza de sus hijos. Están bien informados, son vigorosos y tradicionales en su práctica de la religión, y si les provocas, se te enfrentan. Es difícil no ver el reflejo de Angélica.

—No tendríamos esta nueva generación de católicos buenos y fieles si no hubiera sido porque el Espíritu Santo hizo su labor a través de la Madre Angélica —me diría Beverly Sottile-Molana, una antigua funcionaria diocesana en Buffalo, New York—. Ella salvó a nuestros hijos y a sus madres *hippies*.

A pesar de que está ausente de la televisión, la Madre es una figura vital y muy querida para un sinfín de personas.

Como dijo una mujer en una cafetería en New Orleans:

—Desde que ella ya no está en el programa, me pregunto a mí misma con frecuencia, ¿qué diría la Madre de esto o de esto otro que ocurre en el mundo?

Un pastor bautista sureño, sin darse cuenta de que lo que había visto eran programas repetidos, le manda un correo electrónico a la Madre para darle las gracias por la poderosa explicación espiritual que le había hecho llegar a él el martes anterior. Un ministro metodista manda a pedir unas cintas del programa *Mother Angelica Live* para su congregación y le escribe que él nunca se pierde su programa.

En Roma, un sacerdote me cae atrás en Borgo Pio, cerca del Vaticano, y me dice con un vozarrón:

—¡Soy hijo de la Madre Angélica! Ella es la responsable de mi vocación, ¿sabe usted?

Un hombre de negocios de mediana edad, con los hombros encorvados y el dolor reflejado en los ojos, se me acerca en un restaurante en New York para hablarme de su encuentro con la Madre.

—Algo que dijo una noche cambió mi vida para siempre. —Se inclina hacia adelante y me dice en voz baja—. No me he tomado ni un trago ni he tocado las drogas en ocho años. Ella me devolvió mi familia. Dígale que la quiero.

LES INSPIRABA CARIÑO a la luz de aquellas velas. Todos la miraban mientras avanzaba durante la «procesión de los enfermos» en Lourdes sentada en la silla de ruedas que yo empujaba. Desde los lados, la gente la saludaba con la mano, pero sin atreverse a hacer ningún sonido que pudiera perturbar la solemnidad de la ocasión. Al igual que el resto de las personas en aquella procesión de miserias silenciosas, ella llevaba en alto una vela encendida cubierta por una pantallita de papel.

Delante de nosotros, en los escalones de la basílica, estaban de pie algunos sacerdotes y obispos que se turnaban para rezar el rosario en otros idiomas. Cuando la procesión terminó, nos dirigimos al área del frente que estaba reservada para las personas en sillas de ruedas. Era triste ver a la Madre entre todas aquellas personas tan horriblemente enfermas. Delante de nosotros, una mujer con el pelo enmarañado temblaba con espasmos, sus brazos retorcidos como si fueran las alas rotas de un gorrión. Unas filas más arriba, se veían bebitos casi sin vida acostados en camillas conectadas a unos equipos mientras que sus padres rezaban con gran determinación. Un niño de ocho o nueve años sentado unas filas de sillas más adelante peinaba frenéticamente el pelo de una muñeca plástica; sacaba y entraba la lengua mientras repetía un ritual que le reconfortaba y que evidentemente había ejecutado miles de veces anteriormente. Y durante los silencios de transición entre los Ave María, se escuchaban quejidos guturales y balidos incontrolables que provenían de la afligida multitud.

La Madre captó el cuadro y miró a cada una de aquellas almas que la rodeaban. Dejó caer la cabeza y rezó con la vela en alto. No rezó por sí misma. Rezó por ellos. Había penetrado completamente en el sufrimiento de ellos sin el consuelo de un milagro. Ella ahora era en verdad uno de ellos.

Diez años antes, la Madre Angélica le dijo a una persona que llamó durante su programa en vivo:

—Me alegro de que usted vaya a Lourdes. Sacará algo de Lourdes. No sé si va a ser la sanación física —pero sacará algo muy espiritual en Lourdes y entonces comprenderá cosas que no comprende ahora.

Cuando se despertó de la siesta en las primeras horas de la noche del 17 de octubre, su último día en Lourdes, la Madre tenía una expresión sombría en la mirada.

—Estoy desencantada —le dijo a Sor Catherine y a Sor Gabriel—. Quería un milagro. He perdido las esperanzas.

—Las emociones que sentía hicieron que apretara sus ancianos ojos. Las monjas trataron de animarla, pero después de un viaje tan largo, y de una vida llena de manifestaciones sobrenaturales, quizás se había acostumbrado a esperar los milagros. Y entonces se le presentó uno.

Cuando nos montamos en el elevador para ir a cenar, el estridente llanto de un bebé en el piso inferior se sintió levemente en la cabina del elevador. Cuando las puertas de metal se abrieron pudimos ver el origen del clamor: una niñita italiana tal vez de un año de edad, con los ojos amarillentos e hinchados, se retorcía en los brazos de su padre. Los padres, de Nápoles, parecían mucho mayores de lo que eran. Se acercaron a la silla de ruedas de la Madre y le explicaron en italiano la difícil situación de ellos. Los ojos se les veían ojerosos y arrugados por las preocupaciones. Le dijeron que la niña lloraba sin cesar, y que además, como si el hecho de que padeciera del Síndrome de Down no fuera suficiente, tenían otro reto al que enfrentarse porque la niña rehusaba dormir y no se daba con nadie más. La pequeña emitió un chillido alto a manera de comentario. Lourdes era la última esperanza para ellos. Le rogaron a la Madre que rezara por ellos.

Los ojos bizcos de la niña retrasada parpadearon con temor cuando la acercaron a la desalentada abadesa. La Madre Angélica le pasó los dedos ligeramente por la asimétrica frente y la niñita se calló.

—Bendiciones, bendiciones —susurró la Madre como en un rezo.

Oró por la niña con los ojos cerrados, después abrió los brazos e invitó a la niñita a que se sentara sobre su regazo.

La niñita no hizo el menor sonido. En sus brazos muy tranquilita, extendió la mano para tocar la regordeta cara de la monja por fuera del griñón. La mejilla de Angélica cedió como crema batida bajo la presión de la pequeña manita. La Madre se rió con el apretón y se le vio de nuevo una luz en los ojos.

—Ahhh —dijo, acariciando a la niñita.

Continuaron así unos cuantos minutos más, las dos en un intercambio de bendiciones mientras compartían una sanación entre ellas. En aquel momento, la Madre Angélica reactivó su misión y logró un pequeño milagro a cambio.

Lourdes extrajo la esencia de la misión de la Madre: llevar la esperanza a través del sufrimiento personal a los que han quedado olvidados. Descubrió que todavía la necesitaban, que todavía la querían y que todavía podía hacer mucho bien, aun en el silencio. Comprendió lo que no había comprendido antes.

A la fecha, la Madre Angélica continua con su labor: acoger el momento presente, interceder a favor de otros y escuchar al Señor en el medio de un gran silencio.

PARA DEMORAR LA SIESTA, la Madre Angélica se refugia en la oficina del monasterio. El día es 2 de febrero del 2004. Está sentada detrás del enorme y vacío escritorio de madera y mira con nostalgia por la ventana hacia la distancia. Está pensativa, alejada.

—¿Qué es lo que mira, Madre? —le pregunta una de las monjitas para tratar de romper el hechizo.

La abadesa, con la vista dirigida hacia afuera, se moja los flácidos labios.

—El cielo —dice casi para sí misma. Apunta hacia la luminosa luz blanca que se aprecia en el jardín del claustro, y repite—, el cielo. El cielo. El cielo.

Más tarde en su habitación, rodeada de un ejército de estatuas del Niñito Jesús y de imágenes del Salvador, de nuevo queda inmovilizada por el cielo que ve fuera de su ventana. Las monjas la animan para que descanse. Rehúsa, totalmente absorta por la visión. Las hermanas se paran a su lado calladitas, con la esperanza de que recapacite. Una espera silenciosa flota en el aire. La Madre se sobresalta de súbito y ladea la cabeza hacia arriba. Su mirada traspasa por sobre la cama para fijarse en un cuadro que una vez estuvo colgado en casa de Rhoda Wise: un crudo retrato color mostaza de Cristo herido. Angélica abre mucho los ojos.

Y susurra:

—¡Escuchen!

NOTAS

En pro de la brevedad, la gran mayoría de las citas de las entrevistas realizadas por el autor han sido omitidas de las notas que siguen a continuación, sobre todo las relacionadas a la Madre Angélica. Si una cita no aparece en la siguiente lista, usted debe suponer que viene de una entrevista realizada por el autor con la persona indicada y llevada a cabo entre 1999 y 2004. De igual manera, el programa de EWTN *Mother Angelica Live* se menciona sólo en los casos en que la fecha de transmisión no aparece en el texto. La notas que no han sido abreviadas pueden encontrarse en raymondarroyo.com.

PRÓLOGO

1   *«Jesús viene hoy»:* Entrevista del autor (de aquí en adelante E.A.) con Sor Mary Antoinette, 2003.

3   *Descripción de la Madre Angélica en la capilla y su posterior tratamiento en el hospital:* E.A. Sor Margaret Mary, Sor Mary Agnes, Sor Mary Catherine, Sor Mary Faustina, 2003.

4   *«No hay nada que podamos»:* E.A. con Sor Margaret Mary y el Dr. L. James Hoover, 2004.

CAPÍTULO 1: UNA VIDA MÍSERA

5   *Fecha de nacimiento:* Archivos públicos de Canton, Ohio.

5   *Con la excepción de haber sido el lugar donde nació:* Comité de Historia del Bicentenario del Condado de Stark, *The Stark County Bicentennial Story* (Stark County, Ohio: publicación privada, 1979), pp. 166–243.

5   *«barrio pobre»:* E.A. con la Dra. Norma Marcere, 2001.

6   *La Mano Negra y los detalles sobre la vida en el sureste de Canton:* E.A. con Sabatino Pentello, Steven Zaleski y otros, 2003.

7 «*se puso hecho una furia*»: Sor Mary Raphael, «Mother Angelica and Her Mother», (manuscrito sin publicar), p. 14, Archivos del Monasterio de Nuestra Señora de los Ángeles, Hanceville, Ala. (de aquí en adelante, mencionados como OLAMA, por sus siglas en inglés *Our Lady of the Angels Monastery Archives*).

7 *Sombreros grandes, vestidos vaporosos:* E.A. con Margaret Santilli, 2003.

7 *durante un simulacro de incendio:* E.A. con la Madre Angélica, 2000.

8 «*nunca les agradó*»: ibid.

8 «*¿Por qué no esperó?*»: ibid.

9 «*Ella no tenía suficiente previsión*»: Sor Mary Raphael, «Mother Angelica and Her Mother», p. 14.

10 «*Si mi abuela*»: ibid., 15.

11 «*La Ley Seca entró en efecto en Canton*»: Edward T. Heald, *The Suburban Era in Stark County, Ohio, 1917–1958* (Canton: Sociedad Histórica del Condado de Stark, 1958).

11 «*Yo no tendría más que*»: E.A. con la Madre Angélica, 2000.

13 «*El escenario me parecía gigantesco*»: ibid.

13 *Información sobre el asesinato de Don Mellett:* «$11,000 Offered for the Slayers of Don R. Mellet», *Canton Daily News*, 16 de julio de 1926.

14 *iba a mudar la iglesia de San Antonio:* «Woman Slayer Held Without Bail», diario *Evening Repository* (Canton, Ohio), 11 de marzo de 1929.

14 «*El Padre Riccardi ha luchado para*»: ibid.

15 *Asesinato del Padre Riccardi:* ibid.

15 «*no culpable de asesinato*»: *Ohio contra Maime Guerrieri*, Caso # 9020, Archivos del Actuario del Condado Stark (30 de mayo de 1929).

16 «*extrema crueldad*»: *Maime Gianfrancesco Rizzo contra John Rizzo*, petición de divorcio, Archivos del Actuario del Condado Stark (24 de septiembre de 1930).

17 «*Le pedí el dinero de la pensión alimenticia*»: E.A. con la Madre Angélica, 2000.

17 *Cuando Rita y su madre:* E.A. con Lisa Hayes, sobrina nieta de Victoria Addams, 2002.

17 «*Ah, toma solamente una*»: Sor Mary Raphael, «Mother Angelica and Her Mother», p. 18.

19 «*Constantemente amenazaba con suicidarse*»: E.A. con la Madre Angélica, 2000; ver también Sor Mary Raphael, «Mother Angelica and Her Mother», p. 17.

20 «*De repente, sentí*»: E.A. con la Madre Angélica, 2000.

21 «*un milagro… a alguien saltar tan alto*»: Sor Mary Raphael, «Mother Angelica and Her Mother», p. 17.

21 «*Tú sabes que hablaba de ti*»: E.A. con la Madre Angélica, 2000.

23 *El estado de salud de Rita*: testimonio de Rita Francis (Rizzo), sin fecha (probablemente de 1943), OLAMA.

23 «*fuera de sí… fatiga absoluta*»: E.A. con la Madre Angélica, 2000.

CAPÍTULO 2: EL DON DEL DOLOR

24 *Detalles sobre el hogar de los Gianfrancesco y sus ocupantes*: E.A. con Joanne Simiam 2001; E.A. con June Peterson Francis, 2003.

25 «*¿Cuándo regresa tu madre a casa?*» *y el incidente cuando ella arrojó el cuchillo*: E.A. con la Madre Angélica, 2001.

26 *cuyas lágrimas atemorizaban a Rita*: ibid.

26 «*Mi madre ha trabajado en los precintos*»: ibid.; ver también Sor Mary Raphael, «Mother Angelica and Her Mother» (manuscrito sin publicar), OLAMA, p. 22.

27 *Descripción de los trastornos estomacales de Rita*: Testimonio de Rita Francis (Rizzo), sin fecha (probablemente de 1943), OLAMA.

28 *Segunda crisis de nervios de Mae Rizzo*: Sor Mary Raphael, «Mother Angelica and Her Mother», p. 22.

28 *una petición en la corte del condado de Stark*: Mayme Gianfrancesco Rizzo *contra John Rizzo*, D.R. 1385, Archivos del Actuario del Condado Stark (22 de mayo de 1941).

29 *Problemas estomacales y tratamiento de Rita*: testimonio de Rita Francis (Rizzo), sin fecha (probablemente de 1943), OLAMA.

29 *mil quinientas mujeres de Canton*: Comité del Bicentenario del Condado de Stark, *The Stark County Bicentennial Story* (Condado de Stark, Ohio: publicación privada, 1979), p. 274.

29 *Timken era un gran centro de producción*: ibid., p. 223.

29 *Tareas de Rita en Timken*: E.A. con la Madre Angélica, 2000; E.A. con Joanne Simia, 2001; E.A. con Mary Murphy, 2003.

30 «*El señor Poss consideraba*» *y recuerdo del salón de señoras*: E.A. con Elsie Machuga Johnston, 2003.

30 *Diagnóstico del Dr. Wiley Scott*: testimonio de Rita Francis (Rizzo), sin fecha (probablemente de 1943), OLAMA; ver también carta del Dr. Wiley Scott a monseñor George Habig, 19 de marzo de 1943, OLAMA.

30 *tenía «los nervios peor que nunca» y «no podía dormir»*: testimonio de Rita Francis (Rizzo), sin fecha (probablemente de 1943), OLAMA; E.A. con la Madre Angélica, 2000.

CAPÍTULO 3: LA SANACIÓN Y EL LLAMADO

32 *Eventos del 8 de enero de 1943*: E.A. Con la Madre Angélica, 2000.

33 *«¿Por qué no llevas a Rita a la señora Wise?»*: ibid.

33 *Antecedentes de Rhoda Wise*: Karen Sigler, *Her Name Means Rose* (Birmingham, Ala.: EWTN Catholic Publisher, 2000).

34 *«Dudaste de mí antes»* y *«quedó estupefacta al ver»*: ibid., p. 58.

35 *Instrumento de un sinfín de milagros*: «Stigmatic Baffling Medical Science», *Columbus Star*, 6 de octubre de 1945.

35 *«oraciones dedicadas a Santa Teresita y le dijo que»*: ibid.

36 *«los dolores más agudos»*: Sor Mary Raphael, «Mother Angelica and Her Mother» (manuscrito sin publicar), OLAMA, p. 28.

37 *«Era como una piedra, completamente curado»*: E.A. con Joanne Simia, 2001.

37 *«joven neurótica»*: carta del Dr. Wiley Scott a monseñor George Habig, 19 de marzo de 1943, OLAMA.

37 *«bulto abdominal»*: E.A. con la Madre Angélica, 2000.

38 *«antes de haberme curado»*: carta de Rita Rizzo al padre F. C. Soisson, 18 de septiembre de 1943, OLAMA.

38 *Prácticas devocionales de Rita*: E.A. con la Madre Angélica, 2001.

39 *«Si tienes un retrato de un artista de cine»*: E.A.con Steven Zaleski, 2003.

39 *«andaban juntos»* y *«Era atractiva»*: E.A. con «Adolph» Gordon Schulte, 2003.

40 *«demasiado piadosa»*: E.A. con la Madre Angélica, 2001.

40 *«Ya no nos pertenece»*: Sor Mary Raphael, «Mother Angelica and Her Mother» (manuscrito sin publicar), OLAMA, p. 28.

40 *John Rizzo se casó por segunda vez*: John M. Rizzo y Winsome M. Girt, solicitud de la licencia de matrimonio, # 63436, Archivos del Actuario del Condado Stark (22 de julio de 1943).

41 *«profunda conciencia» y el texto que sigue*: E.A. con la Madre Angélica, 2000.

41 *La vocación de Rita*: Tal parecería, a partir de la evidencia y el testimonio de la Madre Angélica y de Elsie Machuga, que el llamado de Rita a la vida religiosa tuvo lugar en 1943, no en el verano de 1944, según se afirma en otra biografía: Dan O'Neill, *Mother Angelica: Her Life Story* (New York: Crossroad Publishing, 1986). No habría habido tiempo suficiente para poner a prueba la vocación, investigar las órdenes religiosas y decidir qué acción tomar si el llamado hubiese ocurrido en 1944. Rita huyó al convento en agosto de 1944.

41 *Descripción de los sucesos en la casa de Wise*: E.A. con la Madre Angélica, 2000; E.A. con Steven Zaleski, «Adolph» Gordon Schulte y Elsie Machuga Johnston, 2003.

42 «¿*Dónde está Rita?*» *y la conversación que sigue:* E.A. con Elsie Machuga, Johnston, 2001, 2003.

43 «*Algún día, tendré un castillo*»: E.A. con Steven Zaleski, 2003.

43 «*No, no puedes ir ahí*» *y descripción de la visita a monseñor Habig:* E.A. con la Madre Angélica, 2000.

43 *Primera visita de Rita al Santuario de San Pablo:* E.A. con la Madre Angélica, 2000.

45 «¿*Rita? ¿Mi Rita?*»: Entrevista de Karen Sigler con Catherine Bartel (sin fecha), Archivos de la Casa de Rhoda Wise; ver también Sigler, *Her Name Means Rose*, p. 136.

45 «*haría grandes cosas a favor de la Iglesia*»: Testimonio de Sophia David, Archivos de la Casa de Rhoda Wise (28 de septiembre de 1997); también E.A. con la Madre Angélica, 2000.

CAPÍTULO 4: LA NOVIA DE CRISTO

47 «*Mi queridísima Madre*»: Carta de Rita Rizzo a Mae Francis, 14 de agosto de 1944, OLAMA.

48 «*Mi única hija se me ha ido*»: E.A. con Joanne Simia, 2001.

49 «*Era como si hubiera muerto*»: Sor Mary Raphael, «Mother Angelica and Her Mother» (manuscrito sin publicar), OLAMA, p. 30.

49 *Rita era una* «*malagradecida*»: E.A. con Norma Marcere, 2003.

49 *History of Franciscan Nuns of the Most Blessed Sacrament:* Padre Constant de Craon, O.F.M. Cap., *Perpetual and Reparative Thanksgiving* (Troyes, Francia: publicación privada, 1946).

52 «*permiso para ir al hospital*»: E.A. con Sor James, abadesa del Santuario de San Pablo, quién revisó los archivos del monasterio, 2003.

53 «*montó un gran alboroto en beneficio de Mae*»: Sor Mary Raphael, «Mother Angelica and Her Mother» (manuscrito sin publicar), OLAMA, p. 30.

53 «*un estilo de vida muy reglamentado*»: E.A. con la Madre Angélica, 2000.

54 «*Tú sí que estás callada*»; «*dos toronjas hinchadas llenas de agua*» *y* «*En aquella época*»: ibid., 2001.

54 *Conversación con la Madre Agnes sobre Rhoda Wise:* ibid., 2000; E.A. con Karen Sigler, 2003.

55 «*Al Rey de Reyes*»: diario de Mae Rizzo, 20 de abril de 1945, OLAMA.

56 *Voto para que Rita comenzara el noviciado:* Madre James, abadesa del Santuario de San Pablo, quién revisó los archivos del monasterio, 2003.

58 «*Para la suegra de Jesús*»: carta de Sor Angélica a Mae Francis, 8 de noviembre de 1945, OLAMA.

59 «*Una vez le dije a Dios*»: *Mother Angelica Live*, EWTN, 9 de junio de 1992.

59 *Llamada del obispo McFadden:* 25 *Years Living in Light* (Canton: Pobres Clarisas de la Adoración Perpetua, 1971); ver también *The Voice of Sancta Clara* (Canton: Pobres Clarisas de la Adoración Perpetua, verano de 1954), p. 9.

60 *«La Madre Clare y yo hemos tomado una decisión»:* E.A. con la Madre Angélica, 2000.

CAPÍTULO 5: SANCTA CLARA

61 *Partida y primer día en la casa de O'Dea:* 25 *Years Living in Light* (Canton: Pobres Clarisas de la Adoración Perpetua, 1971).

61 *Envío de las monjas a Canton:* Protocolo de Sancta Clara, 1 de octubre de 1946, Archivos de Sancta Clara (de aquí en adelante mencionados como SCA).

61 *Información sobre la casa de O'Dea:* Charita M. Goshay, «Gift of Faith: Diocese Marks 50 Years, Recalls Late Industrial's Generosity», *Repository*, 13 de mayo de 1993.

63 *Rotura del agarre de porcelana y culpas:* E. A. con la Madre Angélica, 2000.

64 *Descripción de Sor Mary of the Cross:* E.A. con Joan Frank, 2003.

65 *«Muchas veces tenía los nervios de punta»:* Dan O'Neill, *Mother Angelica: Her Life Story* (New York: Crossroad Publishing, 1986), p. 51.

65 *Interacción entre la organista y Sor Mary of the Cross:* E.A. con la Madre Angélica, 2001.

66 *«los desposados» y las citas que siguen:* carta de Sor Angélica a Mae Francis, 1947, OLAMA.

67 *«No te sientas sola, querida»:* carta de Sor Angélica a Mae Francis, sin fecha, OLAMA.

67 *«Querida Madre»:* carta de Sor Angélica a Mae Francis, sin fecha, OLAMA.

67 *Cantidad de monjas en Sancta Clara:* 25 *Years Living in Light.*

67 *Rotura de la cañería principal:* calendario de 1950, 15 de marzo de 1950, SCA.

68 *Día Interracial:* 25 *Years Living in Light*; ver también calendario de 1950, 20 de agosto de 1950, SCA.

68 *Sor Mary Joseph:* E.A. con Sor Mary Joseph, 2001.

69 *Kathleen Myers:* Sor Mary Raphael, «Behind the Wall and Over the Hill» (manuscrito sin publicar), OLAMA, p. 7; ver también Sor Mary Raphael, *My Life with Mother Angelica* (Birmingham, Alabama: EWTN Catholic Publishers, 1982), p. 20.

69 *Sor Mary Michael:* E.A. con Sor Mary Michael, 2001.

70 *«Madre, tenemos que arreglar este lugar» y las citas que siguen:* E.A. con la Madre Angélica, 2000.

70 *Los «Tonys» de Angélica:* E.A. con Joan Frank, 2002.

70 *Puestos que ocupó Sor Angélica:* E.A. con la Madre Angélica, 2001; ver también el Protocolo de Sancta Clara, SCA.

71 *Valoraciones de Sor Mary of the Cross:* E.A. con Joan Frank, 2002; E.A. con Sor Mary Michael, 2003; E.A. con la Madre Angélica, 2000.

71 *«Recibí el peor [...] público»:* nota de Sor Mary of the Cross en el calendario de 1950, 22 de mayo de 1950, SCA.

71 *Visita de John Rizzo al monasterio:* E.A. con la Madre Angélica, 2000; ver también Sor Mary Raphael, «Mother Angelica and Her Mother» (manuscrito sin publicar), OLAMA, p. 33.

73 *Muerte de John Rizzo: Canton Repository,* 29 de octubre de 1952.

74 *«los que van a ser líderes»:* E.A. con Joan Frank, 2003.

75 *Votos solemnes de Sor Angélica: Canton Repository,* enero de 1953.

75 *Partida de la Madre Verónica:* Protocolo de Sancta Clara, 12 de agosto de 1953, SCA.

75 *Descripciones de la Madre Mary Immaculate:* E.A. con Sor Mary Michael, Sor Mary Joseph y Sor Mary Bernadette, 2003: E.A. con Joan Frank, 2003; y E.A. con la Madre Angélica, 2000.

76 *Fecha de la caída de la Madre Angélica:* Por primera vez, sabemos sin duda alguna la fecha de este acontecimiento decisivo en la vida de la Madre. Durante años, el momento mismo del incidente ha estado siempre en duda; tanto en los archivos de la orden como en los numerosos artículos sobre la Madre Angélica. Los únicos expedientes médicos que quedan de ese período sitúan entre el 27 de abril de 1959 y el 7 de mayo de 1959 los tratamientos de la espalda y de la pierna de la Madre Angélica. Debido a que todos sus expedientes médicos del Mercy Hospital y los expedientes ortopédicos han sido destruidos, el informe de la Cleveland Clinic de 1959 es la única fuente de datos con credibilidad. Ese informe establece que el año de la caída fue 1953 y señala una operación de la espalda que tuvo lugar tres años después. Un calendario de 1956 que encontré en Sancta Clara indica que la Madre Angélica fue sometida a una cirugía en el verano de ese año —lo cual parecería confirmar la exactitud del informe de la Cleveland Clinic.

77 *Ataques cardíacos de la Madre Clare:* Protocolo de Sancta Clara, noviembre-diciembre de 1953, SCA.

77 *Síntomas de la novicias:* E.A. con Joan Frank, Sor Mary Michael y Sor Mary Assumpta, 2003; y E.A. con la Madre Angélica, 2001.

77 *«Era como una forma de esclavitud»:* O'Neill, *Mother Angelica,* p. 59.

77 *Fecha en que Sor Angélica se hizo cargo de las novicias:* La fecha es difícil de precisar. En un manuscrito sin publicar, Sor Mary Raphael ofrece la fecha del 14 de noviembre de 1954, pero en los archivos de la comunidad ella menciona el 8 de noviembre de 1953 como el día en que se produjo ese he-

cho. A juzgar por las entrevistas y las fechas de las profesiones, lo más probable es que el hecho haya tenido lugar en noviembre de 1953.

78 *«Déjame tranquila»:* E.A. con Sor Regina, 2001.

78 *«que se abandonaran completamente ante Dios»:* Hermano Lawrence de la Resurrección, *The Practice of the Presence of God* (New York: Doubleday, 1977).

78 *«no rompían las reglas»:* E.A. con Joan Frank, 2002.

79 *«una crisis nerviosa menor»:* E.A. con la Madre Angélica, 2000.

79 *«escollos que la habían tenido atrapada»:* Sor Mary Raphael, «Behind the Wall and Over the Hill», p. #9.

79 *«metía la cuchara y decía»:* E.A. con Joan Frank, 2002.

80 *«se le habían virado» y «por alguna razón»:* ibid.

CAPÍTULO 6: LA PROVIDENCIA EN EL DOLOR

81 *Inspección que hace la Madre Angélica de la labor de pintura:* E.A. con la Madre Angélica, 2001.

82 *Regreso de la Madre Verónica a Canton:* Protocolo de Sancta Clara, mayo de 1955, SCA.

82 *«La apreciada Sor M. Angélica regresó a casa»:* calendario de 1955, 13 de junio de 1955, SCA.

83 *Técnicas médicas para mejorar la alineación de la espina dorsal:* Sor Mary Raphael, *My Life with Mother Angelica* (Birmingham, Alabama: EWTN Catholic Publishers, 1982), p. 8; E.A. con la Madre Angélica, 2000.

83 *Información sobre el Dr. Charles Houck:* obituario, *Canton Repository,* 15 de diciembre de 1975.

84 *«Como había trabajado con los negros [sic]»:* carta de la Madre Angélica al obispo Emmet Walsh, 27 de marzo de 1957, OLAMA.

85 *Descubrimientos durante la cirugía:* historial médico de la Cleveland Clinic sobre Sor María Angélica, 27 de abril de 1959.

85 *Donantes de sangre judíos:* Sor Mary Raphael, *My Life with Mother Angelica,* p. 16.

86 *«Nunca he vuelto a ser la misma»:* *Mother Angelica Live,* EWTN, 23 de junio de 1998.

86 *Detalles sobre la enfermería:* E.A. con Joan Frank, 2003; E.A. con Sor Mary Joseph, Sor Mary Anthony y Sor Mary Bernadette, 2003.

87 *«No»:* carta de la Madre Verónica al obispo Emmet Walsh, 7 de marzo de 1957, OLAMA.

87 *«un genio»:* E.A. con Joan Frank, 2003.

87 *Primer acercamiento al obispo de la Florida acerca de la comunidad:* E.A. con Sor Mary Joseph, 2003; E.A. con la Madre Angélica, 2001.

88 *«Nuestro más ferviente deseo»*: carta de la Madre Verónica al arzobispo Thomas Toolen, 8 de enero de 1957, OLAMA.

89 *El 28 de febrero de 1957*: carta del obispo Emmet Walsh a la Madre Verónica, 28 de febrero de 1957, Diócesis de Youngstown.

89 *«Para ella, es una misión»*: carta de la Madre Verónica al obispo Emmet Walsh, 7 de marzo de 1957, OLAMA.

90 *«Su excelencia»*: carta de Sor Angélica al Obispo Emmet Walsh, 25 de marzo de 1957, OLAMA.

91 *«tu alma es bella»*: carta de Sor Angélica a Mae Francis (sin fecha), OLAMA.

92 *«todos los buenos católicos piadosos» y conversación con la Madre Verónica*: E.A. con la Madre Angélica, 2000.

92 *Sesenta y dos albañiles*: The Voice of Sancta Clara, primavera de 1959, p. 5.

92 *«un trabajo bajo contrato»*: Protocolo de Sancta Clara, 14 de marzo de 1958, SCA.

93 *«modo de andar extraño»*: historia clínica de la Cleveland Clinic sobre Sor María Angélica Francis, 27 de abril de 1959.

93 *Conversación con el jefe del sindicato y el tío Nick*: E.A. con la Madre Angélica, 2000.

94 *Información sobre Juan XXIII*: Eric John, The Popes: A Concise Biographical History (New York: Hawthorn Books, 1964).

94 *Visión de los planes arquitectónicos*: E.A. con la Madre Angélica, 2000; ver también modelo que se conserva en OLAMA.

95 *«Hace como tres años»*: carta de Sor Angélica al obispo Emmet Walsh, 7 de agosto de 1959, OLAMA.

96 *El obispo Walsh aprobó el proyecto*: carta del obispo Emmet Walsh a la Madre Verónica, 6 de noviembre de 1959, Diócesis de Youngstown.

97 *Mecánica Popular como fuente de las piezas para cebos artificiales*: John Wright, «Franciscan Nuns to Build Birmingham Monastery by Selling Fishing Lures», Catholic Week, 10 de marzo de 1961.

97 *Las monjas ensamblan los cebos por primera vez*: E.A. con la Madre Angélica y Sor Mary Joseph, 2000.

98 *Historia sobre el electricista*: Wright, «Franciscan Nuns»; también E.A. con la Madre Angélica, 2000.

98 *«Parecía ser el único nombre»*: Henry F. Unger, «Something Fishy in the Cloister», Extension Magazine, octubre de 1960, p. 22.

99 *«El propósito del proyecto»*: anuncio por correo sobre los Cebos Artificiales de Pesca de San Pedro, OLAMA.

99 *«La Madre Angélica y Jesús no se hablaron esa semana»*: Dan O'Neill, Mother Angelica: Her Life Story (New York: Crossroad Publishing, 1986), p. 73.

99 *Respuesta de los medios de prensa a los cebos artificiales de pesca*: Dale Francis, «The Convent of the Double Trouble», *Our Sunday Visitor*, 10 de abril de 1960; ver también Chuck Such, «Local Cloistered Nuns Making Fishing Lures», *Canton Repository*, 10 de abril de 1960; y «Bait for St. Peter», *Sports Illustrated*, 22 de mayo de 1961.

100 *«contribución especial a un deporte»*: «Artificial Bait Wins Plaque for Nuns in Canton», *Cleveland Plain Dealer*, 22 de junio de 1961.

100 *«Querida familia»*: anuncio por correo sobre los Cebos Artificiales de Pesca de San Pedro, Navidad de 1961, OLAMA.

101 *El 29 de octubre de 1960*: carta de la Madre Verónica al obispo Emmet Walsh, 29 de octubre de 1960, OLAMA.

101 *«Roma le ha otorgado a la nueva la comunidad de Alabama»*: Protocolo de Sancta Clara, 19 de febrero de 1961, SCA.

CAPÍTULO 7: LA FUNDACIÓN DE UNA NUEVA COMUNIDAD

103 *El tío Nick y las monjas se marchan de Canton*: Historia del Monasterio de Nuestra Señora de los Ángeles, 26 de febrero de 1961 (se encuentra en OLAMA y en adelante se denomina «Historia de OLAM»).

103 *Antecedentes sobre Birmingham*: Leah Rawls Atkins, *The Valley and Hills: An Illustrated History of Birmingham and Jefferson Counties* (Woodland Hills, California: Windsor Publications, 1981); ver también Kris Axtman, «In Birmingham a Chance for Justice Long Delayed», *Christian Science Monitor*, 20 de abril de 2001; Leah Rawls Atkins, «Birmingham Magic City», www.archivists.org/socamericarchivists.

106 *Estadísticas sobre la fundación de la orden*: John Wright, Jr., «Nuns will not Witness Blessing of Monastery», *Catholic Week*, mayo de 1962.

107 *Búsqueda del terreno*: Historia de OLAM, 11 de marzo de 1961; E.A. con el obispo Dermott Malloy, 2002.

107 *«¡Le hubiera dado un coscorrón!»*: Historia de OLAM, 16 de marzo de 1961.

108 *La hermana era una buena persona*: «Veteran of Local Stage Writes Guild Play», *Canton Repository*, 5 de abril de 1961; ver también «Plain Dealer Series Inspires Drury Play», diario *Cleveland Plain Dealer*, 7 de enero de 1962. Margaret Glazer facilitó al autor un ejemplar de la obra.

108 *«Ah, ahí se equivocaron»*: E.A. con Joan Frank, 2002.

109 *Dimensiones de la propiedad en Birmingham*: Historia de OLAM, 1961. ver también «Ground Broken for $100,000 Franciscan Monastery», *Catholic Week*, 28 de julio de 1961.

109 *«Dios es bondadoso»*: Historia de OLAM, 1961.

110 *«estábamos tan metidas de lleno en aquello»*: ibid.

110 *El arzobispo Toolen rompe la tierra*: ibid.

110   «*Más vale que veas a la Madre*»: ibid.

111   «*Vamos a encontrar una loma por aquí» y relato sobre el hoyo*: E.A. con la Madre Angélica, 2000.

111   *Donaciones*: Historia de OLAM, 27 de agosto de 1961; E.A. con Cossette Stephenson, 2004.

112   *Programa durante la construcción*: Historia de OLAM, 30 de julio de 1961.

112   «*Cuando me quito el griñón*»: ibid.

112   «*Durante un par de días*»: Historia de OLAM, 17 de septiembre de 1961.

113   «*Tuve que regañar a los albañiles*»: ibid., 14 de octubre de 1961.

113   «*Cuando leí la vida de Santa Teresa*»: ibid., 9 de noviembre de 1961.

114   *Visita de Mae Francis a Birmingham*: ibid., 18 de septiembre de 1961.

114   «*la mayor mendiga que esta ciudad ha conocido» y detalles del discurso*: *Kiwanian Bulletin* (Club Kiwanis de Birmingham), 6 de marzo de 1962; ver también el *Birmingham Post-Herald*, 3 de marzo de 1962.

115   «*No te preocupes, el Señor se ocupará*»: Historia de OLAM, 8 de octubre de 1961.

115   *Preocupación del arzobispo Toolen*: carta del arzobispo Toolen a la Madre Angélica, 3 de noviembre de 1961, OLAMA.

115   «*Pero, Su Excelencia, los dormitorios» y detalles de la visita del arzobispo Toolen*: E.A. con la Madre Angélica, 2000.

116   *Préstamo de Sancta Clara*: Protocolo de Sancta Clara, 8 de noviembre 1961 y 26 de diciembre de 1961, SCA.

116   «*Mi columna [...] se pone a gritar a veces» y las notas que siguen*: Historia de OLAM, 1961.

CAPÍTULO 8: UN MONASTERIO FAMILIAR

118   *Incidente en la casita*: Historia de OLAM, 25 de febrero de 1962; E.A. con la Madre Angélica, 2000; E.A. con Sor Mary Joseph, 2001.

118   «*pudo oler la pólvora*»: Jerry McCloy, «Nuns Say Prayer for Terrorists», *Birmingham Post-Herald*, 23 de febrero de 1962.

119   «*Estuvimos más cerca del infierno*»: Historia de OLAM, 25 de febrero de 1962.

119   «*no eran típicos de Birmingham*»: «Holy Ghost Descended on Nuns with Bang», *Catholic Week*, 3 de marzo de 1962.

119   «*Si sucede una tercera vez*»: Historia de OLAM, 11 de marzo de 1962.

120   «*las monjas de Sancta Clara*»: Sor Mary Raphael, «Behind the Wall and Over the Hill» (manuscrito sin publicar), OLAMA, p. 1.

120   «*se llevó con ella la crema y nata*»: E.A. con Joan Frank, 2002.

120 *Descripción del interior del monasterio:* John Wright, Jr., «Nuns Will Not Witness Blessing of Monastery», *Catholic Week*, mayo de 1962.

121 *«El proyecto entero se planeó»:* James Perry, «Monastery's Main Feature Is Love», *Birmingham Post-Herald*, 26 de mayo de 1962.

121 *«Hermanas, a uno nunca se le va la mano»:* Sor Mary Raphael, Notas de las primeras lecciones, 23 de octubre de 1962, OLAMA.

121 *«fuente de gracia y oración»:* «Nuns Wave Farewell», *Birmingham News*, 21 de mayo de 1962.

124 *«[donde no existiría] un individuo aislado»:* Madre Angélica, *The Family Spirit* (Birmingham, Alabama: EWTN Catholic Publisher, 1976), p. 3.

124 *«una charla íntima»:* Historia de OLAM, agosto de 1962.

124 *Detalles de «El amor de Dios para contigo»:* «Mother Angelica Releases Record», *Birmingham Post-Herald*, 22 de diciembre de 1962.

124 *Inauguración del Concilio Vaticano Segundo:* George Weigel, *Witness to Hope* (New York: Harper Collins, 1999); ver también Carl Bernstein y Marco Polito, *His Holiness* (New York: Doubleday, 1996).

125 *«sintió el impulso»:* Historia de OLAM, septiembre de 1963.

126 *Antecedentes sobre la Iglesia Bautista de la Calle Dieciséis:* Kris Axtman, «In Birmingham a Chance for Justice Long Delayed», *Christian Science Monitor*, 20 de abril de 2001.

126 *Jo Ann Magro ingresa en OLAM:* Historia de OLAM, 15 de agosto de 1964.

126 *«abarrotada con unas cincuenta piedras»:* ibid., 21 de octubre de 1964.

127 *Anticipos de los expertos:* E.A. con el arzobispo Phillip Hannan y el cardenal Avery Dulles, 2004.

127 *«directrices y los cambios que promueve la Santa Sede»:* Madre Angélica, «One Heart, One Soul», *Review for Religious* 24 (1965), pp. 543–47.

128 *«Por qué es que tantos de nuestros monasterios»:* Madre Angélica, «Contemplatives and Change», *Review for Religious* 25 (1966), pp. 68–72.

129 *«intercambiar ideas»:* Historia de OLAM, 17 de septiembre de 1965.

129 *«ayudara a modernizarse»:* ibid., 19 de octubre de 1965.

129 *«Ah, eres igualita a tu padre»:* Sor Mary Raphael, «Mother Angelica and Her Mother» (manuscrito sin publicar), OLAMA, p. 37.

130 *«experimentación adecuada y prudente» y las citas que siguen:* Concilio Vaticano Segundo, *Perfectae Caritatis*, 21 de octubre de 1965.

130 *Renovación del Monasterio de Nuestra Señora de los Ángeles:* Historia de OLAM, 1965–68.

130 *«buenas relaciones públicas»:* ibid., 23 de julio de 1966.

131 *«un hábito viejo recortado»:* ibid., 3 de mayo de 1967.

131 *«Descubrimos que los peces sureños no picaban»:* «Where Christmas Lives», *Birmingham Magazine*, diciembre de 1968.

131 *Inspiración y planificación del negocio del maní:* Historia de OLAM, 5–8 de diciembre de 1967.

132 *El Miércoles de Ceniza:* ibid., 19 de febrero de 1969.

134 *«actividad apostólica» y «Usted tendrá una Cuaresma larga»:* ibid., 22 de marzo de 1969.

CAPÍTULO 9: EL ESPÍRITU SE MUEVE

135 *Visita del padre DeGrandis:* E.A. con la Madre Angélica, 2000, padre De-Grandis y Sor Regina, 2001.

136 *«El Espíritu Santo es en verdad maravilloso» y la conversación que sigue:* E.A. con el padre Robert DeGrandis, 2001; E.A. con la Madre Angélica, 2000.

136 *Visita de Barbara Schlemon y el padre DeGrandis al monasterio:* Historia de OLAM, 11 de febrero de 1971.

137 *fractura comprimida de la vértebra:* ibid., 5 de abril de 1970.

137 *Detalles del estudio de la Biblia:* E.A. con Jean Morris, 2002; E.A. con Phyllis Scalici, 2003; y E.A. con la Madre Angélica, 2000.

138 *«el don de las lenguas»:* Historia de OLAM, 11 de abril de 1971.

140 *hablar por radio:* E.A. con el padre DeGrandis, 2001.

140 *Programa de la WBRC:* «Monastery Begins Tape Ministry», *Birmingham Post-Herald,* junio de 1972.

141 *«¿Usted quiere decir un soborno?»:* Historia de OLAM, 13 de abril de 1972.

142 *«formatos de oraciones» y «una relación más cercana»: Madre Angélica, Journey Into Prayer* (Birmingham, Alabama: EWTN Catholic Publishers, 1972), introducción.

142 *«Esto será la segunda fase»:* E.A. con la Madre Angélica, 2001.

143 *«al otro lado de las líneas del tren»:* E.A. con Jean Morris, 2001.

144 *«Es como un cuento de misterio»:* Teresa Gernazian, «Invitation to Holiness», *Georgia Bulletin,* 20 de noviembre de 1975.

145 *«Usamos los talentos que poseemos»: Madre Angélica, Three Keys To the Kingdom* (Birmingham, Alabama: EWTN Catholic Publishers, 1977), p. 9.

145 *«Los cristianos deben estar»:* Leonard Chamblee, «Bumper Stickers Fight Mind Pollution», *Birmingham Post-Herald,* 22 de junio de 1973.

146 *«¿De dónde vas a sacar el dinero?»: Sor Mary Raphael, My Life with Mother Angelica* (Birmingham, Alabama: EWTN Catholic Publishers, 1982), p. 27.

146 *«El dinero es Su problema»:* Gernazian, «Invitation to Holiness».

147 *«¿Quiere prestamos $10,000?»:* Historia de OLAM, 16 de octubre de 1975.

147 *«¿No se le ocurrió medir la puerta…»:* ibid., 25 de enero de 1976.

148 *«¡Diez mil libros!» y las citas que siguen:* E.A. con la Madre Angélica, 2000.

149   «[Sor David] nunca sintió»: Sor Mary Raphael, «Mother Angelica and Her
       Mother» (manuscrito sin publicar), OLAMA, p. 4.

150   Inspiración para los minilibros: Historia de OLAM, 28 de enero de 1976.

151   Costo de la imprenta: ibid., 3 de julio de 1976.

151   Trastornos cardiacos de la Madre Angélica: ibid., 15 de julio de 1976.

152   «Denme diez católicos tipo Testigos de Jehová»: Sharon Hollis Sutter, «New
       Pamphleteer Proclaims God's Love», Florida Catholic, 21 de enero de
       1977.

152   «Los libros y minilibros son semillas de mostaza»: Sonya LaRussa, «An In-
       terview with Mother Angelica», boletín informativo privado, mayo de 1977,
       p. 13.

152   «ochocientas personas se presentaron para distribuir los trece mil libros»:
       «Contemplative Nun and Evangelizer», Florida Catholic, 21 de enero de
       1977.

152   «una enfermedad llamada 'curativitis'»: Henry Libersat, «Nun Calls Catho-
       lics 'Deadheads'», Florida Catholic, 4 de febrero de 1977.

152   Información sobre Ron Lee: «Ron Lee—His Product IS Jesus», Florida
       Catholic, 30 de junio de 1978.

153   «guardianes regionales»: Historia de OLAM, 3 de julio de 1977.

153   «formaron un cinturon hermético humano» y detalles sobre la primera reunión
       cumbre del CFMA: ibid., 2 de diciembre de 1977.

CAPÍTULO 10: HACER EL RIDÍCULO

155   «Señor, quiero algo así»: Mother Angelica Live, EWTN, 27 de julio de
       1993.

155   «Tom, ¿cuánto cuesta una cosa así?»: E.A. con Tom Kennedy, 2003.

155   «Vaya, no hace falta tanto para llegar a las masas»: E.A. con Sor Mary Joseph,
       2001.

156   «el Señor le habló»: E.A. con Tom Kennedy, 2003.

157   «¿Sabes dónde podemos grabar una cinta?»: E.A. con Jean Morris, 2002.

159   «una abuelita con un perfil muy cómico»: Sor Mary Raphael, My Life
       with Mother Angelica (Birmingham, Ala.: EWTN Catholic Publishers,
       1982), p. 35.

159   «algo así como un circo»: Historia de OLAMA, 21 de mayo de 1978.

160   «¿Alguna vez se han preguntado qué sucedió»: Our Hermitage, EWTN, ju-
       nio, 1978.

161   «programa católico romano» y otras citas posteriores: E.A. con Tom Roge-
       berg, 2003.

162   «La tele ha estado en manos»: Historia de OLAMA, 13 de julio de 1978.

163 «*Voy a rezar*»: E.A. con Matt Scalici, 2003.

164 *Mientras miraba las primeras imágenes televisadas de Juan Pablo II*: Historia de OLAMA, 16 de octubre de 1978.

164 *era una «blasfemia» y antecedentes de* La Palabra: Leonard Chamblee, «Mother Angelica Too Busy to Make Speeches», *Birmingham Post-Herald*, 4 de noviembre de 1978.

164 *Conversación entre la Madre Angélica y Hugh Smith*: E.A. con Hugh Smith, 2003; Historia de OLAMA, 2 de noviembre de 1978.

165 «*le dijo suavemente*»: E.A. con Hugh Smith, 2003.

166 «*Eché todo a perder*»: Sor Mary Raphael, *My Life with Mother Angelica*, p. 38.

166 «*estudio de televisión*» *y* «*No sé nada*»: *Mother Angelica Live*, EWTN, 27 de julio de 1993.

167 «*Vayase de vuelta y afile el lápiz*»: Sor Mary Raphael, *My Life with Mother Angelica*, p. 40.

168 «*una intoxicación y sin ningún regalo de cariño*»: Historia de OLAMA, 1 de junio de 1979.

168 «*Me deprime pensar*»: Sor Mary Raphael, «Mother Angelica and Her Mother» (manuscrito sin publicar), p. 40.

169 *Conversación con el ingeniero*: *Mother Angelica Live*, EWTN, 27 de julio de 1993.

169 *Conversación con Robert Corazzini*: E.A. con Robert Corazzini, 2003; E.A. con la Madre Angélica, 2001.

170 «*Estoy convencida de que Dios*»: transcripción de un programa de *PTL* de 1979 que probablemente se transmitió el 22 de enero.

171 «*Andamos detrás del hombre que está sentado en los bancos de las iglesias*»: The New York Times, 15 de agosto de 1981.

171 *debía trescientos ochenta mil dólares*: Historia de OLAMA, 7 al 8 de mayo de 1980.

171 *Información sobre Harry John y De Rance*: Paul Wilkes, «Harry John Was Not Your Average American Catholic», *National Catholic Reporter*, 17 de septiembre de 1993; Gretchen Schuldt, «De Rance Dispersal Is Ruled Legitimate», diario *Milwaukee Journal-Sentinel*, 21 de junio de 1997.

171 «*que no parecía una persona limpia*»: E.A. con Chris Harrington, 2002.

172 «*boina, tirantes*»: E.A. con monseñor Michael Wrenn, 2003.

172 *Conversación de MA con Harry John*: E.A. con Dick DeGraff, 2003.

173 «*Si quieres hacer algo por el Señor*»: *Christopher Close-Up*, 20 de marzo de 1983.

173 «*¿Usted en serio espera que yo apruebe este contrato?*»: E.A. con Bill Steltemeier, 2003.

174　«*tipo regordete*», «*El Señor me dijo*» *y reunión con Lloyd Skinner:* E.A. con la Madre Angélica, 2001.

CAPÍTULO 11: UNA CATEDRAL EN EL CIELO:
LA CADENA DE TELEVISIÓN ETERNAL WORD

176　*La llegada de la licencia del FCC:* Historia de OLAMA, 27 de enero de 1981. La licencia, aunque fue otorgada el 19 de enero, no llegó al monasterio hasta el 27 de enero.

176　«*Una cadena de crecimiento espiritual*»: Carolynne Scott, «Cloistered Nuns Receive Satellite TV License», *One Voice,* 31 de enero de 1981.

177　*La visita a Peter Grace:* Historia de OLAMA, 15 de febrero de 1981.

177　«*Nadie podrá extinguir esa llama*»: E.A. con Sor Regina, 2001.

178　*La junta directiva y los asesores de EWTN:* carta de la Madre Angélica al obispo Joseph Vath, 19 de enero de 1981, OLAMA.

178　*El padre John Hardon habla con los oficiales del Vaticano:* E.A. con Sor Mary Catherine, 2003.

178　*Pero el 27 de febrero, Vath le revocó:* carta del obispo Joseph Vath a la Madre Angélica, 27 de febrero de 1981.

179　«*para verificar el trabajo del Eternal Word Television Network*»: carta de la Madre Angélica al obispo Joseph Vath, 7 de marzo de 1981, OLAMA.

179　*El obispo Vath llamó por teléfono a la Madre Angélica:* Historia de OLAMA, 10 de marzo de 1981.

179　«*Su Excelencia, estoy obligada a dar todas estas charlas*»: E.A. con la Madre Angélica, 2001. Una carta del obispo Vath a la Madre Angélica el 13 de marzo de 1981 confirma lo que ella recuerda de la conversación telefónica, a lo cual se hace referencia.

179　«*destruir la cadena de televisión*»: Historia de OLAMA, 2 de marzo de 1981.

179　«*Él no puede hacer eso*» *y otras citas posteriores:* E.A. con Sor Regina, 2001.

180　*La Madre Angélica le escribió al nuncio:* carta de la Madre Angélica al arzobispo Pio Laghi, 6 de marzo de 1981, OLAMA.

180　*La llegada de la antena parabólica:* Historia de OLAMA, 5 al 6 de marzo de 1981.

180　*El repartidor y la reacción de la Madre:* E.A. con Bill Steltemeier, 2003.

181　*El ensamblaje de la antena parabólica:* Historia de OLAMA, 18 de marzo de 1981.

181　*el secretario del representante del Papa:* Historia de OLAMA, 19 de marzo de 1981.

182　*Préstamo de Peter Grace:* ibid.

183 «*Su Eminencia, la Madre Angélica*» *y conversaciones posteriores:* E.A. con Bill Steltemeier, 2003.

183 *Mandan a DeGraff a Roma:* Historia de OLAMA, 17 de mayo de 1981.

184 «*Me siento feliz de bendecir*»: Libros de invitados del monasterio, 21 de mayo de 1981, OLAMA.

184 «*¿Qué desea?*» *y la conversación con el cardenal Oddi:* E.A. con Bill Steltemeier, 2003; y E.A. con la Madre Angélica, 2001.

184 *Permiso para dejar el monasterio:* carta del arzobispo Mayer, prefecto de la Congregación de Religiosos, a la Madre Angélica, 10 de junio de 1981, OLAMA.

185 «*fomentar la verdad*» *y otras citas posteriores:* declaración de propósitos de EWTN.

186 «*Pienso en el fondo de mi corazón*»: Judy Gillespie, «The Coaxial Congregation», *Cable Marketing*, noviembre, 1981.

186 *Descripción del día del lanzamiento:* E.A. con Tom Kennedy, Matt Scalici, Jean Morris y otros, 2003.

186 «*Oh Dios, Señor del cielo y de la tierra*»: programa de la ceremonia de dedicación de EWTN, 15 de agosto de 1981, OLAMA.

187 *solamente seis sistemas de cable:* Dr. Sammy R. Danna, «From Cloisters To Cable by Satellite», *EITV*, enero de 1983.

187 *Eran la Madre y Ginny Dominick las que esencialmente dirigían la cadena:* E.A. con Marynell Ford, Chris Harrington, Matt Scalici y otros, 2003.

188 «*Lo que le exijo al equipo*»: Patrick E. Brennan, «Catholic Televisión Comes of Age», *Columbia Magazine*, enero de 1988.

191 *Metida en la esquina de la caseta de Southern:* Donna Plesh, «Religious View of TV Business», *The Register*, 4 de junio de 1981.

191 *frente a la cabina de Playboy:* E.A. con Madre Angélica y Bill Steltemeier, 2001.

191 «*una monja arrogante y desobediente*»: «Communications Controversy», *Florida Catholic*, 12 de junio de 1981.

192 *Los antecedentes de CTNA:* Joe Michael Feist, «Dream for Quality, Profitable CTNA, is Elusive», *Catholic Sun*, 23 de abril de 1986; monseñor Noel C. Burtenshaw, «Cable Television Rage Across America», *Georgia Bulletin*, 1 de julio de 1982.

193 «*[CTNA] es una cadena diocesana*»: Russell Chandler, «Religious Groups Plan Major Use of Video Technology», *Los Angeles Times*, 25 de diciembre de 1983.

193 «*duplicación innecesaria*»: «Communications Controversy».

193 «*No tengo ningún problema, en absoluto, con los obispos*»: ibid.

194 «*las monjas del claustro deben quedarse en el monasterio*»: ibid.

194 *Visita de Richard Hirsh y del padre John Geaney a EWTN:* Historia de OLAMA, 10 de septiembre de 1981.

194 *«En aquel momento, eran»:* E.A. con el padre John Geaney, 2003.

195 *Reunión de CTNA:* Historia de OLAMA, 7 de febrero de 1982.

195 *«Bueno, Excelencia, yo no tengo un presupuesto» y otra conversación posterior:* E.A. con Bill Steltemeier, 2003.

195 *Contrato con Wold:* Historia de OLAMA, 14 de enero de 1982; E.A. con Matt Scalici y Bill Steltemeier, 2003.

196 *Les dijo a las monjas:* Historia de OLAMA, 1 de marzo de 1982.

196 *«aturdida y con los ojos vidriosos» y «varios derrames cerebrales pequeños»:* ibid, 6 de mayo de 1982.

197 *«Bueno, eso sí es providencial»:* Jack Hawn, «Nun Looks To the Heavens— For Satcom TV Service», *Los Angeles Times,* 21 de julio de 1982.

197 *Estadísticas de Satcom:* Danna, «From Cloister To Cable by Satellite».

197 *cuota de $132.000:* Historia de OLAMA, 1 de octubre de 1982.

197 *incumplimiento del contrato con Wold:* Plan de negocio de EWTN de cinco años, Touche Ross & Company, 4 de diciembre de 1982, p. 39.

197 *escupía la comida:* E.A. con Sor Mary Catherine, 2003.

198 *«Mientras más dependía de mi»:* Sor Mary Raphael, «Mother Angelica and Her Mother», p. 4.

198 *«Ah, Raphael vas a perder a tu David»:* ibid, p. 5.

198 *«Por qué me dejaste»:* Sor Mary Raphael, «Behind the Wall and Over the Hill» (manuscrito sin publicar), OLAMA, p. 7.

CAPÍTULO 12: LA MUERTE Y LA NOCHE OSCURA

199 *Detalles de la Madre Angélica junto a la cama de Sor Mary David:* E.A. con el Dr. Rex Harris, 2003.

199 *«[David] ha muerto de un fallo cardíaco»:* Sor Mary Raphael, «Mother Angelica and Her Mother» (manuscrito sin publicar), OLAMA, p. 7.

199 *«Hermana, no te vayas —¡ah David! ¡David!»:* ibid.

199 *«Señor, no te la puedes llevar ahora» y las citas que siguen:* E.A. con la Madre Angélica, 2000.

201 *«Ah David. Jesús te ama»:* Sor Mary Raphael, «Mother Angelica and Her Mother», p. 9.

202 *«absorber» y «asumir control sobre ella»:* Historia de OLAM, 1 de octubre de 1982.

202 *«El que controle los medios de comunicación»:* ibid.

203 «*presentarle el Eternal Word Television Network*»: *EWTN Family Newsletter*, diciembre de 1982.

204 «*He oído hablar de usted*»: Cronología de Sor Raphael, 12 de noviembre de 1982, OLAMA.

204 «*No lo saque al aire*»: Historia de OLAM, 29 de noviembre de 1982.

204 *Información sobre la reunión de enlace*: ibid., 15 de diciembre de 1982; E.A. con Bill Steltemeier y fuentes anónimas, 2003.

205 «*CTNA estaba descapitalizado*»: E.A. con Robert Lynch, 2003.

205 *A principios de diciembre, Bill Steltemeier*: Historia de OLAM, 5 de diciembre de 1982.

205 «*el lunes pierdo la cadena*»: ibid., 21 de diciembre de 1982.

205 «*Todos los meses, pasamos por la agonía*»: ibid., 25 de enero de 1983.

206 *Antecedentes sobre la demanda legal de Wold*: E.A. con la Madre Angélica, 2001; E.A. con Matt Scalici y Bill Steltemeier, 2003; Historia de OLAM, 11 de mayo de 1983.

206 «*Ve tú*»: E.A. con Bill Steltemeier, 2003.

207 «*Sucedió un milagro*»: ibid.; el plan de cinco años citado anteriormente por Touche Ross & Company da un pago proyectado de Wold de doscientos cuarenta mil dólares, pero esto fue escrito meses antes de que el acuerdo se cerrara.

208 «*Éste es nuestro primer programa en vivo*»: *Programa del Segundo Aniversario de EWTN*, EWTN, 15 de agosto de 1983.

208 *noventa y cinco sistemas de televisión por cable*: John Stickney, «Pay TV's Flying Nun», *TV Cable-Week*, 14 al 20 de agosto de 1983.

209 *Harry John acordó mandarle $120.000*: Historia de OLAM, 21 de octubre de 1983.

210 *Información sobre Santa Fe Communications*: Frank Trippett, «Harry's Holy War», *Time*, 26 de mayo de 1986; Paul Wilkes, «Harry John Was Not Your Average American Catholic», *National Catholic Reporter*, 17 de septiembre de 1993.

211 *Acuerdo con Harry John*: Historia de OLAM, 21 de noviembre de 1983.

211 «*antes de que Harry diga que paremos*»: ibid., 27 de enero de 1984.

212 «*Necesitamos un estudio nuevo*»: ibid., 7 de diciembre de 1983; E.A. con la Madre Angélica, 2000.

212 *Visita y contribuciones de los Bombergers*: Historia de OLAM, 11 de agosto de 1983; E.A. con la Madre Angélica, 2001.

212 «*la voz católica de los Estados Unidos*»: Russell Chandler, «Religious Groups Plan Major Use of Video Technology», *Los Angeles Times*, 25 de diciembre de 1983.

213 «*Tal vez el mayor sufrimiento interior*»: Madre Angélica, *The Healing Power of Suffering* (Birmingham, Alabama: EWTN Catholic Publishers, 1976), p. 22.

213 *Señor, una oscuridad increíble me envolvió*: anotación en el diario de la Madre Angélica, 7 de julio de 1984, OLAMA.

214 «*Tú diste todo de ti, totalmente*»: anotación en el diario de la Madre Angélica, 9 de julio de 1984, OLAMA.

214 «*La lucha continua*»: anotación en el diario de la Madre Angélica, 10 de julio de 1984, OLAMA.

215 «*No puedo ahora*»: Sor Mary Raphael, «Behind the Wall and Over the Hill» (manuscrito sin publicar), OLAMA, p. 13.

215 «Bien, muchachos, aflójenlo»: cinta del teletón, julio de 1984, OLAMA.

215 *Información sobre el teletón*: E.A. con Matt Scalici, padre Mitch Pacwa, Chirs Harrington, Marynell Ford y otros, 2003.

215 «*No supe que era una orden franciscana*»: E.A. con la Madre Angélica, 2001.

216 «*¿Y si me caso con él?*»: E.A. con antigua empleada de la EWTN, 2003.

217 «*Siempre sentí*»: anotación en el diario de la Madre Angélica, 18 de julio de 1984, OLAMA.

218 «*Siento que de alguna forma no pertenezco*»: anotación en el diario de la Madre Angélica, 20 de julio de 1984, OLAMA.

218 «*Hay tanta confusión en mi alma*»: anotación en el diario de la Madre Angélica, 26 de julio de 1984, OLAMA.

218 *Problemas de Harry John*: Paul Wilkes, «Harry John Was Not Your Average American Catholic».

218 *lo «profundo de su miseria»*: anotación en el diario de la Madre Angélica, 23 de octubre de 1984, OLAMA.

218 *llegó una nota de la fundación de Peter Grace*: Historia de OLAM, 7 de noviembre de 1984.

218 *Grace personalmente le hizo a la Madre una donación*: ibid., 20 de diciembre de 1983.

CAPÍTULO 13: LA ABADESA DE LA PEQUEÑA PANTALLA

222 «*gente que sentía el dolor*»: Barbranda Lumpkins, «TV Nun's a Novice No Longer», *Akron Beacon Journal*, 27 de febrero de 1985.

223 «*Ella tiende a ser campechana*»: Michael D'Antonio, «Mother Angelica Live», *Newsday*, 6 de septiembre de 1985.

223 *Nominación para el premio ACE*: Programa de cable privado, 1985.

223 *Golden Blooper Award [Premio de Oro por Meteduras de Pata]*: Birmingham Post-Herald, 12 de noviembre de 1984.

224 *Datos sobre la suscripción a EWTN:* Lumpkins, «TV Nun's a Novice No Longer».

224 *Cita en la revista* Broadcasting: cablegrama de AP, *Selma Times Journal,* 30 de julio de 1984.

224 *Estadísticas sobre el nuevo estudio:* «EWTN's New Studio is 'Prayer Come True'»: *Catholic Voice,* 12 de abril de 1985.

225 *«EWTN es la clave para restituir»:* Historia de OLAM, 19 de junio de 1985.

225 *«los cambios, los virajes, la dirección y los riesgos»:* memorando de la Madre Angélica a los vicepresidentes, 5 de agosto de 1985.

226 *Donaciones a EWTN en 1985:* Informe anual de EWTN, 1985.

226 *«interpreta[ba] la política de la compañía»:* memorando de la Madre Angélica a los vicepresidentes, 5 de agosto de 1985.

228 *«dedicó con mucho amor»:* Madre Angélica, *Mother Angelica's Answers Not Promises* (New York: Harper & Row, 1987), página de dedicatoria.

228 «Les he entregado mi amor»: Historia de OLAM, 2 de noviembre de 1998.

229 «garantizara que el espíritu»: memorando de la Madre Angélica a los vicepresidentes, 5 de agosto de 1985.

229 *Información sobre el acuerdo con Galaxy:* E.A. con Matt Scalici, 2003; Patrick E. Brennan, «Catholic Television Comes of Age», revista *Columbia Magazine,* enero de 1988.

229 *Reunión con los empleados:* Historia de OLAM, 24 de octubre de 1986.

230 *Resultados con Galaxy III:* Brennan, «Catholic Television Comes of Age.»

231 *«Sólo es cuestión de ser práctica, las cosas tienen que continuar»:* Greg Garrison, «Mother Angelica's Orders to Carry on Her Video Visions», diario *Birmingham News,* 3 de julio de 1987.

231 *«asegurar que la Palabra de Dios»:* Brennan, «Catholic Television Comes of Age.»

231 *Información sobre Sor Gabriel Long:* E.A. con la Madre Angélica, Sor Mary Catherine y otros, 2001; Lou Jacquet, «Preparing New Servants for the Lord», *Our Sunday Visitor,* 16 de octubre de 1988.

231 *Información sobre el padre Donat McDonagh:* Brennan, «Catholic Television Comes of Age»; Lou Jacquet, «Preparing New Servants for the Lord»; E.A. con la Madre Angélica, 2001.

232 *«Tendremos […] en estas dos órdenes nuevas»:* Brennan, «Catholic Television Comes of Age.»

232 *«No preveo que vayamos a trabajar todos»:* Jacquet, «Preparing New Servants for the Lord.»

232 *«el sueño de los poderes»* y *«Se quedaba sin responder»:* E.A. con Sor Margaret Mary, 2003.

233 *Miembros de las Órdenes de la Madre Angélica:* Historia de OLAM, 25 de noviembre de 1988.

233 *Cartas al Papa Juan Pablo II:* «As Scandals Rock Televangelism, Nun's Network Tells It 'Like It Is',» *The Miami Herald,* 7 de julio de 1987.

233 *«Esto es para siempre»:* Historia de OLAM, 1° de septiembre de 1987.

234 *Cobertura conjunta entre CTNA y EWTN:* memorando de entendimiento entre EWTN y CTNA, 1° de junio de 1987.

234 *«Nunca he servido como presentadora antes»:* Bill Lohmann, «EWTN Will Have Its Eye on the Pope», UPI, septiembre de 1987.

235 *Antecedentes sobre los casos de Hunthausen y Curran:* Kenneth Briggs, *Holy Siege: The Year That Shook Catholic America* (New York: HarperCollins, 1992).

235 *«no viable»:* Timothy Egan, «Seattle's Prelate Says Fight with Vatican is Over», *The New York Times,* 13 de abril de 1989.

235 *«la anticoncepción artificial, el divorcio, la esterilización»:* Briggs, *Holy Siege,* p. 9.

235 *haciendo mención de la disconformidad de él con el magisterio:* ibid.

236 *«la cuestión del celibato» y «Su utilidad se ha debilitado»:* Susan Yoachum, Knight-Ridder News Service, 10 de julio de 1987.

236 *«Recuerdo una canción»:* David Anderson, «Pope Meets with Priests», UPI, 11 de septiembre de 1987.

238 *«Vivimos en una sociedad abierta»:* Joseph Berger, «The Papal Visit», *The New York Times,* 17 de septiembre de 1987.

238 *«No podemos cumplir con nuestra labor sencillamente»:* declaración del arzobispo John Quinn, AP, 16 de septiembre de 1987.

238 *«inconformista» y «relación inapropiada» e información sobre el arzobispo Weakland:* Rod Dreher, «Weakland's Exit», *National Review,* 24 de mayo de 2002; «Archbishop Makes Apology», *Newsday,* 2 de junio de 2002.

239 *«Los fieles» y las citas que siguen:* declaración del arzobispo Rembert Weakland, AP, 16 de septiembre de 1987.

239 *«una ampliación del concepto» y las citas que siguen:* declaración del arzobispo Daniel Pilarczyk, AP, 16 de septiembre de 1987.

239 *«Que las mujeres formen parte del sacerdocio»:* Cornelia Grumman, «Nun on the News», *News and Observer,* 18 de septiembre de 1987.

240 *«tenían que competir»:* Sor Mary Ann Walsh, «Live Coverage of Papal Visit», Servicio de Católico de Noticias, 28 de septiembre de 1987.

240 *«No quiero ser conservadora»:* Lou Jacquet, «Preparing New Servants for the Lord.»

241 El programa *La espiritualidad en los 80:* James Sterling Corum, «CTNA: A Disaster Waiting to Happen», *The Wanderer,* 7 de abril de 1983.

241 «*un desastre*» *y un* «*ejemplo de cómo la Iglesia bota el dinero*»: Lou Baldwin, «Communications Director Says Evangelists Forget TV is Mostly a Business», *Catholic Standard and Times,* 8 de octubre de 1987.

241 «*el inmenso elefante blanco de los obispos*»: *National Catholic Register,* 6 de marzo de 1988.

241 *Cadena VISN:* CTNA, *The Link,* septiembre de 1987.

242 «aguada»: Ed Wojcicki, «Catholic Presence on Television», *The Catholic Times,* 22 de noviembre de 1987.

242 *Llamada telefónica del padre Bonnot:* Historia de OLAM, 10 de noviembre de 1987.

243 «*gritaba cada vez más*»: E.A. con Sor Antoinette, 2001.

243 «*¿Y quién es usted para decidir?*» *y los comentarios que siguen:* E.A. con la Madre Angélica y Sor Antoinette, 2001.

243 *en una carta:* carta del padre Bonnot a la Madre Angélica, 12 de noviembre de 1987, OLAMA.

244 «*el concepto de que la televisión es para permitirle a cualquiera*»: carta de la Madre Angélica al arzobispo Pio Laghi, 16 de noviembre de 1987, OLAMA.

244 «*Roma sabía lo que ella hacía*»: Historia de OLAM, 10 de diciembre de 1987.

244 «*sociedad pluralista*» *y* «*esfuerzos educacionales*»: John Dart, «Catholics OK Condom Data as AIDS Safeguard», *Los Angeles Times,* 11 de diciembre de 1987.

245 «*reunión más bien tensa*» *y la conversación en la reunión:* E.A. con el obispo Robert Lynch, 2003.

247 «*La visión del catecismo*»: E.A. con el cardenal Francis Stafford, 2003.

247 «*¿Qué va a suceder con Eternal Word?*»: transcripción de NCCB, 24 de junio de 1988.

248 *Esta concesión de última hora:* E.A. con Chris Harrington, Marynell Ford y obispo Rene Gracida, 2003.

248 «*una seria traba*» *y* «*Fue una verdadera lástima*»: E.A. con el padre Bob Bonnot, 2003.

248 *Estadísticas sobre Gabriel I:* «EWTN Dedicated New Production Vehicle», *One Voice,* 12 de agosto de 1988.

249 «*alejarse un poco*»: E.A. con la Madre Angélica, 2001.

CAPÍTULO 14: WEWN: UN TESTIMONIO ANTE LAS NACIONES

250 «*granja grande donde habría hogares*»: Barbara Reynolds, «Topic: 1987 Resolutions», *USA Today,* 2 de enero de 1987.

251 «*El Señor me dijo, 'Ve a Roma'*»: E.A. con la Madre Angélica, 2001; y E.A. con Bill Steltemeier, 2003.

251 «*El Señor me habló anoche*»: E.A. con Matt Scalici, 2003.

251 «Con obediencia ciega»: ibid.

253 «*Madre Angélica, usted es una mujer fuerte*»: Historia de OLAM, 31 de enero de 1989.

253 «*Ah, la Madre Angélica, la gran jefa*»: E.A. con Sor Margaret Mary, 2003.

253 *Información sobre Piet Derksen:* Richard Gilbert, «Welcome To the Pleasure Dome», *Financial Times,* 4 de abril de 1992; Jennifer Clark, «Beaming a Holy Message», diario *Times,* Londres, 30 de noviembre de 1988; George Armstrong, «The Media: Now God's Anchorman», *Guardian,* 10 de octubre de 1988.

254 «*Mi riqueza ha sido como una pesada piedra*»: «Personalities», *Washington Post,* 3 de marzo de 1984.

254 *Descripción de Piet Derksen y reunión:* E.A. con la Madre Angélica, 2001; y E.A. con Bill Steltemeier, 2003.

254 «*Usted es la persona*»: ibid.

254 *Descripción de la villa:* Historia de OLAM, 17 de marzo de 1989.

255 *Donaciones para el proyecto de onda corta:* ibid., 14 de abril de 1989.

255 *La Madre comenzó a trabajar en un proyecto paralelo de onda corta:* ibid., 12 de septiembre de 1989.

256 *Conversación de la Madre con Joseph Canizaro:* E.A. con Joseph Canizaro, 2003.

256 *las hermanas y ella llenaron una pequeña bolsa:* Historia de OLAM, 1° de enero de 1990.

258 «*uno de cada tres programas que sometía*»: Liz Schevtchuk, «Bishops Approve Step toward Renegotiating EWTN Contract», Servicio Católico de Noticias, 18 de noviembre de 1989.

258 «*un intercambio infructuoso de recriminaciones*»: «After Hearing Complaints, Catholic Bishops Vote to Renegotiate TV Pact», *St. Petersburg Times,* 18 de noviembre de 1989.

259 *Canizaro y el arzobispo Phillip Hannan de New Orleans entregaron en persona:* Historia de OLAM, 15 de febrero de 1990.

259 *Caída de la Madre en Birmingham:* E.A. con la Madre Angélica, 2001.

259 «*para que la bendición de Dios continuara*»: Historia de OLAM, 8 de octubre de 1990.

260 *Conversación en la cima de la montaña:* E.A. con la Madre Angélica, 2000; y E.A. con Matt Scalici, 2003.

260 «*guapo, fuerte, viril*»: E.A. con la Madre Angélica, 2001.

260 «*Siempre estaré a tu lado y lucharemos…*»: Historia de OLAM, 5 de marzo de 1989.

261 *Scalici investiga la propiedad:* E.A. con Matt Scalici, 2003.

261 *La carta que lo cambiaría todo*: carta del arzobispo John Foley a la Madre Angélica, 30 de octubre de 1990, OLAMA.

262 *«implica[ba] que el Sr. Derksen no debía financiar»*: carta de la Madre Angélica al arzobispo John Foley, 14 de noviembre de 1990, OLAMA.

262 *Piet Derksen llama enojado*: Historia de OLAM, 29 de abril de 1991.

262 *«le dio una perorata» y «Pues hágalo»*: E.A. con la Madre Angélica, 2003.

263 *«las penitencias, el ayuno y las oraciones contemplativas»*: ibid., 28 de abril de 1991.

263 *«El padre y yo hemos sido amigos durante muchos años»*: ibid.

264 *«de vuelta a las ovejas descarriadas»*: carta de la Madre Angélica a los hermanos, 13 de junio de 1991, OLAMA.

264 *«¿Por qué ha puesto este muro?» y «Porque me lo pidió el Señor»*: E.A. con Sor Agnes, 2003.

264 *Ponerle coto al chismorreo en la cadena*: Historia de OLAM, 15 de junio de 1991.

265 *«preocuparse»*: E.A. con Sor Mary Catherine, 2003.

265 *La Madre anunció que la misa televisada del monasterio*: Historia de OLAM, 5 de julio de 1992.

266 *«Para demostraries el poder de EWTN y de la Madre Angélica»*: E.A. con el obispo David Foley, 2003.

267 *«se entristeció» y «No podían hacer lo que su corazón no les dictaba»*: Historia de OLAM, 5 de mayo de 1992.

268 *Reacción ante la construcción de las instalaciones de onda corta*: Greg Garrison, «Mother Angelica's Radio Towers Rouse Static», *National Catholic Reporter*, 8 de enero de 1993.

268 *Detalles sobre la estación de onda corta*: Mike Brezonick, *Diesel and Gas Turbine Publications*, junio de 1993.

268 *Descripción del día del lanzamiento*: Historia de OLAM, 28 de diciembre de 1992.

268 *«La fe de ellos durante los años»*: Dan O'Neill, *Mother Angelica: Her Life's Story* (New York: Crossroad Publishing Company, 1986), p. 160.

CAPÍTULO 15: LA DEFENSORA DE LA FE

271 *Información sobre el nuevo catecismo*: Lawrence Cunningham, «The New Catechism», *Commonweal*, 12 de marzo de 1993; Gerald Renner, «Catholic Catechism Available in English», *Hartford Courant*, 22 de junio de 1994.

271 *«enfoque moderado»*: Cunningham, «The New Catechism».

272 *«No han cambiado el lenguaje»*: Larry Witham, «Gender-Neutral Catechism on hold», *Washington Times*, 26 de marzo de 1993.

272 *«En una época, se usaba la palabra 'hombre'»*: ibid.

272 *Cuando se enteró de que les habían*: Historia de OLAM, 8 de enero de 1993; E.A. con Sor Agnes.

273 *«¿[No fue] Jesús... concebido del Espíritu Santo»*: Historia de OLAM, 8 de enero de 1993.

273 *«Ah, hola, Madre»*: E.A. con la Madre Angélica, 2001; artículo de Larry Withman en el *Washington Times* del 26 de marzo confirma que el cardenal Law estaba en Roma en febrero de 1993.

274 *«Pienso que nuestro producto final era superior»*: E.A. con el cardenal Bernard Law, 2003.

274 *Infección bronquial y vértebra fracturada*: Historia de OLAM, 5 al 14 de mayo de 1993.

275 *«Una de las lecciones que he aprendido»*: Mother Angelica Live, EWTN, 22 de junio de 1993.

276 *Detalle de la actuación de los Fountain Square Fools*: «Mother Angelica Sounds Off», *Catholic World News*, octubre de 1993.

276 *«Madre, hay algo que necesito decirle»*: E.A. con Chris Harrington, 2002.

276 *«No lo dices en serio»*: E.A. con la Madre Angélica, 2001.

277 *«Señor, estoy furiosa»*: ibid.

277 *«La pantomima nunca es una representación histórica»*: World Youth Day/nota de prensa de la Conferencia de Obispos, 14 de agosto de 1993.

277 *«Jesús fue representado por una mujer»*: Denver Post, 14 de agosto de 1993.

278 *«se parecía mucho a la forma»*: Carol Zimmerman, «Group Outraged That Woman Depicted Christ at World Youth Day», *Servicio Católico de Noticias*, 16 de septiembre de 1993.

278 *«La única razón por la que el Vaticano dice que las mujeres»*: «Mother Angelica Sounds Off».

278 Sor Mary Ann Walsh: ibid.

278 *«Los voy a acribillar»*: E.A. con la Madre Angélica, 2001; y E.A. con Bill Steltemeier, 2003.

279 *«Ayer cometí un error» y las citas que siguen procedentes de «The Hidden Agenda»*: Mother's Corner, EWTN, 14 de agosto de 1993.

280 *Se escucharon vítores*: Historia de OLAM, 14 de agosto de 1993; E.A. con Sor Antoinette y una antigua monja, 2001.

281 *Reacción de la conferencia de obispos*: «Mother Angelica Sounds Off»; E.A. con la Madre Angélica.

281 *«censuras despiadadas y sin sentido»*: «Milwaukee Archbishop Criticizes Mother Angelica's Telecast», *Arlington Catholic Herald*, 23 de septiembre de 1993.

281 «*el miedo y la oscuridad*»: Jim Sheehan, «Mother Angelica», *National Catholic Reporter*, 29 de octubre de 1993.

281 «*En aquel momento, ella se deshizo de la banderilla*»: E.A. con el obispo Robert Lynch, 2003.

282 *En una declaración conjunta, un grupo de católicos prominentes*: Zimmerman, «Group Outraged That Woman Depicted Christ at World Youth Day».

282 *EWTN adquirió más de doscientos afiliados a la televisión por cable*: Departamento de Mercadeo de EWTN; E.A. con Chris Wegemer.

283 *el grupo de monjas hizo una novena en privado*: E.A. con Sor Antoinette, 2001.

283 «*Éste es un riesgo que tomaremos*»: Historia de OLAM, 23 de diciembre de 1993.

285 *Información sobre Garabandal*: Dr. Courtenay Bartholomew, *Her Majesty Mary Queen of Peace* (Goleta, California; Queenship Publishing, 2002).

285 «*[El] aviso. Si ocurre, va a ser un acto de misericordia por parte de Dios*»: *Mother Angelica Live*, EWTN, 8 de febrero de 1994.

285 «*crueldad satánica*» y «*Esta inundación*»: *Mother Angelica Live*, EWTN, 27 de julio de 1993.

286 «*Hace mucho que la guerra debió haber empezado*»: *Mother Angelica Live*, EWTN, 31 de agosto de 1993.

286 «*Tengo que sacar la cara por mi amigo*» y «*tengo que sacar la cara por esta gente*»: *Mother Angelica Live*, EWTN, 1 de septiembre de 1993.

287 «*preludio*» y las citas que siguen: *Mother Angelica Live*, EWTN, 23 de noviembre de 1993.

287 «*El Vaticano ha aprobado que las niñas sean monaguillos*»: *Mother Angelica Live*, EWTN, 12 de abril de 1994.

288 «*Creo que cuando el programa concluya*»: *Mother Angelica Live*, EWTN, 2 de noviembre de 1993.

288 «*Hay que hacer algo*»: Rod Dreher, «TV Abbess Scourge of Catholic Liberals», *Washington Times*, 25 de abril de 1994.

288 *Obispo Emil Wcela*: Michael S. Rose, «Mother Angelica: Healed and Reviled», *St. Katherine Review*, marzo–abril de 1998.

CAPÍTULO 16: EL AZOTE DE LOS HEREJES

290 «*cuota de dolor*» y «*¿Por qué?*»: *Mother Angelica Live*, EWTN, 10 de enero de 1995.

290 «*Tenía la cabeza empapada de sudor*»: carta de la Madre Angélica a los empleados de EWTN, 3 de marzo de 1995, OLAMA.

291   *Diagnóstico de cáncer y tratamiento de Sor Raphael:* Historia de OLAM, 2 de
      junio de 1995, y 9 de junio de 1995.

291   *«La situación mundial»:* nota de prensa de EWTN, 7 de junio de 1995.

292   *Detalles de la búsqueda de terrenos para el monasterio:* Historia de OLAM, 16
      de agosto de 1995, 17 de agosto de 1995 y 12 de octubre de 1995.

292   *Detalles de la compra de Hanceville:* E.A. con Sor Antoinette, 2004.

293   *Detalles del encuentro de la Madre Angélica con el Papa:* E.A. con la Madre
      Angélica, 2001; E.A. con Sor Margaret Mary y Chris Wegener, 2003.

294   *Información sobre el santuario del Niño Divino:* padre Eliecer Salesman, No-
      vena: *Nueve domingos en honor del Divino Niño Jesús* (Bogotá, Colombia:
      Apostolado Bíblico Católico, 2003).

295   *«¡Bueno, un John Rizzo buena gente!»:* Historia de OLAM, 20 de junio de
      1996.

296   *«como fundar a EWTN por segunda vez»:* E.A. con Michael Warsaw, 2003.

297   *«[Dios] fue muy quisquilloso con respecto al templo»:* Greg Garrison,
      «Mother Angelica's Dream», *Birmingham News,* 15 de agosto, 1997.

297   *monasterio costaría tres millones de dólares:* ibid.

297   *donaron más de cuarenta y ocho millones seiscientos mil dólares:* padre Gre-
      gory T. Bittner, «Tensions in Subsidiarity», *CLSA Proceedings* (Sociedad de
      Derecho Canónigo de Estados Unidos, Washington, D.C.) 65 (2003).

298   *Foley pidió una «visita»:* Historia de OLAM, 17 de abril de 1997.

298   *La Madre Angélica le negó al obispo la petición para hacer la visita:* Historia
      de OLAM, 18 de abril de 1997; E.A. con el obispo David Foley, 2003.

298   *votaron el 20 de mayo de 1997:* Historia de OLAM, 20 de mayo de 1997.

299   *Cardenal Mahony entre los que escribían cartas a favor de EWTN:* Art
      Babych, «EWTN: Canadians Divided on Merits of a Catholic Network»,
      Servicio Católico de Noticias, 16 de abril de 1997.

299   *«no es necesario confesarse» y las citas que siguen: Mother Angelica Live,*
      EWTN, 12 de noviembre de 1997.

301   *«Que usted haya dicho públicamente en televisión»:* John Allen, «Mahony
      Sees Nun's Critique as Heresy Charge», *National Catholic Reporter,* 5 de
      diciembre de 1997.

301   *«Que usted ponga en duda»:* Tod Tamberg, «EWTN Apologizes for Question-
      ing Cardinal's Faith», Servicio Católico de Noticias, 26 de noviembre de
      1997.

302   *«Creo que ella se ofendió»:* E.A. con Michael Warsaw, 2003.

302   *«Debo insistir en que usted se retracte formalmente» y los comentarios de la
      Madre Angélica: Mother Angelica Live,* EWTN, 18 de noviembre de
      1997; Monica Seely, «Thou Must Retract», *LA Lay Catholic Mission* 4
      (1998): p I.

304 «*sorprendentemente truncada teología de la Eucaristía*»: John Allen, «Liturgy Watchdog Group Blasts Mahony», *National Catholic Reporter*, 26 de diciembre de 1997.

304 «*liderazgo pastoral*» y «*tabús eclesiásticos*»: Tom Fox, «Mahony Offers Welcome Sign of Hope», *National Catholic Reporter*, 5 de mayo de 2000.

304 *Conexión Mahony-Bernardin*: Tom Fox, «Mahony's Pastoral Concern Shows in Liturgy Letter», *National Catholic Reporter*, 23 de febrero de 1998.

304 *Los defensores de la ordenación de las mujeres, los críticos:* Stephanie Block, «Facing de Facto Schism: LA's Call To Unholy Action», www.rcf.org, 4 de abril de 1998; Paul Likoudis, «A Parody of Faith», *The Wanderer*, junio de 2001.

305 «*profundo compromiso*»: ibid.

305 «*el más reciente ejemplo del absoluto desprecio*»: «Thou Must Retract».

305 «*La Madre Angélica tuvo el coraje de decirle lo que nosotros no le decimos*»: Historia de OLAM, 22 de enero de 1998.

306 «*Debo informarle respetuosamente que no se puede catalogar su programa del 18 de noviembre*»: «Mahony Takes Case Against Mother Angelica to Rome», *The Wanderer*, 15 de enero de 1998.

306 «*Me disculpé y ofrecí una explicación*»: Historia de OLAM, 3 de diciembre de 1997.

307 «*He dedicado mi vida a la Eucaristía*»: ibid.

307 *El obispo Foley y el padre Deitz redactaron una retractación:* E.A. con el obispo David Foley, 2003.

307 *Carta escrita por insistencia del cardenal Mahony:* carta de Virgil Dechant a la Madre Angélica, 10 de diciembre de 1997, OLAMA.

307 *Ese mismo día, los obispos auxiliares de Los Ángeles le escribieron:* carta de los obispos auxiliares de Los Ángeles a la Congregación para los Institutos de la Vida Consagrada y las Sociedades de Vida Apostólica (de aquí en adelante mencionados como CICLSAL), 10 de diciembre de 1997, OLAMA.

307 *Mención de la queja de los obispos Lynch y Trautman:* carta de CICLSAL a la Madre Angélica, 12 de diciembre de 1997, OLAMA.

308 «*No, tengo setenta y cuatro años*»: E.A. con el obispo David Foley, 2003; Historia de OLAM, 15 de diciembre de 1997.

308 «*De modo que llamé a Mahony*»: E.A. con el obispo David Foley, 2003.

309 «*significaría negar*» su «*creencia*»: carta de la Madre Angélica al cardenal Roger Mahony, 23 de diciembre de 1997, OLAMA.

309 «*El cardenal quiere que la Santa Sede haga algo*»: John Allen, «Mahony Appeals To Rome About Angelica», *National Catholic Reporter*, 30 de enero de 1998.

309 «*reorientarse*»: ibid.

310 *«castigos justos»:* ibid.

310 *Definición de interdicción: Catholic Encyclopedia* (www.Newadvent.org).

310 *«¿Lo que busca Mahony es que Roma le imponga un interdicto...?»:* John Allen, «Mahony Appeals To Rome About Angelica».

CAPÍTULO 17: MILAGROS Y ESCARMIENTOS

311 *reavivó la pelea:* carta del cardenal Roger Mahony la Madre Angélica, 2 de enero de 1998, OLAMA.

311 *La Madre le informó a su superior directo:* carta de la Madre Angélica a CICLSAL, 7 de enero de 1998, OLAMA.

311 *«Bástate mi gracia»:* La Santa Biblia (Londres: Catholich Truth Society, 1957), 2 Corintios 9.

313 *Antecedentes de Paola Albertini:* Maureen Flynn, «An Interview with Paola Albertini», *Signs and Wonders* 9, n. 4 (Primavera de 1998).

313 *«mensaje especial de Nuestra Señora»:* ibid.

314 *«resplandor brillante»:* Gerald Renner, «Nun Hangs Tough in Tiff with Cardinal», Servicio de Noticias Religiosas, 13 de febrero de 1998.

314 *«Cuánta alegría le brindas»:* Historia de OLAM. 28 de enero de 1998.

314 *«Señor, todos estos años me has usado»:* E.A. con la Madre Angélica, 2001.

314 *Detalles de la interacción de Paola Albertini con la Madre Angélica:* Maureen Flynn, «An Interview with Paola Albertini»; E.A. con Sor Agnes y Sor Mary Claire, 2002.

316 *Detalles de la reacción a la curación:* Historia de OLAM, 28 de enero de 1998.

316 *Paola Albertini y la Madre rezaron:* ibid., 29 de enero de 1998.

317 *«por parte de personas que sugerían que la Madre»:* John Allen, «Pain Healed, EWTN Approved, Angelica Says», *National Catholic Reporter,* 13 de febrero de 1998.

317 *«el cardenal Mahony [...] se lamentó de que ella no hubiera respondido»:* carta del cardenal Mahony a la Madre Angélica, 5 de febrero de 1998, OLAMA.

318 *«Nada más se va a ganar»:* fax de la Madre Angélica al cardenal Roger Mahony, 26 de febrero de 1998, OLAMA.

318 *Mahony le comunicó los detalles:* carta del cardenal Roger Mahony a la Madre Angélica, 28 de febrero de 1998, OLAMA.

318 *Exhortan a la Madre a aceptar la invitación:* carta del arzobispo Oscar Libscom a la Madre Angélica, 4 de marzo de 1998; carta del cardenal Martínez Somalo a la Madre Angélica, 5 de marzo de 1998, OLAMA.

318 *«iba a ser extremadamente inapropiado»:* fax de la Madre Angélica al cardenal Martínez Somalo, 6 de marzo de 1998, OLAMA.

319 «*terminara con la confusión*»: carta de la Madre Angélica al cardenal Joseph Ratzinger, 11 de marzo de 1998, OLAMA.

319 «*No lo puedo creer*»: Historia de OLAM, 21 de marzo de 1998.

319 *Detalles de la reunión con el cardenal O'Connor*: transcripción del 21 de marzo de 1998, reunión, OLAMA; E.A. con la Madre Angélica, 2001; y E.A. con Bill Steltemeier, 2003.

320 «*No pudiera entrar en esa capilla*» *y la conversación que sigue:* E.A. con la Madre Angélica, 2001.

320 «*Te quiero*»: Historia de OLAM, 21 de marzo de 1998.

320 «*Creo que es una cosa extremadamente degradante*»: fax de la Madre Angélica al cardenal John O'Connor, 7 de abril de 1998. OLAMA.

321 *El cardenal O'Connor pidió una transcripción editada:* faxes del cardenal John O'Connor a la Madre Angélica, 8 de abril de 1998, y 15 de abril de 1998, OLAMA.

321 *Estancia en el hospital por ataque de asma:* Historia de OLAM, 23 de abril de 1998.

321 *CICLSAL decidió no hacer nada:* carta de CICLSAL a la Madre Angélica, 27 de junio de 1998, OLAMA.

322 «*no es el dueño ni el que opera Eternal Word Television Network*»: carta de la Madre Angélica al cardenal Martínez Somalo, 17 de julio de 1998, OLAMA.

322 «*La verdadera cuestión que expone en su carta*»: carta de Bill Steltemier al cardenal Martínez Somalo, 22 de julio de 1998, OLAMA.

322 «*programas que atacan a los obispos*»: John Travis, «Cardinal Mahony at Vatican», Servicio Católico de Noticias, 2 de octubre de 1998.

322 «*la evolución teológica y ecuménica*»: modificaciones al texto del comité de doctrina de NCCB, «Popular Devotional Practices: Basic Questions and Answers», 9 de noviembre de 2003.

323 «*persona promedio del centro de la ciudad*» *y los comentarios que siguen:* Mother Angelica Live, EWTN, 2 de septiembre de 1998.

323 *Detalles sobre la capilla del Santuario:* E.A. con la Madre Angélica, 1999; Come and See (Hanceville, Alabama; OLAM, 2002).

324 «*El nuevo monasterio mejorará*»: Historia de OLAM, 7 de noviembre de 1998.

325 «¿*Quién es el dueño de EWTN?*»: actas de la reunión de la junta el 17 de octubre de 1998, Historia de OLAM, 17 de octubre, 1998.

325 «*estaba obsesionado*»: Historia de OLAM, 17 de octubre de 1998.

325 *Valores por cuarenta y nueve millones de dólares:* Greg Garrison, «Building for Eternity», *Birmingham News*, 10 de agosto de 1998.

CAPÍTULO 18: LAS COSAS MÁS APREMIANTES

326 «*Éste es David Foley*»: E.A. con el obispo David Foley, 2003.

326 *la Madre confiaba en Foley*: E.A. con la Madre Angélica, 2000.

327 *Reunión con Bill Steltemeier y el obispo Foley*: Historia de OLAM, 26 de mayo de 1999.

327 *definir claramente la relación entre las cuatro entidades*: carta del obispo David Foley a Bill Steltemeir, 3 de junio de 1999. OLAMA.

327 *Bendición del monasterio*: Historia de OLAM, 6 de agosto de 1999.

328 *Durante una de las visitas, pasaron por allí*: Historia de OLAM, 29 de agosto de 1999.

328 *Diagnóstico de Sor Raphael*: ibid., 12 de agosto de 1999 y 13 de agosto de 1999.

328 *El liturgista principal de la Diócesis de Birmingham*: E.A. con el obispo David Foley y el padre Joseph Wolfe, 2003.

329 *el 24 de agosto, el mismo día*: Historia de OLAM, 24 de agosto de 1999.

329 *Le costaba tragar las medicinas*: Historia de OLAM, 24 de agosto, septiembre 3, septiembre 14 de 1999.

329 *prepararse para el temido virus Y2K*: 21 de diciembre de 1998; E.A. con las monjas y el personal, 2002.

329 *piadosos manuales*: Ver Kimberly Hawn et al., *Millenium Insurance: A Christian's Guide to Y2K and How to Prepare Wisely for it*. (San Diego: Basilica Press, 1999).

330 *le imploró al equipo de construcción*: Historia de OLAM, 17 de septiembre de 1999.

330 «*Valoro y honro su autoridad*»: carta de la Madre Angélica al obispo David Foley, 13 de septiembre de 1999, OLAMA.

330 *Tras consultar la oficina de liturgia*: padre Gregory T. Bittner, «Tensions in Subsidiarity», *CLSA Proceedings* (Sociedad de la Ley Canóniga de Estados Unidos, Washington, D.C.), 65 (2003).

330 *prohibió de plano el uso*: carta del obispo David Foley a la Madre Angélica, 29 de septiembre de 1999, OLAMA.

330 «*sus consultores del canon le habían informado mal*»: carta de la Madre Angélica al obispo David Foley, 10 de octubre de 1999, OLAMA.

331 «*tema de obediencia*»: E.A. con el obispo David Foley, 2003.

331 «*fuera de Birmingham*»: padre Gregory T. Bittner, «Tensions in Subsidiarity».

331 *ataque de asma de la Madre Angélica*: Historia de OLAM, 6 de octubre de 1999.

332 «*una declaración política*» *y citas que siguen*: «Letter to Priests Concerning Decree», *One Voice*, 26 de noviembre de 1999.

333 «*la hipocresía de los fariseos*»: Historia de OLAM, 19 de octubre de 1999.

333 «*Ninguna costumbre asumida o de otro tipo*»: Bittner, «Tensions in Subsidiarity».

334 «*abadesa de un monasterio que está dentro de la diócesis [de Foley]*»: ibid.

334 *reclutó al arzobispo Oscar Libscomb*: E.A. con el obispo David Foley, 2003.

334 *Foley y su liturgista*: Bittner, «Tensions in Subsidiarity».

334 «*Le expliqué el asunto al presidente*»: E.A. con el obispo David Foley, 2003.

335 «*muchas reuniones y discusiones han tomado lugar*»: Bittner, «Tensions in Subsidiarity».

335 «*promulgaba un decreto apropiado*»: ibid.

335 «*En forma sencilla pero con astucia*»: E.A. con el obispo David Foley, 2003.

335 «*desde los faxes que él le había enviado*»: ibid.

336 «*Amenazaba con la suspensión para conseguir que Roma me prestara atención*»: ibid.

336 *Foley le pidió a Roma*: E.A. con el obispo David Foley y con una fuente cercana al visitador apostólico, 2003.

336 *Cardenal Martínez Somalo le escribió a la abadesa*: carta del cardenal Martínez Somalo a la Madre Angélica, 4 de diciembre de 1999, OLAMA.

338 «*Reverenda Madre*» y «*No voy a salir*»: E.A. con Sor Antoinette y con la Madre Angélica, 2001; Historia de OLAM, diciembre 19 de 1999.

339 *El sistema gástrico de Sor Raphael sufrió un espasmo*: ibid., 22 de diciembre de 1999.

339 «*en todas partes*»: ibid.

339 «*Sé que voy a morir*»: ibid.

340 «*No piensen que porque ya pasaron el 1 de enero*»: ibid., 4 de enero de 2000.

340 «*La muerte de la Madre Vicaria me va a sentar muy mal*»: ibid., 1 de enero de 2000.

340 «*No me dejes*»: ibid., 6 de enero de 2000.

341 «*Ah, sí, mi amor, ah sí*» y las citas que siguen: ibid., 9 de enero de 2000.

342 «*montones de cartas crueles*» y los comentarios que siguen: *Mother Angelica Live*, EWTN, 18 de enero de 2000.

343 *Detalles de la reunión en Roma*: E.A. con el obispo David Foley, 2003; Bittner, «Tensions in Subsidiarity».

343 «*en agradecimiento por la labor que hacía*»: Historia de OLAM, 14 de febrero de 2000.

344 «*Sé que el Santo Padre hace regalos*»: *Mother Angelica Live*, EWTN, 15 de febrero de 2000.

344 «*una señal de la solidaridad del Papa para con la Madre Angélica*»: E.A. con un funcionario del Vaticano, 2003.

344 «*las dos opciones no acarreaban en sí ningún estigma teológico*»: Jerry Filtreau, «Vatican Rejects Some Claims of Best Way to Offer Mass», *One Voice*, 25 de febrero de 2000.

345 «*cuestiones técnicas*»: memo de EWTN, 12 de marzo de 2000.

345 «*principal*» *y* «*parecía que iba a ser necesario*»: Bittner, «Tensions in Subsidiarity.»

345 *varias preguntas que explorar:* ibid.

346 *Fundación Kennedy, obispo Gracida y arzobispo González:* Evan Moore, «Church Pitted Against State», *Houston Chronicle*, 23 de junio de 1996; Stephen Michaud y Hugh Aynesworth, «Showdown in Texas», *Philanthropy Roundtable*, marzo de 2003; «The Diocese of Corpus Christi Is Slashed», *San Antonio Express*, 18 de mayo de 1996.

346 «*Vas a componer esto*»: Historia de OLAM, 28 de febrero de 2000.

347 *Uno de los principales intereses del visitante:* ibid., 29 de febrero de 2000.

348 «*Queremos que usted continúe con lo que hace*»: ibid., 2 de marzo de 2000.

348 «*¿Usted quiere decir?*» *y las citas que siguen:* E.A. con la Madre Angélica, 2001.

349 *Antes de irse, el arzobispo González:* Historia de OLAM, 2 de marzo de 2000.

349 *El arzobispo González les dijo:* ibid., 3 de marzo de 2000.

350 «*Ellos no quieren controlarla*»: ibid.; 4 de marzo de 2000; transcripción de la reunión de la junta de EWTN el 17 de marzo de 2000.

350 *Obispo Foley manejó... hasta el pabellón de los huéspedes:* E.A. con Bill Steltemeier, 2003.

352 *Madre Angélica firmó una carta de renuncia:* Historia de OLAM, 6 de marzo de 2000.

352 «*que el único apostolado*»: Carta de renuncia de la Madre Angélica a Bill Steltemeier, 6 de marzo de 2000, OLAMA.

353 «*Aquí tienen esta cadena*»: E.A. con Chris Wegemer, 2003.

353 *De hecho, era una pulmonía:* historia clínica de la Madre Angélica e informe del examen físico, 14 de marzo de 2000, Centro Médico Regional Cullman, Cullman, Alabama.

353 *el arzobispo le escribió una nota a la Madre Angélica:* nota del arzobispo González a la Madre Angélica, 17 de marzo de 2000, OLAMA.

354 *Detalles de la reunión de la junta el 17 de marzo de 2000:* transcripción de EWTN de la reunión; E.A. con Bill Steltemeier, obispo David Foley, Helen Hull Hitchcock, Sor Antoinette, obispo Thomas Daily, 2003; y E.A. con la Madre Angélica, 2001.

357 «*la Santa Sede... hubiera podido autorizar*»: Bittner, «Tensions in Subsidiarity».

358 *Cardenal Somalo sanó la donación de propiedades:* carta del cardenal Martínez Somalo a la Madre Angélica, 26 de junio de 2001, OLAMA.

358 *«fuera de nuestra competencia»*: Bittner, «Tensions in Subsidiarity».

359 *«Siento que en verdad había muerto»*: Historia de OLAM, 7 de julio, 2000.

CAPÍTULO 19: LA PURIFICACIÓN

363 *dijo que había visto al niñito Jesús*: Historia de OLAM, 26 de agosto, 2001.

364 *«¿Por qué?... No me siento mal»*: E.A. con Sor Margaret Mary, 2003.

364 *«tan buena como ésta»*: Historia de OLAM, 17 de noviembre de 2001.

364 *Detalles de la caída en Books-A-Million*: E.A. con Sor Margaret Mary, Sor Michael, Sor Antoinette, 2003; y E.A. con la Madre Angélica, 2001; Historia de OLAM, 11 de diciembre de 2001.

367 *«la cara como una pelota de baloncesto»*: E.A. con Sor Margaret Mary, 2003.

367 *Detalles de la Madre Angélica en la unidad de cuidados intensivos*: E.A. con Sor Margaret Mary y el Dr. Richard May, 2003.

369 *«Tenemos que sufrir...»*: Historia de OLAM, 16 de diciembre de 2001.

369 *«puntos para reflexionar» y las citas que siguen*: ibid.; 20 de diciembre de 2001.

370 *Detalles de la operación del cerebro de la Madre Angélica»*: E.A. con el Dr. J. Finley McRae, 2003.

372 *«La Madre Angélica ha sido una estrella»*: obispo David Foley, «As I See It», *One Voice*, 4 de enero de 2002.

373 *la Madre Angélica podía leer en voz alta*: nota de prensa de EWTN, 22 de febrero de 2002.

374 *«Quiero liberarme de esos espeluznantes personajes»*: Notas personales del autor, junio de 2002.

374 *«Eso no es necesario»*: Historia de OLAM, 15 de marzo de 2002.

374 *«¿Por qué no salimos a comer?»*: Greg Garrison, «Mother Angelica Experiences a Rebirth of Her Original Ambition», diario *Birmingham News*, 20 de abril de 2003.

376 *«[Dios] tiene un plan determinado en mente»*: Madre Angélica, *The Healing Power of Suffering*, (Birmingham, Alabama: EWTN Catholic Publishers, 1976), p. 33.

382 *«los Nuevos Fieles»*: Colleen Carroll, *The New Faithful* (Chicago: Loyola Press, 2000).

385 *«Me alegro de que usted vaya a ir a Lourdes»*: *Mother Angelica Live*, EWTN, 27 de julio de 1993.

386 *La Madre Angélica el 2 de febrero de 2004*: E.A. con Sor Mary Gabriel y Sor Antoinette, 2004.

AGRADECIMIENTOS

SI EXISTE ALGÚN BENEFICIO que se pueda sacar de estas páginas, será principalmente gracias a las muchas personas que tan gentilmente ofrecieron su tiempo, sus recursos y sus recuerdos para este proyecto.

Primero que todo, tengo que darle las gracias a la protagonista de este libro, la Madre Angélica, PCPA, por su franqueza, su valentía y su increíble fe. Una vez que empezamos las entrevistas para preparar esta biografía, ella estoicamente me reveló eventos muy dolorosos de su vida que muy bien se podía haber reservado. A pesar de que a veces se le dificultaba mucho poder respirar y que estaba abrumada por las enfermedades, cumplía con nuestras citas cuando teníamos que reunirnos y apoyó el proyecto cuando otros hubieran estado tentados de dejarlo. El hecho de haber escrito su historia me ha dejado una profunda huella que llevaré conmigo durante el resto de mi vida.

Hubiera sido muy difícil lograr escribir este libro si no fuera por la contribución que hizo Sor Mary Antoinette, la historiadora de la comunidad del Monasterio de Nuestra Señora de los Ángeles. Ella reunió las cartas, recopiló las fotografías y los cientos de páginas de la historia de la comunidad, a la vez que acorralaba a las hermanas indicadas cuando el biógrafo, se tropezaba con alguna dificultad. Sólo su exquisito dominio del violín compite con su capacidad como archivista. También hay que darle las gracias a la difunta Sor

Mary Raphael. Sus notas de las idas y venidas de la Madre durante más de cuarenta años, sus comentarios y sus conversaciones con Sor Mary David (la mamá de la Madre Angélica) fueron para mí una rica fuente de información sobre la Madre, detalles que en su mayor parte nunca se habían dado a conocer antes.

Tengo una deuda pendiente con las siguientes personas, quienes compartieron sus recuerdos y toleraron todo tipo de interrogatorios durante los últimos cinco años.

En Canton, Ohio:

Joanne Simia, prima hermana de la Madre, y June Peterson Francis, tía de la Madre, no pudieron ser más gentiles. Ellas me permitieron comprender mejor al clan de los Gianfrancesco y me brindaron una visión clara de cómo era la vida en el sureste de Canton.

Debo darles las gracias a las siguientes personas por sus remembranzas de la joven Rita Rizzo: Elsie Machuga Johnston; Margaret Glazer, quien me sirvió de puente para llegar a muchos de los compañeros de la escuela secundaria de Rita; Boldwyn Nist; Ilene Keller Hall; Rylis Guist; Steven Zaleski; Sabatino Pentello; Gordon Schulte; la Doctora Norma Marcere; Margaret Santilli; Elizabeth Morgese; Mary Murphy; y muchos otros más. El análisis que hizo Karen Sigler sobre Rhoda Wise y la colección de diferentes artículos de la casa de Wise resultaron ser extremadamente útiles. La Madre Marian Zeltman, abadesa del Monasterio de Sancta Clara, fue muy complaciente conmigo mientras yo hurgaba en los archivos que tenían allí. Le agradezco sus atenciones y permitirme reproducir pasajes del calendario y del protocolo de Sancta Clara. También le doy las gracias a la Madre Mary James, PCPA, del Santuario de St. Paul en Cleveland por haber buscado material, por su propia voluntad, en los archivos del monasterio a pesar de una epidemia de gripe que rondaba por el claustro. Le quiero dar las gracias también a Harold Zeigler por haberme servido de chofer durante mi primera visita a Canton.

La buena memoria de Joan Frank para recrear las actividades de Sor Angélica en el Monasterio de Sancta Clara resultaron ser imprescindibles. De igual importancia resultaron ser los recuerdos de Sor Mary Joseph, PCPA; Sor Mary Michael, PCPA; Sor Mary Anthony, PCPA; Sor Mary Assumpta, PCPA; Sor Mary Bernadette, PCPA; y los de otras hermanas que pidieron permanecer en el anonimato.

La imagen íntima de la Madre Angélica que aparece en estas páginas es gracias en gran parte a Sor Mary Catherine, PCPA; Sor Mary Agnes, PCPA; Sor Margaret Mary, PCPA; Sor Mary Gabriel, PCPA; Sor Mary Regina, PCPA; Sor Mary Faustina, PCPA; Sor Mary Clare, PCPA; Sor Ester Marie, PCPA; antiguas monjas que pidieron no ser identificadas; y todas las Pobres Clarisas de la Adoración Perpetua del Monasterio de Nuestra Señora de los Ángeles. Sus oraciones y sus sacrificios contribuyeron mucho para que lográramos completar esta obra.

En Birmingham:

Mi agradecimiento a Jean Morris por las muchas horas agradables que pasamos; Matt Scalici, Jr.; Phyllis Scalici; Tom Kennedy; Chris Harrington, quien siente un gran cariño por la Madre y tiene un conocimiento asombroso de sus cadenas de radio y televisión; Marynell Ford; Tim Brown; Walter Aderton; el padre Mitch Pacwa, S.J.; el doctor Richard May; el doctor David Patton; el doctor L. James Hoover; el doctor Stanley Faulkner; el doctor Rex Harris; el doctor J. Finley McRae; el obispo David Foley; Bill Steltemeier; Michael Warsaw; Doug Keck; y un sinfín más de personas cuyos nombres son demasiado numerosos para mencionar aquí.

Le estoy agradecido a las siguientes personas por compartir conmigo sus recuerdos de la Madre Angélica en público y en privado: Dick DeGraff; Robert Corazzini; el padre Bob Bonnot; el padre John Geaney; el padre Francis Mary Stone, MFVA; el padre Joseph Wolfe, MFVA; el padre Richard Motaconis; el padre Benedict Groeschel; monseñor Michael Wrenn; el padre Nevin Hammon; el padre Robert DeGrandis; el cardenal Bernard Law; el cardenal Edmund Szoka; el cardenal J. Francis Stafford; el cardenal Francis Arinze; el arzobispo Charles Chaput; el obispo Dermott Malloy; el arzobispo Phillip Hannan; el obispo Robert Lynch; el obispo Anthony Bosco; el obispo Raymond Boland; el obispo René Gracida; el obispo Macram Gassis; el obispo Thomas Daily; Bill Bomberger; Helen Hull Hitchcock; Tom Rogebert; y Virgil Dechant.

Debo mencionar particularmente a Bill Steltemeier y a Michael Warsaw de EWTN por permitirme reproducir pasajes de *Mother Angelica Live; Mother Angelica's Answers Not Promises*; y el libro de Sor Mary Raphael, *My Life with Mother Angelica*. El Monasterio de Nuestra Señora de los Ángeles dio su permiso para citar ampliamente los siguientes materiales sin publicar: la historia del Monasterio de Nuestra Señora de los Ángeles; las cartas de la Madre Angélica; y los manuscritos de Sor Mary Raphael, «Mother Angelica and Her Mother» y «Behind the Wall and Over the Hill». El Sr. James Finefrock fue muy atento al permitirme citar partes de una carta escrita en 1945 por su tío, el doctor Wiley Scott, donde hacía referencia a la condición médica de Rita Rizzo, por lo que le estoy muy agradecido.

Quiero decirles a mis muchas fuentes en el Vaticano y en Estados Unidos: ustedes saben quiénes son, y mejor lo dejamos así. Como diría la Madre Angélica, «Ustedes son fantásticos».

La labor crucial que llevó a cabo un puñado de personas dedicadas e ingeniosas contribuyó inconmensurablemente al producto final. La investigación que llevó a cabo Sharon Shriver, mi hada madrina en Canton, Ohio, le prestaron a los capítulos iniciales del libro una textura y un color que de otra forma no hubieran logrado tener. Le estoy eternamente agradecido por su empeño y su dedicación al proyecto. En New Orleans, Peter Finney III prestó el valioso servicio de transcribir infinidad de horas de los programas *Mother Angelica Live*. Algunas de las citas que aparecen esporádicamente a través del libro son el resultado de su perspicacia. Mary Ann Charles, de EWTN Creative Services, ayudó a localizar y restaurar algunas de las inapreciables imágenes que aparecen en el libro, incluida la foto del autor. Mi madre, Lynda Arroyo, terminó con artritis debido a todas las transcripciones que hizo de las entrevistas que sostuve con la Madre Angélica y las hermanas. Por esto y por tantas cosas más, le mando mi amor y mi agradecimiento. Y le doy las gracias al Sr. Joe Paternostro y al personal de Caffe Caffe por su infinita hospitalidad al permitirme ocupar una mesita en la esquina del local durante casi un año.

Sin algunos buenos amigos y grupos de apoyo no hubiera podido escribir este libro. Incluyo a Umberto Fedeli; Joseph Canizaro; Danny Abramowicz; John Marra; Peter Spitalieri; George Schwartz; Paul y Barbara Henkels; John «Packy» Hyland; Bowie Kuhn; George Weigel; Chris Sadowski; Jim y Kerri Caviezel; Beverlee Dean; Saint Anthony; Michael Paternostro; Kathryn Lopez; Robert Royal, Presidente del Instituto de la Fe y la Razón en Washington, D.C., quien me nombró miembro del cuerpo docente de investigaciones; Doug Keck, quien ha sido tan paciente y me ha apoyado tanto a través de los años; y Christopher Edwards, mi fiel productor, quien respaldó *The World Over Live* cada semana y me ofreció apoyo moral justamente cuando yo lo necesitaba.

Luego están los valientes individuos que aceptaron leer el manuscrito y que ofrecieron su orientación y su sabiduría. Incluyo a Ron Hansen, que sirvió de inspiración literaria y quien es un gran ser humano; el padre Richard John Neuhaus, un amigo y una imponente presencia intelectual dentro de la Iglesia; William Burleigh, cuyo buen ojo como editor sólo lo opaca su gran corazón; Kate O'Beirne, quien me honró con su increíble perspicacia y un subtítulo bárbaro; y Nicholas Sparks, quien le ofreció retroalimentación y apoyo a este servidor novato. Estoy en deuda con todos ustedes.

Loretta Barrett, mi agente y una gran luchadora, y sus seguidores Nick Mullendore, Gabriel Davis y Emily Saladino hicieron todo lo que estuvo a su alcance para que este libro cayera en las manos debidas. Loretta fue la primera persona con quien compartí la idea de este proyecto, y desde el mismo principio ella entendió el mérito y la importancia del mismo. Ambos fuimos de la opinión de que Doubleday era el hogar perfecto para la historia de la Madre Angélica, y así fue. Gracias, querida Loretta.

Le deseo a cualquier autor que publique por primera vez que tenga una editora como Michelle Rapkin de Doubleday. Ella tomó este proyecto en el acto y nunca lo soltó. Su paciencia, su atención y su fe en esta historia me han servido de mucho confort a lo largo del azaroso proceso de publicarlo. Frances O'Connor y Jen Kim, las asistentas de Michelle, ayudaron de muchos modos diferentes. Les doy las gracias por su gran ayuda.

Gracias a mi familia de la televisión por su apoyo y su amor de siempre. No estuviera aquí si no fuera por ustedes. Espero con gusto que compartamos muchos años juntos con materiales publicados y transmisiones por radio y televisión donde podamos explorar todo lo que se ha visto y lo que se está por ver.

A un nivel personal, le estoy muy agradecido a mis padres, Lynda y Raymond, y a mi hermano, Scott, por su apoyo.

Por último, mi esposa, Rebecca (viuda por cuenta de Angélica), hizo muchos sacrificios por cuenta de este trabajo. Toleró fines de semanas y la mayor parte de las noches sin mí durante años, y cuando yo por fin hacía acto de presencia, escuchaba diligentemente cada borrador como si fuera el primero. Es una mujer maravillosa y una esposa queridísima. Pero cualquier cosa que yo haya logrado, aun este trabajo, palidece en comparación a los dos grandes regalos que me ha obsequiado: nuestros hijos, Alexander y Lorenzo. Los quiero mucho a todos.

ÍNDICE